国家开放教育汽车类专业（专科）规划教材
全国汽车职业教育人才培养工程规划教材

汽车发动机构造与维修

国家开放大学汽车学院组织编写
于增信　孙　莉

国家开放大学出版社·北京
人民交通出版社股份有限公司·北京

内容提要

本书为国家开放教育汽车类专业（专科）规划教材、全国汽车职业教育人才培养工程规划教材之一。本书以车用四行程、水冷式内燃机为主，系统讲述发动机构造、原理及检修，注重发动机构造、原理等基本知识与检修运用和先进技术的有机结合，以揭示发动机结构、原理、技术配置与整机性能、检修和基本故障的内在关系。

本书可作为高等职业技术学院和高等专科学校汽车类专业的教材，也可供从事汽车维修、汽车营销的工程技术人员参考。

图书在版编目（CIP）数据

汽车发动机构造与维修／于增信，孙莉主编．—北京：中央广播电视大学出版社：人民交通出版社股份有限公司，2017.11（2022.1重印）
ISBN 978-7-304-08973-3

Ⅰ.①汽… Ⅱ.①于… ②孙… Ⅲ.①汽车-发动机-构造 ②汽车-发动机-车辆修理 Ⅳ.①U472.43

中国版本图书馆CIP数据核字（2017）第255432号

汽车发动机构造与维修
QICHE FADONGJI GOUZAO YU WEIXIU
于增信　孙　莉

出版·发行： 国家开放大学出版社（原中央广播电视大学出版社）　人民交通出版社股份有限公司
电话： 营销中心 010-68180820（国家开放大学出版社）
总 编 室 010-68182524（国家开放大学出版社）
营销中心 010-59757973（人民交通出版社股份有限公司）
网址： http://www.crtvup.com.cn（国家开放大学出版社）
http://www.ccpress.com.cn（人民交通出版社股份有限公司）
地址： 北京市海淀区西四环中路45号　**邮编：** 100039（国家开放大学出版社）
北京市朝阳区安定门外外馆斜街3号　**邮编：** 100011（人民交通出版社股份有限公司）
经销： 新华书店北京发行所

策划编辑： 沈海哲　**版式设计：** 黄　晓
责任编辑： 申　敏　**责任校对：** 赵　洋
责任印制： 武　鹏　陈　路

印刷： 唐山嘉德印刷有限公司
版本： 2017年11月第1版　2022年1月第6次印刷
开本： 787mm×1092mm　1/16　**插页：** 12页　**印张：** 16.75　**字数：** 397千字

书号： ISBN 978-7-304-08973-3
定价： 41.00元

（如有缺页或倒装，本社负责退换）
意见及建议：OUCP_KFJY@ouchn.edu.cn

总　　序

国家开放大学汽车学院是国家开放大学的二级学院。其前身为北京中德合力技术培训中心与中央广播电视大学（现国家开放大学）于2004年创建的汽车专业（专科）。经过多年的教学努力与经验积累，以及北京中德合力技术培训中心与国家开放大学、中国汽车维修行业协会、中国汽车文化促进会鼎力合作，2013年11月26日国家开放大学汽车学院正式成立。

在2003年颁布的《教育部等六部门关于实施职业院校制造业和现代服务业技能型紧缺人才培养培训工程的通知》中，汽车维修专业被确定为紧缺人才专业。为满足教学需要，由北京中德合力技术培训中心负责组织编写，中央广播电视大学出版社出版了汽车专业（专科）系列教材，包括27本文字教材和相配套的课程形成性考核册、音像资料等。2008年5月，远程开放教育首届汽车维修专业500多名专科毕业生走向社会，受到行业普遍欢迎。十几年来，国家开放大学累计培养汽车专业（专科）毕业生近3万人，社会评价较高。

2015年年底，按照教育部最新颁布的《普通高等学校高等职业教育（专科）专业目录（2015年版）》，国家开放大学汽车学院对已开设的开放教育汽车（汽车维修方向）专业、汽车（汽车营销方向）专业两个专业和"新型产业工人培养和发展助力计划"汽车检测与维修技术专业、汽车技术服务与营销专业两个专业进行了合并，重新设置了汽车运用与维修技术、汽车营销与服务两个专业（专科），制定了新专业的人才培养方案。为满足新专业的教学需要，汽车学院组织编写了本套国家开放教育汽车类专业（专科）规划教材、全国汽车职业教育人才培养工程规划教材。本套教材具有如下特点：

第一，针对性强。教材内容的选择、深浅程度的把握、编写体例严格按照国家开放大学关于开放教育教材的编写要求进行，满足成人教育的需要。

第二，专业特色鲜明。汽车运用与维修技术、汽车营销与服务两个专业（专科）是应用型专业。教材主编均为来自高校和汽车维修、营销一线的专家，他们的教学和实践经验丰富，所选内容能够强化实训环节，理论和实训部分比例适当，联系紧密，实用性强。

第三，采用互联网科技。全套教材实现了文字教材+二维码，引入了二维、三维动画和音视频等学习资源，对传统教材是一大突破，增加了教材的可读性、可视性、知识性和趣味性。

第四，整合优质资源。本套教材是由中央广播电视大学出版社、人民交通出版社股份有限公司联合出版发行的国家开放教育汽车类专业（专科）规划教材、全国汽车职业教育人才培养工程规划教材，面向国家开放大学系统和全社会公开发行，不但适合国家开放大学的需要，也适合其他高等职业院校汽车运用与维修技术、汽车营销与服务专业（专科）的教学需要。

在本套教材的组编过程中，国家开放大学就规划教材如何做出鲜明行业特色做了重要指示。北京中德合力技术培训中心承担了教材编写、审定的组织实施及出版、发行等环节的沟通协调工作。中国汽车维修行业协会积极调动行业资源，深入参与教材的组织编写，人民交通出版社股份有限公司积极提供二维码资源。中国汽车文化促进会积极推荐主编人选，参与教材编写的组织工作。各教材主编、参编老师和专家们认真负责、兢兢业业，确保教材的组编工作如期完成。没有他们认真负责的工作和辛勤的劳动付出，本套教材的编写、出版、发行就不可能这么顺利进行。借此机会，对所有参与、关心、支持本套教材编辑、出版、发行的先生、女士表示衷心感谢！

本套教材编写时间紧，协调各方优质资源任务重，难免存有不足之处，还请使用者批评指正，不吝赐教。

2017 年 8 月

前　言

《汽车发动机构造与维修》是国家开放教育汽车类专业（专科）规划教材、全国汽车职业教育人才培养工程规划教材之一。此次修订，根据汽车技术的发展，专业人才培养的需求和几年来教材使用中的反馈，做了多方面优化改进。

本书保持了原有特色，即将汽车发动机构造、原理、检修及必要的基础知识等融为一体，注重发动机构造、原理等基本知识与检修运用、先进技术及其发展趋势的有机结合，以揭示发动机结构、原理、技术配置与整机性能、检修和基本故障的内在关系。本书编写强调实用性、适用性、启发性和系统性，避免了发动机原理的过度弱化，兼顾终身学习的知识与能力平台的构筑。

本书保持了集学习内容和学习指导于一体的模式。每章均有导言和明确的学习目标，简要说明本章的主要内容，认知目标、技能目标及情感目标。正文中对容易混淆、忽视或与安全、规范生产有关的重要事项，均加注了“注意”或“注意事项”警示。每章的结尾均有精练的本章小结，以及针对性强、与实际应用密切结合的自测题，以方便读者自主学习、检验、归纳、加深和巩固理解所学知识。在课程总目标和各章目标中，进一步充实了课程思政元素。在内容取舍上，增加了可变压缩比技术的介绍，全部删去了化油器的相关内容。

本书由北京联合大学于增信、孙莉编写并修订。于增信负责编写、修订第 3 章至第 8 章、第 12 章，以及全书统稿，孙莉负责编写、修订第 1 章、第 2 章、第 9 章至第 11 章。在本书的编写及修订过程中，作者承蒙国家开放大学和兄弟院校及企业有关同志的大力支持，在此向他们表示衷心的感谢。此外，本书在编写及修订过程中参考了大量的文献资料，在此向其作者表示诚挚的谢意。

由于编者知识水平有限，书中难免存在疏漏之处，敬请广大读者批评指正。

编　者

学习指南

0.1 学习目标

1. 认知目标

(1) 掌握发动机的基本名词术语、分类、工作过程及整体构造。

(2) 掌握发动机各机构和系统的构成，主要零部件的功用及结构、装配和传动关系、拆装规范、调整及部分检修方法。

(3) 理解发动机的各机构和系统及其主要零部件的工作原理、损伤形式、损伤规律或特征。

(4) 理解发动机的动力性、经济性指标参数。

(5) 理解发动机的速度特性、负荷特性及其意义。

(6) 理解发动机的换气过程、燃烧过程及其影响因素。

(7) 了解发动机主要零部件的材料、工作条件及要求。

(8) 了解发动机磨合规范，发动机新技术。

2. 技能目标

(1) 辨识不同类型的车用发动机。

(2) 识别发动机各机构、系统的主要零部件。

(3) 正确使用发动机维修的常用工具与量具。

(4) 正确地拆解与组装发动机。

(5) 正确地检修和调整发动机各机构、系统及其主要零部件。

(6) 初步具有常见故障的诊断、排除能力。

(7) 认识发动机的结构、原理、技术配置、技术状况与工作品质（性能）之间的关系。

(8) 认识发动机的结构、原理、技术状况与检修之间的关系。

3. 情感目标

(1) 勿死记硬背，以理解为基础，归纳、总结、记忆相关知识，牢记相关注意事项。

(2) 理论与实践相结合，活学活用、知行统一。

(3) 养成规范操作，安全、节能、环保、高效、文明生产、诚信服务的职业素养。

(4) 养成自主学习、协同工作的优良作风。

(5) 具有科学严谨的工作态度，一丝不苟、精益求精的工匠精神。

0.2 学习内容

1. 汽车概述

汽车的定义，汽车的总体构成，汽车的驱动与整体布置，汽车的分类，汽车的基本性能与技术状况。

2. 基础知识

简要复习发动机工作中涉及的物理、化学、力学方面的基本概念和原理。例如，能量转换与发动机分类，气体的基本热力参数（压力、温度和比体积），气体定律，文丘里特定律，以及燃烧、热量与功的基本概念等。

3. 发动机的基本工作过程与总体构造

发动机的基本结构，发动机基本术语，往复活塞式内燃机的分类，四冲程汽油机与四冲程柴油机的工作过程，发动机的总体构造。

4. 发动机的性能及评价

发动机的动力性、经济性评价指标，发动机的机械损失与机械效率，发动机的工况，发动机的速度特性、负荷特性。

5. 机体组与曲柄连杆机构

发动机机体组的组成、功用，发动机主要零部件（气缸体、气缸盖、气缸垫等）的功用、材料、结构、装配关系、拆装要领、损伤形式及检修方法；曲柄连杆机构主要零部件（活塞、活塞环、活塞销、连杆、曲轴、轴承、飞轮）的功用、材料、结构、拆装要领、装配与传动关系、调整方法、损伤形式及检修方法。

6. 配气机构

配气机构的功用、组成和工作过程；四冲程发动机的换气过程、配气相位及充气效率；配气机构的布置、传动形式、气门间隙；气门组与气门传动组各零件的功用、结构、拆装要领、装配与传动关系、损伤形式及检修方法；可变配气技术。

7. 汽油机燃油系统

汽油机燃油系统的功用、分类、基本组成、工作过程与特点；汽油机可燃混合气的形成方法及特点，汽油机的燃烧过程，典型工况可燃混合气形成和燃烧的特点与控制策略，汽油机燃烧室；电控燃油喷射系统的组成、分类，燃油供给系统主要零部件的功用、结构、工作原理；电控燃油喷射系统主要传感器、怠速执行机构的作用、结构与基本原理，电控单元的作用；汽油箱、燃油滤清器等其他供油装置；燃油系统的基本检修方法和要领。

8. 柴油机燃油系统

柴油机燃油系统的功用、分类、基本组成、工作过程与特点；柴油机的燃烧过程及主要影响因素的分析，柴油机燃烧室；柴油机机械控制喷射系统的喷油器、喷油泵、调速器等主要零部件的功用、结构、工作原理、调整及检修方法；柴油机电控燃油喷射系统的组成、分类、功能及工作过程。

9. 进气与排气系统

进气与排气系统的功用、组成；进气与排气系统的空气滤清器、进气歧管、排气歧管、消声器、排气净化装置等主要零部件的功用、结构、工作原理及检修方法；进气预热技术、可变进气歧管技术；增压的分类，增压发动机的特点，废气涡轮增压发动机的工作过程、增压器、增压压力调整，废气涡轮增压发动机的使用与检修。

10. 冷却系统

冷却系统的功用、组成、工作过程，冷却强度的调节；水冷系统主要零部件的功用、结构、工作原理及检修方法。

11. 润滑系统

润滑系统的功用、润滑方式、组成、润滑油路；润滑系统主要零部件的功用、结构、工作原理及检修方法；曲轴箱通风。

12. 发动机的装配、磨合及验收

发动机装配的基本要求，发动机的装配工艺、要领及检查和调整方法；发动机冷磨合与热磨合的基本规范与要领；发动机大修竣工验收的标准。

0.3 学习准备

在学习本课程之前，学生应具有机械基础的基本知识。

0.4 学习资源

为了帮助学生更好地掌握本教材的内容，顺利地完成教学工作，本课程在文字教材的基础上配备了二维、三维动画及音视频等学习资源，并以二维码的形式呈现在各章节相应位置。

0.5 学习评价

1. 评价方式

本课程的学习评价采用形成性考核和终结性考试两种方式进行。其中，形成性考核采取作业册的方式进行。终结性考试是在形成性考核的基础上，对学生学习情况和学习效果进行的一次全面检测。

2. 评价要求

本课程的评价重点为文字教材的基础知识和基本分析方法及操作技能，各章均有考核要求。

3. 试题题型

本课程试题题型及其他说明详见国家开放大学考试中心发布的课程考试管理文件“汽车发动机构造与维修课程考核说明”。

目　　录

第 1 章　汽车概述

导　言

本章介绍汽车定义，说明汽车的总体构成与布置，汽车的分类、基本性能、技术状况及其与性能的关系，以初步了解汽车，认识本课程的地位及其与其他主要技术类专业课程的关系。

学习目标

1. 认知目标

（1）掌握汽车的总体构成。

（2）理解汽车的定义。

（3）了解汽车的布置与分类。

（4）了解汽车的性能与技术状况及其相互关系。

2. 技能目标

能够辨识汽车的基本特征及参数。

3. 情感目标

锻炼收集不同汽车的基本信息的能力，并利用所学知识对其进行归类、比较。

1.1　汽车的定义

我国国家标准《机动车运行安全技术条件》（GB 7258—2017）中将汽车定义如下：由动力驱动，具有四个或四个以上车轮的非轨道承载的车辆；主要用于载运人员和（或）货物，牵引载运人员和（或）货物的车辆，特殊用途，包括与电力线相联的车辆（如无轨电车）。

根据这一汽车定义，我国汽车产品具有以下主要特征：

（1）由自带动力装置驱动。这里所说的动力装置，可以是各种类型的发动机，可以是内燃机、蒸汽机，也可以是电动机等，但人力车、畜力车都不属于汽车的范畴。

（2）具有四个或四个以上的车轮。两轮摩托车和小型三轮机动车都不属于汽车的范畴。

（3）不依靠轨道承载。有轨电车不属于汽车的范畴。

（4）用途限定：载运人员和（或）货物及牵引挂车或特殊用途。有些进行特种作业的轮式机械，如轮式推土机、铲运机、叉式起重机（叉车）以及农田作业用的轮式拖拉机等，尽管它们具有汽车的前三个特征，但由于其主要用途不是运输，因此将它们划入工程机械和农业机械范畴。

1.2 汽车的总体构成

现代汽车是由数千个乃至上万个零部件组成的，多个机构、系统或总成相互配合，共同实现其安全、可靠运行。虽然汽车的类型、结构、性能、用途和使用条件千差万别，但就其总体构成而言，按功能，汽车可分为四大部分或总成，即发动机、底盘、车身和电气设备，如图 1-1 所示。

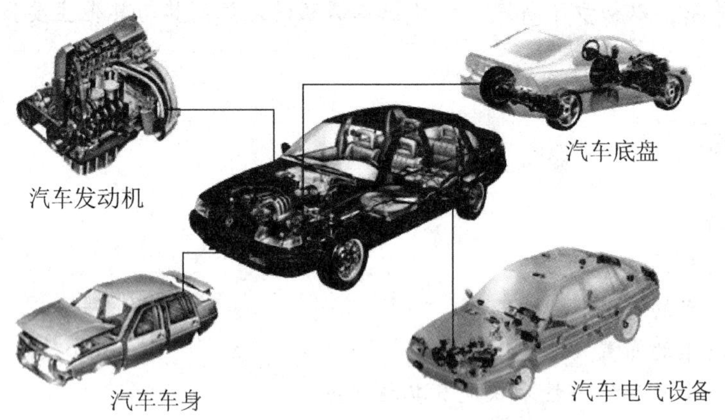

图 1-1 汽车的总体构成

1. 发动机

发动机被誉为汽车的“心脏”，是汽车行驶的动力源。目前，汽车发动机中占主导地位的是活塞式内燃机。活塞式内燃机由机体组、曲柄连杆机构、配气机构、燃料供给系统、进排气系统、冷却系统、润滑系统、点火系统（汽油机特有）、起动系统组成。

近年来，混合动力（电动机与内燃机联合提供动力）汽车、电动汽车得到一定的发展。内燃机、混合动力、电动机等将是并存的汽车动力源。

2. 底盘

底盘是接受发动机输出的动力，使汽车产生运动，并保证汽车按照驾驶员操纵安全行驶的机构的总和。底盘又是汽车的基体，发动机、车身、电气设备及各种附属设备都直接或间接地安装在其上。习惯上，按功能将底盘分为传动系统、行驶系统、转向系统和制动系统四大部分。

传动系统由离合器、变速器、传动轴、主减速器及差速器、驱动轴等部件组成，其功用是将发动机的动力传给驱动轮。

行驶系统由车架、车轴、车桥壳体、车轮（转向轮和驱动轮）、悬架等部件组成，其功用是将汽车的各总成及部件连成一个整体并对全车起支承作用，以保证汽车正常行驶。

转向系统保证汽车能按照驾驶员选择的方向行驶，由转向盘、转向器及转向传动装置等组成。

制动系统使汽车减速或停车，并保证驾驶员离去后汽车能可靠地停驻。每辆汽车的制动装备都包括若干个相互独立的制动系统，每个制动系统都由供能装置、控制装置、传动装置和制动器组成。

3. 车身

车身是汽车的壳体，是驾驶员工作、装载乘客和货物的场所。

典型的货车车身包括车前覆盖件、驾驶室、货厢等部件；三厢小客车则由发动机舱、行李舱及乘员舱组成。根据有无车架，可将车身分为承载式车身和非承载式车身。一般的小客车都是承载式车身。

汽车车身还具有装饰性功能，主要反映在外形、内外饰、色彩等方面。车身外形决定汽车外形，影响汽车在高速行驶时空气阻力的大小，进而影响汽车的动力性、操纵稳定性等。

4. 电气设备

电气设备由电源组（蓄电池、发电机）、发动机起动系统和汽油机点火系统、汽车照明和信号装置、空调、音响、刮水器、防盗报警装置及各机构或系统的自动控制元器件等组成。此外，在现代汽车上越来越多地装用各种电子设备，如微处理机、中央计算机系统及各种人工智能装置等。随着科技的发展，汽车上的电气类装备越来越多，其占汽车制造成本和维修成本中的比例也越来越大。

1.3 汽车的驱动与整体布置

汽车的驱动形式一般用“车轮总数×驱动轮数”表示，如“4×2”“4×4”“6×6”等。

汽车的布置或布局指如何安排一辆汽车的各个组成部分在整车中所处的相对位置，即全车的整体布局。一辆汽车的整体布置元素包括发动机、传动系统、座舱、行李舱、排气系统、悬挂系统、油箱、备用胎等。其中，发动机、传动系统和座舱是决定布局的“三要素”，按这“三要素”可将汽车布置方式分为前置发动机后轮驱动（Front-engine Rear-drive，FR）、前置发动机前轮驱动（Front-engine Front-drive，FF）、中置发动机后轮驱动（Middle-engine Rear-drive，MR）、后置发动机后轮驱动（Rear-engine Rear-drive，RR）和全轮驱动（All Wheel Drive，AWD）五大类型，如图 1-2 所示。

前置发动机后轮驱动（FR），是早期的汽车绝大部分采用的布置形式，现在大多数货车和部分中、高级轿车以及部分客车都采用这种布置形式。

前置发动机前轮驱动（FF），是目前绝大部分微、小、中型轿车采用的布置方式。

中置发动机后轮驱动（MR），是发动机放置在前、后轴之间的布置形式，是大多数跑车和方程式赛车所采用的布置形式，少数大、中型客车也采用这种布置形式。

后置发动机后轮驱动（RR），是目前大、中型客车盛行的布置形式，少数轿车和跑车也采用这种布置形式。

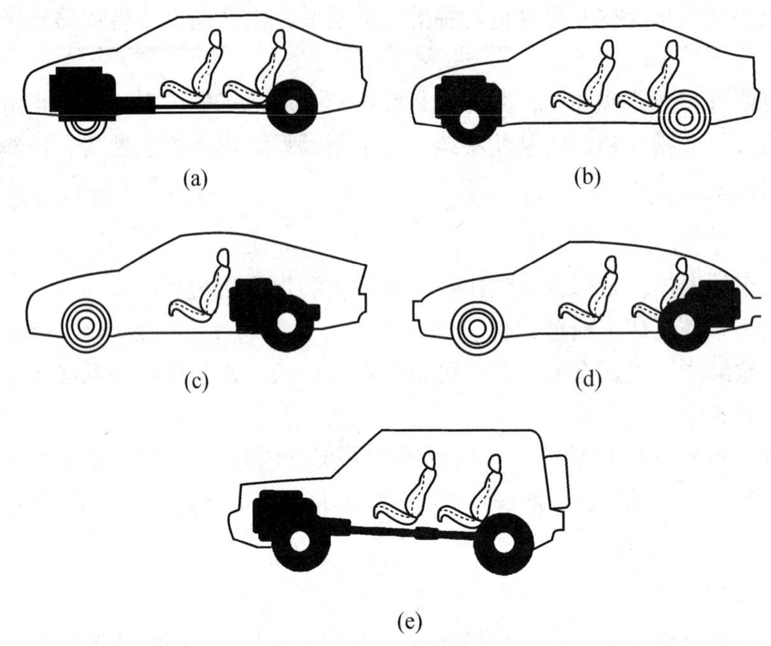

(e)

图 1-2　汽车的整体布置形式

(a) FR 式；(b) FF 式；(c) MR 式；(d) RR 式；(e) AWD 式

全轮驱动（AWD），无论是前置、中置还是后置发动机，都可以采用全轮驱动，是越野车的布置形式。近年来，随着限滑差速器技术的发展和应用，全轮驱动系统已经能够精确地调配转矩在各车轮之间的分配，出于提高操控性的考虑，采用全轮驱动的高性能跑车也越来越多。

1.4　汽车的分类

汽车可按不同的方法进行分类。

1. 按用途分类

按用途的不同，汽车可分为乘用车和商用车两大类。我国国家标准《汽车和挂车类型的术语和定义》（GB/T 3730.1—2001）中，对乘用车和商用车的定义如下：乘用车是在设计和技术特性上主要用于载运乘客及其随身行李和（或）临时物品的汽车，座位数（含驾驶员）不大于 9，可以牵引一辆挂车；商用车是在设计和技术特性上主要用于运送人员和货物的汽车，乘用车不包括在内。

2. 按动力装置分类

自人们开始探索汽车至今，已将多种动力装置用于驱动汽车，但能够商品化，已经广泛应用，或正在受到关注和将要发展的，主要有以下三种。

（1）内燃机汽车。根据所用燃料的不同，以内燃机为动力的汽车分为汽油机汽车、柴油机汽车、气体燃料（天然气、煤气、氢气等）发动机汽车、双燃料发动机汽车等。

（2）电动汽车。电动汽车指由电动机驱动，且自身装备供电源的汽车，不包括无轨（架线）电车。根据供电源的不同，电动汽车主要分为蓄电池电动汽车（Battery Electric Vehicle，BEV）、燃料电池电动汽车（Fuel Cell Electric Vehicle，FCEV）、太阳能（电池）汽车等。电池技术及汽车性能能否达到内燃机汽车的水平，将是电动汽车发展的关键。

（3）混合动力汽车。混合动力汽车又称为双动力汽车，由内燃机和蓄电池电动机联合工作输出动力。混合动力技术已相对成熟，汽车动力性能、续驶里程等可达到内燃机汽车的水平，且经济性和排放性均优于内燃机汽车。

3. 按行驶道路的条件分类

（1）公路用汽车。公路用汽车指适于在公路和城市道路上行驶的汽车。公路用汽车的长度、宽度、高度、单轴负荷等均受交通法规的限制。

（2）非公路用汽车。

4. 按所用燃料、能源分类

（1）传统燃料汽车，指以汽油、柴油为燃料的汽车。

（2）代用燃料汽车，指以生物柴油、液化石油气（Liquefied Petroleum Gas，LPG）、压缩天然气（Compressed Natural Gas，CNG）、醇类（乙醇、甲醇）、双燃料（乙醇/甲醇+汽油）等为燃料的汽车。

（3）新能源汽车，指以燃料电池、氢燃料、太阳能电池、核能等为能源的汽车。

5. 按研发理念分类

（1）概念车，指尚处在创意、研发设计、试验阶段，未推向市场的新型汽车。概念车往往构思新颖、独特、超前，承载着某种新设计、新技术、新原理。概念车或许是开发新车型的样机，不久将步入试验，走向实用化；概念车或许仅仅是一种超前的创意设计模型，不会投入生产，却反映着未来的发展设想和期许。

（2）实用车，指投入生产，推向市场实际使用的汽车，又称为商品化汽车。

1.5 汽车的基本性能与技术状况

1. 汽车的基本性能

汽车运行品质的好坏是由一系列性能指标综合评价的。通常，汽车的性能从动力性、燃油经济性、制动性、操控稳定性、舒适性和通过性等几方面进行评价。

动力性是汽车各种性能中最基本、最重要的性能，指在良好的路面上直线行驶时所能达到的平均行驶速度。动力性在很大程度上决定了汽车运输效率的高低。汽车的动力性主要由最高车速、加速时间、最大爬坡度进行评定。

燃油经济性指在保证动力性的条件下，汽车以尽可能少的燃油消耗量行驶的能力，它与节能、减排有直接关系。燃油经济性常用一定运行工况下汽车行驶百千米的燃油消耗量或一定燃油量能使汽车行驶的里程来衡量。

制动性指汽车行驶时能在短距离内停车或减速且维持行驶方向稳定性、在下长坡时能维持一定车速的能力，以及在一定坡道上能长时间驻车（停止不动）的性能。制动性是汽车安全行驶的重要保障，由制动效能（制动距离与制动减速度）、制动效能的恒定性（抗衰退性能）和制动时汽车的方向稳定性（抗跑偏、抗侧滑、保持转向能力）三方面进行评定。

操控稳定性指汽车能遵循驾驶者给定的方向行驶，且当遭遇外界干扰（如路面、侧阵风、偏载时的侧向力，转弯时的向心力等）时保持原运行状态的能力。操控稳定性是高速行驶车辆的生命线。在汽车行驶（转向）中，驾驶人员感觉到汽车反应迟钝（响应慢）、晃动、丧失路感、飘、失控等均是操控稳定性差的表现。

汽车的舒适性包括行驶平顺性、乘坐舒适性和操作稳定性。行驶平顺性指行驶过程中影响乘员舒适度或货物完好度的抗振性能；乘坐舒适性和操作稳定性则取决于车内空间参数、技术或装备配置、车身密封性及隔噪性等。

通过性（或越野性）指汽车能以足够高的平均车速通过各种坏路、无路地带（如松软地面、凹凸不平地面等）及各种障碍（如陡坡、侧坡、壕沟、台阶、灌木丛、水障等）的能力。前者是牵引支承通过性，后者则为轮廓通过性。

2. 汽车的技术状况

汽车的基本性能主要与汽车设计水准或目标、汽车制造水平、汽车技术状况、驾驶人员因素和汽车维护修理因素等有关。其中，设计和制造技术水平或目标是决定汽车基本性能的先天因素，也是决定汽车产品本身定位的基本因素。汽车技术状况的变化既与设计和制造水平有关，又与驾驶人员的技术水平、汽车维护修理有关。

汽车的技术状况是由一系列可测量的性能参数值和外观参数值综合描述的，它随汽车的运用过程而变化。汽车在不同的使用时期，其技术状况变化的程度总是表现在使用性能的变化上。随着技术状况的劣化，汽车的动力性、制动性、操控稳定性下降，燃油、润滑油消耗增多，振动、噪声增大，故障频发等。技术状况变化的主要原因是汽车在使用和存放的过程中，零部件产生磨损及受力变形、受热变形、腐蚀、老化，紧固连接、密封失效，使用、维护、修理不当等，从而使零件形状与尺寸、相对位置关系、配合间隙、工作温度等偏离合理的状态。在认识汽车结构、工作原理的基础上，合理使用及正确的维护、修理是维持汽车技术状况的保证。

本章小结

汽车是自带动力装置驱动、具有4个或4个以上车轮、主要用于运载人或货物，牵引载运人或货物及特殊用途的非轨道承载车辆。

汽车一般由发动机、底盘、车身和电气设备四大部分组成。其中，发动机是汽车的心脏，决定了汽车的基本性能，如动力性、经济性和排放特性。

根据发动机与传动系统和座舱之间的相互位置关系，汽车驱动方式可分为前置发动机前轮驱动（FF）、前置发动机后轮驱动（FR）、中置发动机后轮驱动（MR）、后置发动机后轮驱动（RR）和全轮驱动（AWD）五大类型。

汽车的分类方法很多，一般根据汽车的用途将汽车分为乘用车和商用车两大类。其中，乘用车的分类方法比较烦琐，既有依据汽车外部特征和用途进行分类的，也有依据轴距、尺寸、自重或发动机排量等进行分类的。按动力装置，汽车可分为内燃机汽车、电动汽车和混合动力汽车三种类型。按所用燃料、能源，汽车可分为传统燃料汽车、代用燃料汽车和新能源汽车。按研发理念，汽车可分为概念车和实用车两大类。目前，活塞式内燃机仍是占主导地位的汽车动力源，混合动力汽车的动力性能、续驶里程等可达到内燃机汽车的水平，且经济性和排放性占优，将会有好的发展前景。电池技术、汽车动力性能若能有所突破，电动汽车将会迎来大好的发展。

汽车的基本性能包括动力性、燃油经济性、制动性、操控稳定性、舒适性和通过性等，它们主要与汽车设计水准或目标、汽车制造水平、汽车技术状况、驾驶人员因素和汽车维护修理因素等有关。其中，合理使用及正确的维护、修理是维持技术状况，保证汽车、发动机高品质运行的主要手段。

自测题

一、选择题

1. （　　）被誉为汽车的“心脏”。

A. 底盘　　B. 发动机　　C. 车身　　D. 电气设备

2. 接受发动机输出的动力，使汽车产生运动，并保证汽车按照驾驶员操纵安全行驶的机构是（　　）。

A. 底盘　　B. 发动机　　C. 车身　　D. 电气设备

3. 越野车是（　　）。

A. 前轮驱动　　B. 后轮驱动　　C. 全轮驱动　　D. 以上都对

二、判断题

1. 在我国，只要自带动力装置驱动的运输装置都定义为汽车。（　　）

2. 按用途的不同，汽车可分为乘用车和商用车两大类。（　　）

3. 合理使用及正确的维护、修理是维持汽车技术状况的保证。（　　）

三、简答题

1. 汽车由哪几部分组成？

2. 汽车的基本性能主要包括哪些？

3. 汽车动力性如何评价？

第 2 章　基础知识

导　言

本章复习讨论发动机工作中涉及的物理、化学、力学方面的基本概念和原理，如能量转换与发动机分类，气体的基本热力参数（压力、温度和比体积），气体定律，文丘里定律，以及燃烧、功与热量的基本概念等，为系统学习发动机的构造、原理及检修知识奠定基础。

学习目标

1. 认知目标

（1）理解气体的热力参数——压力、温度和比体积。

（2）理解燃烧的条件。

（3）了解能量转换与发动机的分类。

（4）了解气体定律、文丘里定律。

（5）了解热量与功的基本概念。

2. 技能目标

能够将本章基础知识运用于课程学习中。

3. 情感目标

（1）以理解为基础，归纳、总结、记忆相关概念与基本知识。

（2）查阅相关的基础知识，做到概念清楚、活学活用。

2.1　能量转换与发动机分类

2.1.1　能量转换

能量以不同的形式或状态储存在各种物质或物体中。能量可以从一种形式转换成另一种形式，转换过程中能量的总和保持不变。要想得到一定的功，必须消耗一定其他形式的能量，不消耗能量而产生机械功的机器（第一类永动机）是不可能制成的。

汽车中存在各种形式的能量及能量转换，例如，燃油燃烧时将燃油中的化学能转变成热能，蓄电池将电解液内的化学能转变成电能，起动电动机、刮水器电动机等将电能转换成机械能，燃料电池将燃料中的化学能转变成电能，发电机把机械能转变成电能，制动器或其他做相对运动的零部件将机械能转变成热能，光电传感器将光能转变成电能，灯泡将电能转变成光能等。

但能量转换过程的实现受条件、方向及限度（效率）等问题的约束。例如，热量总是自发地由高温物体传向低温物体，而不能自发地从低温物体向高温物体传递；机械能（摩擦功）能够自发地转变为热能，而热能不能自发地、全部地转变成机械能；从热物体排出热量的制冷过程必须消耗功；从高温热源获得的热量（如发动机燃料燃烧放热量等）转变成机械功时，必须有一部分热量被损失掉（如发动机排出的废气带走的热量排向大气，冷却液带走的热量等），热利用率不可能是 100%。

2.1.2 发动机的定义及分类

发动机是将其他形式的能量转变为机械能的机器。根据能量转换方式的不同，发动机可分为热力发动机、电动机、核能发动机、水利机、风力机等。其中，在汽车上应用的主要是热力发动机和电动机。

热力发动机简称热机，是将燃料燃烧产生的热能转变为机械能的机器。根据燃烧发生位置的不同，热机分为内燃机和外燃机两种。

内燃机指燃料直接在发动机内部燃烧的热机，它包括活塞式内燃机、燃气轮机、喷气式发动机等。活塞式内燃机又分为往复活塞式内燃机和旋转活塞式内燃机两种。

外燃机指燃料在发动机外部燃烧的热机，它包括活塞式蒸汽机、蒸汽轮机和热气机（斯特林发动机）等。

电动机是将电能转换为机械能的机器，其电能可来自电网、蓄电池、燃料电池、太阳能电池等。

2.1.3 汽车用发动机

迄今为止，由于往复活塞式内燃机综合性能占优，故其在汽车发动机中仍然占据主导地位，也被广泛用作其他机械的动力装置。往复活塞式内燃机具有以下主要优点：

（1）热效率高，经济性好。

（2）功率和转速范围广，适应性好。

（3）结构紧凑，体积小，质量轻，便于移动。

（4）起动快，维护方便，操作简单。

（5）造价低廉，耗水少。

（6）运行比较安全，不易引起爆炸事故。

但内燃机也存在以下缺点：

（1）对于燃料的要求较高，主要是品质高的液体燃料和气体燃料。

（2）有害排放物质及运行噪声对环境造成较大危害。

（3）低速运转时，动力输出特性较差。

转子活塞式内燃机在汽车发动机中也有使用，且其速度、运转平稳性和结构紧凑性优于往复活塞式内燃机。但由于转子活塞式内燃机的结构密封性、润滑、燃烧室设计及其他零件布置的困难及带来的经济性问题等，限制了其在商品汽车中的应用。目前，世界上只有日本的马自达公司批量生产转子发动机产品。

近几年，由于对汽车节能、环保方面的要求越来越严，电动汽车、电动机与内燃机联合工作的混合动力汽车等凸显其优越性，产品研制如火如荼，成型产品也有面世。但由于电池等技术的原因，电动汽车、混合动力汽车在短期内不会取代往复活塞式内燃机在汽车发动机中的主导地位。随着技术的成熟及其成本的降低，混合动力汽车会有较好的发展前景。

本书所讲的汽车发动机主要指往复活塞式内燃机，并涉及转子活塞式内燃机和混合动力装置。

2.2 气体的基本概念与定律

内燃机将燃料的化学能转变为热能，并将热能转变为机械能，是通过气缸内气体热力状态变化的热力过程而实现的。气体的热力状态以压力、温度、比体积等物理参数描述，称其为状态参数。

2.2.1 气体的热力参数

1. 压力

（1）绝对压力。气体垂直作用于单位面积容器壁上的力，称为绝对压力或真实压力，简称压力，习惯以 p 表示。

在国际单位制中，压力的单位为帕斯卡，简称帕，以 Pa 表示，$1\ \mathrm{Pa}=1\ \mathrm{N/m^2}$。

工程上，“帕”作为压力单位太小，常以千帕（kPa）、兆帕（MPa）作为压力单位，其换算关系为：$1\ \mathrm{MPa}=10^3\ \mathrm{kPa}=10^6\ \mathrm{Pa}$。

在工程单位制中，常用的压力单位是工程大气压（at）、毫米汞柱（mmHg）、毫米水柱（$\mathrm{mmH_2O}$）等。它们之间的关系是：$1\ \mathrm{at}=735.6\ \mathrm{mmHg}=10\ 000\ \mathrm{mmH_2O}$。

工程单位制与国际单位制之间的关系：$1\ \mathrm{at}=0.980\ 7\times10^5\ \mathrm{Pa}$。

（2）相对压力。压力值是用测量压力的仪表（压力计和真空计）测得的。压力计在测量压力时处于大气环境中，不能直接测得容器内的绝对压力 p，只能测得绝对压力 p 与当地大气压力 p_0 的差值，即相对压力。根据绝对压力 p 相对于当地大气压力 p_0 的大小，将相对压力分为表压力和真空度。

1）表压力。当绝对压力大于当地大气压力 p_0 时，压力计测出的相对压力称为表压力，又称为正压力，以 p_g 表示，即 $p_g=p-p_0$。

2）真空度。当绝对压力小于当地大气压力 p_0 时，真空计测出的相对压力称为真空度，又称为负压力，以 p_v 表示，即 $p_v=p-p_0$。

注意，当容器内的绝对压力保持不变，当地大气压力变化时，测得的表压力和真空度也随之发生变化。

2. 温度

温度表示物体（质）的冷热程度。测量温度高低的标尺称为温标。工程中常用的温标有三种，以此定义的温度也有三种。

（1）摄氏温标与温度。摄氏温标以符号℃表示，它所确定的温度为摄氏温度，以 t 表示。在摄氏温标中，标准大气压力下，纯水的冰点为 0 ℃，沸点为 100 ℃。

（2）热力学温标与温度。热力学温标又称为开尔文温标，以 K 表示，以此确定的温度称为热力学温度或绝对温度，以 T 表示。在热力学温标中，标准大气压力下，纯水的冰点为 273.15 K，沸点为 373.15 K。

热力学温度与摄氏温度的换算关系为：$T(\mathrm{K}) = 273.15 + t(℃)$。

（3）华氏温标与温度。英、美等国家习惯采用华氏温标，以℉表示，它所确定的温度为华氏温度，以 t_f 表示。在华氏温标中，标准大气压力下，纯水的冰点为 32 ℉，沸点为 212 ℉。

摄氏温度与华氏温度的换算关系为：$t(℃) = \frac{5}{9}[t_f(℉) - 32]$。

3. 比体积

单位质量的物质所占有的体积称为比体积，以 v 表示，单位为 $\mathrm{m^3/kg}$。

$$v = V/M \tag{2-1}$$

式中：V——总体积，$\mathrm{m^3}$；

M——质量，kg。

比体积的倒数为密度 ρ，代表单位体积物质具有的质量，单位为 $\mathrm{kg/m^3}$。

2.2.2 气体定律

气体定律说明了气体压力、温度和比体积或体积之间的关系。依据分子运动论，容器中的气体压力是分子不停地撞击容器壁而引起的，温度则表征分子运动的强弱。

温度升高，分子运动速度加快，撞击器壁的频率增大，则压力升高；随温度的升高，物质的体积将膨胀增大；反之，温度下降时，气体收缩，密度增大。

当气体受压缩时，体积减小，使分子靠拢，分子碰撞频率提高，分子运动速度加快，故压缩使压力增大、温度提高。

因此，压力和温度成正比，与体积成反比，而体积与温度成正比。对理想气体（分子本身不占体积，分子间又没有吸引力的气体。压力较低或温度较高的实际气体可视为理想气体）。

$$pV = mRT \tag{2-2}$$

式中，R 为气体常数，单位为 kJ/(kg·K)。对空气，R=0.287 kJ/(kg·K)。

2.2.3 文丘里定律

当液体或气体在流过管道或其他通道时，“流速增大处，压力就会相应降低；反之，流速减小处，压力就会相应升高”，这就是文丘里定律。

根据文丘里定律，当流体流过管道的狭窄处（有时称为“喉口”）时，其速度升高，压力降低，通常称流体通道的喉口区域的管道为“文氏管”。

两个高楼间的通道处风速较大就是文丘里定律的体现。发动机工作时，进气管内真空度随工况变化的规律也是文丘里定律的体现。

2.3 燃烧

燃烧是氧（或空气）与其他物质（燃料）进行放热化学反应，将燃料中的化学能转变成热能的过程。内燃机是利用燃料与空气燃烧产生的热能，获得大量的高温、高压气体来工作的。

类似于种子需在一定的温度、湿度下才能发芽一样，燃烧也需要在一定的着火温度和燃料、空气比例条件下才能开始。

车用内燃机中的着火燃烧是在燃料-空气混合气受压缩后开始的。汽油机靠电火花在较高温度下点燃燃料-空气混合气而着火，柴油机靠压缩后气缸内的高温环境自燃着火。

燃料-空气混合气中，燃料与空气的比例成分即表示可燃混合气中燃料的浓度，常用空燃比和过量空气系数表示。

1. 空燃比与过量空气系数

空燃比指燃料-空气混合气中空气与燃料的质量比，以 A/F 表示。

过量空气系数是燃烧 1 kg 燃料实际供给的空气质量与理论上完全燃烧 1 kg 燃料需要的空气质量之比，以 ϕ_a 表示。

1 kg 燃料理论上完全燃烧所需要的空气量称为理论空气量，以 L_0 表示。汽油的理论空气量约为 14.7 kg（或 14.8 kg）空气/kg 燃料，车用柴油的理论空气量为 14.3~14.6 kg 空气/kg 燃料。

$A/F<L_0$ 或 $\phi_a<1$ 的燃料-空气混合气称为浓混合气，又称为富油混合气。此时，燃料只能部分燃烧，总有过剩的燃料不能燃烧或不能完全燃烧而浪费掉。

$A/F>L_0$ 或 $\phi_a>1$ 的燃料-空气混合气称为稀混合气，又称为贫油混合气。此时，燃烧产物中存在过剩的空气。

$A/F=L_0$ 或 $\phi_a=1$ 的燃料-空气混合气称为理论混合气或化学计量比混合气。此时，燃料理论上能够完全燃烧，燃烧产物中既没有过剩的燃料，也没有过剩的氧气。但实际燃烧中，在 $\phi_a=1$ 的情况下，通常不能实现所有燃料完全氧化至最终燃烧产物，这是因为燃料与空气的混合不可能达到理想的均匀程度而使每个微团的燃料周围恰好具有保证其完全氧化所需要的空气，只有在 $\phi_a>1$ 的情况下，燃料才可能完全燃烧。

2. 燃烧产物

内燃机所用燃料主要是汽油和柴油，其主要成分是碳氢化合物。当燃料与空气混合充分，且空气充足时，即能进行完全燃烧，燃烧产物是水蒸气（H_2O）和二氧化碳（CO_2）。

当燃料-空气混合气过浓，空气不足，或燃料与空气混合不均匀，出现局部缺氧时，一部分燃料便不能彻底完全燃烧，生成 CO、HC（未燃或没有完全燃烧的燃油蒸气和机油蒸气）和碳烟。此时，燃烧产物是 H_2O、CO_2 和 CO、HC、碳烟等的混合物。

发动机在某些工况下，需采用较浓的燃料-空气混合气，如冷起动工况、怠速暖机工况、大负荷工况等，均有较多的 CO 和 HC 排出，尤其在冷起动和怠速暖机工况下。而碳烟主要是在大负荷时，高温缺氧的条件下所产生的。

由于燃料燃烧以空气作为氧化剂，故燃烧产物中不仅仅是上述几种成分。空气中的氮伴随燃料的燃烧，在高温下与氧进行氧化反应生成氮氧化物 NO_x，主要是 NO 和 NO_2。燃烧温度越高，或在高温下停留的时间越长，且有足够的氧气，则越有利于氮的氧化反应的进行，氮氧化物的生成量就越多。

CO、HC、NO_x 和碳烟都是发动机废气中的有害物质，必须对其排放量加以控制。

2.4 功与热量

功与热量都是伴随某一过程的发生而传递或转换的能量，其单位是焦耳（J）或千焦耳（kJ）。

1. 功与功率

对平动的物体，功等于作用力与沿作用力方向上产生的位移的乘积，例如，将某重物举起或使其在水平面上移动一段距离、气缸内的高压气体推动活塞移动等，都表现为对运动物体的做功；对转动的物体，功等于施加的力矩与物体转过的角位移之积，例如，发动机曲轴带动配套机构工作，即表现为对配套机构做功。

做功的速率就是功率，即单位时间内做功的多少，其单位是 W 或 kW，换算关系为：$1\ kW=10^3\ W$，$1\ kW=1\ kJ/s=10^3\ J/s$。对平动的物体，功率等于力与速度之积；对转动的物体，功率等于转矩与角速度之积。

2. 热量与比热容

不同温度的物体或物质互相接触时，热量总是从温度较高的物体或物质传向温度较低的物体或物质，直至最终两者达到相同的温度。互相接触的物体或物质的温差、接触面积越大，传热速度越快，传热量越大。

气体获得或失去热量，将使其温度和压力升高或降低，例如，燃烧放热引起气体的压力和温度升高。

除燃烧放热和传热引起气体的压力和温度升高外，对任何一种气体，当受到压缩时，由于外界对气体做的功转换成热量，也会引起温度升高；相反，当气体膨胀时，气体对外做功，消耗掉自身一部分热能，将使气体的温度和压力降低。

对于不同的物质，当温度变化一定值时，其吸收和放出的热量不同。单位质量的物质，温度变化 1 ℃（或 1 K）时，吸收或放出的热量称为比热容，以 c 表示。若物质的计量单位是千克（kg），则其比热容的计量单位为 kJ/(kg · K)。

比热容是一个物理性质参数。例如，某物质的比热容已知，换热过程前后的温度值已知，则 1 kg 该物质在换热过程中吸收或放出的热量等于比热容与温度变化量之积。

发动机连续不断的工作过程，就是气缸内气体的温度、压力、密度不断发生变化的吸气、压缩、燃烧膨胀、排气过程。此过程中伴随功与热量的转换及热量的交换。在压缩过程中，机械能转变成热能，气体的温度、压力升高；在膨胀过程中，热能转换成机械能并对外输出，气体的温度、压力降低。

本章小结

温度、压力、比体积是描述气体的重要参数。

温度表征物体的冷热程度，常用的温度有摄氏温度和热力学温度，欧美国家常用华氏温度。温差是发生热量传递的动力，热量总是从高温区域流向低温区域。不同温度的物体或物质互相接触时，热量总是从温度较高的物体或物质传向温度较低的物体或物质。互相接触的物体或物质的温差、接触面积越大，传热速度越快，传热量越大。比热容是单位质量的物质，当温度变化单位值时，其吸收和放出的热量值，比热容是一个物理性质参数。

压力是分子撞击容器壁的结果。用压力计测量压力时，只能测出真实压力和大气压力的差值。若所测容器内的压力高于大气压力，则测出的压力叫正压，又称为表压力；若所测容器内的压力低于大气压力，则测出的压力叫负压，又称为真空度。

当气体受压缩或受热时，压力、温度增大。

流动的气体，流速增大，压力相应降低。

燃烧是空气与燃料进行放热化学反应，将燃料中的化学能转变成热能的过程。燃烧只有在一定的燃料、空气比例和着火温度条件下才能开始。内燃机所用燃料的完全燃烧产物是 CO_2 和 H_2O，不完全燃烧产物是 CO、HC 和碳烟，NO_x 是伴随燃料的燃烧在高温下空气中的氮与氧气反应生成的。

功是伴随某一过程的发生而传递或转换的能量。当力或力矩作用于物体或系统而使其发生宏观位移时，力或力矩对物体或系统做功。对平动的物体，功等于作用力与沿作用力方向上产生的位移的乘积；对转动的物体，功等于施加的力矩与物体转过的角位移之积。做功的速率就是功率。对平动的物体，功率等于力与速度之积；对转动的物体，功率等于转矩与角速度之积。

自测题

一、选择题

1. 当真实压力大于当地大气压力时，压力计测出的相对压力称为（　　）。

   A. 真空度　　B. 表压力　　C. 绝对压力　　D. 负压

2. 当真实压力小于当地大气压力时，真空计测出的相对压力称为（　　）。

   A. 正压　　B. 表压力　　C. 真空度　　D. 绝对压力

3. 液体或气体在流过管道时，流速增大处，压力（　　）。

   A. 降低　　B. 升高　　C. 不变　　D. 变化不定

4. 一般情况下，当气体受压缩时，压力与温度（　　）。

A. 降低　　B. 升高　　C. 不变　　D. 变化不定

二、判断题

1. 功与热量是可以相互转换的，转换过程中能量的总和保持不变。（　　）

2. 内燃机是靠燃料与空气燃烧产生的热能工作的。（　　）

3. 任何发动机的能量转化效率都不可能等于 1。（　　）

4. 功率就是做功的速率。（　　）

5. 比热容越大的物质，温度升高 1 ℃所需要的热量越少。（　　）

三、简答题

1. 绝对温度与摄氏温度有何关系？

2. 自燃吸气式发动机进气管内的压力随转速的增大如何变化？

3. 内燃机所用燃料的完全燃烧产物和不完全燃烧产物分别主要是哪些？

第 3 章　发动机的基本工作过程与总体构造

导　言

本章讨论往复活塞式内燃机的基本结构与工作循环，定义内燃机的基本结构参数，往复活塞式内燃机的分类，四冲程汽油机与四冲程柴油机的工作过程及总体构成。

学习目标

1. 认知目标

（1）掌握发动机的基本结构参数。

（2）掌握四冲程发动机的基本工作过程。

（3）掌握发动机的总体构造。

（4）理解往复活塞式内燃机的分类。

2. 技能目标

（1）能够比较柴油机与汽油机工作过程的异同。

（2）能够从外形上辨识柴油机和汽油机。

3. 情感目标

（1）运用所学的知识，收集不同汽车发动机的基本结构参数并进行比较。

（2）融会贯通，归纳总结基本知识，活学活用。

3.1　发动机的基本结构

如图 3-1 所示为往复活塞式汽油机的基本构造简图，其主要零部件包括气缸体、气缸盖、活塞、连杆、曲轴、飞轮、气门、凸轮轴等。

气缸体内设有圆筒形的孔腔，称为气缸孔。活塞在气缸孔内做往复运动，并封闭其下部。气缸盖装在气缸体的上方，以密封气缸孔上端。气缸体、气缸盖、活塞构成的密封孔腔为发动机的工作腔，称为气缸。气缸的容积随活塞的运动而变化。每个气缸至少有一个进气门和一个排气门，绝大多数发动机将进、排气门设在气缸盖上（部分发动机将进、排气门设在气缸体上部、气缸的一侧）。气门的打开与关闭由曲轴驱动的凸轮轴控制。

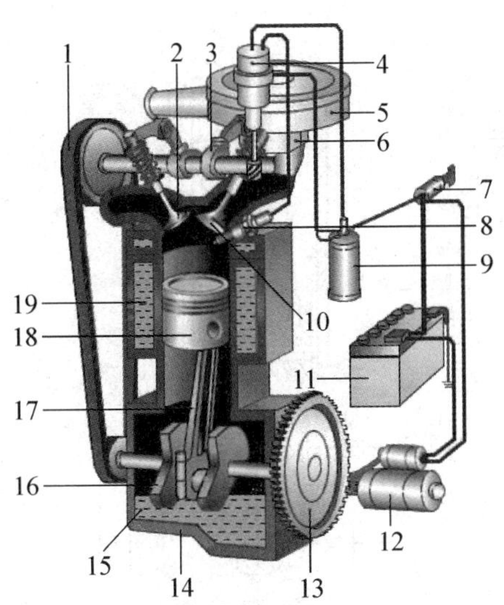

图 3-1　往复活塞式汽油机的结构示意图

1—皮带-带轮；2—排气门；3—凸轮轴；4—分电器；5—空气滤清器；6—化油器；7—点火开关；8—火花塞；9—点火线圈；10—进气门；11—蓄电池；12—起动机；13—飞轮兼起动齿轮；14—油底壳；15—润滑油；16—曲轴；17—连杆；18—活塞；19—冷却液

连杆的一端（小头）通过活塞销与气缸内的活塞相连接，并随活塞做往复运动。连杆的另一端（大头）滑套在曲轴的曲柄销上，与曲轴相连并随其做圆周运动。活塞、连杆、曲轴构成曲柄连杆机构，实现活塞往复运动与曲轴旋转运动之间的相互转换。曲轴的一端装有较大质量的飞轮，向外输出动力，曲轴的另一端装有驱动凸轮轴的机构。

发动机工作时，在气缸内做往复运动的活塞，通过连杆推动曲轴做旋转运动。与此同时，装在气缸盖上的进气门和排气门在凸轮轴的控制下，分别于规定的时刻开启和关闭，使新鲜空气或燃油-空气混合气通过进气门进入气缸，燃烧膨胀做功后的废气通过排气门排出气缸。上述机构和零部件与其他的系统、零部件配合工作，共同完成使燃料燃烧产生的热能转变为机械能并向外输出的过程。

3.2　发动机基本术语

如图 3-2 所示为发动机的基本术语示意图。

1. 曲柄半径

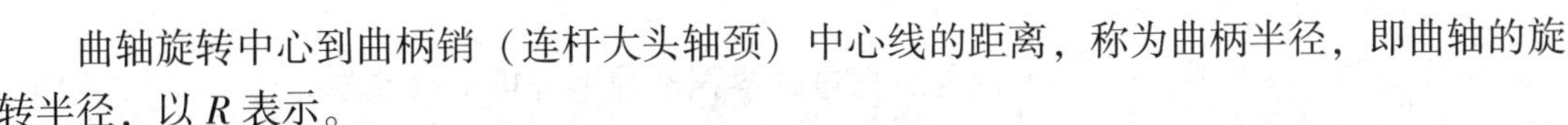

曲轴旋转中心到曲柄销（连杆大头轴颈）中心线的距离，称为曲柄半径，即曲轴的旋转半径，以 R 表示。

2. 上、下止（死）点

活塞在气缸内做往复运动时，其离曲轴旋转中心最远的位置称为上止点，离曲轴旋转中心最近的位置称为下止点。

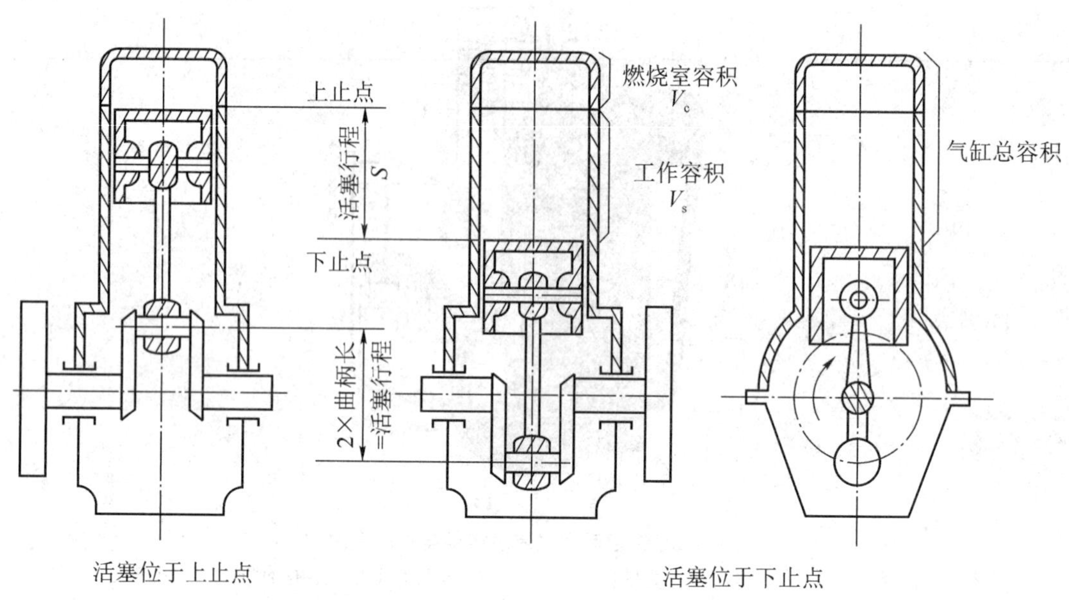

图 3-2　发动机的基本术语示意图

在上、下止点时，活塞、连杆的中心线与曲柄半径在一条直线上。此时，活塞的运动方向发生改变，其速度为零。

3. 缸径与活塞行程

缸径即气缸直径，以 D 表示。活塞行程简称行程（又叫冲程），指活塞从一个止点（下止点或上止点）运行到另一个止点（上止点或下止点）所移动的距离，以 S 表示。缸径和活塞行程均用“毫米（mm）”计量。

显然，曲轴每旋转半圈（180°），活塞运动一个行程。因此，气缸中心线与曲轴中心线相交的发动机，活塞行程是曲柄半径的 2 倍，即 $S=2R$。

缸径和活塞行程决定发动机气缸的尺寸，是重要的结构参数。通常在叙述发动机气缸尺寸时，总是缸径和活塞行程两个参数同时出现，缸径在前，活塞行程在后，表示为“$D×S$”。例如，“90×88”的气缸，即表示缸径为 90 mm，活塞行程为 88 mm。

根据缸径与活塞行程的关系，通常将发动机分为方形发动机、短行程发动机和长行程发动机。当缸径与活塞行程相等时，即 $S/D=1$ 的发动机称为方形发动机；当缸径大于活塞行程时，即 $S/D<1$ 的发动机称为短行程发动机；当缸径小于活塞行程时，即 $S/D>1$ 称为长行程发动机。

4. 单缸排量（单缸工作容积）

一个气缸中，活塞移动一个行程所扫过的容积称为单缸排量（单缸工作容积），即上、下止点间的气缸容积，以 V_s 表示，用“升（L）”计量。可以想象，上、下止点之间的空间是一个圆柱体，其直径是缸径 D，高度是活塞行程 S。因此，单缸排量仅与缸径和活塞行程有关，即：

$$V_s = \frac{\pi D^2}{4} \times S \times 10^{-6} \tag{3-1}$$

式中，缸径 D 和活塞行程 S 均以毫米（mm）为单位。

5. 发动机排量（发动机工作容积）

对多缸发动机，所有气缸的工作容积之和称为发动机工作容积或发动机排量，以 V_L 表示，用“升（L）”计量。若气缸数为 i，则：

$$V_L = iV_s = i\frac{\pi D^2}{4} \times S \times 10^{-6} \tag{3-2}$$

因此，发动机排量取决于缸径、活塞行程和气缸数。改变发动机的缸径、活塞行程及气缸数，可以改变发动机排量。

一般来说，大排量发动机输出的功率较小排量发动机输出的功率大。

6. 燃烧室容积

活塞在上止点时，其顶面与气缸盖底面围成的空间称为燃烧室，是燃油与空气的混合气进行燃烧的封闭空间，其容积称为燃烧室容积，也叫压缩容积或最小气缸容积，以 V_c 表示。

7. 气缸总容积

活塞在下止点时，其顶面上方的全部容积称为气缸总容积，也叫最大气缸容积，以 V_a 表示。气缸总容积等于燃烧室容积与单缸排量之和，即：

$$V_a = V_c + V_s \tag{3-3}$$

8. 压缩比

压缩比指气缸总容积与燃烧室容积之比，以 ε 表示。

$$\varepsilon = \frac{V_a}{V_c} = 1 + \frac{V_s}{V_c} \tag{3-4}$$

压缩比的大小表示活塞从下止点移动到上止点时，气缸体积的减小、气缸内气体受压缩的程度。因此，压缩比也可定义为“开始压缩前的容积与压缩终了时的容积之比”。若气缸总容积为 0.9 L，燃烧室容积为 0.09 L，则压缩比是 0.9/0.09＝10，说明在压缩过程期间，气体的容积从 0.9 L 被压缩到 0.09 L，为原来容积的 1/10。

压缩比是发动机的一个重要结构参数。在其他条件相同的情况下，发动机的压缩比越大，则气体在气缸内受压缩的程度越大，压缩终了时气缸内气体的压力和温度越高，气缸内的最高压力和最高温度越高，推动活塞做功的能力越强，发动机的功率越大，热转化为功的效率也越高。

由于发动机所用燃料性质的不同，发动机着火和燃烧方式也不同，压缩比则不同。点燃式着火的汽油机，其压缩比较小，一般 $\varepsilon = 7 \sim 12$；压燃式着火的柴油机，其压缩比较大，一般 $\varepsilon = 12 \sim 24$。这一差异也是柴油机经济性、动力性比汽油机好的主要原因之一。

9. 工作循环

发动机气缸内进行的每一次将燃料燃烧产生的热能转变为机械能的一系列过程称为一个工作循环，由进气、压缩、做功（燃烧-膨胀）和排气四个行程组成。

3.3 往复活塞式内燃机的分类

根据内燃机在结构、工作上的特点，可将内燃机按不同的方法分为很多类型。

1. 按所用的燃料分类

根据所用燃料，内燃机可分为柴油机、汽油机、气体燃料（天然气、液化石油气等）发动机、醇类燃料发动机、双燃料发动机、氢气发动机等。

2. 按工作循环的活塞行程数分类

按照完成吸气、压缩、做功和排气一个工作循环所需的活塞行程数，内燃机可分为四冲程内燃机和二冲程内燃机两种。活塞连续运行四个行程完成一个工作循环的内燃机称为四冲程（或四行程）内燃机；活塞连续运行两个行程完成一个工作循环的内燃机称为二冲程（或二行程）内燃机。

3. 按着火方式分类

按着火方式的不同，内燃机分为压燃式（或自燃式）内燃机和点燃式内燃机两种。压燃式内燃机是利用气缸内的空气被高度压缩后产生的高温（高于燃料的着火温度），使燃料自行着火燃烧；点燃式内燃机是利用火花塞发出的电火花强制点火燃烧。

柴油自燃温度较低，点燃温度较高，柴油机采用压燃式着火；汽油的自燃温度较柴油的自燃温度高，但其点燃温度较低，遇明火易着火燃烧，故汽油机采用点燃式着火。煤气机、气体燃料发动机等也采用点燃式着火。

4. 按冷却方式分类

按冷却方式的不同，内燃机分为水（液）冷式内燃机和风（空）冷式内燃机。以水或其他冷却液为冷却介质的为水（液）冷式内燃机，以空气为冷却介质的为风（空）冷式内燃机。

5. 按进气方式分类

按照进气方式的不同，内燃机分为增压内燃机和非增压（自然吸气）内燃机两类。增压内燃机利用增压器将气体在进入气缸前预先压缩，提高进气压力，增大进气密度，增加进气量，提高内燃机功率。非增压内燃机不装增压器，大气状态下的空气靠进气过程中活塞的抽吸而进入气缸。

6. 按气缸数分类

按气缸数的不同，内燃机有单缸内燃机和多缸内燃机（有 2 个以上气缸）。多缸内燃机有 3 缸内燃机、4 缸内燃机、5 缸内燃机、6 缸内燃机、8 缸内燃机、10 缸内燃机、12 缸内燃机等。

7. 按气缸排列形式分类

汽车用发动机为多缸内燃机，其气缸的排列方式主要有直列式、V形和对置式等。所有气缸的中心线在同一垂直平面内的称为直列立式；所有气缸的中心线在同一水平平面内的称为直列卧式；气缸的中心线在两个平面内，且两平面相交呈V形的称为V形发动机；当V形夹角为180°时，称为水平对置式发动机。

8. 按可燃混合气形成的时间和位置分类

根据燃油-空气混合气形成的时间和位置，发动机可分为气缸外部形成混合气式发动机和气缸内部形成混合气式发动机两种。缸外喷射式汽油机、气体燃料发动机和传统的化油器式汽油机属于前者，柴油机和缸内喷射式汽油机则均属于后者。

9. 按照燃料供给控制方式分类

按照燃料供给控制方式，发动机可分为物理控制式发动机、机械控制式发动机和电控喷射式发动机。化油器式汽油机的燃料供给为物理控制式，传统的柴油机为机械控制式，现在的汽油机和柴油机则多为电控喷射式。

10. 按所用燃料的年代早晚或习惯分类

按人们应用燃料的年代早晚或习惯，发动机分为传统（或常规）燃料发动机和代用燃料发动机。常规燃料即目前占主导地位的发动机燃料，指石油炼制燃料——汽油和柴油。代用燃料即人们着眼于能源与环保问题而寻找的替代燃料，如醇类燃料、各种天然气、醚类燃料、生物燃料及氢气等。

另外，现代发动机还可按转速的高低，分为低速发动机、中速发动机和高速发动机；车用发动机还可按配气机构的形式、排量是否可变、压缩比是否可变等进行分类，这将在后续相关章节中介绍。

3.4 四冲程发动机的工作过程

对于四冲程发动机，活塞运行四个行程完成一个工作循环，即进气、压缩、做功和排气四个行程。

3.4.1 四冲程汽油机的工作过程

对照表3-1说明单缸四冲程汽油机的工作过程。

表 3-1　四冲程发动机工作原理对照表

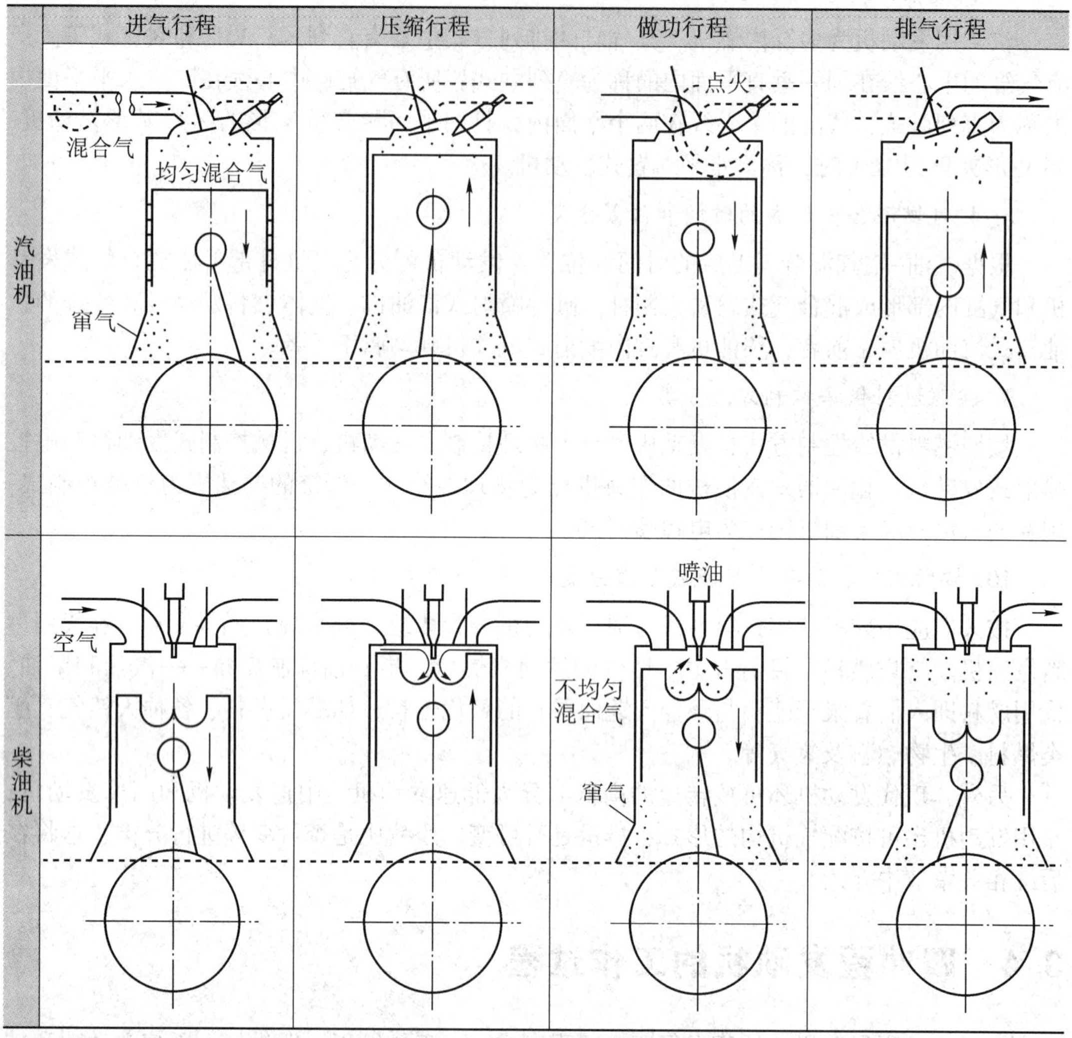

	进气行程	压缩行程	做功行程	排气行程
汽油机	混合气 均匀混合气 窜气		点火	
柴油机	空气		喷油 不均匀混合气 窜气	

1. 进（吸）气行程

在进气行程中，进气门处于开启状态，排气门处于关闭状态，曲轴带动活塞从上止点向下止点移动，气缸容积逐渐增大，使气缸内压力降低。当低于进气管内压力时（对自然吸气式发动机则为“负压”），空气和汽油的可燃混合气由进气管道经进气门被吸入气缸内，直至进气门关闭，停止进气。此时，气缸内充满了新鲜混合气和上一循环未排净的残余废气。

由于进气系统存在阻力，使进气终了时气缸内的气体压力略低于大气压力，为 0.075～0.09 MPa。而气门、活塞顶、气缸壁等高温零件与上一循环残留在气缸内的高温废气对新鲜混合气的加热，使进气终了时气缸内的气体温度升高至 340～380 K。

2. 压缩行程

进气行程结束后，进、排气门均关闭，从而将气缸封闭，曲轴继续旋转带动活塞由下止点向上止点移动，气缸容积逐渐减小，可燃混合气被压缩，压力

和温度同时升高。与此同时，燃油和空气在气缸内运动空气和高温的作用下进一步混合均匀，直至活塞到达上止点，压缩行程结束。此时，气缸内温度达到600~750 K，压力达到0.8~1.5 MPa，为可靠、迅速着火燃烧和做功做好准备。

3. 做功（燃烧膨胀）行程

活塞从上止点移动到下止点，进、排气门仍都保持关闭。

由于压缩行程接近上止点时，火花塞跳火，点燃空气和汽油的可燃混合气，火焰迅速烧遍整个燃烧室，放出大量热，生成高温高压的燃气，直接作用在活塞顶面，推动活塞由上止点迅速向下止点移动，将热能转化为机械能，并通过连杆驱动曲轴旋转而对外做功。

做功行程初始，在上止点附近，气缸内最高压力可达3.0~6.5 MPa，最高温度可达2 200~2 800 K。膨胀终了时，压力降至0.35~0.50 MPa，温度为1 200~1 500 K。

4. 排气行程

排气门处于开启状态，进气门仍关闭，曲轴通过连杆带动活塞由下止点向上止点移动。膨胀做功后的燃气（称为废气）在其自身压力和活塞的推动下，经排气门从排气管道排出气缸，直至排气门关闭。

由于燃烧室容积的存在，排气结束时废气不可能完全被排除干净，气缸内还存留少量废气，称为残余废气，其压力为0.105~0.12 MPa，温度为900~1 100 K。

至此，四冲程汽油机曲轴旋转两圈，活塞往复运动四个行程，进、排气门各开关一次，完成由进气、压缩、做功、排气组成的工作循环，活塞又回到进气行程上止点，进气门再次开启，曲轴继续旋转，又开始下一个新的工作循环。如此周而复始，四冲程汽油机就连续不断地输出动力。

3.4.2　四冲程柴油机的工作过程

四冲程柴油机工作过程中，曲柄连杆机构和气门的运动与四冲程汽油机相同，其工作循环也是在曲轴转两圈，活塞运行四个行程内，进、排气门各开关一次，完成进气、压缩、做功、排气四个行程，见表3-1。所不同的是，柴油机使用黏度大、蒸发性差、自燃性能好的柴油作燃料，燃料不能在气缸外部与空气开始混合并随空气进入气缸，而是在压缩行程接近终了时喷入气缸。柴油机采用较大的压缩比（高达24），在压缩终了时，气缸内的压力达到3.0~5.0 MPa，温度达到750~1 000 K，远高于柴油的自燃温度。此时，借助于喷油泵和喷油器将柴油在很高的压力下以雾状喷入燃烧室内，使其快速与高温的空气混合形成可燃混合气，并自燃着火燃烧。

膨胀行程初始，气缸内出现的最高压力为6.0~9.0 MPa，最高温度为1 800~2 200 K。膨胀终了时，非增压柴油机气缸内压力为0.2~0.5 MPa，温度为1 000~1 200 K。排气终了时，气缸内压力为0.105~0.12 MPa，温度为700~900 K。

柴油机进气阻力小，新鲜空气受热少，进气终了时气缸内压力较高，为0.085~0.095 MPa；进气终了时气缸内温度较低，为310~340 K。

3.4.3 发动机运转的平稳性

单缸四冲程发动机，曲轴每旋转两圈完成一个工作循环，才有一个做功行程，其余三个行程为辅助行程，均消耗功，即只有1/4的时间输出功率。显然，做功行程时，曲轴的转速较其他三个行程时的曲轴转速要高，即在一个工作循环中曲轴的转速是非均匀的。为减小发动机转速波动，提高运转平稳性，采取如下基本措施。

1. 安装飞轮

在曲轴的输出端安装旋转质量很大的飞轮，利用其转动惯性在做功行程中储存能量，在辅助行程中释放能量。

2. 多缸发动机各缸均匀间隔地做功

多缸发动机各个气缸的活塞连杆组都连接在同一根曲轴上，每个气缸都按前述的进气、压缩、做功、排气进行工作循环。但在同一时刻，每个气缸中的工作行程应不同，即同名行程排列需要相互均匀地间隔一定的曲轴转角，使得做功行程相互衔接。

为保证发动机运转平稳，每个气缸的做功行程应均匀间隔地分布在一个工作循环的曲轴转角内（四行程为720°、二行程为360°），这就是多缸发动机的均匀间隔发火（工作）原则。对多缸四冲程发动机，若气缸数为 i，则发火间隔角应为 $\Delta\varphi_i = 720°/i$。

例如，四缸四冲程发动机，其发火间隔角应为180°；六缸四冲程发动机，其发火间隔角应为120°。

显然，气缸数越多，发动机工作越平稳。气缸数越少的发动机，为保证其运转平稳，需要的飞轮质量越大。因此，单缸发动机的飞轮质量一般都很大。

3. 各缸工作均匀

对多缸发动机，各缸工作均匀是发动机平稳运转的重要保证。所谓各缸工作均匀，是指在同一运转状态下，各缸在循环中的同一位置或时刻，气缸内的热力参数、几何参数应相同。例如，各缸的几何参数、配合间隙、活塞连杆组质量等应在一定误差范围内，每次循环进入各缸的混合气的数量和浓度相同，各缸气门开启和关闭的时刻及点火或喷油的时刻也必须相同；否则，将会出现不同程度的抖动。

3.5 发动机的总体构造

现代发动机是极为复杂的机器，由许多机构和系统组成，它们协同完成进气、压缩、做功、排气四个过程，实现能量的有效转换和发动机的可靠、持久运行。虽然发动机类型、结构、性能、用途千差万别，但就其总体构成而言，发动机包括一个骨架、两大机构、六大系统。

1. 机体组

机体组由气缸体、气缸盖、曲轴箱等主要零件组成，是发动机的骨架。发动机所有其他的零部件都安装在它上面，或与之配合，组成其他机构和系统。

2. 曲柄连杆机构

曲柄连杆机构主要由活塞组、连杆组、曲轴飞轮组等组成，是发动机的基本机构和重要的运动件。曲柄连杆机构的主要功用是实现活塞的往复运动和曲轴旋转运动之间的互相转变，并对外输出功。

3. 配气机构

配气机构主要由气门组、凸轮轴、正时齿轮及传动组（挺柱、推杆、摇臂）等组成。配气机构的主要功用是按要求控制气门的开启和关闭，完成发动机的进气和排气过程。

4. 燃料供给系统

柴油机和汽油机因所用燃料和混合气形成方法的不同，其燃料供给系统有较大差别。

柴油机燃料供给系统主要由油箱、输油泵、燃油滤清器、喷油泵、喷油器及调速器等组成。其功用是根据工况需求，定时、定量、定压地向燃烧室喷入燃料。

汽油机燃料供给系统的功用是按工况要求均匀地供给各缸一定数量和浓度的可燃混合气。传统的化油器式汽油机燃料供给系统主要由油箱、输油泵、燃油滤清器、化油器等组成。电控喷射式汽油机燃料供给系统主要由油箱、输油泵、燃油滤清器、燃油压力调节器、各种传感器、电控喷油器、电控单元等组成。

5. 润滑系统

润滑系统的功用是将机油（润滑油）及时地输送到相对运动件的摩擦表面，以减少摩擦阻力和表面磨损，并起到冷却、清洗等作用。润滑系统主要由机油泵、机油滤清器、机油冷却器、机油油道和各种阀门等组成。

6. 冷却系统

冷却系统的功用是将受热零件吸收的多余热量带走，以保证发动机正常的工作温度，防止出现过冷和过热现象。汽车发动机多采用水冷系统，主要由风扇、散热器（水箱）、水泵、节温器、气缸体及气缸盖内的水套、水管等组成。

7. 点火系统

点火系统是汽油机、煤气机特有的系统，其主要功用是保证在规定的时刻，及时、可靠地产生火花，从而点燃气缸内的可燃混合气。点火系统主要由火花塞、点火线圈、蓄电池等组成。

8. 起动系统

起动系统的功用是使发动机由静止状态进入自行运转状态。起动系统主要由起动机和附属设备组成。

9. 进、排气系统

传统发动机中，进、排系统中只有空气滤清器、进气管、排气管、消声器等，人们将其与燃料供给系统归入供给系统。但随着发动机技术的发展，进、排气系统中的新技术、新装置等越来越多，有必要将其单独划入一个系统。

进、排气系统的主要功用是把尽可能多且清洁的新鲜充量或废气迅速地导入或导出气缸。进、排气系统主要由空气滤清器、进气管、排气管、消声器、排气净化装置和增压装置、气道、进气预热装置、空气流量计、怠速阀等组成。

柴油机和汽油机在总体构成上的主要差别表现为：其一，汽油机有点火系统，而柴油机没有；其二，燃料供给系统的差异。这两点也是从外表上区分柴油机和汽油机的主要依据。

机体组、曲柄连杆机构、配气机构是发动机的基本机械部分，配以燃料供给系统，便可实现热与功的转换。而工作良好的冷却系统，润滑系统，进、排气系统，点火系统是发动机高效、安全、可靠、耐久运行的重要保证，也是日常维护保养的主要对象。如果发动机得不到充分的润滑和适当的冷却，很快就会损坏。如图 3-3 所示为发动机的剖面图及总体构成。

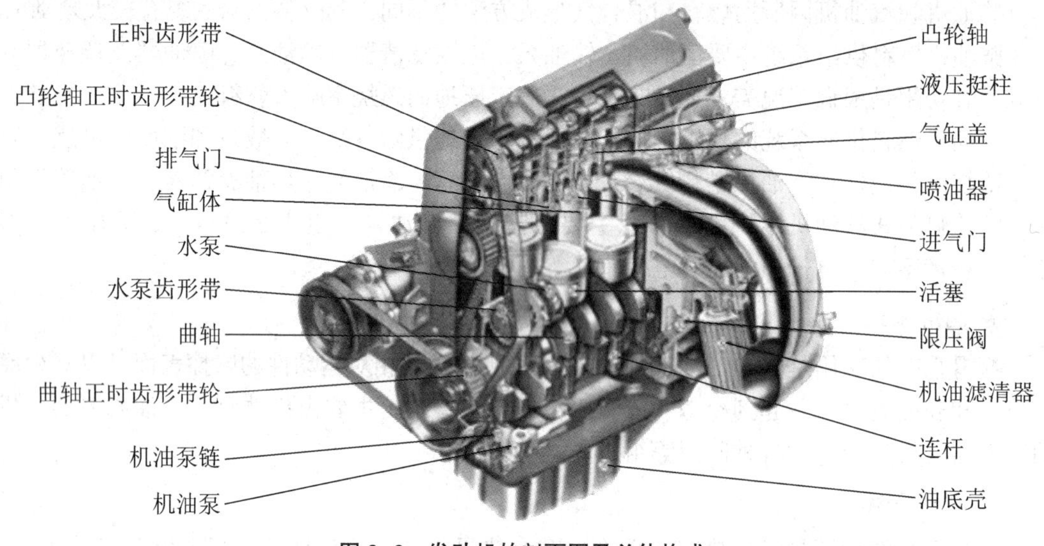

图 3-3　发动机的剖面图及总体构成

3.6　柴油机与汽油机的比较

1. 基本工作过程的差异

（1）柴油蒸发性差，柴油机必须在压缩终了时将柴油以很高的压力喷入高温、高压的气缸内，可燃混合气仅在压缩行程上止点附近于很短的时间内形成，混合气不均匀。汽油的蒸发性好，汽油机的可燃混合气于进气管中开始形成，直至延续到压缩行程末期，时间长，混合均匀。

（2）柴油机的压缩比较大，汽油机的压缩比较小。

（3）汽油机的着火靠火花塞点燃，柴油机的着火则靠压缩终了时气缸内的高温自燃。

2. 外形结构的差异

（1）汽油机具有点火系统，而柴油机没有点火系统。

（2）燃料供给系统不同。

3. 性能的差异

工作过程、结构的差异，导致柴油机与汽油机在性能、使用等方面的不同。

（1）柴油机的压缩比较大，高温燃气膨胀充分，其经济性、动力性较汽油机好。

（2）柴油机没有点火系统，故障少，工作可靠，坚固耐用，且易于保养。

（3）柴油机的压缩比较大，气缸内的最高压力较高，机械载荷较大，刚、强度要求高，故其零部件尺寸较大，整机体积、质量较大，即所谓的“笨重”。相反，汽油机结构紧凑，质量较小，即所谓的“轻巧”。

（4）柴油机燃烧速度慢，转速低；汽油机则燃烧速度快，转速高。

（5）燃烧方式的差异，使得柴油机振动、噪声较大；汽油机则运转较平稳，噪声较小。

（6）柴油机的自燃着火方式，致其冷起动困难；汽油机的点燃着火方式则使其起动容易。

近年来，由于汽车节能、环保、安全发展主题的要求，柴油机的优点更显突出，其技术也得以迅速发展，在保持原有经济性、动力性好优势的基础上，固有的振动噪声大、起动困难等弱点已经或正在被改进，甚至可与汽油机媲美，越来越受到青睐。

本章小结

现代汽车的动力装置仍以往复活塞式内燃机为主。按所用燃料、每个循环行程数、冷却方式和吸气方式等，内燃机可分为柴油机、汽油机及气体燃料发动机，四冲程和二冲程内燃机，水冷式和风冷式内燃机，增压和非增压内燃机等。

活塞在气缸内做往复运动时，其离曲轴旋转中心最远和最近的点称为上止点和下止点，活塞从一个止点运行到另一个止点所走过的距离称为行程。活塞从下止点到上止点扫过的容积称为气缸工作容积，又称为单缸排量。发动机排量是各单缸排量之和，行程和缸径决定排量。活塞在上止点时，其上部的气缸容积称为燃烧室容积；活塞在下止点时，其顶面上方的全部容积称为气缸总容积。压缩比是气缸总容积与燃烧室容积之比，压缩比越大，发动机的动力性和经济性越好。

四冲程发动机的每个工作循环均由进气、压缩、做功、排气四个行程组成。四冲程发动机，其曲轴转两圈完成一个工作循环，做功一次。四冲程发动机的每个工作循环只有一个行程做功，曲轴旋转不均匀，解决的方法是，在曲轴的输出端安装旋转质量很大的飞轮，多缸发动机各缸均匀间隔发火，且保证各缸气门正时、点火或喷油正时、几何参数、循环进气量和混合气浓度相同。

汽油的挥发性好，汽油机的可燃混合气于进气管中开始形成，混合均匀，属均质混合气燃烧；柴油挥发性差，柴油机必须在压缩终了时将柴油在高压下喷入高温、高压的气缸内，可燃混合气仅在压缩行程和膨胀行程上止点附近于很短的时间内形成。汽油机进气过程吸入汽油和空气的混合气，柴油机则吸入纯空气；汽油机的着火靠火花塞点燃，柴油机的着火靠压缩终了时气缸内的高温自燃。柴油机压缩比大，经济性好，坚固耐用，但其冷起动困难、转速低、笨重、平稳性差、噪声大。

发动机总成由机体组、曲柄连杆机构、配气机构、燃料供给系统、润滑系统、冷却系统、点火系统（汽油机）、起动系统和进、排气系统等构成。柴油机和汽油机在外表上的主要差别是汽油机有点火系统，而柴油机没有，并且两者的燃料供给系统也有较大区别。

自测题

一、选择题

1. 在压缩行程和膨胀行程中，进、排气门（　　）。

A. 均关闭　　B. 进气门开、排气门关
C. 进气门关、排气门开　　D. 均开启

2. 下列（　　）不是四冲程发动机的行程。

A. 进气　　B. 排气　　C. 点火　　D. 做功

3. 下列发动机分类方式中，（　　）是按照进气方式进行分类的。

A. 增压式和非增压式
B. 常规燃料式和代用燃料式
C. 气缸外部形成混合气式和气缸内部形成混合气式
D. 点燃式和压燃式

4. 1 个活塞行程等于曲柄半径的（　　）。

A. 3 倍　　B. 2 倍　　C. 1/2　　D. 4 倍

5. 四冲程发动机的每个工作循环中，其曲轴旋转（　　）。

A. 4 圈　　B. 2 圈　　C. 1 圈　　D. 以上都对

二、判断题

1. 不管是四冲程发动机还是二冲程发动机，每个工作循环均由进气、压缩、做功、排气四个行程组成。（　　）
2. 发动机排量就是排气量。（　　）
3. 活塞在上、下止点时，其运动速度等于零。（　　）
4. 四冲程发动机，其曲轴转两圈完成一个工作循环，进、排气门分别开关一次。（　　）
5. 四冲程发动机，在一个工作循环中，活塞两次经过上止点和下止点。（　　）

三、简答题

1. 如何从外形上区分柴油机油和汽油机？
2. 四冲程柴油机与四冲程汽油机在工作过程上有什么不同？
3. 发动机由哪些机构和系统组成？

第4章 发动机的性能及评价

导 言

本章讨论发动机性能指标及使用特性，主要包括动力性、经济性的评价指标，发动机机械损失及影响因素，发动机的速度特性及其曲线、负荷特性及其曲线，为正确评价、合理选用发动机奠定基础。

学习目标

1. 认知目标

（1）理解发动机的动力性、经济性指标。

（2）理解发动机的速度特性及意义，尤其外特性曲线上的特征点。

（3）理解发动机的负荷特性及意义。

（4）理解发动机机械损失的构成。

（5）理解发动机机械效率的影响因素。

2. 技能目标

（1）能够运用性能指标比较发动机性能的优劣。

（2）能够测试发动机的速度特性及负荷特性。

（3）能够识别速度特性曲线与负荷特性曲线。

3. 情感目标

（1）以理解为基础，融会贯通基本概念、知识，锻炼归纳、总结的能力。

（2）查阅或收集不同发动机的主要性能指标，比较其优劣，锻炼基本知识的运用能力。

4.1 发动机性能指标

发动机性能的好坏，通常以性能指标来描述。发动机性能指标有指示指标和有效指标。指示指标是以气缸内气体对活塞做功为基础的性能指标，有效指标则是以曲轴对外输出的功率为基础的性能指标。对使用者而言，指示指标不常用，常用的是有效指标，如功率的大小、燃油消耗的多少和转速的高低，均指有效指标。常用的有效指标主要是动力性指标和经济性指标。

4.1.1 发动机动力性指标

发动机动力性指标是评价发动机做功能力大小的指标。常用的发动机动力性指标有有效转矩、转速、有效功率、平均有效压力等。

1. 有效转矩

转矩又称为力矩，等于回转中心到力作用线的垂直距离与力的积。发动机曲轴对外输出的转矩称为有效转矩，以 T_{tq} 表示，单位为“牛·米（N·m）”。

在实验室里，有效转矩可由测功器直接测得。

2. 转速

发动机曲轴每分钟的旋转次数称为发动机转速，以 n 表示，单位为“转/分钟（r/min）”。转速可由转速仪直接测得。

3. 有效功率

功率即做功的速率。发动机曲轴单位时间内输出的有效功称为有效功率，以 P_e 表示，单位为“千瓦（kW）”。

发动机的有效功率、有效转矩、转速之间有如下关系：

$$P_e = \frac{T_{tq}n}{9\ 550} \tag{4-1}$$

式中：P_e——有效功率，kW；

T_{tq}——有效转矩，N·m；

n——转速，r/min。

发动机的功率和转矩随转速而变化，在说明发动机功率和转矩的大小时，必须同时指明其相应的转速。例如，200(N·m)/4 400(r/min)，指发动机转速在 4 400 r/min 时，其输出转矩为 200 N·m。发动机出厂标牌规定的有效功率和转速分别称为标定功率和标定转速。

实验室里，当测得发动机有效转矩和转速后，可根据式（4-1）计算出有效功率。

4. 平均有效压力

单位气缸工作容积输出的有效功称为平均有效压力，以 p_{me} 表示，单位为 MPa。平均有效压力是一个假想的不变的压力，用来评价不同排量发动机的动力性。它与其他动力性指标之间的关系为：

$$P_e = \frac{p_{me}V_s ni}{30\tau} \times 10^{-3} \tag{4-2}$$

式中：P_e——有效功率，kW；

p_{me}——平均有效压力，MPa；

V_s——气缸工作容积，L；

n——转速，r/min；

i——气缸数；

τ——冲程数，四冲程 $\tau=4$，二冲程 $\tau=2$。

由式（4-2）可见：转速增加，平均有效压力增大，均使有效功率增大；排量越大，气缸数越多，输出的有效功率越大。

4.1.2 发动机经济性指标

表征发动机经济性的指标主要是有效燃油消耗率和有效热效率。

1. 有效燃油消耗率

发动机每输出 1 kW·h 的单位有效功所消耗的燃油量，称为有效燃油消耗率，用 b_e 表示，单位为 g/(kW·h)。有效燃油消耗率可按式（4-3）计算：

$$b_e = \frac{G_T}{P_e} \times 10^3 \tag{4-3}$$

式中，G_T 为发动机每小时耗油量，kg/h，可在实验室中测得。

2. 有效热效率

有效功（或转变成有效功的热量）与获得这个有效功所消耗的燃油完全燃烧放出的热量的比，称为有效热效率，以 η_e 表示。

有效热效率与有效燃油消耗率成反比，有效燃油消耗率越小，有效热效率越高，则经济性越好。

柴油机：$\eta_e=0.30\sim0.46$，$b_e=218\sim285$ g/(kW·h)。

汽油机：$\eta_e=0.20\sim0.35$，$b_e=270\sim380$ g/(kW·h)。

4.2 发动机机械损失与机械效率

1. 机械损失

气缸内的工作介质对活塞做的功或作用于活塞的功率，在向外传递中必定有一部分被发动机本身所消耗掉，损失掉的这部分功或功率称为机械损失功或机械损失功率。

机械损失功或机械损失功率主要由三部分组成。

（1）摩擦损失。摩擦损失主要指各运动件之间的摩擦损失（如活塞组件与气缸壁间的摩擦、主轴承与主轴颈间的摩擦、凸轮轴轴承与轴颈间的摩擦、配气机构中的摩擦等）、运动件与流体之间的摩擦损失（如空气、燃气、机油间的摩擦，曲轴搅动机油的摩擦等）。

（2）驱动附件损失。燃油泵、机油泵、风扇、发电机、水泵等附件的工作均由曲轴驱动，有效功率中也扣除这些附件消耗的功率。

（3）泵气损失。进、排气行程中，废气排出气缸和新鲜充量进入气缸所消耗的功或功率，称为泵气损失。

2. 机械效率

发动机机械效率就是实际输出有效功率或功与气缸内气体作用于活塞上的功率（没有机械损失时可能输出的功率）或功的比。

$$\eta_m = \frac{P_e}{P_m + P_e} \tag{4-4}$$

式中：η_m——机械效率；

P_m——机械损失功率。

3. 机械效率的影响因素

（1）转速。随发动机转速的升高，各运动零部件的惯性力载荷增大，且各运动副的相对速度增大，摩擦损失将增大。与此同时，泵气损失和驱动附件功耗也增大。因此，随发动机转速的升高，机械损失增多，机械效率降低。

（2）负荷。当转速一定时，随负荷的减小，有效功率减小，机械效率下降。直到负荷为零，即怠速时，发动机空转，气缸内的气体对活塞做的功全部用来克服发动机内部的机械损失，输出功率 $P_e=0$，机械效率 $\eta_m=0$，有效热效率 $\eta_e=0$，有效燃油消耗率为无穷大。

负荷变化对汽油机的机械效率影响较大。汽油机是通过调节节气门（俗称“油门”）开度，改变进入气缸的混合气数量来调节功率输出，以适应负荷变化的。随负荷的降低，节气门开度减小，进气阻力增大，泵气损失增多，机械效率降低较明显。这是汽油机在小负荷时经济性恶化的主要原因之一。

负荷变化对柴油机机械效率的影响较小，这是因为柴油机是通过调节喷入气缸内燃油量，改变气缸内混合气的浓度来改变功率输出，适应负荷变化的，无须在进气管中设置节气门。因此，柴油机负荷变化时，机械损失变化不大。

（3）润滑油与温度。润滑油中的任何杂质或沉积物都使摩擦、磨损加剧。

发动机在冷起动和低温下工作时，由于润滑油黏度大，摩擦损失大，故机械效率降低。

润滑油选用时，在保证各种环境和工况均能可靠润滑的前提下，尽量选用黏度较小的润滑油，以减少摩擦损失，改善起动性。新发动机、长期在低温下工作的发动机宜选用黏度较小的润滑油；长期在高温环境下工作，或机械载荷较大，或磨损严重的旧发动机，宜选用黏度较大的润滑油。

（4）技术状况。零部件的磨损、受力或受热变形，使相对运动的零件偏离了初始较理想的配合状态，导致受力、受热进一步恶化，摩擦、磨损、变形逐渐加剧，使机械效率降低。

发动机冷却系统与润滑系统的工作状况对机械损失的影响很大。冷却系统工作不佳，引发的发动机过冷或过热都使摩擦、磨损加剧，机械效率下降。润滑油老化、稀释，形成油泥、变得黏稠等，都使润滑油油性降低；润滑系统某一个或几个零部件工作不良引起的油压不足等，均导致润滑条件恶化，加剧摩擦、磨损。

4.3 发动机性能特性

使用中，当发动机的负荷、速度及汽车道路状况等发生变化时，其性能指标参数也将随之变化，以适应外界的需要。发动机的主要性能指标随其工况变化而变化的关系称为发动机的使用性能特性，表示这些变化关系的曲线称为发动机特性曲线。

发动机特性中最常用的是速度特性、负荷特性。

4.3.1　发动机工况

发动机工况就是发动机的运行状况，简称工况。转速和有效功率、有效转矩可表征其所处的工况，称为工况参数。转速说明发动机工作频率的快慢，有效功率和有效转矩说明发动机承受负荷的能力。根据式（4-1），三个参数只有两个是相互独立的，第三个参数可由另外两个参数表示。

发动机工况可能是稳定的，也可能是不稳定的。在稳定工况下，其性能指标参数如转速、功率、转矩等不随时间变化；反之，工况为不稳定的。可见，使用中只有在发动机输出的功率或转矩与负荷消耗的功率或施加于曲轴上的阻力矩相等时，发动机才能稳定运转。因此，常以功率的大小等表示发动机的负荷。

注意，勿将功率和负荷的概念混淆。

汽车发动机能在较大的转速、功率（或转矩）变化范围内可靠工作。在以转速作为横坐标，功率或转矩作为纵坐标的坐标系中，发动机全部可能的工况点都在由最高转速和最低转速所对应的两条竖线、横坐标轴及最大油门时功率（或转矩）随转速变化的曲线所限定的面积内，如图 4-1 所示。因此，汽车发动机工况在一个面内变化，称为面工况。

由于发动机用途很广，故不同的应用场合，其工况种类不同。发电用发动机，要求无论外界负荷如何变化，发动机转速保持不变，以保证电压和频率都保持不变，称为恒速工况，如图 4-1 中的垂直线 1。而灌溉用发动机，不仅转速不变，而且功率也因扬程不变而恒定，此为点工况，如图 4-1 中的 A 点所示。

发动机作为船用主机时，其输出的功率必须符合螺旋桨吸收的功率与转速的三次方成正比的关系，即 $P_e \propto n^3$，此为螺旋桨工况，如图 4-1 中的曲线 2 所示。

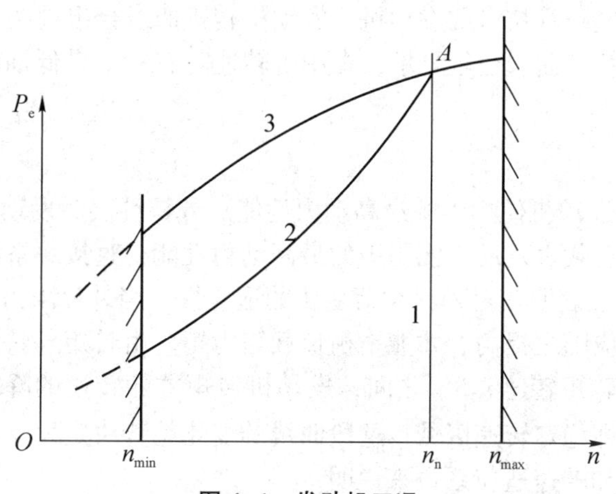

图 4-1　发动机工况

4.3.2 发动机速度特性

1. 速度特性曲线

当发动机油门（汽油机节气门或柴油机供油拉杆）位置不变时，主要性能指标（功率、转矩、燃油消耗率、排气温度、有害排放物等）随转速的变化关系称为速度特性。当汽车沿阻力变化的道路行驶（如上坡、下坡），而油门的位置保持不变时，发动机的转速会因路况而变化（上坡时速度下降，下坡时速度增加），这时发动机即按速度特性工作。

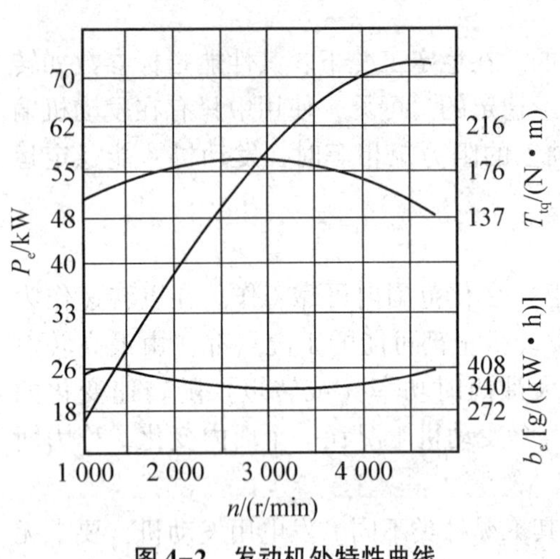

图 4-2 发动机外特性曲线

依据油门位置的大小，速度特性分为外特性、部分特性。油门开启位置最大（汽油机节气门开度最大或柴油机供油量最大）时的速度特性为全负荷速度特性，又称为外特性。油门在部分开启位置时的速度特性为部分负荷速度特性，简称为部分特性。如图 4-2 所示为发动机外特性曲线，其横坐标为转速，纵坐标是其他性能指标参数。

速度特性是在发动机试验台架上测出的。测量时，油量调节机构位置固定不动，调整测功器的负荷，改变发动机的转速，记录每个转速下的有关数据，并整理绘制出曲线（以转速为横坐标）。

如图 4-2 所示，随着转速的升高，有效功率稳步增长，这主要是因为随着转速的升高，单位时间内做功的次数增多。但对汽油机，在最高转速附近，转速再升高，由于摩擦功率迅速增大、进气流动阻力大、燃烧恶化等，功率反而下降。

发动机转矩外特性曲线比较平坦，在中间某转速，发动机转矩达到最大值。对采用可变配气技术或可变进气歧管技术的发动机，发动机转矩曲线会出现两个以上的峰值点。

发动机油耗速度特性曲线也较平坦，在中等转速时有一个最低油耗率点，过低或过高的转速均使油耗增加。

2. 外特性的意义

（1）外特性表明发动机使用中的最高动力性能。外特性表明发动机在各转速下能够输出的最大功率和转矩，代表发动机使用中的最高动力性能，直接关系汽车的动力性。

（2）发动机外特性表明其对外界载荷变化的适应性。当外界阻力增大时，发动机转速会降低，其输出转矩应随之提高，才能平衡负载阻力矩。由转矩外特性曲线可见，只有在最高转速 n_{max} 和最大转矩转速 $n_{T_{tqmax}}$ 之间，发动机转矩才随转速的降低而升高，其工作是稳定的，此转速范围即稳定转速区域。这段曲线的变化趋势决定发动机的工作稳定性，为此引入转矩适应系数和转速适应系数来说明。

$$\kappa_T = \frac{T_{tqmax}}{T_{tq}} \tag{4-5}$$

式中：κ_T——转矩适应系数；

T_{tqmax}——外特性曲线上的最大转矩；

T_{tq}——标定工况下的转矩。

$$\kappa_n = \frac{n_H}{n_{T_{tqmax}}} \tag{4-6}$$

式中：κ_n——转速适应系数；

n_H——标定工况时的转速；

$n_{T_{tqmax}}$——最大转矩时的转速。

κ_T 和 κ_n 越大，转矩曲线稳定工作段越陡，稳定工作转速范围越宽，说明在不换挡的情况下，发动机克服短期超载（如爬坡）的能力越强，转速波动较小。显然，最高转矩越大且出现最高转矩时的转速越低，发动机工作越稳定或适应负载变化能力越强。

（3）发动机最低燃油消耗率转速介于其最大功率转速和最大转矩转速之间，最高动力性与最好经济性不能兼得。

3. 柴油机与汽油机外特性的比较

柴油机在各种负荷下的速度特性之转矩曲线均较汽油机的平坦，在中、小负荷区，转矩甚至随转速升高而增大。柴油机的转矩适应系数 κ_T 为 1.05，转速适应系数 κ_n 为 1.4~2.0；而汽油机的速度特性不同，转矩曲线的总趋势是随转速升高，转矩减小，且节气门开度越小，曲线越陡，其 κ_T 值达 1.2~1.4，κ_n 值达 1.5~3.8，故汽油机对外界负荷的适应性好。

在各种负荷下，柴油机燃油消耗率曲线均较平坦，仅在两端略有翘起，说明其在较大的转速范围内有较好的经济性；汽油机燃油消耗率曲线的翘曲度随节气门开度减小而剧烈增大，相应经济转速范围越来越窄。

4.3.3 发动机负荷特性

当发动机转速不变时，其性能指标（主要指燃油消耗率、小时耗油量、有害排放物、排气温度等）随负荷而变化的关系为负荷特性。当汽车不换挡，等速沿阻力变化的道路行驶时，为这种情况。此时，必须改变发动机的油门，以调整有效转矩或功率，适应外界阻力的变化，来保持发动机转速不变。

如图 4-3 所示为发动机负荷特性曲线。在发动机的负荷范围内，存在一个最低燃油消耗率负荷。当负荷为零时（怠速工况），发动机输出的功率全部用于克服内部损失，输出功率为零，有效热效率为零，有效燃油消耗率 $b_e \to \infty$。随负荷的增大，输出有效功率增大，有效热效率增大，有效燃油消耗率迅速下降。当负荷增大到较大时（如汽油机为 80%左右，柴油机为 90%左右），有效燃油消耗率达到最低值 b_{emin}。当负荷再继续增大时，混合气浓度增大，燃烧不完全，有效热效率降低，有效燃油消耗率又上升。

发动机负荷特性曲线表明，汽油机在 80%左右负荷率、柴油机在 90%左右负荷率下工作时，有效燃油消耗率最低，经济性最好。负荷率过高或过低，发动机有效燃油消耗率都升高。因此，可根据运输任务或配套机构合理地选用汽车或发动机，使其常运行在最经济负荷附近，以达到节油的目的。任何大马拉小车或小马拉大车的现象都不利于节油。

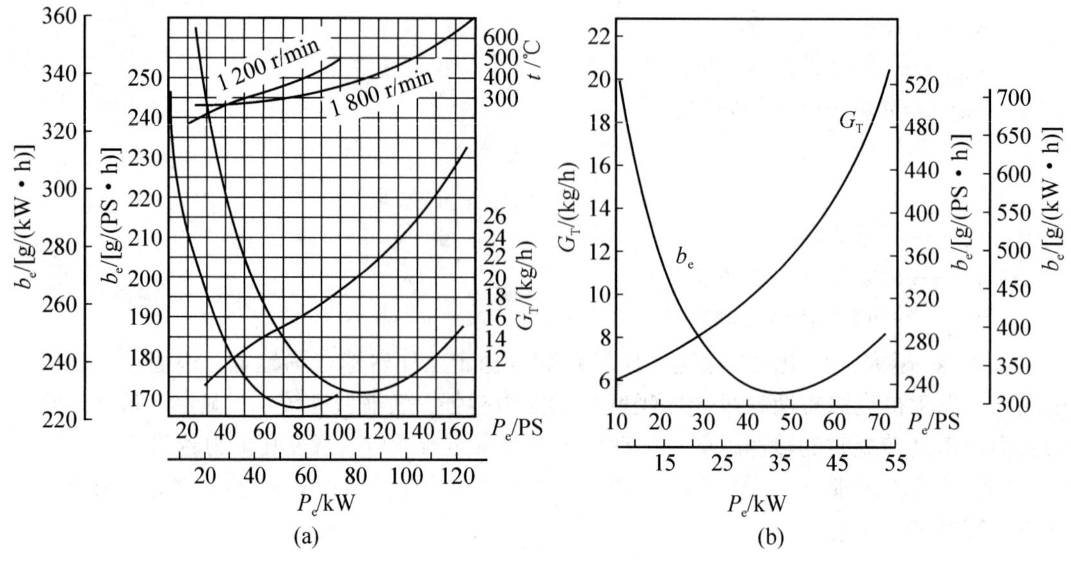

图 4-3　发动机负荷特性曲线

（a）柴油机负荷特性；（b）汽油机负荷特性

本章小结

有效转矩、转速、有效功率和平均有效压力是评价发动机动力性的指标。平均有效压力指单位气缸工作容积输出的有效功，用来评价不同排量发动机的做功能力。发动机的转速越高、排量越大、平均有效压力越大，输出的功率就越大。

有效燃油消耗率和有效热效率是发动机的经济性指标。有效燃油消耗率是发动机输出 1 kW · h 的有效功所消耗的燃油量，单位是 g/(kW · h)。有效燃油消耗率越低，有效热效率越高，经济性越好。

机械效率就是实际输出有效功率与没有机械损失时可能输出的功率之比。机械损失用来克服发动机内部各运动件之间的摩擦损失、泵气损失和驱动附件损失。机械效率随转速的升高而减小。对于汽油机，因其功率（负荷）调节方式是量调节，故随负荷的减小，节气门开度减小，进气阻力增大，机械效率下降；柴油机的机械效率随负荷的改变而变化不大。发动机在低温下运行，会加剧摩擦、磨损。技术状况恶化，配合间隙失准、磨损等，都使发动机机械效率下降。

有效功率、有效转矩和转速为工况参数，其中的任意两个参数可表征发动机所处的运行工况。发动机稳定运转时，其输出的功率或转矩与负荷消耗的功率或施加于曲轴上的阻力矩相等。常以功率的大小表示发动机的负荷，与功率成单一正比关系的参数称为负荷参数。

发动机的主要性能指标随其工况变化而变化的关系称为发动机性能特性，表示这些变化关系的曲线称为发动机特性曲线。最常用的性能特性是速度特性和负荷特性。速度特性指发动机油门（汽油机节气门或柴油机供油拉杆）位置不变时，主要性能指标

（功率、转矩、燃油消耗率、排气温度等）随转速的变化关系。速度特性分为全负荷速度特性和部分负荷速度特性，全负荷速度特性又称为外特性，是油门开度最大时的速度特性，表明发动机的最高使用动力性能。负荷特性指发动机转速不变时，其性能指标随负荷而变化的关系，表明发动机的经济性。发动机性能特性曲线对正确选用、使用发动机具有指导意义。

自测题

一、选择题

1. （　　）是发动机经济性指标。

A. 有效燃油消耗率　　B. 有效转矩

C. 转速　　D. 有效功率

2. 根据发动机负荷特性曲线，发动机在（　　）下经济性最好。

A. 怠速　　B. 满负荷　　C. 50% 负荷　　D. 80% 负荷

3. 根据发动机外特性可知，当不换挡时，汽油机车较柴油机车的短期超载能力（　　）。

A. 强　　B. 弱　　C. 不一定　　D. 两者相同

4. 随转速的增大，机械效率（　　）。

A. 增大　　B. 减小　　C. 不变　　D. 变化不定

5. 汽油机随负荷减小，机械效率（　　）。

A. 增大　　B. 减小　　C. 不变　　D. 变化不定

二、判断题

1. 发动机长时间在低温下工作会加剧磨损。（　　）
2. 怠速运转时，气缸内气体对活塞做的功全部用来克服机械损失。（　　）
3. 发动机负荷越小，经济性越好。（　　）
4. 发动机排量越小，经济性越好。（　　）
5. 发动机稳定工作时，其输出的功率与负荷消耗的功率相等。（　　）

三、简答题

1. 何谓发动机有效燃油消耗率？有何意义？

2. 柴油机车与汽油机车相比，在不变换油门和挡位的情况下，哪个爬坡能力强？为什么？

3. 何谓发动机速度特性？

第5章　机体组与曲柄连杆机构

导　言

本章主要讨论发动机机体组的组成、功用，主要零部件气缸体、气缸盖、气缸垫等的结构、装配关系、拆装要领、损伤形式及检修方法；阐述曲柄连杆机构之活塞组件、连杆组件、曲轴飞轮组件等主要的功用、结构、装配与传动关系、拆装要领、损伤形式及检修方法。认识机体组、曲柄连杆机构的结构与发动机性能、检修之间的关系。

学习目标

1. 认知目标

(1) 掌握机体组及曲柄连杆机构的功用和构成。

(2) 掌握主要零部件的功用、结构、装配和传动关系、拆装规范，调整及检修方法。

(3) 掌握活塞组件、轴承的选配方法及要求。

(4) 理解机体组、曲柄连杆机构主要零部件的损伤形式、规律或特征、危害及检修方法。

(5) 了解机体组、曲柄连杆机构主要零部件的工作条件、要求及材料。

(6) 了解压缩比可变技术。

2. 技能目标

(1) 正确拆装机体组及曲柄连杆机构。

(2) 正确检修机体组零部件。

(3) 正确检修、选配曲柄连杆机构零部件。

3. 情感目标

(1) 勿死记硬背，以理解为基础，归纳、总结、记忆相关知识。

(2) 理论知识与实践操作相结合，知行统一，巩固基本知识，活学活用。

(3) 养成规范操作，安全、节能、环保、高效、文明生产、诚信服务的职业素养。

(4) 养成自主学习、协同工作的优良作风。

(5) 具有科学严谨的工作态度，一丝不苟、精益求精的工匠精神。

5.1　机体组

机体组是发动机的基本骨架，是其他所有零部件的安装基础。机体组主要由气缸体

(又称为机体)、气缸盖、气缸垫、曲轴箱、气缸盖罩等组成。如图 5-1 所示为水冷式发动机机体组示意图。

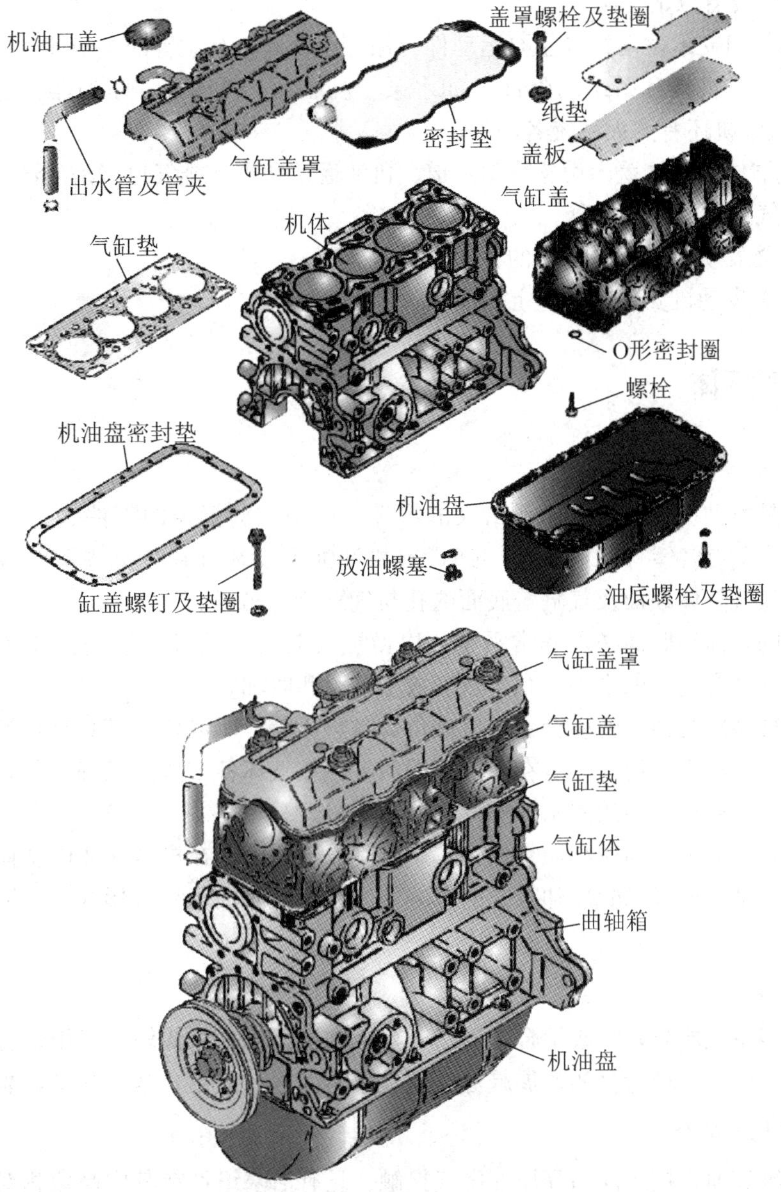

图 5-1　水冷式发动机机体组组成

气缸体即形成圆筒形气缸孔的零件。对多缸水冷式发动机，各气缸体通常铸成一个整体。

气缸盖置于气缸体的顶部，它们之间装有气缸垫，三者通过气缸螺栓紧固在一起。

曲轴箱在气缸体的下部，用于安放曲轴，封闭机体的下方。曲轴箱分为上曲轴箱和下曲轴箱。对水冷式发动机，通常将其气缸体与上曲轴箱做成一体，仍称为机体或气缸体。

车用发动机中，下曲轴箱又有储集机油之功用，称为油底壳或机油盘。

风冷式发动机则将气缸体与上曲轴箱分别制造，气缸体多采用单体式结构，以便于其外表面布置散热片。

机体组主要有以下功用：

（1）机体组支承发动机的主要运动件，保持运动件相互位置的正确性。

（2）安装各机构和系统的附件（如水泵、机油泵、燃油泵、喷油器、滤清器、散热器等），对汽油机还有点火系统各辅件。

（3）气缸体和气缸盖内设置冷却水道、机油通道和进、排气道，是冷却系统、润滑系统和进、排气系统的组成部分。

（4）承受发动机工作时产生的各种力。

（5）设置发动机安装在基座上的支承。

5.1.1 气缸体

1. 气缸体的特点与要求

气缸体是发动机中体积、质量最大的零件，也是结构复杂的零件之一，如图 5-1 所示。气缸体内除有各零件安装孔外，还设有机油油道及环绕在气缸周围的冷却水腔或水套，它们通过气缸体顶面及气缸盖底面的孔与气缸盖内相通。

气缸体的顶面和底面必须非常平整，以便能安装气缸盖和油底壳，并实现很好的密封。气缸体下部有同心的主轴承孔，以安放主轴承和曲轴。

由于气缸体承受很大的、交变的机械负荷和热负荷，所以要求其具有足够的刚度、强度和耐磨性、耐热性，使变形量在限定范围内，不致破坏各零件间准确的位置关系，以及引起异常磨损、裂损，导致漏水、漏气、漏油等故障。

各种形式的机体，为减小质量而又不影响刚度与强度，在机体外部均设有加强筋。

气缸体的结构形式除受冷却方式的影响外，主要与曲轴箱结构形式、气缸数及其排列形式、气缸形成的方式有关。

2. 气缸体的材料

气缸体多由优质灰铸铁或铝合金铸造、粗精加工而成。现代轿车采用铝合金机体的越来越多，它不但适应轻量化的发展趋势，而且散热性好，但铝合金的缸体成本较高。

3. 气缸与气缸套

由于气缸表面直接与高温高压的燃气接触，且有活塞组件在其中高速相对滑动，故要求其必须坚硬、耐热、耐磨、耐腐蚀。为此，气缸表面均采用优质合金材料，并同时做特殊的珩磨或多孔电镀的表面处理，以形成微观上的网纹状或多孔的油膜化结构，可以储存机油，改善活塞组与气缸壁之间的润滑状况。

根据形成气缸方法的不同，气缸体又分为无缸套式气缸体和气缸套式气缸体两种。

（1）无缸套式气缸体。无缸套式气缸体又称为整体式气缸体，是在气缸体上直接加工出气缸孔。其优点是气缸中心距小，使缸体结构紧凑、质量轻，且刚度大；缺点是要求整个气缸体都采用优质材料，造成贵重材料的浪费和成本的提高。无缸套式气缸体多见于铸铁气缸体或负荷较小、缸径不大的汽油机气缸体，如红旗 CA108、跃进 NJ70、红旗 CA488-3、捷达 EA827、上海桑塔纳 JV、富康 TU、夏利 TJ376Q 等均采用整体式气缸体。某些价格昂贵的奔驰、宝马、法拉利等部分车型的发动机中也采用整体式铝合金气缸体。

（2）气缸套式气缸体。现代发动机中广泛采用镶装气缸套的气缸体，即圆筒形的气缸套采用优质合金铸铁或合金钢单独制造后镶装到气缸体内形成气缸，而气缸体采用普通铝合金或铸铁制造。这样，既降低成本，又便于维修时拆卸和更换损坏的气缸，延长气缸体的使用寿命。

根据气缸套是否与冷却液接触，气缸套分为干式气缸套和湿式气缸套两种，如图 5-2 所示。

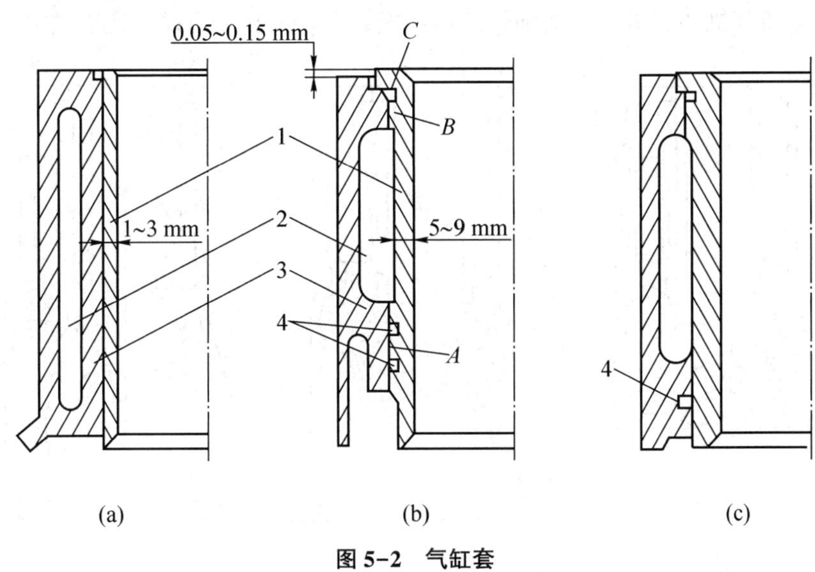

图 5-2　气缸套

（a）干式；（b）、（c）湿式

1—气缸套；2—水套；3—气缸体；4—橡胶密封圈

A—下支承密封带；*B*—上支承密封带；*C*—缸套凸缘平面

1）干式气缸套。干式气缸套的外表面不与冷却液直接接触，直接套装入并支承在气缸体上镗好的缸套孔内，壁厚仅为 1～3 mm。干式气缸套式气缸体的优点是刚度大，气缸中心距小，质量轻，工艺简单；其缺点是散热不良，拆装不方便。

注意，干式气缸套装入气缸体后，其上端面应与气缸体上平面平齐。

2）湿式气缸套。湿式气缸套的外表面直接与冷却液接触，仅靠外表面上、下两个凸出的圆环带和上端的凸缘下平面与气缸体配合面进行径向和轴向的支承定位，壁厚为 3～9 mm。湿式气缸套下部的径向定位环带和湿式气缸套的上部分别有 1～3 道和 1 道耐热、耐油的橡胶密封圈，以防漏水。湿式气缸套散热性好，拆装方便，但其刚度、强度稍差，容易漏水。湿式气缸套多见于大型的柴油机中。

4. 曲轴箱的结构形式

水冷式发动机的气缸体，其曲轴箱的结构形式可分为平分式、龙门式和隧道式三种。

（1）平分式，又称为一般式。其上、下曲轴箱结合面与曲轴中心线在同一个平面上，如图 5-3（a）所示。这种结构形式的主要优点是结构简单，高度小，便于加工、拆装，质量轻；其缺点是刚度较差，且曲轴前后端密封较复杂。这种结构形式在汽油机中常见。

（2）龙门式。其上、下曲轴箱分界面低于曲轴中心线，如图 5-3（b）所示。这种结构形式的刚度和强度较平分式好，工艺较平分式复杂，质量稍大。这种结构形式应用广泛，在柴油机和某些汽油机中都常见。

（3）隧道式。其主轴承孔不分开（整体式），如图 5-3（c）所示。这种结构形式的轴承孔较大，曲轴从一端装入，其刚度、强度高，但工艺性差，拆装不便，多用于低速柴油机。

汽车发动机气缸体，常见的曲轴箱结构形式是平分式和龙门式，隧道式则罕见。

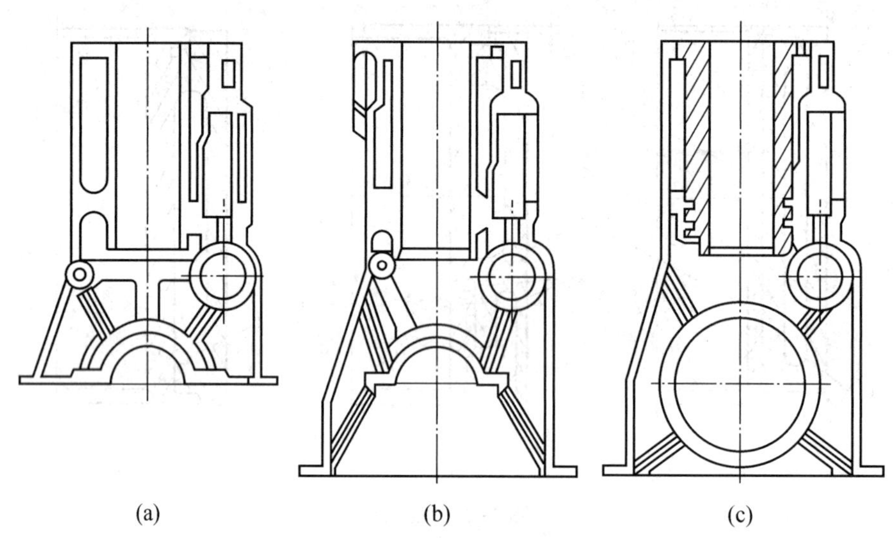

图 5-3　曲轴箱结构形式

（a）平分式；（b）龙门式；（c）隧道式

5. 气缸排列形式

车用发动机常见的气缸排列形式有直列式、V 形式、水平对置式三种。

（1）直列式，即发动机的所有气缸排成一列，如图 5-4（a）所示。其特点是结构简单、宽度小，但高度和长度较大。六缸以下的发动机多为直列式布置。

（2）V 形式，即相同数量的两列气缸的中心线成一定夹角、呈 V 形，如图 5-4（b）所示。其特点是宽度较大，长度、高度较小，结构紧凑，刚度好。六缸以上的发动机多采用 V 形布置，两列气缸的夹角多为 90°或 60°。

（3）水平对置式。当 V 形发动机两列气缸的夹角为 180°时，便成为水平对置式发动机，如图 5-4（c）所示。此种发动机的重心较低，平衡性好，运转平稳。保时捷汽车和斯巴鲁汽车采用这种发动机。

另外，少数车上还采用 W 形的气缸排列形式，如图 5-5 所示。

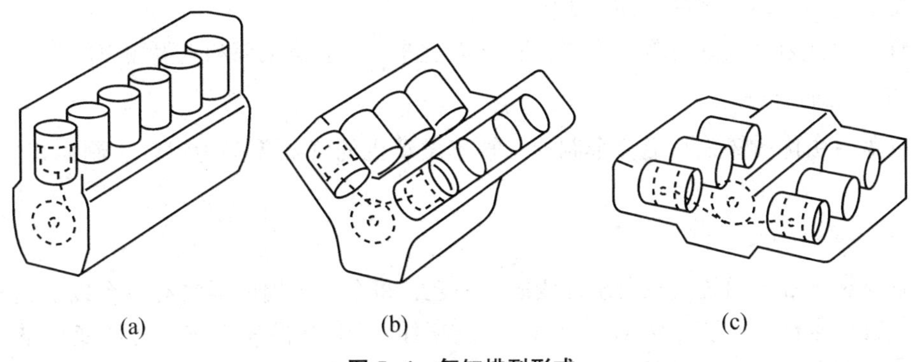

图 5-4　气缸排列形式

（a）直列式；（b）V 形式；（c）水平对置式

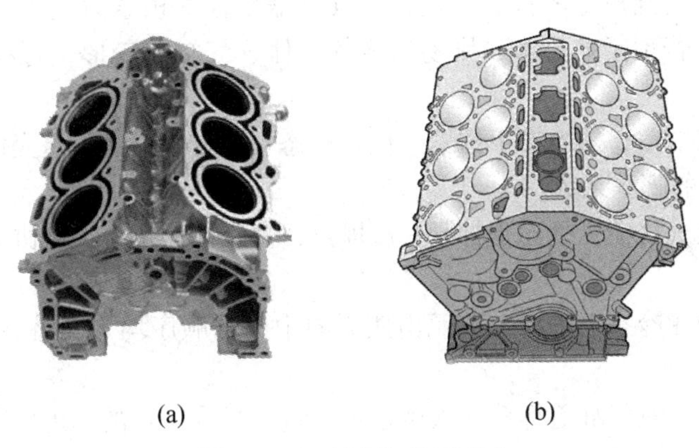

图 5-5　W 形气缸排列形式

5.1.2　气缸盖

1. 气缸盖的结构与功用

除前述机体组的共同功用外，气缸盖用来密封气缸顶部，其底面与活塞顶面、气缸壁一起构成发动机的燃烧室。

气缸盖是复杂的箱形零件，如图 5-1 所示。气缸盖内布置有配气机构零件（如气门、气门导管、气门弹簧、摇臂、顶置凸轮轴等）的安装座或孔，喷油器、火花塞等零件的安装孔等。气缸盖内设有冷却水套、机油油路，通过底端面处的孔与气缸体内相通。气缸盖内还有连接进、排气管和燃烧室的进、排气道，侧面有进、排气道孔。

气缸盖的底部形状与燃烧室有关。不管是柴油机还是汽油机，气缸盖底面都有形状和深浅各异的凹坑，以形成理想的燃烧室形状。

气缸盖的结构形式有整体式和分块式。整体式气缸盖即整列气缸共用一个气缸盖，其结构紧凑，散热效果好，但受力不均，刚性差，易变形，维修更换不方便、不经济。车用发动机多为整体式气缸盖。对大型发动机则多用分块式气缸盖，即三缸一盖、二缸一盖或一缸一盖，一缸一盖的又称为单体式。分块式气缸盖刚

性好，变形量小，加工维修方便，更换经济。

气缸盖上部装有气缸盖罩，主要起防止灰尘进入气缸盖顶部和阻隔噪声的作用。

2. 气缸盖的材料

气缸盖多由优质铸铁和铝合金制成。轿车发动机的气缸盖多为铝合金制，其质量轻、散热好。

3. 气缸盖的拆装

气缸体和气缸盖通过气缸盖螺栓紧固在一起，每个气缸周围通常有 4 个以上的气缸盖螺栓。气缸盖螺栓的拆装方法对气缸体和气缸盖的变形有很大影响。为使变形量减到最小，拆装气缸盖时应注意以下事项。

（1）安装时，必须用扭矩扳手按照由中央对称地向四周扩展的顺序，交替并分 2~3 次拧紧，最后一次达到规定的拧紧力矩。若气缸盖螺栓的预紧力过小，则易造成密封不严、撞击振动等。若预紧力过大，则易造成气缸体、气缸盖变形，螺栓破坏等，同样密封不严。

（2）对铸铁气缸盖，须冷态下拧紧一次，热态下再拧紧一次，这是因为铸铁气缸盖的膨胀系数小于螺栓的膨胀系数。

（3）对铝合金气缸盖，冷态下拧紧一次即可，这是因为铝合金气缸盖的膨胀系数大于螺栓的膨胀系数。

（4）拆卸必须在冷态下进行，按照由四周向中央的顺序均匀交替并分 2~3 次将气缸盖螺栓拧松。

（5）拆装时，注意气缸盖螺栓的长度是否一致。长度一致的，可以互换，不必按顺序摆放；长度不一致时，则按顺序摆放，以免装错。

5.1.3 气缸垫

1. 气缸垫的功用

气缸垫安装在气缸盖与气缸体的结合面之间，起密封作用，防止气缸内的气体泄漏，防止穿过气缸体与气缸盖结合面的冷却水和机油泄漏。

气缸垫的厚度影响压缩比的大小。厚度增大，压缩比减小；厚度减小，压缩比增大。更换不同厚度的气缸垫是调整压缩比的手段之一。

2. 气缸垫的材料及结构

气缸垫承受拧紧气缸盖螺栓时的压力；气缸垫接触高温、高压气体，使用中容易被烧蚀，尤其是气缸孔周围；气缸垫还受到冷却液、机油的腐蚀。因此，气缸垫都采用耐热、耐腐蚀、耐压并有一定弹性的高强度材料制成。

以前气缸垫多是石棉制品，因发现其有致癌作用，故现在大多数采用多层金属片气缸垫，少部分采用金属-石棉气缸垫。

气缸垫的形状、尺寸及其上的孔完全与气缸体上平面上的孔相对应，如图 5-1 所示。

（1）金属-石棉气缸垫。一种是由夹有金属丝或金属屑的石棉外包钢皮或铜皮组成，另一种是以编织的钢丝或轧孔钢板为骨架，外覆石棉及黏结剂压成。金属-石棉气缸垫在冷却液孔、机油孔、气缸孔周围用金属包边强化。

（2）金属气缸垫。金属气缸垫是用铜、铝或低碳钢片制成的一叠薄钢片。在各冷却液孔、机油孔、气缸孔周围有橡胶环或其他弹性的凸筋，以加强密封。

近年来，国外一些发动机开始采用耐热密封胶代替传统的气缸垫。

3. 气缸垫的更换与安装

气缸垫常见的损坏形式是烧蚀和破损。气缸垫一旦损坏，必须且只能更换，不能修复。

安装气缸垫时须注意如下事项：

（1）气缸垫应完好无损。

（2）旧的气缸垫不可再用，即使看起来还很好，但其弹性已降低。

（3）气缸垫上的各孔要与气缸体顶面上的孔对正后，再装合气缸盖。

（4）气缸垫的安装方向：

1）若气缸垫上有安装方向标记时，按标记安装。例如，有“TOP”字样的一面要朝向气缸盖。

2）有卷边的面要朝向易修整的或较硬的接触面。例如，气缸体、气缸盖同是铸铁的，卷边面朝向气缸盖；气缸体为铸铁、气缸盖为铝合金的，则卷边面应朝向气缸体；气缸体、气缸盖同是铝合金的，则卷边面朝向湿式气缸套的边缘。

5.1.4　油底壳

油底壳一般装在气缸底部，通过螺栓紧固到气缸体的下端面。油底壳的主要功用是封闭曲轴箱，收集并储存机油。

油底壳多由薄钢板冲压或用铝铸造而成，如图 5-1 所示。油底壳侧面通常有油标尺孔，以插入油标尺检查机油位的高低。

车用发动机油底壳多做成前浅后深的楔形状，其内设有挡油板，防止在汽车颠簸或转弯时油面波动、激溅和起泡沫等引起供油不畅，同时起到加强刚度、减小振动和噪声的作用。在油底壳最低处装有带磁性的放油塞，以便吸附机油中的金属屑并放出机油。

5.1.5　机体组的常见损伤

机体组的主要损伤形式是磨损、变形和裂纹。

1. 磨损

气缸体的磨损主要发生在气缸、主轴承孔和后端面，其中，气缸的磨损程度是决定发动机寿命和是否需要大修的主要因素。气缸内侧与高温高压燃气直接接触、活塞组在其中高速相对滑动、润滑不良及气缸内杂质等是气缸磨损的主要原因。随着气缸磨损程度的增加，活塞与气缸配合间隙增大，窜气、窜机油、异响等加重，引起气缸压力不足、机油消耗增多等，并伴随着发动机动力性和经济性下降、排放恶化、起动困难等故障。当气缸磨损到一定程度时，发动机综合性能明显下降，需进行大修作业。

气缸的磨损是不均匀的，呈现以下特点：

（1）沿气缸轴线方向呈上大下小的锥形。磨损最大的部位是活塞在上止点时第一道活塞环对应的气缸壁处，而其上方活塞环行程之外的部位几乎没有磨损，形成所谓的“缸肩”。这是因为第一道活塞环在上止点处：①受到的气体压力最高，与气缸壁的接触压力最大；②高温、高压的气体，使机油膜不易建立，且易烧蚀，形成积炭；③附着的进气中的灰尘较多，磨料磨损严重；④燃气中的酸性腐蚀物质对缸壁的腐蚀作用最强，尤其长期在低温下工作及频繁冷起动更加剧腐蚀磨损。

（2）沿气缸圆周方向的磨损呈不规则的椭圆形。最大磨损部位随使用条件的不同而不同。由于活塞侧压力和曲轴轴向移动的原因，一般在发动机的前后（纵向）或左右（横向）方向磨损最严重。

另外，进气门对面的气缸壁磨损较严重，这是因为受进气流的冲刷，此处气缸壁上的机油膜易遭到破坏，且易聚集杂质。

（3）就整台发动机而言，各气缸的磨损情况也不一致。因冷却强度的差异，通常是位于发动机两端的气缸磨损量比中部的气缸磨损量略大。

2. 变形

在使用过程中，气缸体和气缸盖的结合面发生翘曲变形和螺纹孔口周围凸起是普遍存在的现象。其主要原因在于：①发动机的高低温变化、制造加工中存在的缺陷等造成的应力不均；②装配前未清除干净螺纹孔和结合面上的污物；③拆装时不按次序和规定的拧紧力矩操作，或在高温下拆卸气缸盖；④承受冲击载荷等。

气缸体和气缸盖结合面的翘曲变形和螺纹孔口周围凸起现象，将导致气缸顶部密封不严而漏气、漏水、漏机油，影响发动机的正常工作。

3. 裂纹

气缸盖裂纹多发生在气门座或火花塞座孔附近，气缸体裂纹多发生在水套薄壁处。产生裂纹的主要原因是：①在发动机工作时，机体组承受拉、压、弯曲和扭转等交变载荷而导致裂纹；②严寒的冬季未使用防冻液，停机后忘记放出冷却液，冷却液套被冻裂；③发动机处于高温状态时突然加入大量低温冷却液，或因水垢积聚过多而散热不良，使水套产生裂纹；④气缸套等过盈配合零部件的镶装不当。

5.1.6 机体组的检修

1. 机体组裂纹的检修

（1）机体组裂纹的检查。实际工作中，对细微的裂纹常用水压试验法检查。检查时，将气缸盖、气缸垫装在气缸体上，用专用盖板封住气缸体前壁进水口，并与水压机出水管接头相连，其他水口封闭。然后用水压机将水压入气缸体和气缸盖水套内。要求在水压0.3~0.4 MPa下保持5 min，而不出现任何渗漏现象。若有水珠出现，则表明该处有裂损，应予以修复。

在镶换气缸套（干式）或对气缸体进行焊接修理后，都应进行一次水压试验。

（2）机体组裂纹的修理。气缸体裂纹的修理方法有焊接法、补板法、黏结法、螺钉填补法等，应根据裂纹的程度、部位、设备条件等选用。

焊接法一般用于裂纹部位受力较大或温度较高且距水道较近的地方。焊前应首先在裂纹两端钻止裂孔，并沿裂纹开 V 形口，进行清洁等处理。此法焊接质量较高，变形量小，成本低，易于操作。

在受力不大的部位，且裂纹较长或有破洞时，采用补板法。

黏结法一般用于受力和受热不大且距水道较远的部位。

螺钉填补法适于某些受力不大、强度要求小、裂纹短的平面部位。

气缸盖出现裂纹，一般应予以更换。

2. 机体组变形的检修

（1）机体组变形的检查。气缸体和气缸盖结合面不平度的大小反映其变形的程度，用标准直尺和厚薄规（又叫塞尺）进行检查。

检查前，彻底清除结合面上的各种异物、杂质，消除毛刺。检查时，把直尺放在待测气缸盖或气缸体的结合面上，将塞尺插入结合面与直尺间，能够插入塞尺的最大厚度即变形量，又称为平面度误差。不同发动机对气缸体和气缸盖结合平面的不平度有具体要求。

用高度规检查气缸体两端的高度，以确定气缸体上下平面的平行度误差；检查气缸体下平面至主轴承孔的距离，以确定两者间的平行度误差。这些平行度误差应符合原厂技术要求。

（2）机体组变形的修理。不同发动机对气缸体和气缸盖结合面的平面度误差有具体要求。若平面度误差超过限定值，应予以修理。

平面度误差较小或局部凸起时，可用刮削法、研磨法修复；平面度误差较大时，可采用平面磨床进行磨削加工。当气缸盖厚度小于标准厚度 2 mm 时，应换气缸盖或加厚气缸垫。

注意，气缸盖的总切削量不易过大，一般不得大于 0. 50 mm，否则会带来以下问题：①燃烧室容积减小，使压缩比增大；②顶置凸轮轴与曲轴间的距离减小，使气门正时发生改变；③ 活塞顶与气门发生碰撞。

（3）气缸盖的燃烧室容积测量与调整。气缸盖与气缸体结合面经过铲削或磨削修理、更换气缸垫后，燃烧室容积必然发生变化，使压缩比改变。因此，对修理过的气缸盖的燃烧室容积要进行测量和调整。

1）燃烧室容积的测量方法与步骤。清除燃烧室表面上的积炭和污垢后，将进、排气门和火花塞或喷油器按规定装配好，确保不泄漏；将气缸盖水平倒置，用玻璃板盖住其底平面；用量杯配制煤油占 80%、机油占 20% 的混合油液，注满燃烧室，量杯中液面变化的差值即燃烧室容积。

要求维修后燃烧室容积不得小于公称容积的 95%；同一台发动机各燃烧室容积的公差为公称容积的 1%~2%。

2）燃烧室容积的调整方法。燃烧室容积小于公称容积时，可采用刨、铣活塞顶、缸盖底面材料较厚的凸台部分进行调整，注意控制深度，并修光棱边；若燃烧室容积大于公称容积，则可在燃烧室壁加焊金属，以减小燃烧室容积。

更换不同厚度的气缸垫也是调整燃烧室容积的手段之一。

3. 气缸磨损的检修

（1）气缸磨损的检验。测量气缸圆度误差和圆柱度误差，以确定磨损程度，判断发动机是否需进行大修及确定修理尺寸。

圆度误差指同一横截面上不同方向测得的最大直径与最小直径差值的一半。圆柱度误差指被测气缸表面任意方向所测得的最大直径与最小直径差值的一半。

测量气缸的磨损量通常采用量缸表（又称为内径百分表），方法如下：

1）根据气缸尺寸，选择合适的接杆及固定螺帽，装在量缸表的下端。

2）校正量缸表的尺寸。将外径千分尺校准到被测气缸的标准尺寸，再将量缸表的测杆伸入标准缸径的千分尺开口内，观察表针，使伸缩杆压缩 1~2 mm 为止，然后将连接杆上的固定螺母拧紧，旋转表盘使表针对准零刻度。

3）将量缸表的测杆伸入气缸上部、第一道活塞环在上止点时对应的气缸壁，分别测量纵横两个方向的气缸直径。

4）将量缸表下移，用同样的方法测量气缸中部和下部的磨损量。气缸下部为活塞行程下止点处，距离气缸下边缘 10~20 mm。气缸中部为上、下止点中间的位置。

注意，测量时应使测杆与气缸轴线保持垂直，以达到测量的准确性。稍微摆动量缸表，当指针指示到最小读数时，即表示测杆已垂直于气缸轴线，方可记录读数。

5）计算圆度误差和圆柱度误差。

（2）气缸的修理。当气缸磨损达到规定的圆度误差、圆柱度误差限值或有拉缸现象时，必须对气缸进行修理。通常，汽油机和柴油机的圆度误差限值分别是 0.05 mm 和 0.065 mm、圆柱度误差限值分别是 0.20 mm 和 0.25 mm。

气缸的修理就是通过镗削、磨削的修理尺寸法和镶换气缸套修复方法，恢复气缸尺寸和正确的几何形状与配合性质的过程。

1）气缸的镗削、磨削。

① 确定气缸的修理尺寸。所谓修理尺寸即扩缸修理后的气缸直径尺寸。气缸修理尺寸以标准气缸直径每增加 0.25 mm 为一级，一般分为 4~6 级，每次气缸大修时都要超过一级修理尺寸，常用的是+0.5 mm、+1.0 mm、+1.5 mm 三级，其余 0.75 mm、1.25 mm 为辅助级。

气缸修理尺寸级数由式（5-1）确定：

$$n \geqslant (D_{max} - D_0 + X)/\Delta D \qquad (5\text{-}1)$$

式中：n——镗缸后气缸修理尺寸级数；

D_{max}——镗缸前各气缸最大磨损直径；

D_0——原厂规定的气缸标准直径，mm；

ΔD——修理尺寸的级差，即 0.25 mm；

X——镗磨余量，一般取 0.13~0.20 mm。在保证加工精度和粗糙度的前提下，镗磨余量应尽可能小。

将计算出的 n 值圆整成整数即镗缸后修理尺寸级数。注意，同一台发动机的各气缸应采用同一级修理尺寸。

② 气缸镗削量的确定。根据已确定的气缸修理尺寸，选配同级修理尺寸中同一分组的活塞和活塞环，根据选定活塞的裙部最大直径和活塞与气缸壁的标准配合间隙确定气缸的镗削量。

镗削量=活塞裙部最大直径+活塞与气缸标准间隙-镗磨余量-气缸最小直径

加工余量一般取0.10~0.20 mm，尽可能取小值。

③ 气缸的镗削（镗缸）及质量要求。镗削应在专用镗床上进行，镗削后的气缸圆度误差不超过0.005 mm，圆柱度误差不超过0.001 mm，表面粗糙度值不超过1.6 μm，并留有0.03~0.05 mm的磨削余量。

④ 气缸的磨削。镗缸后进行珩磨，以消除气缸壁上的刀痕，达到表面粗糙度要求。气缸珩磨质量要求：圆度误差不超过0.005 mm，圆柱度误差不超过0.007 5 mm，表面粗糙度值不大于0.6 μm，与活塞配合间隙符合原厂规定。使用证明，若活塞与气缸壁的间隙偏大0.01 mm，就等于这辆汽车至少少行驶10 000 km而提早大修。

注意，为防止气缸体变形，镗削、磨削气缸应在完成气缸体的修补、气门导管等相关件的镶配后进行，且应隔缸进行镗削和磨削。

2）气缸套的镶换。发动机经过多次镗缸修理后，当直径超过最大修理尺寸或气缸套壁上出现特殊损伤时，应更换新气缸套。其方法如下：

① 用专用气缸套拆装工具拉出旧气缸套。对湿式气缸套，可轻轻敲击气缸套底部，用手或专用工具拉出旧气缸套；对干式气缸套，若拉出旧的气缸套有困难，可用镗床将其镗掉。

② 选择新气缸套。气缸套外径的修理尺寸一般分为四级，相邻两级直径差为0.25 mm。第一次应选用标准尺寸的气缸套，而对镗去旧气缸套的气缸体，应选用大一级修理尺寸的气缸套。

③ 检修气缸套承孔。气缸套承孔应镗为与气缸套同一级修理尺寸，并留有适当的过盈量。有凸缘的气缸套的过盈量为0.05~0.07 mm，无凸缘的气缸套的过盈量为0.07~0.10 mm，凸缘部分与气缸体上端凸缘槽的配合间隙应不小于0.05 mm。

④ 镶装气缸套

a. 镶装干式气缸套。先将气缸套承孔和气缸套外壁面涂上机油；将气缸套放正入气缸套承孔上部，放置平整垫木；然后利用专用工具将气缸套缓慢而平稳地压入气缸套承孔中，压力不大于59 kN。在每压入气缸套承孔20~30 mm的过程中，放松压力几次，以便气缸套自动校正轴线的同轴度，同时用直角尺检查气缸套是否歪斜。确认气缸套与气缸体平面垂直后，再缓慢施压。如此反复，直至气缸套完全压入气缸套承孔。

若在压装过程中感到压力急剧增大，应立即停止操作，排查原因。这一般是气缸套歪斜或过盈量太大所致；如果压入时压力过低，则可能是气缸套承孔尺寸过大，过盈量不足。

注意，压装时要按隔缸镶装的顺序进行，以防止气缸体同一区域连续受力而变形；干式气缸套的上端面与气缸体上平面应平齐，若高出少许，可锉削或磨削修平。

b. 镶装湿式气缸套。先将气缸套承孔接合面清理干净，再将未装密封圈的气缸套装入气缸套承孔内，压紧后检查其是否高出气缸体上平面0.05~0.15 mm，各气缸套高出误差不得大于0.04 mm。若不符合要求，则可用在气缸套台肩下加、减适当厚度的紫铜垫片（铝合金气缸体加铁垫片）或修整气缸套下止口的方法进行调整。在气缸套承孔和镗磨好的气缸套上装密封圈的部位及密封圈上涂密封胶，密封圈装入后连同气缸套压入气缸套承孔。密封圈应高出气缸套外圆柱面 0.5~1.5 mm，其侧面应有 0.5~1.0 mm 的间隙。

⑤ 进行水压试验。镶装完气缸套后，应对气缸体进行水压试验。如发现漏水，则表明干式气缸套的气缸体因装配应力过大而产生裂纹，湿式气缸套则多为密封圈处密封不严所致。

(3) 气缸的激光淬火。近年来，许多进口汽车发动机的气缸已不再镶装气缸套，而采用激光淬火等的表面强化工艺技术，使气缸壁的耐磨性大大提高，磨损率不大于 0.01 mm/10 000 km，气缸使用寿命可达到 150 000 km 以上。气缸磨损超限后，若更换气缸体，则费用太高。进行镗缸修理，表面强化层被镗掉，耐磨性大为降低。因此，在气缸粗磨之后进行激光淬火，淬火后进行精磨，激光淬火会使直径缩小 0.01 mm 左右。

5.2 活塞组

活塞组主要由活塞、活塞环、活塞销等零件组成。

5.2.1 活塞

1. 活塞的功用

活塞密封气缸下部，其顶面与气缸盖、气缸壁一起构成燃烧室，并承受高温燃气压力，通过活塞销座和活塞销传给连杆。

2. 活塞的工作条件与要求

活塞在气缸内高速地往复滑动，直接与高温、高压的燃气接触，同时承受交变的惯性力、侧压力的作用，但其润滑与冷却散热条件较差。因此，活塞的热负荷与机械负荷很高，摩擦、磨损、受热膨胀严重，要求活塞必须具有足够的刚度和强度，耐磨、耐热，质量轻，导热性好，同时材料的热膨胀系数要小，以利于控制活塞与气缸的间隙。多缸发动机各气缸活塞的质量、性能须一致。

3. 活塞的材料

汽车发动机活塞广泛采用高强度铝合金材料，少数低速增压柴油机活塞采用合金铸铁或耐热合金刚。

铝合金的突出优点是密度小，导热性好，对减小往复惯性力、降低温度非常有利。其热膨胀系数大及高温强度、硬度低的缺点，通过结构和材料的设计可以得到弥补。

4. 活塞的基本构造

活塞由顶部、头部和裙部三部分组成，如图 5-6 所示。

(1) 活塞顶部。活塞顶部是燃烧室的一部分，其形状取决于燃烧室的类型。常见的活塞有平顶、凸顶和凹顶等结构形式，如图 5-7 所示。

平顶活塞结构简单，受热面积小，多见于汽油机。有的汽油机也采用浅凹顶活塞。

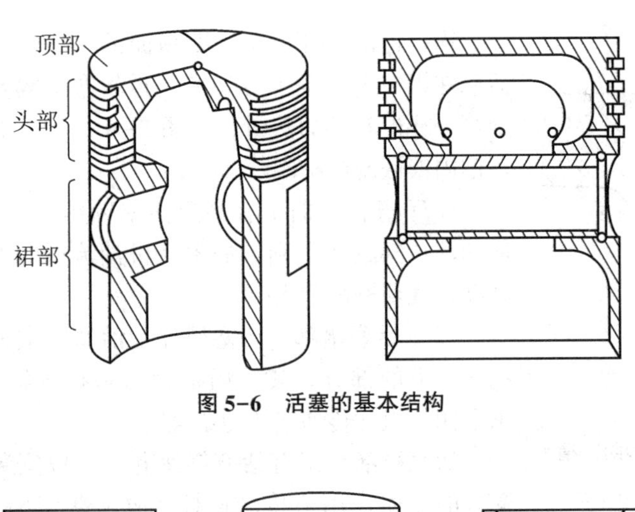

图 5-6　活塞的基本结构

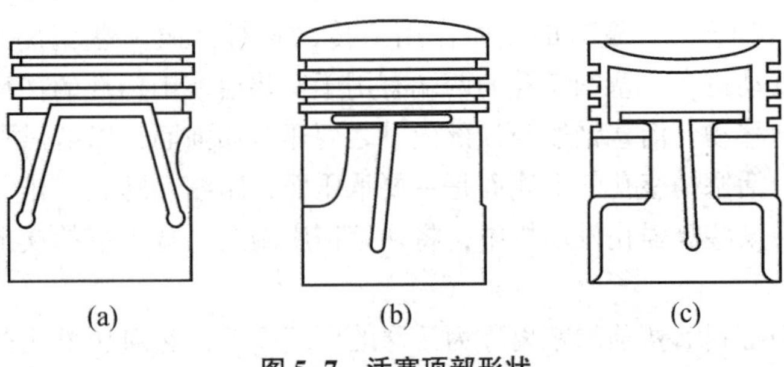

图 5-7　活塞顶部形状

(a) 平顶；(b) 凸顶；(c) 凹顶

凸顶活塞强度大，多见于二冲程汽油机，有利于扫气导流。

柴油机活塞顶有不同形状、深度的凹坑，以配合混合气的形成与燃烧，如 ω 形、盆形、球形等。

在气门升程较大的发动机中，活塞顶部还加工有气门凹坑，防止活塞在进气上止点时与气门发生干涉。

改变活塞顶部的形状、尺寸，可调节发动机压缩比。

活塞顶部朝向发动机前端的一侧，标有安装记号，如三角、箭头、圆点等，以指示活塞的安装方向。

(2) 活塞头部。活塞头部是从活塞顶到活塞销孔上方最后一道环槽下端面的部分。其上切有若干道环槽，用以安装活塞环。上面的环槽用来安装气环，下面的环槽用来安装油环，防止高温高压燃气漏入曲轴箱，并阻止机油窜入燃烧室，故又称其为环槽部或防漏部。活塞顶部所吸收的热量大部分也要通过活塞头部和活塞环传给气缸壁，再由冷却液带走。

现代车用汽油机一般有三道环槽，上面的两道用于安装气环，下面的一道用于安装油环。柴油机压缩比大，气缸内压力高，一般有两道或三道气环槽和一道或两道油环槽。赛车用高速发动机，为减轻磨损，一般有两道环槽、一道气环槽和一道油环槽。

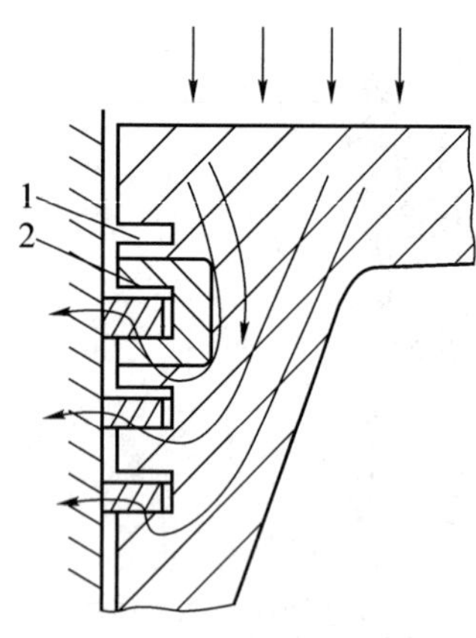

图 5-8 环槽护圈和隔热槽

1—隔热槽；2—活塞环护槽

第一道活塞环槽至活塞顶面的一段称为活塞环岸。某些活塞在第一道环槽上方切有一道较窄的隔热槽，用来减少传到第一环槽和环的热量，如图 5-8 所示。有的活塞在第一道环槽内镶嵌耐热护圈。

油环槽底面加工有穿透活塞壁的径向回油孔或回油槽，使油环从气缸壁上刮下的多余机油流回到油底壳，故油环槽高度较气环槽高度大。

（3）活塞裙部。活塞裙部是活塞销上方最后一道环槽下端面以下的部分。其功用是为活塞在气缸内往复运动导向、承受侧压力并传递气压力给连杆。

活塞裙部加工有活塞销座孔，用以安装活塞销，将活塞受到的气体作用力传给连杆，故活塞销座孔部分必须加厚。全浮式活塞销的发动机，活塞销座孔的两端有用于安装活塞销挡环的挡环槽，防止活塞销在工作中发生轴向移动。活塞销座与顶部内壁之间还有加强筋，以增强刚度。

工作过程中，活塞销座孔的上侧面是主要承压面，压缩、膨胀、排气行程中的活塞销均贴靠在上部。在某些高强化发动机中，将活塞销座制成上宽下窄的楔形或梯形，以减小销座上侧面压力。

活塞销座孔中心到活塞顶的距离称为活塞的压缩高度，它对压缩比的大小有影响，这是因为，即使活塞外形尺寸、行程不变，当压缩高度改变时（源于加工尺寸误差、活塞销与活塞销座孔的磨损），燃烧室容积也将有所改变。

活塞裙部垂直于活塞销的两侧区域称为推力面。承受做功行程中侧压力的一侧为主推力面，承受压缩行程中侧压力的一侧为次推力面。

5. 活塞的变形及预防

（1）活塞的拉缸。相互滑动的零件表面间隙很小，且温度十分高，机油膜破坏时，某些局部点（表面较高处）小面积相互接触，发生熔接（黏着）。活塞继续运动中，熔接面被撕脱，形成粗糙的小片，即拉缸（又称为刮伤）。这种现象一旦出现，将迅速扩展，产生拉缸的侧面出现长的拉痕，缸壁表面变得粗糙，发动机迅速损坏。拉缸易发生在发动机运行初期或长时间运行后。

发动机过热和活塞与气缸的间隙不足是拉缸的主要原因。为保证活塞在高温下的正常工作，要求活塞各部与气缸壁之间必须保持一定的间隙，其中，裙部与气缸壁的间隙尤为重要。若间隙过小，将会因活塞膨胀而出现拉缸、卡死等故障；间隙过大，又会出现敲缸（拍缸）、漏气、窜机油等故障。

（2）活塞的变形。活塞工作时变形的主要原因有两个，即挤压变形和热变形，如图 5-9 所示。

1）活塞受侧向力挤压变形。当活塞往复运动时，两个推力面交替与气缸壁接触，受到气缸壁侧压力的挤压，使该方向尺寸趋向缩短，而沿活塞销座轴线方向的尺寸增大。

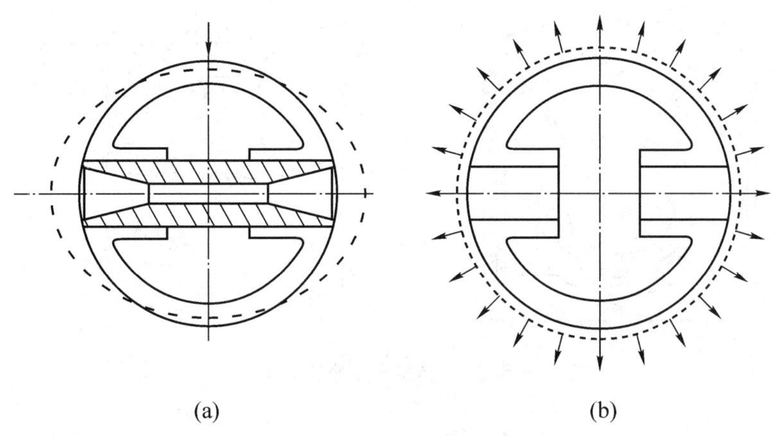

图 5-9　活塞裙部变形

（a）挤压变形；（b）热变形

2）活塞受热膨胀不均匀。其一，活塞工作时，自顶部向下温度由高到低，热膨胀量上大下小；其二，活塞销座孔附近的金属堆积较厚，沿活塞销座轴线方向的热膨胀量较大。

因此，活塞工作时受力、受热变形的结果是：裙部呈椭圆形，长轴沿活塞销座轴线方向，短轴垂直于活塞销座轴线方向；横截面沿轴线方向呈上大下小的趋势。

（3）预防措施。依据活塞工作时受力、受热变形的特点，在活塞结构上采取相应的预防措施，控制其在不同截面及方向上与气缸保持合理间隙，能够减轻“冷敲热拉”的现象。

1）将活塞制成上小下大的锥形或阶梯形的非正圆柱体，以适应工作时轴向热变形的特点。有些比较新的活塞，外形采用桶形，活塞头部和底部直径都要小些。

2）将活塞裙部横截面加工成椭圆形，其短轴沿活塞销座孔轴线方向。当活塞达到工作温度时，其裙部接近圆形，并与气缸之间保持适当的间隙。

3）裙部开槽。较早的汽油机活塞在裙部上部切有“T”形或“Π”形槽。横向槽为隔热槽，减少传到裙部的热量；纵向槽使裙部具有弹性，允许其横向膨胀而不增大尺寸，称为膨胀槽。但开槽降低了活塞强度，现有发动机活塞中已很少见到。柴油机活塞受力大，裙部不开槽，其装配间隙较汽油机大。

4）双金属活塞。某些汽油机活塞在活塞销座孔处镶入热膨胀系数小的“恒范钢片”，限止裙部的膨胀，如图 5-10 所示。有些柴油机活塞采用在裙部镶铸筒形钢片以限制热膨胀，如图 5-11 所示。

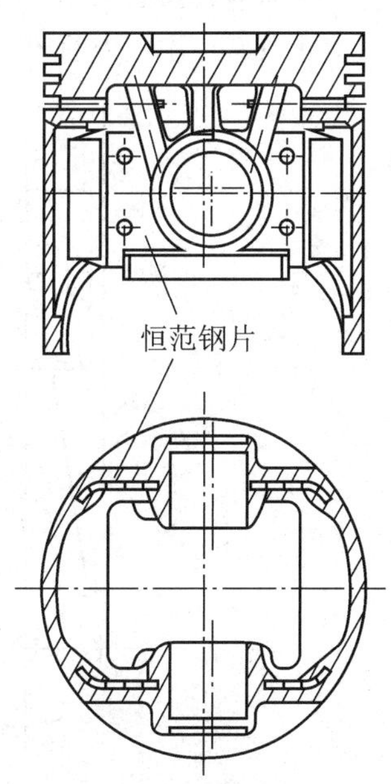

图 5-10　恒范钢片活塞

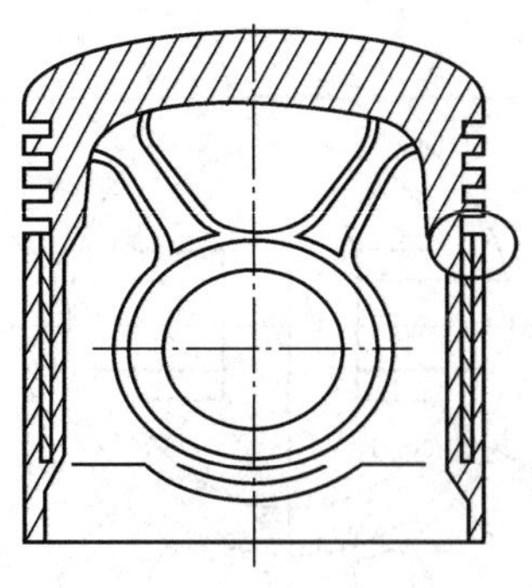

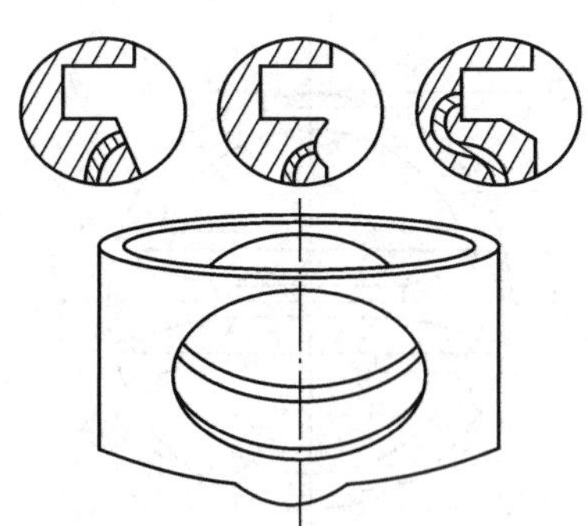

图 5-11 镶铸筒形钢片活塞

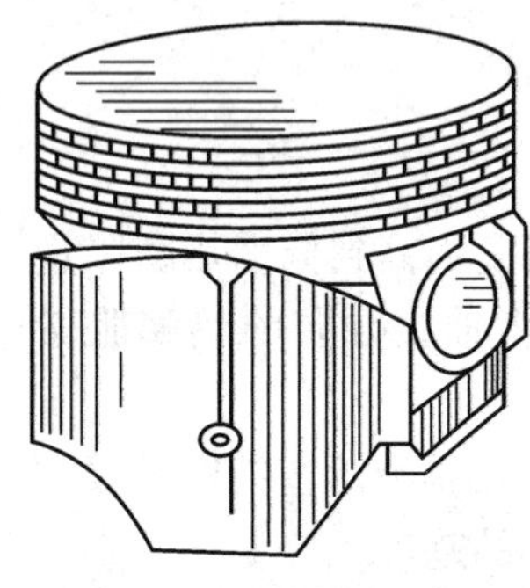

图 5-12 拖板式活塞

5）拖板式活塞，如图 5-12 所示。将活塞裙部不受侧压力作用的两底侧（销座下方）切去一部分或全部去掉，即半拖板式或拖板式活塞。这种活塞因材料的减少，既减轻了质量，减小了惯性力，又减少了裙部的受热膨胀量，同时可避免活塞在下止点时与曲轴平衡重相撞，在现代车用高速发动机中被广泛采用。

6）活塞销座孔偏置，如图 5-13 所示。一般发动机活塞销座孔轴线与活塞中心线垂直相交，当活塞越过上止点时，侧向力方向瞬间改变，活塞与气缸壁的接触面突然变换，发生活塞与气缸壁的拍击现象。若将活塞销座孔轴线向主推力面偏移 1~2 mm，则使活塞在尚未到达压缩上止点之前因其顶面两侧气体压力的不平衡而发生倾斜，使主推力面底部先与气缸壁接触，越过上止点后，主推力面才与气缸壁全面接触，实现平顺过渡，减轻了敲缸和磨损等。

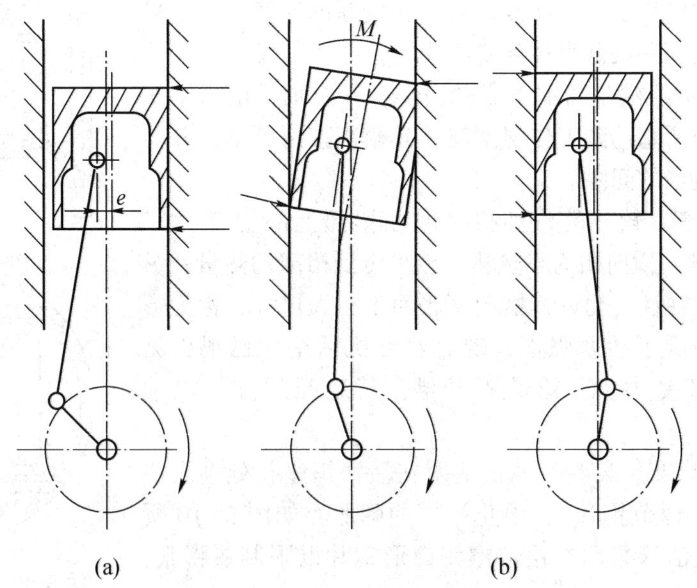

图 5-13 活塞销位置与活塞的换向

（a）活塞销对中布置；（b）活塞销偏移布置

7）活塞的冷却。有些发动机，为减轻活塞顶部和头部的热负荷，采用油冷措施。最常见的油冷措施是由连杆中心油道到小头上的喷油孔或从机体上油道处专设的喷油嘴向活塞顶部内侧喷射机油。

对高强化发动机，在活塞头部铸出冷却油道，用机体上专用的喷油嘴将机油喷入，进行强制冷却。

注意，活塞的安装是有方向性的，其顶部标有安装记号，切勿装反。

5.2.2　活塞环

1. 活塞环的分类与功用

活塞环是切有一个开口的环状零件，在自由状态下，其外径比气缸直径稍大。活塞环按功用分为气环和油环两种类型，如图5-14所示。

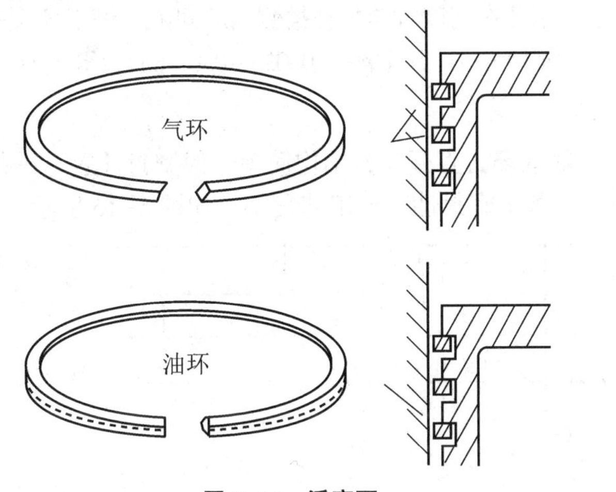

图5-14　活塞环

（1）气环的功用。气环具有两个基本功用：

1）在气缸壁和活塞间形成密封，防止气缸内的气体窜入曲轴箱，以保证有效的压缩与燃烧膨胀。因此，气环又称为密封环或压缩环。

2）将活塞顶接受的大部分热量传给气缸壁。

气环也起刮油的辅助作用。

（2）油环的功用。油环的主要功用是在气缸壁上涂布一层均匀的油膜，并将多余的机油刮下集中起来，通过油环槽底部的回油孔流回油底壳，防止机油向上窜入燃烧室。油环也具有辅助密封的作用。

2. 活塞环的间隙

活塞环在装入活塞环槽及气缸后，要预留热膨胀间隙，即端隙、侧隙与背隙，如图5-15所示。

端隙，即开口处的开口间隙，一般为0.25~0.50 mm。

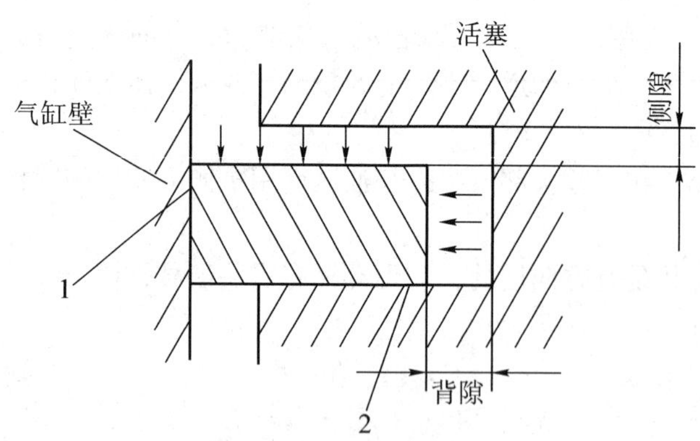

图 5-15　气环的密封机理

1—第一密封面；2—第二密封面

背隙，即环内圆柱面与环槽底部的间隙，一般为 0.30~0.40 mm。

侧隙，又称为边隙，指活塞环在高度方向与环槽侧面的间隙，等于环槽高度与环厚度之差。一般第一环侧隙为 0.04~0.10 mm，其余环为 0.025~0.07 mm。组合油环不留侧隙。

3. 气环的结构与工作机理

（1）气环开口形状。多数气环为直开口，结构简单，但密封性差。一些强化发动机中采用斜切口、阶梯切口等，改善了密封性，但工艺复杂，如图 5-16 所示。

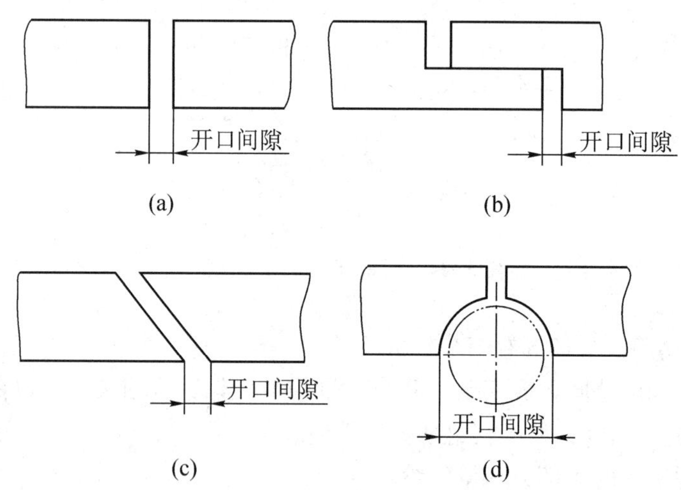

图 5-16　气环开口形式

（a）直切口；（b）阶梯切口；（c）斜切口；（d）带防转销钉

（2）气环密封机理。参见图 5-15。首先，活塞环在自由状态下的外径比气缸直径稍大，当将其装入活塞环槽并一起装进气缸后，在自身的弹力作用下，其外表面始终紧压在气缸壁上，形成第一密封面。工作时穿过活塞顶岸与气缸壁的间隙、活塞环侧隙而进入活塞环背隙的气体产生的背压，又增强了活塞环在气缸壁上的压力。其次，活塞环运动中受到的摩擦力、惯性力和进入侧隙内的高压气体的联合作用，将活塞环压在活塞环槽的某一侧面，形成第二密封面。这样只有少量气体从环切口处通过，若将各活塞环（包括油环）

的开口沿圆周方向相互错开，呈迷宫式布置，并注意将第一道环的开口位置避开主推力面，则窜气量会很少。

在发动机实际工作中，活塞环因磨损而弹性降低、活塞环因卡死而失去弹性、活塞环断裂、各活塞环开口因攒动而对正，则是密封性恶化、窜气、烧机油的主要原因。

（3）气环的泵油现象。如图 5-17 所示，气环随活塞的往复运动，把气缸壁上的机油不断送入气缸的现象，称为“气环泵油”现象。在工作过程中，气环在自身惯性力、与气缸壁摩擦力、缸内气体压力的作用下，交替地贴靠在环槽的上、下侧面。当活塞下行时，气环与环槽的上侧面靠紧，从气缸壁上刮下的机油充满气环背隙及下方侧隙。当活塞上行时，气环又靠向环槽的下侧面，背隙及下方侧隙中的机油被挤到环槽上方。如此反复作用，将机油泵入燃烧室内，这正是发动机烧机油的根源之一。

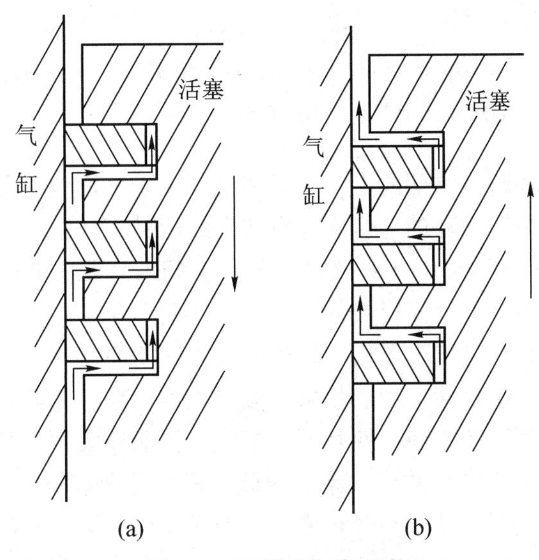

图 5-17 活塞环泵油现象

（a）活塞下行；（b）活塞上行

活塞环泵油现象，使机油窜入燃烧室并燃烧，不仅导致冒蓝烟、机油耗量大，而且会形成积炭，影响火花塞、气门、活塞环等的正常工作。若在环槽中形成积炭，则会造成活塞环被卡死，失去密封作用，甚至折断、拉伤缸壁、损伤活塞等；若在火花塞处形成积炭，则会造成点火不可靠；当气门头部形成积炭时，会造成气门关闭不严等。这些现象均使发动机性能下降。

（4）气环断面形状。气环断面形状有很多，如图 5-18 所示。

1）矩形环。如图 5-18（a）所示，矩形环断面为矩形。矩形环具有结构简单、制造方便、与气缸壁面接触、导热效果好等优点。但矩形环与气缸壁的磨合性、密封性差，泵油严重。

2）微锥面环。如图 5-18（b）所示，微锥面环断面呈微锥形，其与气缸壁线接触，利于磨合、密封。活塞下行时，微锥面环向下刮油；活塞上行时，则形成油楔，减轻磨损。但微锥面环的导热性差，不易用作第一环。

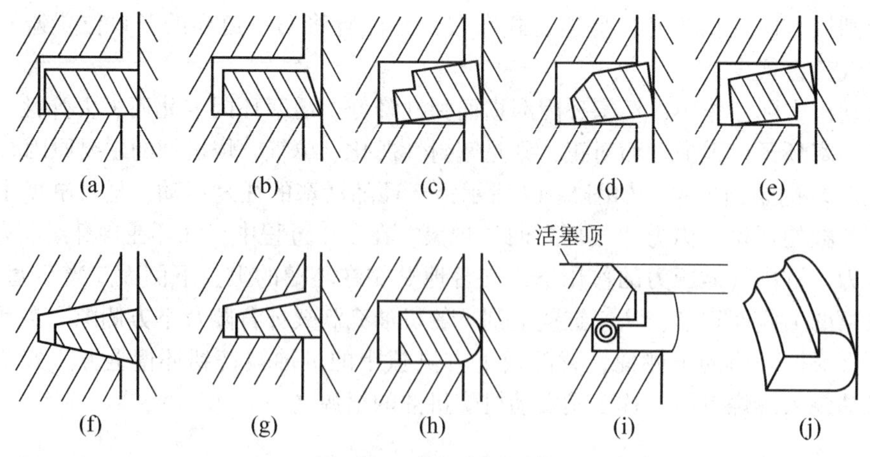

图 5-18　气环断面形状

(a) 矩形环；(b) 微锥面环；(c)、(d) 上侧内切扭曲环；(e) 下侧外切扭曲环；
(f)、(g) 梯形环；(h) 桶面环；(i)、(j) 顶岸环

注意，安装微锥面环时，锥面向上，不得装反。由于锥面角度很小，不易识别，为避免装错，在微锥面环的上侧面标有向上的记号。

3）扭曲环。如图 5-18（c）、(d)、(e）所示。扭曲环是在矩形环内圆面上方或外圆面下边缘切掉一部分而形成的。由于其断面形状不对称，故装入气缸后，环内应力不平衡，发生扭曲。在进气、压缩、排气行程中，扭曲使环与气缸壁、环槽上下端面都呈线接触，其密封性、磨合性、刮油效果类似于微锥面环。在做功行程中，巨大的燃气压力作用在扭曲环的上侧面及背面，使其不再扭曲，整个外圆面与气缸壁接触，下侧面与环槽下侧面接触，改善了密封和散热效果。因此，扭曲环兼有微锥面环和矩形环的优点，既减轻了环在环槽内的上下窜动及其对环槽的冲击和磨损，又可避免泵油现象。

注意，安装扭曲环时有方向要求，内圆切槽向上、外圆切槽向下，不得装反。

4）梯形环。如图 5-18（f）、(g）所示，断面为梯形。梯形环的突出优点是抗结胶性好，不易卡环、断环。因为梯形环与环槽的侧隙、背隙随活塞的移动、横向摆动及变换移动方向而变化，能将槽中的积炭碾碎或将结胶物挤出，故梯形环多用于柴油机第一道环。

5）桶面环。如图 5-18（h）所示，桶面环的外表面为凸圆弧形，与气缸壁呈线接触，其磨合性、密封性俱佳，且能很好地适应由气缸表面的不均匀磨损所导致的形状变化和活塞的摆动。桶面环上、下行时与气缸壁均能形成楔形油膜，既减轻了环与气缸壁的磨损，润滑性也很好。因此，桶面环的综合性能好，多用于第一道环。

6）顶岸环。顶岸环具有 L 形的断面，其外表面为凸圆弧形，又称 L 形环，如图 5-18（i）、(j）所示。顶岸环的第一个优点是，离活塞顶面很近（只有 1.5 mm 左右，仅是普通气环的 1/8 左右），活塞顶岸与气缸壁间隙中的气体量减少，减少了 HC（未燃碳氢化合物）的排放量。顶岸环的第二个优点是，对燃烧压力反应快。燃烧开始后，气缸内的压力迅速作用在其上侧面和内侧面，使顶岸环迅速伸张，并与气缸壁和环槽下侧面贴紧，形成很好的密封条件，减少窜气量。

4. 油环的结构

油环结构分为整体式和组合式两种。

（1）整体式油环（又称为普通油环）。在油环外圆柱面加工出环形集油凹槽，形成上、下两道刮油唇，槽底开有回油孔或回油槽，并与环槽上的回油孔相通，使刮下的油流回油底壳，如图 5-19 所示。

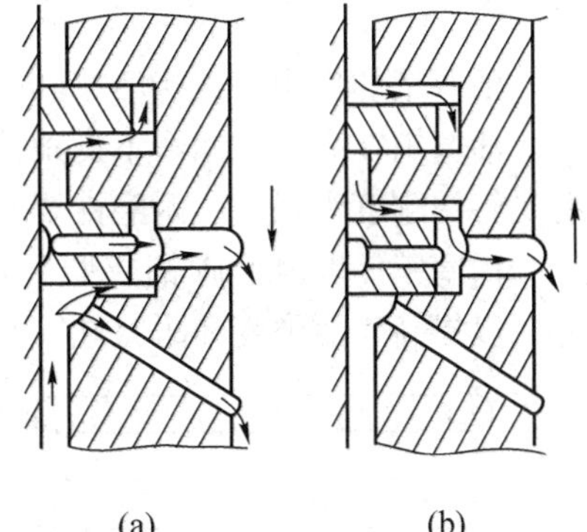

图 5-19　油环的刮油作用

（a）活塞下行；（b）活塞上行

为增加弹力，有的在普通油环的内圆面加装撑簧，称为槽孔撑簧式油环。

（2）组合式油环。组合式油环由上、下刮油钢片和中间的撑簧组成，如图 5-20、图 5-21 所示。撑簧产生的径向力和轴向力使刮油片与气缸壁和环槽上、下侧面贴紧，接触压力大，刮油效果好，且上、下两个刮片分别动作，对气缸不均匀磨损及活塞摆动、变向、变形的适应性好，且能防止窜机油。

注意，油环和油环槽内的回油孔或槽必须保持畅通。如果安装时未清理干净而存留污物，或机油未按要求定期更换，回油孔或槽就会堵塞，油环从气缸壁上刮下的机油不能流回油底壳，活塞环泵入燃烧室的机油增多，最终导致烧机油严重。

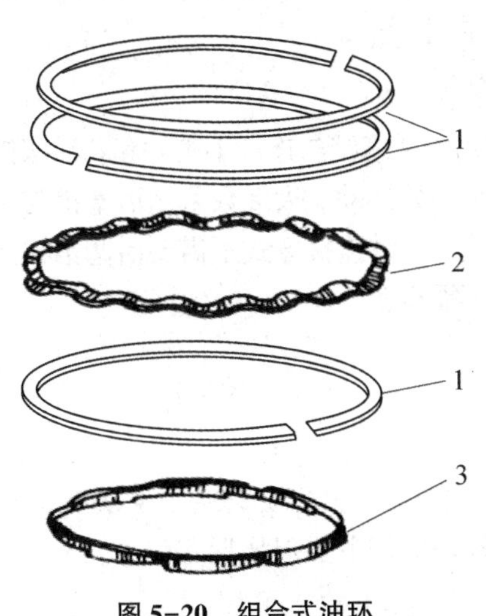

图 5-20　组合式油环

1—刮油片；2—轴向撑簧；3—径向撑簧

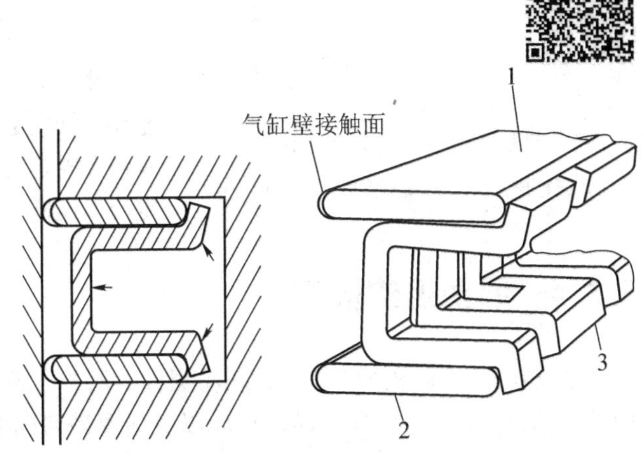

图 5-21　钢带组合油环

1—上刮油片；2—下刮油片；3—轨形撑簧

活塞环在高温、高压、冷却困难、润滑不良的条件下相对于气缸壁高速滑动，并伴有径向缩张以及与环槽上、下侧面的撞击，是发动机中较易磨损、折断损坏的零件之一。通常活塞环比活塞更易发生拉缸，尤其第一道环。因此，要求活塞环弹性好、耐磨、耐热、强度高、有韧性等，常用优质灰铸铁、合金铸铁、合金球墨铸铁、钢带等制成，并进行表面处理。

5.2.3 活塞销

活塞销的作用是连接活塞和连杆小头，将活塞承受的力传给连杆，或反向传递。

活塞销在高温、润滑不良条件下承受峰值很大的周期性冲击载荷。要求活塞销必须具有足够的刚度和强度，耐磨性要好，质量要轻。

活塞销一般由低碳钢或低碳合金钢制造。其外表面先做渗碳处理，再进行精磨、抛光，以提高表面硬度和耐磨性，并保证芯部有一定的冲击韧性。

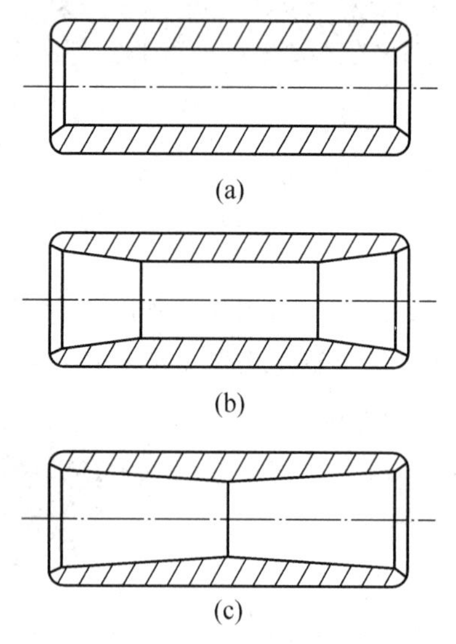

图 5-22 活塞销内孔形状

（a）圆柱形；（b）两段截锥形；（c）组合形

活塞销一般做成中空圆柱形，内孔形状有圆柱形、两段截锥形和组合形三种，如图 5-22 所示。

活塞销与活塞销座孔及连杆小头衬套的连接方式有全浮式与半浮式两种。

1. 全浮式活塞销

全浮式活塞销指发动机工作时，活塞销在连杆小头衬套和活塞销座孔内都能自由转动，使活塞销在圆周方向磨损较均匀。为防止活塞销轴向窜动而刮伤气缸壁，在活塞销两端用嵌入活塞销座孔凹槽内的卡环进行轴向限位。

2. 半浮式活塞销

半浮式活塞销指活塞销与连杆小头衬套和活塞销座孔一处固定，另一处浮动。大多数采用活塞销与小头衬套固定的方式。此种连接方式不需要活塞销轴向定位，连杆小头不需衬套。

5.2.4 活塞组的损伤

活塞组件的工作条件恶劣，属易损件。磨损、活塞环折断、活塞顶烧蚀、脱顶（活塞头部与裙部分离）、拉缸等异常损坏以及活塞销弯曲变形等是其主要损伤形式。

1. 磨损

活塞组的磨损主要是活塞环与环槽的磨损、活塞裙部的磨损、活塞销与活塞销座孔的磨损。

活塞环与环槽是磨损量和磨损速度最快的部位，第一道环与环槽尤为严重，由上而下逐渐减轻。因为工作中活塞环的大部分时间作用在环槽下面，所以活塞环与环槽的磨损主要是下平面及活塞环的外圆柱面。活塞环与环槽磨损后，活塞环弹性减弱，侧隙增大，密封性降低，使窜气、烧机油倾向加重。

活塞裙部的磨损较小，只是在侧压力较大的一侧发生轻微磨损和擦伤，这是因为活塞裙部的承压面积较大，润滑条件也稍好，并有结构及新材料、工艺技术做保证。

活塞销与活塞销座孔呈椭圆形磨损，最大的磨损在上、下方向，且上部的磨损比下部严重，这是因为压缩、膨胀、排气行程中活塞销贴靠在上部。磨损将引起活塞销与活塞销座孔配合松旷，不仅使工作中出现异常的敲击声，而且使活塞的压缩高度减小，压缩比减小。

2. 其他

活塞顶部烧蚀是发动机长期在大负荷、不正常燃烧条件下工作产生的过高温度所致，表现为活塞顶面有麻坑。

“脱顶”即活塞头部与裙部分离。若活塞环开口间隙过小，而发动机又长期在高温、高负荷下工作，则活塞环易卡死在气缸中，活塞裙部又受连杆向下拖动，将导致活塞脱顶或活塞环折断。

活塞环折断除开口间隙过小的原因外，活塞环槽和活塞环上积炭，使活塞环失去弹性也是原因之一。

5.2.5　活塞组的检修

发动机大修时要更换全部活塞组件。当有活塞组件出现较严重的拉缸、顶部烧蚀、脱顶、磨损引起的活塞裙部与气缸配合间隙（称为活塞配缸间隙）过大时，应予以更换活塞组件。

选配、更换活塞组件是大修作业中的必需项目，也是各种小修和维护中经常性的工作。选配就是采用相配合零件的不完全互换性，以较大的公差加工零件，通过按实际零件的尺寸进行分组选用，每组内零件尺寸的差别较小，从而得到较高配合精度的工艺方法。

1. 活塞的选配

活塞选配应注意以下几点：

（1）活塞也有与气缸修理尺寸对应的4~6级修理尺寸，每个修理尺寸级别通常又分为3~6组不等，相邻两组的直径差为0.01~0.015 mm。活塞的修理尺寸级别和分组尺寸代号常打印在活塞的顶部。

（2）按气缸的修理尺寸选配，即选用与气缸同一修理尺寸级别的活塞。有些汽车发动机的气缸套、活塞、活塞环、活塞销等维修配件常采用厂商已选配好的“三组合”或“四组合”套件。

（3）同一台发动机必须选用同一品牌的活塞，以保证材质、性能的一致性。

（4）在选配的同一组活塞中，活塞直径差应在0.02~0.025 mm内，质量差不大于8 g。当活塞质量超过规定值时，可采用车削活塞裙部内壁下部向上到20 mm处的方法调整。

（5）活塞的圆度误差和圆柱度误差应符合规定的要求。

（6）活塞配缸间隙（气缸直径与活塞裙部直径之差）应符合规定值。

（7）若维修时气缸套仍可使用，只需更换活塞，则应选用同一级别活塞中直径较大的活塞。若只更换个别气缸活塞，则要求新活塞的质量与原活塞的质量相同。

2. 活塞环的选配与检验

（1）活塞环的选配。活塞环除有标准尺寸外，也与气缸、活塞一样有4~6级加大的修理尺寸，但不因气缸、活塞尺寸的分组而具有分组尺寸。在发动机大修时，应按气缸的修理尺寸，选配与气缸、活塞修理尺寸级别相同的活塞环。若气缸磨损未达到大修标准，仅需更换活塞环时，则其修理尺寸等级应与原活塞环一致，严禁选择加大一级修理尺寸的活塞环通过锉端隙使用，这是因为气缸是锥度磨损，加大尺寸的活塞环会在活塞下行时发生卡滞。

（2）活塞环的检验。为保证活塞环工作可靠，其“三隙”及弹力、透光度等都要达到原厂的规定。

1）活塞环“三隙”的检验。

① 端隙的检验。测量时，用倒置的活塞将活塞环平直推入气缸内，然后用塞尺测量间隙。对加工修复的气缸，活塞环应推至气缸内相应的上止点位置；对未加工修理的气缸，则应将活塞环推至气缸下部磨损最小或未磨损的区域。若端隙大于规定值，则另选活塞环；若间隙小于规定值，则可用细平锉对活塞环口的一端（只能锉一端）加以锉修。注意，活塞环口要平整，边锉边量，锉后去掉毛刺。

② 侧隙的检验。将活塞环放入洁净的相应环槽内，转动一周；将塞尺插入活塞环与环槽之间测量。若间隙过小，则用车削法加宽环槽，而不宜将活塞环放在平板细砂布上研磨活塞环上、下平面，以免破坏活塞环表面的强化层；间隙过大时，只能重新选配。

③ 背隙的检验。为测量方便，通常将活塞环装入活塞环槽内，以活塞环槽深度与活塞环径向厚度的差值来衡量。测量时，将活塞环落入活塞环槽底，再用深度游标尺测出活塞环外圆柱面低于活塞环岸的数值。若背隙过小，则应更换活塞环或车深活塞环槽底部；若背隙过大，则须重新选配。

实际操作中，多以经验法判断活塞环的侧隙和背隙，即将活塞环置入活塞环槽内，活塞环应低于活塞环岸，且能滑动自如，以无明显的松旷感觉为宜。

2）活塞环弹力的检验。活塞环弹力指使活塞端隙为规定值时，作用在活塞环上的径向力。弹力过大，使活塞环的摩擦、磨损加剧；弹力过小，气密性差，窜机油、漏气严重。

活塞环弹力的检验可在专用弹力检验仪上进行，如图 5-23 所示。检验时，将活塞环放在检验仪底板的凹槽里，活塞环的开口近于水平，移动秤杆上的量块，使活塞环的端口间隙压缩至规定值，此时量块在秤杆上的读数即活塞环的弹力值。

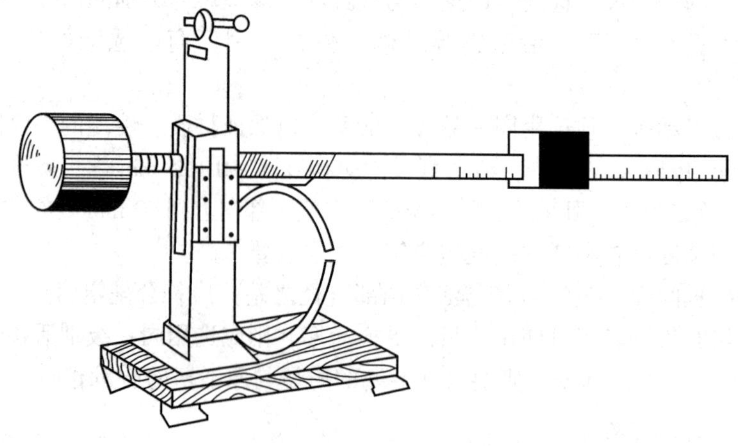

图 5-23　活塞环弹力的检验

在实际使用中，活塞环弹力检验还可用简易的对比法进行：将旧活塞环和新活塞环并立在一起，置活塞环的端口向同一侧，用手从上面施加同样压力，观察两活塞环的端隙，若旧活塞环的端隙比新活塞环的端隙小，则表明旧活塞环的弹力已减弱。

3）活塞环漏光度的检验。活塞环与气缸壁贴合的好坏通过漏光度检验测定。常用的简易方法是：将活塞环平放在气缸内相应的上止点位置，在气缸下部放一个灯泡，用一块比活塞环外径略小的遮光圆板盖在活塞环上，观察活塞环与气缸壁间的漏光缝隙及弧长，用量角器和塞尺进行测量。

要求：活塞环端口左右 30°圆心角范围内不允许有漏光；任意处的漏光缝隙应不超过 0.03 mm；同一活塞环上的漏光不得多于两处，每处漏光弧长的圆心角不得超过 25°，漏光弧长圆心角的总和不得超过 45°；若漏光缝隙小于 0.015 mm，则其弧长所对应的圆心角总和可放宽至 120°。

3. 活塞销的选配

发动机大修时，活塞销必须随活塞一起更换。

活塞销同其他活塞组件一样，除具有标准尺寸外，还有四级加大的修理尺寸，即在标准尺寸（直径）的基础上分别加大 0.08 mm、0.12 mm、0.16 mm、0.20 mm，以适应小修的需要。

活塞销选配的原则：同一台发动机应选用同一品牌、同一修理尺寸级别和同一分组尺寸的活塞销；表面应无锈蚀、斑点；活塞销的质量差不大于 10 g，圆柱度误差不超过 0.002 5 mm；发动机大修时应选择标准尺寸的活塞销，为小修留有更换的余地。

全浮式活塞销的配合要求：对于汽油机，常温下，活塞销与活塞销座孔应有轻微过盈，过盈量为 0.002 5~0.007 5 mm，当活塞处于 80 ℃左右时，应有微量的间隙，活塞销能在活塞销座孔中转动，活塞销与连杆衬套的配合间隙为 0.005~0.01 mm，且活塞销与活塞销座孔及衬套的接触面积应在 75%以上；常温下，柴油机的活塞销与活塞销座孔的过盈量一般为 0.02~0.05 mm，与连杆衬套的间隙为 0.03~0.05 mm。这些配合要求通常通过活塞销的选配或活塞销座孔的手工铰配来实现。若活塞销与活塞销座孔的过盈量太大，则往往会引起活塞销两个端口左右 45°处拉缸。

新活塞的销座孔都是标准尺寸，应选用与其标记相同的活塞销进行装配。同时，更换活塞和活塞销时，应进行组内选配。

由于制造工艺的不断改进，活塞销与活塞销座孔及连杆衬套的耐磨程度得到了很大提高。进口汽车行驶 300 000 km 时，活塞销仅有轻微的磨损，仍可继续使用。当活塞销座孔磨损超限时，只需更换活塞。即使更换活塞销，也不再提倡采用铰削等方法对活塞销座孔和连杆衬套进行扩孔修复，再配以加大的活塞销的修理方法，而采用对活塞销、活塞销座孔和连杆衬套进行分组选配的方法，并标涂颜色予以识别。装配时注意三者的涂色标记应相同。

5.3 连杆组

连杆组件包括连杆体、连杆盖、连杆螺栓等，如图 5-24 所示。连杆的功用是连接活塞和曲轴，将活塞承受的力传给曲轴或将曲轴驱动力传给活塞。

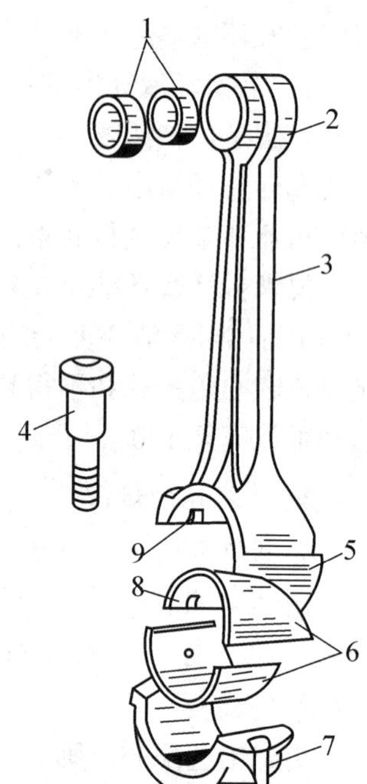

图 5-24 连杆组件

1—连杆衬套；2—连杆小头；3—连杆杆身；4—连杆螺栓；5—连杆大头；6—连杆轴瓦；7—连杆盖；8—连杆轴瓦凸键；9—凹槽

连杆在高速摆动中承受拉、压、弯等交变载荷作用，要求其有足够的强度和刚度，质量尽可能轻。若连杆强度不足，会造成杆身或连杆螺栓断裂。若连杆刚度不足，则杆身变形及连杆大头孔失圆，导致活塞、气缸、轴承、曲柄销偏磨，进而造成气缸漏气、窜机油等。

连杆体和连杆盖由优质高强度中碳钢或中碳合金钢模锻或辊锻而成。

1. 连杆体

连杆体由连杆杆身、连杆小头和连杆大头三部分组成，如图 5-24 所示。

（1）连杆杆身。通常，连杆杆身都做成 I 形断面，长轴在连杆摆动平面内，以在较轻的质量下获得最大的刚度、强度。

有些发动机连杆杆身内钻有连通大头和小头的中心油道孔，通过中心油道孔将连杆大头处的机油送入小头润滑活塞销衬套中，再由小头顶部的油孔喷向活塞顶底部，以强制冷却活塞。

（2）连杆小头。与活塞销相连的部位称为连杆小头，多为薄壁短圆筒形式。全浮式连接的活塞销，于连杆小头孔内压入耐磨的青铜衬套，在连杆小头和衬套顶部钻有集油孔或槽，以收集飞溅来的机油来润滑活塞销和衬套的配合面。有的发动机通过连杆杆身上的油道引来的机油润滑连杆小头。

（3）连杆大头。连杆大头与曲柄销（连杆轴颈）相连。为便于拆装，连杆大头一般都是分开式的，被分开的连杆大头的下半部分称为连杆盖。上、下连杆大头孔内分别安装半圆形的滑动轴承（也称为轴瓦或瓦片），并在两片轴瓦结合面处制有“定位唇”（定位凸缘），装配时，分别嵌入连杆大头和连杆盖上相应的凹槽中，以防止工作中轴瓦转动和轴向移动。

连杆大头的横向尺寸应小于气缸直径，以便拆装时能穿过气缸而不划伤气缸壁。

连杆大头的剖分面有平切口和斜切口两种。平切口连杆剖分面垂直于连杆中心线，斜切口连杆剖分面与连杆中心线成 30°~60°夹角。

一般汽油机连杆大头尺寸小于气缸直径，拆装时可通过气缸，多采用平切口。柴油机连杆大头横向尺寸较大，往往大于气缸直径，欲在拆装时通过气缸，须采用斜切口。

有的连杆在大头端钻有喷油孔，当曲轴旋转时，在曲柄销上的油孔与喷油孔相对的瞬间，机油从喷油孔喷向气缸壁主推面一侧，以润滑活塞组件与气缸壁。注意，此喷油孔是朝向气缸壁主推力面的一侧，装配时不得装反。

（4）连杆大头的装合。连杆螺栓和螺母将连杆大头的两部分套装到曲柄销上。

连杆大头盖与连杆大头是组合加工的，须成对装配，且有方向性，以保证内孔不失圆。为防止装配时配对错误，在同一侧有配对记号，修理时应特别注意。连杆螺栓由优质的合金钢精加工而成，损坏后绝不能用其他相同规格的螺栓代替，且拧紧后，须可靠锁止，以防止工作中松动。

（5）连杆大头的定位。为防止装配时连杆盖横向移动而与连杆体错位，必须对连杆大头进行严格定位，定位如图 5-25 所示。

1）连杆螺栓定位。利用连杆螺栓上精加工的圆柱凸台定位带与精加工的螺栓孔来实现，用于平切口连杆。

2）止口定位。其工艺简单，但止口受力易变形，定位不可靠。

3）套筒定位或销定位。在连杆盖上的螺栓孔中同心压入定位套筒，与连杆体上的定位孔精密配合。对四螺栓连接的连杆大头，用定位销定位。

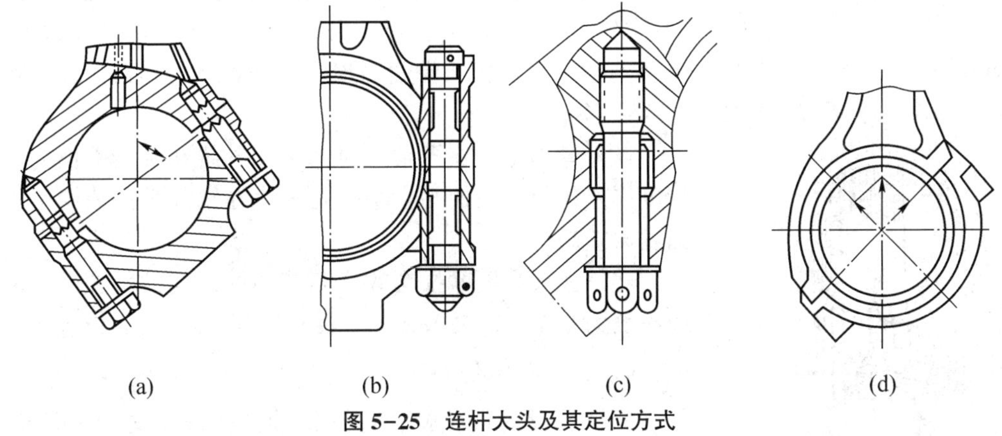

图 5-25　连杆大头及其定位方式

（a）锯齿定位；（b）圆销定位；（c）套筒定位；（d）止口定位

4）锯齿定位。依靠结合面精制的锯齿定位，其定位可靠，结构紧凑，贴合紧密，应用广泛。

2. V 形发动机连杆

在 V 形发动机中，左、右相对应气缸的连杆共用一个曲柄销，有三种结构形式，如图 5-26 所示。

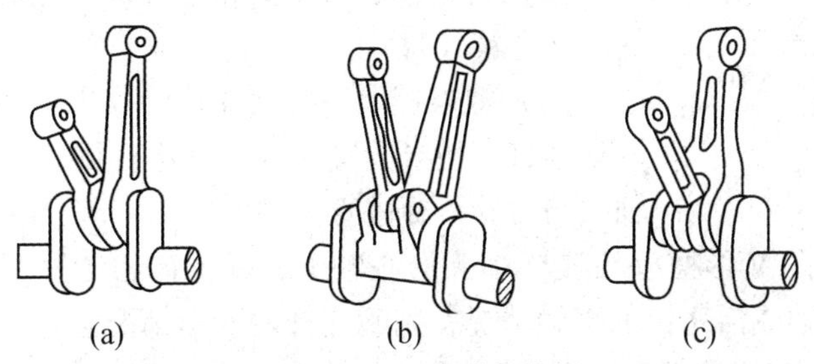

图 5-26　V 形发动机连杆

（a）并列连杆；（b）主副连杆；（c）叉形连杆

（1）并列连杆。左、右两个气缸采用完全相同的连杆，并排安装在同一曲柄销上。其优点是连杆可通用，左、右两气缸活塞连杆组的运动规律完全相同；缺点是发动机长度增加。

（2）主副连杆。主连杆大头直接装在曲柄销上，副连杆通过销轴装在主连杆大头的凸耳上。左、右两气缸的中心线在同一平面内，不增加发动机长度。主副连杆不能互换，两列气缸的活塞运动规律不同。

（3）叉形连杆。一个连杆的大头做成叉形，另一个连杆的大头插在叉形连杆的开叉处。两列气缸的活塞运动规律不同，连杆大头制造困难，维修不便。

目前，并列连杆应用最多，叉形连杆和主副连杆只在大功率 V 形发动机和特殊用途的 V 形发动机中应用。

3. 连杆的损伤形式

制造过程中产生的缺陷及工作中受到复杂的交变载荷作用、曲轴轴向间隙过大、连杆螺栓拆装不当（过紧、过松或不均匀）、连杆各配合处不符合要求，或气缸垫密封不好、冷却液进入气缸等，会使连杆产生弯扭变形、大头端面磨损、连杆轴承磨损或烧瓦、螺栓损坏，甚至连杆断裂等现象。

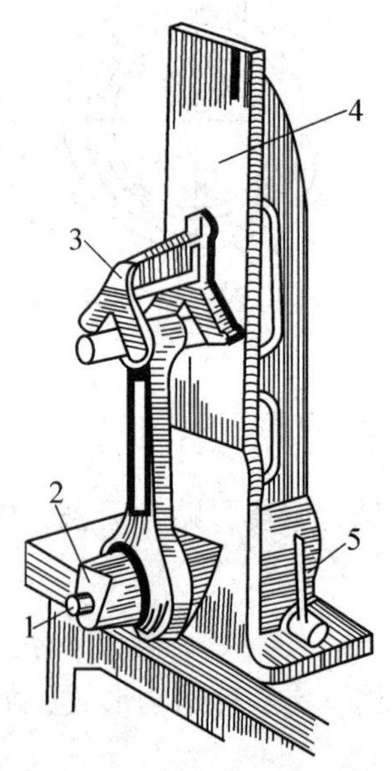

图 5-27　连杆检验仪

1—调整螺钉；2—菱形支承轴；3—量规；4—检验平板；5—锁紧支承轴杆

连杆弯曲指小头孔轴线对大头孔轴线在轴线平面内的平行度误差超限，扭曲则指小头孔轴线在轴线平面法向上的平面度误差超限。

连杆大头端面磨损会改变其与曲柄之间的间隙。此间隙值一般为 0.10~0.35 mm，上限为 0.50 mm。

4. 连杆变形的检验

连杆变形的检验是在连杆检验仪上进行的，如图 5-27 所示。测量工具是一个 V 形架三点规，三点规上的三个测点构成的平面与 V 形槽的对称平面垂直，下面两个测点的距离为 100 mm，上测点到两个下测点连线的距离也是 100 mm。

连杆变形检验时按下列步骤进行：

（1）取下连杆轴承和衬套，清洁轴承孔，装上连杆盖，再按规定力矩拧紧连杆螺栓。

（2）将心轴装入小头孔中（无专用心轴时，可用已选配好的活塞销代替）。

（3）把连杆大头套装在检验仪上的可调支承轴上，旋动调整螺钉，使半圆键扩张，将连杆固定，以保证大头轴承孔轴线与检验平板垂直。

（4）将三点规的 V 形槽放在连杆小头的心轴上，并推向检验平板。观测并测量三点规与检验平板、心轴或活塞销的接触情况，判断连杆的变形情况。

1）连杆正直：三测点都与平板接触。

2）连杆弯曲：上测点（或两个下测点）与平板接触，两个下测点（或上测点）不与平板接触且与平板的间隙一致。用塞尺量出平板与测点的间隙，就是连杆在 100 mm 长度上的弯曲度值。

3）连杆扭曲：若只有一个下测点接触平板，另一个下测点不接触平板且与平板的间隙等于上测点与平板间隙的两倍，则下测点与平板的间隙就是连杆在 100 mm 长度上的扭曲度值。

4）弯曲、扭曲并存：若一个下测点与平板接触，但另一个下测点与平板的间隙不等于上测点与平板间隙的两倍，则下测点与平板的间隙为连杆扭曲度，上测点与平板的间隙和下测点与平板间隙一半的差值为连杆的弯曲度。仅上测点接触平板而两个下测点与平板的间隙不等，也说明弯扭并存。

5. 连杆变形的校正

当连杆每 100 mm 长度内弯曲度超过 0. 03 mm，扭曲度超过 0. 06 mm 时，应进行校正。当弯扭并存时，应先校正扭曲，后校正弯曲，避免反复校正。

校正扭曲时，先将连杆盖按规定装配和拧紧，然后把连杆大端端面夹在钳口垫有软金属片的台钳上，用专用扳钳卡装在连杆杆身的上下部位，如图 5-28 所示。

校正弯曲时，把连杆放入专用的压器内（如图 5-29 所示），凸起的部位朝上并加入垫块，扳转丝杠，使连杆产生几倍到几十倍的原弯曲部位变形量的反向变形，并停留一段时间后再卸下，检查校正是否合格，反复校正，直至校正合格。

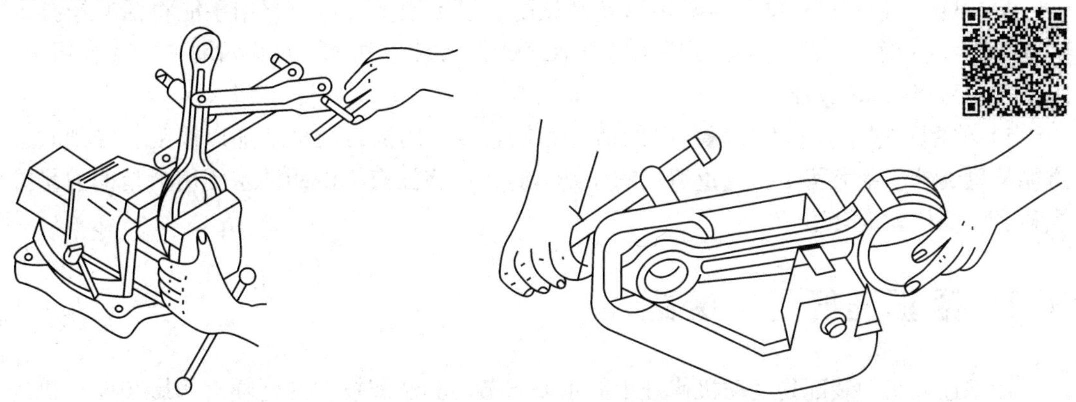

图 5-28　连杆扭曲的校正　　　　**图 5-29　连杆弯曲的校正**

常温下校正连杆，卸载后连杆有恢复变形而成为原状的趋势。因此，在校正弯、扭变形较大的连杆时，校正后需进行稳定（时效）处理，即将校正后的连杆加热（可用喷灯）至 300 ℃左右保温约 1 h。校正变形较小的连杆时，只需在校正载荷下保持一定时间即可。

连杆经弯、扭校正后，两端孔轴线的距离变化应不大于 0. 15 mm，否则会影响压缩比。

6. 连杆衬套的修复

在更换活塞和活塞销时，必须同时更换连杆小头衬套，并按活塞销的修理尺寸进行铰削，以满足上述配合要求。连杆小头孔与衬套为过盈配合，过盈量为 0.1~0.2 mm，以防止工作中衬套转动。

（1）更换衬套。更换连杆衬套，须在连杆变形校正后进行。

1）压出旧衬套。用手锤和专用铳头将旧衬套压出（已在检验变形时完成）。

2）选择新衬套。先将衬套与已选配好的活塞销试配，以能勉强套入活塞销为宜。若不能装入或装入后松旷，应重新选用。测量连杆小端轴承孔内径和新衬套外径，其差值就是过盈量与加工余量之和。

3）压入新衬套。先检查轴承孔内是否有毛刺等不洁物，然后将衬套有倒角端对着连杆小头倒角端放正，并使衬套油孔与小头油孔对正，在台钳或压床上缓缓压入至端面平齐。

（2）铰削衬套。按下列步骤进行：

1）选择铰刀。根据活塞销实际尺寸选择铰刀，并将刀把垂直地夹装在台钳上。

2）调整铰刀。把连杆小端衬套孔平稳地套入铰刀，使刀刃露出衬套上端 3~5 mm，并将刀刃调整到与衬套相接触，此为第一刀铰削量。以后各刀将调整螺钉转过 60°~90°为宜，当尺寸接近要求时，每次的调整要小一些。

3）铰削。铰削时，应一手扶持连杆小头并向下略施加压力，一手托住连杆大头均匀用力扳转。当衬套下平面与刀刃下方平齐时，停止铰削，将连杆小端下压，使衬套退出铰刀。在保持铰刀不变动的情况下，反转连杆重铰一次。

4）试配。铰削过程中应经常用活塞销试配，以免铰削过量。当用手能将活塞销推入衬套 1/3~2/3 时，应停止铰削。用木槌将活塞销打入衬套内，并使其两端夹持在台钳上，来回转动后将活塞销敲出。

5）修刮。根据衬套上接触压痕的情况和松紧度，用刮刀微量地加以修刮。修刮时应遵循从里到外、刮大留小、刮重留轻的原则，直到能将涂有机油的活塞销用拇指的力量推入衬套，则松紧度合适。

5.4 活塞连杆组的装配

活塞连杆组的装配是发动机修理中的重要环节，其装配技术的好坏直接影响发动机的运行品质和使用寿命。装配前，将已校正、修配好的活塞连杆组各零件再进行一次检验，合格后，再清洗，以压缩空气吹干。活塞连杆组的装配步骤和要求如下。

1. 活塞连杆组的装配步骤

（1）加热活塞。将活塞置入水中加热至 80~100 ℃（或将活塞销进行冷缩），取出后迅速擦净。

（2）装活塞销。在活塞销座孔、连杆小头衬套孔、活塞销上涂一层薄薄的机油，将连杆小头放入活塞内腔，使衬套孔对准活塞销座孔，随即将活塞销推入活塞销座孔和连杆衬套中。

（3）用尖嘴钳将活塞销卡环装入卡环槽中。活塞销卡环装入卡环槽内的深度应不小于钢丝直径的 2/3，能在卡环槽中拨转，且与活塞销两端留有 0.10~0.25 mm 的间隙。

（4）检验活塞轴线对连杆大头孔轴线的垂直度。在活塞冷却后，将连杆大头端套装在连杆检验仪的支承轴上，使活塞裙部贴在检验仪平板上；用塞尺测量活塞顶部边缘与平板的间隙；翻转 180°，测量另一侧的间隙；两间隙之差为垂直度误差，其数值应不大于 0.08 mm。

（5）检查活塞连杆装配后的活塞裙部圆度。用千分尺测量裙部直径，应不出现反椭圆或较大的圆度变动量。否则，可能出现活塞销与座孔配合过紧或装配工艺不良的情况，此时应压出活塞销，重新铰削座孔。

（6）检查连杆小头端面和销座之间的间隙。

（7）安装活塞环。应使用活塞环拆装钳将活塞环装入相应的环槽内。

安装组合油环时，先安装内撑簧，方法是将撑簧的锁口接头拉开，将弹簧装到油环槽内，再插入锁口钢丝，使两端结合好，最后把刮油片装到弹簧上，并使锁口结合部位于环片开口的对面。

（8）将活塞连杆组装入气缸。先在活塞连杆组各零件上涂抹机油，使连杆从气缸体上端穿过气缸，摆正活塞及活塞环开口位置，用手锤木柄或木块轻轻敲击活塞顶，直至活塞完全进入气缸，连杆大头露出气缸下端，再将连杆大头连接到曲柄销上，并可靠锁止连杆螺栓或螺母。

2. 活塞连杆组装配的注意事项

因结构、配合间隙、发动机平衡性、孔精度及工作特性的要求，在安装活塞连杆组时应特别注意各组件的方向、序号等，不得错乱。

安装活塞环时应使用专用工具，避免将环折断。

有的发动机活塞环上制有安装方向的标记，带标记的一面应朝向活塞顶部。各种活塞环的组合方式和安装方向要按说明书的规定进行，不得随意改变。扭曲环的安装有方向性，内圆切槽向上，装在第一道，而外圆切槽向下，装第二道、第三道。

在活塞环安装过程中，须遵循活塞环的开口交错布置的原则。以第一道环的开口为始点，其他环（包括油环）依次间隔 90°～180°。第一道环的开口应布置在次推力面的一侧。各道环的开口一般都不要布置在与活塞销轴线呈±45°圆心夹角的区域，这是因为活塞销两端的裙部圆柱面下凹，机油存量较多，容易从环口向上窜入燃烧室。各道环口还应避开膨胀槽位置。

油环刮油片、撑簧的开口也要交错排列，两个刮油片的油环开口间隔 180°，三个刮油片的油环开口互隔 120°。

连杆杆身、连杆盖上有朝向发动机前端的标记（如凸圆点）。连杆大头上部有喷油孔的连杆，喷油孔的方向应朝向气缸壁主承压面一侧或朝向凸轮轴一方。

5.5　曲轴飞轮组

曲轴飞轮组由曲轴总成和飞轮组成。曲轴总成主要包括曲轴、主轴承、主轴承盖、止推片、油封、正时齿轮、带轮、链轮、扭转减振器等零件，如图 5-30 所示。

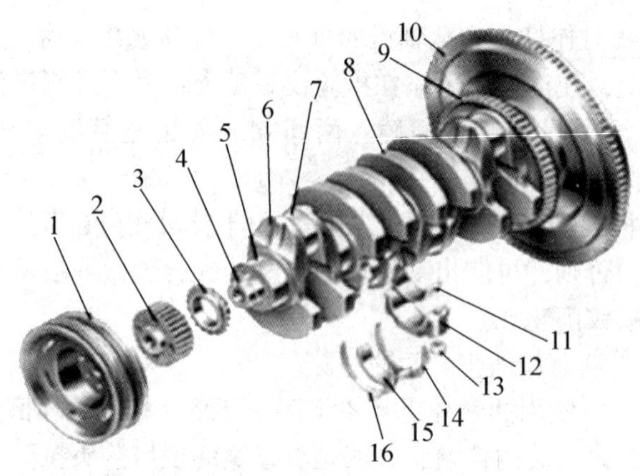

图 5-30　曲轴飞轮组

1—带轮；2—正时齿轮；3—链轮；4—前端轴；5—主轴颈；6—曲柄臂；7—连杆轴颈；8—平衡重；9—转速传感器脉冲轮；10—飞轮；11、15—主轴瓦；12—主轴承盖；13—螺母；14、16—止推片

5.5.1　曲轴

1. 曲轴的功用

曲轴由螺栓和主轴承盖紧固，倒挂在机体的下部，它有三个基本作用：

（1）承传活塞连杆组传来的力，并将其转变为转矩输出。

（2）驱动配气机构和其他系统附件工作。

（3）发动机起动时，输入驱动力。

2. 曲轴的工作条件及材料

曲轴受周期性变化的气体压力、惯性力及其力矩的冲击作用而高速旋转，承受交变的弯曲及扭转载荷。为保证工作可靠，要求曲轴有足够的抗弯、抗扭转强度和刚度，轴颈等工作表面要有很好的耐磨性和润滑条件。

曲轴一般用优质的中碳钢或中碳合金钢模锻而成，也有的采用球墨铸铁铸造而成。轴颈表面要经过耐磨性处理和精加工，以达到一定的硬度和精度。

3. 曲轴的基本结构

曲轴主要由主轴颈、曲柄臂、曲柄销、平衡重、前端、后端等组成，如图 5-30 所示。

（1）曲拐与润滑。一个曲柄销及其左右两个曲柄臂及主轴颈构成一个曲拐，它是构成曲轴的主要单元。因此，也可以说，曲轴主要是由曲拐与平衡重、前端、后端组成的。多缸直列发动机曲轴的曲拐数等于气缸数，V 形发动机曲轴的曲拐数等于气缸数的一半，单缸发动机的曲轴则只有一个曲拐。

主轴颈是曲轴通过主轴承支承在机体上的部分，其中心为曲轴的旋转中心。

曲柄销偏置于曲轴旋转中心线，是连接曲轴和连杆的部位，与连杆大头装配在一起，又称为连杆轴颈。

主轴颈和曲柄销一般是实心的，有的发动机上也将其制成空心圆柱形，尤其是曲柄销，以减小质量和旋转惯性力。

曲柄臂又称为曲柄，是主轴颈和曲柄销的连接部分，多数为椭圆盘形状或圆盘形状。

平衡重在曲柄销的对面，以平衡或部分平衡曲柄连杆机构往复运动、旋转运动的不平衡惯性力和力矩，减轻振动及噪声。平衡重为扇形，以使其中心远离曲轴旋转中心，达到在较小质量下获得较大的平衡惯性力。车用发动机的平衡重一般与曲柄做成一体，也可单独制成零件，再用螺钉紧固在曲柄上。

注意，同一发动机上并非曲轴的每个曲柄上都配平衡重，配平衡重的发动机也并非能够完全平衡。某些轿车发动机，为达到良好的平衡效果，还专门配置了与曲轴平行、由曲轴驱动的平衡轴。

直列六缸发动机曲轴的平衡性最好，几乎不振动。

曲轴主轴颈、曲柄臂和曲柄销中钻有互通的油孔，如图 5-31 所示。机油经机体内的主油道进入主轴承润滑主轴颈，再由主轴颈上的径向油孔经曲柄臂内斜油道流入曲柄销表面，或进入曲柄销的中空，在离心力的作用下杂质被甩到空腔壁面上，洁净的机油通过插在孔中的油管进入曲柄销表面。

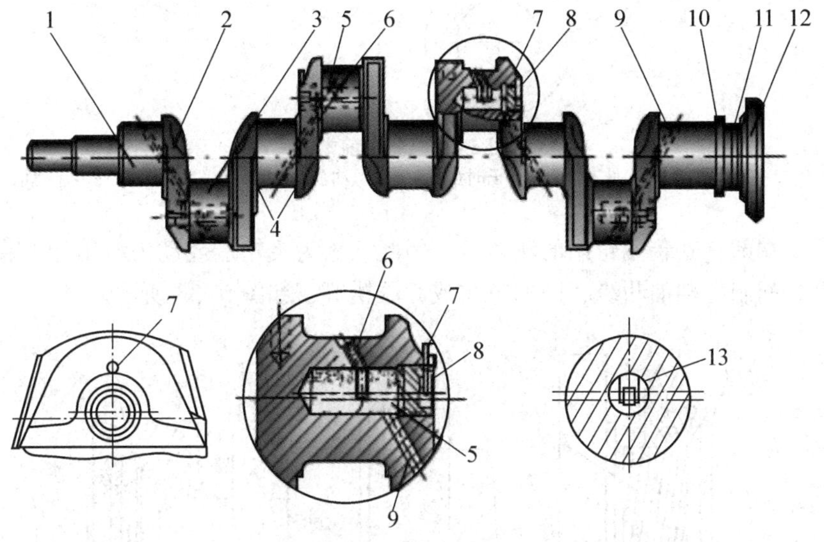

图 5-31　曲轴油道

1—主轴颈；2—曲柄臂；3—连杆轴颈；4—过渡圆角；5—积污腔；6—油管；7—开口销；8—螺塞；9—斜油道；10—挡油盘；11—回油螺纹；12—凸缘盘；13—沉积物

（2）曲轴前、后端。曲轴前、后端与发动机前、后端的定义一致，即曲轴的前端就是发动机的前端，曲轴的后端是发动机的后端。

曲轴前端为阶梯式的轴段，又称为正时机构驱动端或自由端。曲轴前端加工有键槽和螺纹或螺纹孔，以安装正时齿轮、链轮、扭转减振器，以及驱动风扇、水泵或压气机及其他装置的带轮等，如图 5-32 所示。在中、小功率发动机的曲轴前端还装有用于人力起动的起动爪。

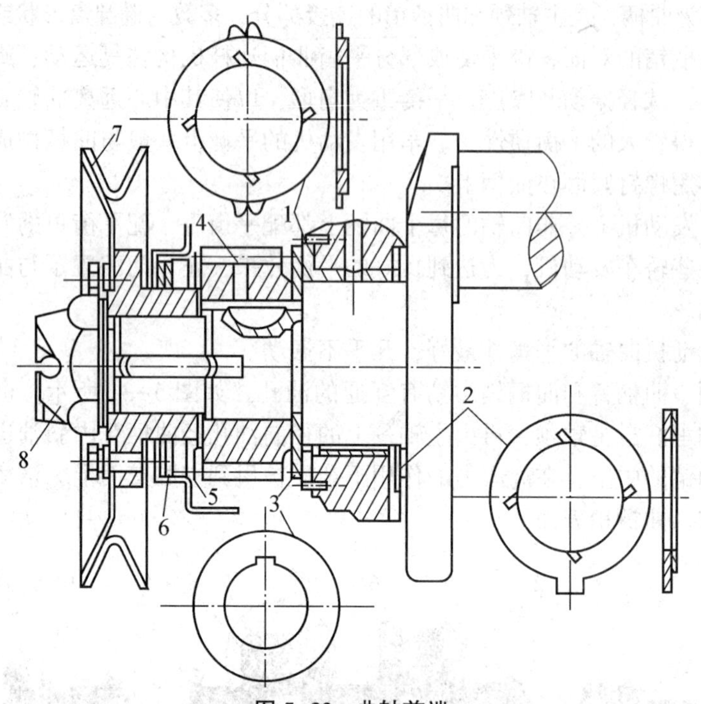

图 5-32 曲轴前端

1、2—滑动轴承；3—止推片；4—正时齿轮；5—甩油盘；6—油封；7—带轮；8—起动爪

曲轴后端端部有安装飞轮用的法兰盘，因此又称为飞轮端或动力输出端。在后端主轴颈与法兰盘之间制有挡油凸缘、回油螺纹或卸压槽等，如图 5-33 所示。

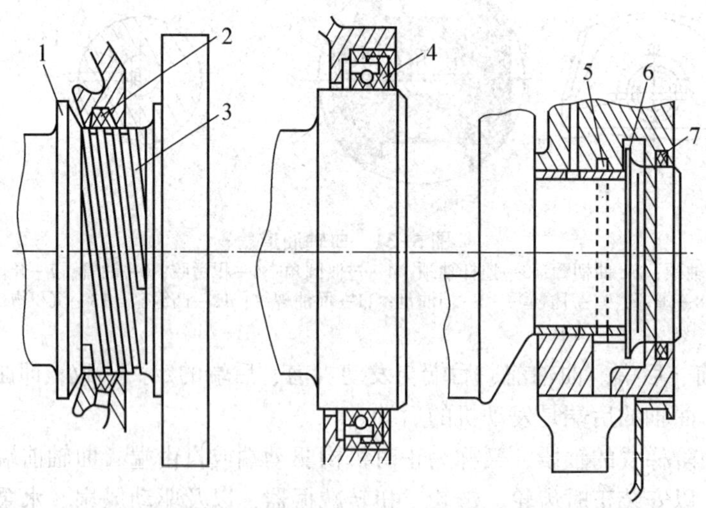

图 5-33 曲轴后端

1、6—挡油凸缘；2、7—密封填料；3—回油螺纹；4—油封；5—卸油槽

现代的电控喷射发动机中，在曲轴的前端或后端还装有曲轴转角和转速传感器的脉冲信号发生齿盘。

曲轴前端与后端均伸出曲轴箱，在机体外侧。为防止机油沿主轴颈向外漏出，曲轴前、后端都设有防漏装置，常见的有甩油盘、各种油封、回油螺纹及挡油圈等，如图5-32、图5-33所示。甩油盘随曲轴转动，抛落在它上面的机油被甩到正时齿轮室盖内壁上，再沿壁面回流到油底壳。

4. 曲轴的分类

（1）按其各组成部分的连接情形，曲轴分为整体式曲轴和组合式曲轴两种。

整体式曲轴即各组成部分铸或锻成一个整体，其结构简单、紧凑，质量轻，在车用发动机中广泛应用。

组合式曲轴即各组成部分分开加工，然后组合在一起，其结构复杂，拆装不便，但若使用中某一单元损坏，则不必报废整根曲轴。

（2）按主轴颈数的不同，曲轴分为全支承曲轴和非全支承曲轴两种。

全支承曲轴在相邻两个曲拐间都有一个主轴颈，如图5-34（a）所示。显然，直列式发动机全支承曲轴的主轴颈总数比气缸数多一个，V形发动机全支承曲轴的主轴颈总数比气缸数的1/2多一个。这种曲轴的优点是刚度和强度好，主轴承载荷小，在现代汽车发动机中被广泛采用。

非全支承曲轴的两个曲拐共用一个主轴颈，主轴颈数小于曲拐数，如图5-34（b）所示。其优点是曲轴及机体长度较全支承式曲轴短。

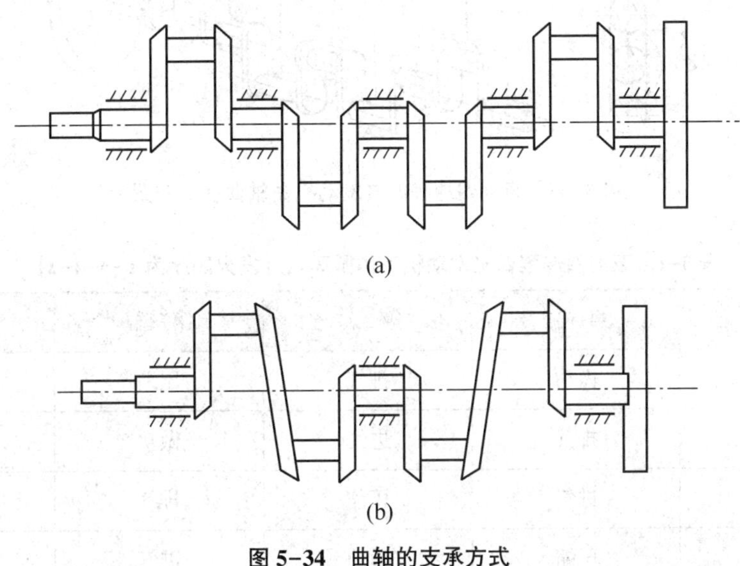

图5-34　曲轴的支承方式

（a）全支承式；（b）非全支承式

5. 多缸发动机的曲拐布置与发火（工作）顺序

发火顺序又称为工作顺序，指各气缸活塞到达工作循环中压缩行程上止点的顺序。

各曲拐间的相对位置（空间夹角）或曲拐的布置取决于发动机的气缸数、气缸排列方式和各气缸工作顺序。在气缸数、气缸排列方式确定后，曲拐的布置就只与发火顺序有关。

各气缸的发火顺序遵循以下原则：

（1）发动机在完成一个工作循环的曲轴转角内，各个气缸应均匀间隔地发火一次，以保证发动机运转平稳。若气缸数以 i 表示，则四冲程发动机的发火间隔角为 $720°/i$，即曲轴每转过 $720°/i$ 时，就有一个气缸做功。

（2）尽可能避免相邻两个气缸连续发火（或连续发火的两个气缸相距尽可能远），以减轻主轴承的载荷，并避免可能发生的进气、排气相互干扰的现象。

（3）V 形发动机的两列气缸应交替发火。例如，直列四冲程四缸发动机，发火间隔角为 180°，即四个曲拐在同一平面内，如图 5-35 所示。发火顺序可以是 1-3-4-2，也可以是 1-2-4-3，见表 5-1。

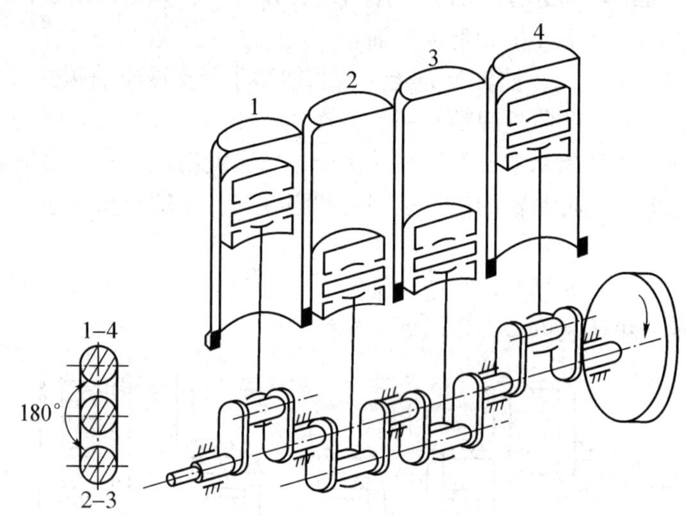

图 5-35　直列四冲程四缸发动机曲轴曲拐的布置

表 5-1　直列四冲程四缸发动机工作循环表（发火顺序为 1-3-4-2）

曲轴转角	第一缸	第二缸	第三缸	第四缸
0°～180°	做功	排气	压缩	进气
180°～360°	排气	进气	做功	压缩
360°～540°	进气	压缩	排气	做功
540°～720°	压缩	做功	进气	排气

又如，直列四冲程六缸发动机，其发火间隔角为 120°，六个曲拐在互成 120°夹角的三个平面内，如图 5-36 所示。发火顺序为 1-5-3-6-2-4 或 1-4-2-6-3-5，国产发动机均采用前者，工作循环见表 5-2。

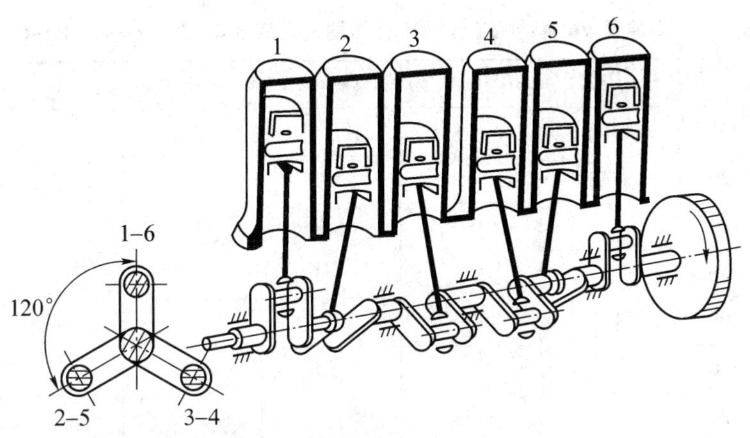

图 5-36　直列四冲程六缸发动机曲轴曲拐的布置

表 5-2　直列四冲程六缸发动机工作循环表（发火顺序为 1-5-3-6-2-4）

<table>
<tr><th colspan="2">曲轴转角</th><th>第一缸</th><th>第二缸</th><th>第三缸</th><th>第四缸</th><th>第五缸</th><th>第六缸</th></tr>
<tr><td rowspan="3">0°～180°</td><td>60</td><td rowspan="3">做功</td><td rowspan="2">排气</td><td>进气</td><td>做功</td><td rowspan="2">压缩</td><td rowspan="3">进气</td></tr>
<tr><td>120</td><td rowspan="3">压缩</td><td rowspan="3">排气</td></tr>
<tr><td>180</td><td rowspan="3">进气</td><td rowspan="3">做功</td></tr>
<tr><td rowspan="3">180°～360°</td><td>240</td><td rowspan="3">排气</td><td rowspan="3">压缩</td></tr>
<tr><td>300</td><td rowspan="3">做功</td><td rowspan="3">进气</td></tr>
<tr><td>360</td><td rowspan="3">压缩</td><td rowspan="3">排气</td></tr>
<tr><td rowspan="3">360°～540°</td><td>420</td><td rowspan="3">进气</td><td rowspan="3">做功</td></tr>
<tr><td>480</td><td rowspan="3">排气</td><td rowspan="3">压缩</td></tr>
<tr><td>540</td><td rowspan="3">做功</td><td rowspan="3">进气</td></tr>
<tr><td rowspan="3">540°～720°</td><td>600</td><td rowspan="3">压缩</td><td rowspan="3">排气</td></tr>
<tr><td>660</td><td rowspan="2">进气</td><td rowspan="2">做功</td></tr>
<tr><td>720</td><td>排气</td><td>压缩</td></tr>
</table>

四冲程 V6 发动机的发火间隔角为 120°，三个曲拐在互成 120°夹角的三个平面内，工作顺序为 $R_1-L_3-R_3-L_2-R_2-L_1$，工作循环见表 5-3。

表 5-3　四冲程 V6 发动机工作循环表（发火顺序为 $R_1-L_3-R_3-L_2-R_2-L_1$）

<table>
<tr><th colspan="2">曲轴转角</th><th>R₁</th><th>R₂</th><th>R₃</th><th>L₁</th><th>L₂</th><th>L₃</th></tr>
<tr><td rowspan="3">0°～180°</td><td>60</td><td rowspan="3">做功</td><td rowspan="2">排气</td><td>进气</td><td>做功</td><td rowspan="3">进气</td><td rowspan="2">压缩</td></tr>
<tr><td>120</td><td rowspan="3">压缩</td><td rowspan="3">排气</td></tr>
<tr><td>180</td><td rowspan="3">进气</td><td rowspan="3">做功</td></tr>
<tr><td rowspan="3">180°～360°</td><td>240</td><td rowspan="3">排气</td><td rowspan="3">压缩</td></tr>
<tr><td>300</td><td rowspan="3">做功</td><td rowspan="3">进气</td></tr>
<tr><td>360</td><td rowspan="3">压缩</td><td rowspan="3">排气</td></tr>
<tr><td rowspan="3">360°～540°</td><td>420</td><td rowspan="3">进气</td><td rowspan="3">做功</td></tr>
<tr><td>480</td><td rowspan="3">排气</td><td rowspan="3">压缩</td></tr>
<tr><td>540</td><td rowspan="3">做功</td><td rowspan="3">进气</td></tr>
<tr><td rowspan="3">540°～720°</td><td>600</td><td rowspan="3">压缩</td><td rowspan="3">排气</td></tr>
<tr><td>660</td><td rowspan="2">进气</td><td rowspan="2">做功</td></tr>
<tr><td>720</td><td>排气</td><td>压缩</td></tr>
</table>

四冲程 V8 发动机的发火间隔角为 90°，四个曲拐可以在同一平面内，也可互成 90°。其发火顺序为 $R_1-L_1-R_4-L_4-L_2-R_3-L_3-R_2$ 或 $L_1-R_4-L_4-L_2-R_3-R_2-L_3-R_1$，工作循环见表 5-4。

表 5-4　四冲程 V8 发动机工作循环表（发火顺序为 $R_1-L_1-R_4-L_4-L_2-R_3-L_3-R_2$）

<table>
<tr><th colspan="2">曲轴转角</th><th>R₁</th><th>R₂</th><th>R₃</th><th>R₄</th><th>L₁</th><th>L₂</th><th>L₃</th><th>L₄</th></tr>
<tr><td rowspan="2">0°～180°</td><td>90</td><td rowspan="2">做功</td><td>做功</td><td>排气</td><td rowspan="2">压缩</td><td>压缩</td><td rowspan="2">进气</td><td rowspan="2">排气</td><td>进气</td></tr>
<tr><td>180</td><td rowspan="2">排气</td><td rowspan="2">进气</td><td rowspan="2">做功</td><td rowspan="2">压缩</td></tr>
<tr><td rowspan="2">180°～360°</td><td>270</td><td rowspan="2">排气</td><td rowspan="2">做功</td><td rowspan="2">压缩</td><td rowspan="2">进气</td></tr>
<tr><td>360</td><td rowspan="2">进气</td><td rowspan="2">压缩</td><td rowspan="2">排气</td><td rowspan="2">做功</td></tr>
<tr><td rowspan="2">360°～540°</td><td>450</td><td rowspan="2">进气</td><td rowspan="2">排气</td><td rowspan="2">做功</td><td rowspan="2">压缩</td></tr>
<tr><td>540</td><td rowspan="2">压缩</td><td rowspan="2">做功</td><td rowspan="2">进气</td><td rowspan="2">排气</td></tr>
<tr><td rowspan="2">540°～720°</td><td>630</td><td rowspan="2">压缩</td><td rowspan="2">进气</td><td rowspan="2">排气</td><td rowspan="2">做功</td></tr>
<tr><td>720</td><td>做功</td><td>排气</td><td>压缩</td><td>进气</td></tr>
</table>

5.5.2　轴承

轴承的作用是支承并保护轴颈，延长曲轴的寿命。发动机曲柄连杆机构的轴承大多数是滑动轴承，主要有连杆小端衬套、连杆轴承（曲柄销轴承）和主轴承（主轴颈轴承）。其中，连杆轴承和主轴承的结构基本相同。

1. 轴承的结构及材料

曲轴的主轴承和连杆轴承都是剖分式的，即由上、下两个半圆柱面状的瓦片对合而成，上半片（上轴瓦）安装在机体轴承座孔内或连杆轴承座孔内，下半片（下轴瓦）装在轴承盖里或连杆盖内。活塞销轴承是整体式或衬套式的。

轴瓦由钢背和其内表面覆盖的减磨合金层构成，有的还在减磨合金层上再电镀一层锡或锡铅合金。钢背是轴瓦的基体，材料多是青铜或低碳钢，以保证有较高的强度。钢背内表面上覆盖的减磨合金薄层多为白合金、铜基合金和铝基合金，是相对较软的材料，以使磨损和烧结（在机油供给不足或机油膜破坏时）主要发生在轴承表面，保护贵重的曲轴。

轴瓦内壁设有周向油槽和穿透壁厚的油孔，如图 5-37 所示，它们与气缸体上的主油道相通。有的发动机仅在上轴瓦开环形油槽和油孔，安装时应注意。连杆大头的瓦片则不开油槽。

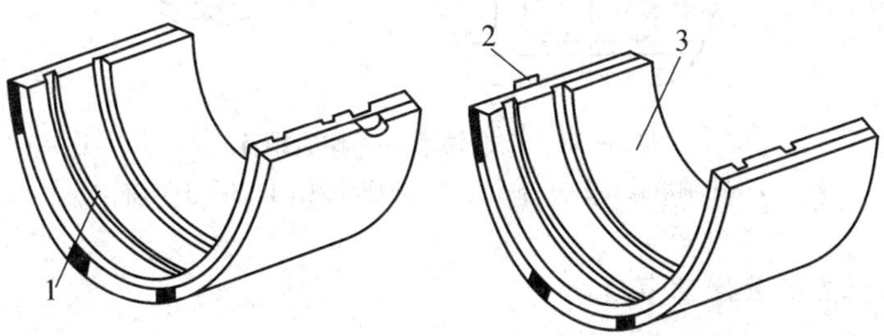

图 5-37　轴瓦

1—环形油槽；2—定位唇；3—减磨合金层

轴瓦在轴承孔内需要定位，防止其转动或轴向移动。薄壁轴瓦用在结合端背面有凸起的定位唇与轴承座孔内的定位槽沟配合定位。厚壁轴瓦则多用背面定位销和轴承座孔内的定位孔定位。

2. 曲轴轴向定位与止推轴承

发动机工作时，曲轴经常受到离合器等配套机构施加的轴向作用力而发生轴向窜动。过大的轴向窜动将改变曲柄连杆机构各零件正确的相对位置，不仅造成连杆弯曲、活塞与气缸的偏磨，而且对正时齿轮为斜齿轮的配气机构，配气正时和柴油机喷油正时也受到影响。因此，必须对曲轴进行轴向定位，这就是在主轴承中设置止推轴承，而且只能在一处设置止推轴承，可以设在前端主轴颈上（如图 5-32 所示），也可以设在后端主轴颈上，或设在中部某一主轴颈上，以允许曲轴受热膨胀时能自由伸长。

止推轴承有翻边轴瓦（如图 5-38 所示）、半圆止推片和圆环止推片三种形式。其中，圆环止推片只用于曲轴前端第一主轴承处。

半圆止推片和圆环止推片上设有定位舌或定位销，与气缸体或主轴承盖上的浅槽配合，防止其转动。止推轴承或止推片的止推面上都有一层减磨合金，翻边轴瓦的止推面是其翻边部分的端面。

止推轴承的止推面与曲轴止推面之间必须留有一定的轴向间隙，以允许机油流入曲轴等零件，且保证其受热膨胀时可自由伸长，防止轴向卡咬。此间隙称为曲轴（或轴承）轴向间隙或端隙，一般为 0.06~0.2 mm，可通过更换不同厚度的止推片来调整曲轴轴向间隙。

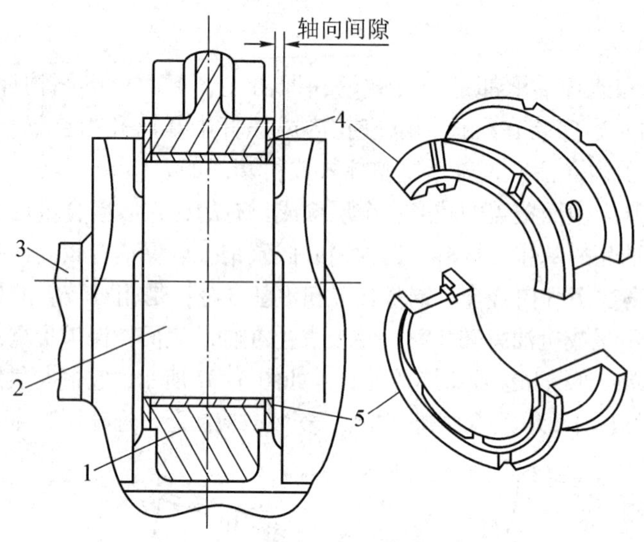

图 5-38　止推轴承——翻边轴瓦

1—主轴承盖；2—主轴颈；3—连杆轴颈；4、5—止推面

3. 轴承、轴承盖安装注意事项

（1）轴瓦上的油孔与轴承座孔上的油孔要对正，以确保油路的畅通。

（2）轴瓦上的凸缘与轴承座孔上的槽要对正，以确保定位。

（3）轴承盖无互换性，但有方向性。因为轴承盖与轴承座是组合后整体加工的，所以必须成对装配，才能保证内孔不失圆。为防止装配时配对错误，轴承盖上都有配对和朝向标记。

（4）止推片的止推面须朝向曲轴止推面，不得装反。

（5）拧紧主轴承盖螺栓时，使用扭矩扳手，由中央向两端对称地交替进行，分 2～3 次拧紧，最后一次拧紧到规定力矩；拆卸时则按相反的次序进行，其目的是防止曲轴在拆装过程中发生弯曲变形。

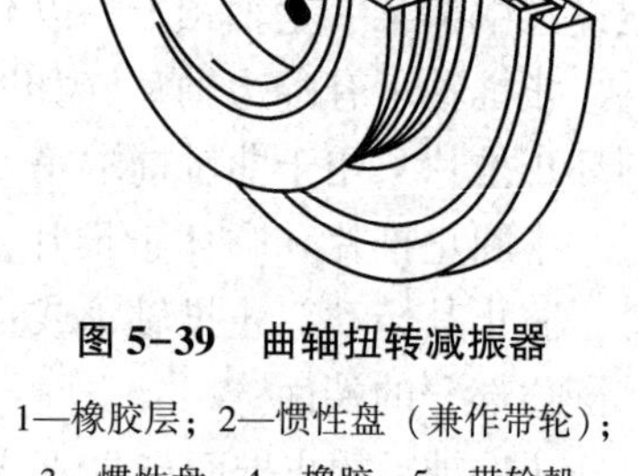

图 5-39　曲轴扭转减振器

1—橡胶层；2—惯性盘（兼作带轮）；3—惯性盘；4—橡胶；5—带轮毂

5.5.3　曲轴扭转减振器

当发动机稳定工作时，各气缸的燃气压力和往复惯性力周期性地冲击在曲拐上，使各曲拐间产生相对扭转的现象称为扭转振动。扭转振动会消耗能量，引起曲轴变形和噪声，破坏配气正时，严重时甚至发生曲轴断裂。因此，现代发动机多在扭转振动较大的曲轴前端装置扭转减振器，以吸收曲轴扭转振动的能量。

汽车发动机多采用橡胶扭转减振器、硅油减振器和硅油-橡胶减振器。图 5-39 给出与带轮组合在一起的橡胶减振器，在构成带轮的金属盘之间的夹缝中镶入橡胶，利用橡

胶的黏弹性吸收和抑制振动。

5.5.4 飞轮

飞轮是转动惯量很大的圆盘，由铸铁制造，用螺栓固定在曲轴后端，如图 5-30 所示。

1. 飞轮的功用

飞轮的主要功用是储存做功行程中的部分能量，并在其他三个行程中释放出来，补偿行程中消耗的功，驱动活塞越过上、下止点，以保持曲轴旋转速度和输出转矩尽可能均匀。另外，飞轮也是动力输出、输入的传递部件，并兼作离合器的主动盘。

2. 飞轮的结构

飞轮盘的外缘部宽而厚，以达到同样质量下获得更大的转动惯量的效果。

飞轮外缘过盈套装一个齿圈，可与起动机的驱动齿轮啮合。汽车离合器装在飞轮外端面上，飞轮是摩擦式离合器的主动件。

飞轮外缘刻有第一缸压缩上止点的标记（刻线或孔），用以调整和校正喷油正时、点火正时及气门间隙。

飞轮与曲轴要一起进行动平衡试验，平衡后的相对位置应予以限定，以防止在拆装时破坏原有的平衡状态。为此，在飞轮上设置定位销或采用螺栓不对称布置的方法对其进行定位、紧固，在拆装时应注意。

5.6 曲轴飞轮组的检修

曲轴飞轮组的检修包括曲轴、飞轮的检修、曲轴轴承的选配，以及曲轴扭转减振器的检查、更换等内容。

5.6.1 曲轴常见损伤形式

曲轴常见的损伤主要是各轴颈的磨损、曲轴弯曲和扭曲变形、裂纹甚至断裂等。

1. 轴颈的磨损

由于轴颈表面受力大小及作用时间的差异，其磨损是不均匀的，表现为轴颈失圆并呈锥形。主轴颈的磨损主要是失圆，最大磨损部位是靠近连杆轴颈的一侧。连杆轴颈的磨损比主轴颈的磨损严重，其失圆磨损的最大部位是靠近主轴颈的一侧，呈锥形磨损的最大部位是背离油道倾斜方向的一端。

轴颈表面还可能出现擦伤或烧伤。擦伤是机油不清洁，较大的机械杂质所致。烧伤的主要原因是机油膜破坏、轴颈与轴瓦发生干摩擦，或机油压力不足、机油太稀、机油路阻塞等。

磨损使轴颈与轴承间隙增大，机油压力下降，主轴承异响加重。

2. 曲轴弯曲和扭曲变形

主轴颈的同轴度误差大于 0.05 mm，称为弯曲。连杆轴颈的分配角误差大于 0°30′，称为扭曲。

引起曲轴弯曲和扭曲变形的主要原因是：个别气缸工作不良或不工作（俗称“缺缸”），各主轴承松紧度不一致、间隙过大，主轴承孔同轴度误差增大，发动机超负荷或在爆震条件下工作，烧瓦、抱轴，活塞卡缸，拖带挂车时起步过猛或急刹车时未踩下离合器，超速超载等。

曲轴弯曲变形后，会加剧活塞连杆组与气缸的磨损、曲轴轴颈和轴承的磨损，严重时会导致曲轴疲劳折断。曲轴扭曲变形会使曲柄夹角发生改变，直接影响配气正时、点火正时或喷油正时。

3. 曲轴的断裂

曲柄臂与轴颈之间的过渡圆角处及油孔处是裂纹极易发生的部位。前者多是横向裂纹，严重时会使曲轴断裂；后者主要是纵向裂纹，沿斜置油孔的锐边轴向发展。

曲轴的裂纹主要是由复杂而剧烈的受力及应力集中引起的。磨轴时，若过渡圆角磨得太小，或因曲轴变形，都会使曲柄与轴颈过渡区的应力剧增，加剧了曲轴的疲劳断裂倾向。

5.6.2 曲轴裂纹的检修

清洗曲轴后，首先检查有无裂纹，可采用目测、磁力探伤法、浸油敲击法等。

浸油敲击法简单易行，具体做法是：将曲轴浸入煤油中，取出后擦拭干净，在其表面撒上白粉，然后用手锤沿轴向分段敲击曲柄的非配合面，若白粉有明显的裂纹状油迹出现，则表明该处有裂纹。

一经发现横向裂纹，曲轴就应报废。对轴颈出现的表面细微的纵向裂纹，可在曲轴的磨削过程中予以消除。

5.6.3 曲轴弯曲的检验与校正

1. 曲轴弯曲的检验

因曲轴中间主轴颈的负荷大，弯曲变形量最大，所以应以两端主轴颈的公共轴线为基准检查中间主轴颈的径向圆跳动误差。

检验时，将曲轴两端主轴颈置于检验平台的 V 形架上，将百分表的触头垂直触及中间主轴颈，用手慢慢转动曲轴一圈，百分表指针所指示的最大摆差为中间轴颈的径向圆跳动误差值，如图 5-40 所示。若此值大于一定值（轿车为 0.06 mm，中型车为 0.15 mm），则应进行压力校正；否则，可结合磨削主轴予以修正。

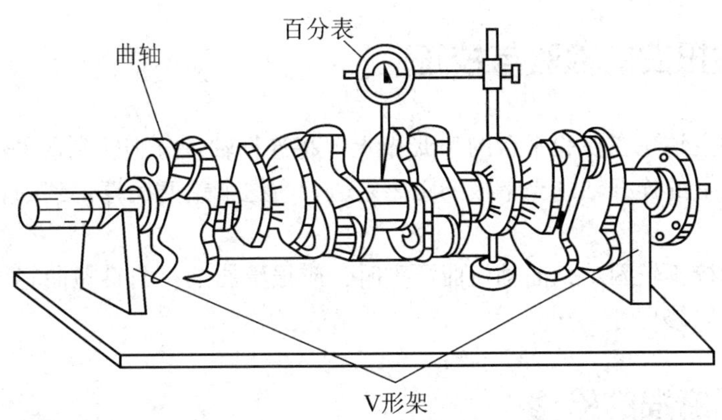

图 5-40　曲轴弯曲的检验

2. 曲轴弯曲的校正

冷压法和表面敲击法是曲轴弯曲校正通常采用的方法。

（1）冷压法。冷压校正一般在压床上进行，如图 5-41 所示。将曲轴两端的主轴颈放在工作平台的两个 V 形架上，两个被压主轴颈正下方抵着百分表头（指针对“0”），用压床的压头对准曲轴弯曲的反方向逐渐增压，使其反向弯曲变形，压弯量为曲轴弯曲量的 10~15 倍（球墨铸铁曲轴压弯量不大于弯曲量的 10 倍），保持压力一定时间后卸压，检查弯曲度值，直至校正合格。对变形量较大的曲轴，可分几次校正，以免一次压弯量过大，造成曲轴折断。将冷压后的曲轴加热至 300~500 ℃，保温 0.5~1 h，以消除冷压造成的内应力所引起的变形反弹。

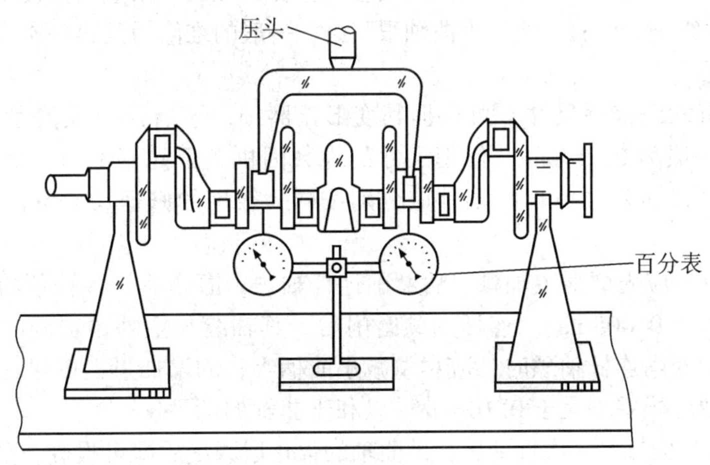

图 5-41　曲轴弯曲的校正

（2）表面敲击法。对弯曲变形量不大的曲轴，通过用锤敲击曲柄臂两侧的非加工面，使曲柄变形，轴线发生位移，从而达到校正的目的。当敲击曲柄臂的外侧时，曲柄臂外侧延伸，内侧收缩，曲柄臂下方并拢，主轴颈远端向下移动、近端向上移动；若敲击曲柄臂的内侧，则主轴颈的远端向上移动、近端向下移动。

5.6.4 曲轴扭曲的检验与校正

置曲轴两端主轴颈在检验平台的V形架上，将连杆轴颈分别转到水平位置，用百分表测定在同一方位上的连杆轴颈至平板的距离差值。由这个差值换算得到的转角，为扭曲变形角。

曲轴扭曲的校正较困难，曲轴扭曲严重时，应报废曲轴；曲轴扭曲轻微时，可结合连杆轴径的磨削予以修理。

5.6.5 轴颈磨损的检修

1. 轴颈磨损的检验

清洗曲轴后，对经过探伤检查而允许修复的曲轴，首先检视轴颈表面有无划痕和损伤，然后用千分尺认真测量主轴颈和连杆轴颈不同截面、不同方向的直径，计算各轴颈的圆度误差和圆柱度误差。若圆度误差、圆柱度误差小于0.025 mm，表面无损伤，且径向圆跳动误差小于0.15 mm，则可继续使用，不需磨修；若轴颈圆度误差、圆柱度误差大于0.025 mm，或表面有沟痕、烧伤，则必须按修理尺寸在专用曲轴磨床上进行磨轴修理。若曲轴中间主轴颈的径向圆跳动误差小于0.15 mm，则可直接通过磨轴来修正其弯曲变形；若大于0.15 mm，则必须校正至小于0.15 mm方可进行磨削。

2. 轴颈的磨削

为了延长曲轴的使用寿命，需磨削的曲轴，应在保证加工余量的前提下，尽量选用最接近的修理尺寸级别。经验证明，因曲轴很耐磨，一般的维修乃至第一次大修都不需要磨轴，只需换轴瓦。

曲轴轴颈有六级修理尺寸，可根据其变形、磨损、现有尺寸及磨削余量确定。修理尺寸的级差一般为0.25 mm，修理尺寸的级数因机型不同而不同。由于曲轴的轴瓦是成套供应的，故主轴颈、连杆轴颈应分别按同一级别的修理尺寸磨削，以便于选配轴瓦。

磨削曲轴时，应先磨削主轴颈，后磨削连杆轴颈。磨修后，各轴颈的圆度误差、圆柱度误差不得大于0.005 mm。连杆轴颈磨削后，其轴线与主轴颈轴线的平行度误差不大于0.01 mm。磨削连杆轴颈时，应尽量减小曲柄半径的增加量，以保证同向位连杆轴颈轴心线的同轴度误差不大于0.10 mm，以利于曲轴的动平衡。

有些进口车的曲轴是一次性曲轴，即曲轴的强化层磨尽后即可报废，更换新曲轴。此种曲轴的轴承间隙一般不大于0.08 mm，其限值为0.12 mm。强化层检验方法如下：将曲轴清洗干净，把质量分数为5%~10%的氯化铜喷洒在曲轴的表面，经过30~40 s后，若颜色不变，则说明强化层还存在，若轴颈的圆度误差未超限，则曲轴可以继续使用；若溶液由浅蓝变为透明，轴颈表面颜色变为铜色，则表明强化层已磨尽。

5.6.6 轴承（瓦）的选配与修理

轴承的主要损伤形式是磨损、减磨层疲劳脱落、烧熔和刮伤。长时间受交变载荷的剧烈冲击，轴承径向间隙不当，机油供给不足、难以有效建立机油膜或机油膜遭到破坏，机械杂质进入轴承与轴颈间隙等，均是轴瓦损伤、损坏的主要原因。

曲轴、连杆的变形等与轴承的各种损伤是相互影响、相互加重的。

1. 轴承间隙的检验

曲轴轴承间隙指径向间隙和轴向间隙。

（1）径向间隙的检验。主轴瓦、连杆轴瓦径向间隙可由下述两种方法检查。

1）量具检查法。将轴承装入轴承孔，按原厂规定的力矩紧固轴承盖；用百分表、千分尺分别测出轴瓦的内孔径和轴颈外径，两者之差为径向间隙。

2）塑料线规法。将曲轴放入主轴承中，把一小段专用的塑料线规顺轴向放入轴承、轴颈间；将装好轴承的轴承盖按正确的次序、方向和规定力矩拧紧，注意，紧固过程中不得使曲轴转动；拆下轴承盖，取出压扁的塑料线规；将压扁的塑料线规与带有不同宽度刻线（或色标）的线规标尺对比，线规标尺上与被压扁的塑料线规宽度相等的刻线（或色标）所标示的值，就是轴承径向间隙值。

3）经验法。技术熟练的工人，常用手感来检查轴瓦的径向间隙。例如，当各主轴瓦间隙符合标准间隙要求时，曲轴的转动力矩应不大于 10 N · m；当连杆轴瓦间隙符合标准间隙要求时，将连杆按规定装在轴颈上，用力甩动连杆小头，连杆应能连续转动 1.25~1.75 圈。

当径向间隙接近限值时，要更换轴瓦，否则将使发动机丧失工作能力。径向间隙的限值一般是：货车 0.20 mm，轿车 0.15 mm。发动机大修时，应更换全部轴瓦。

（2）轴向间隙的检验。主轴承的轴向间隙也就是曲轴的轴向间隙。

先用撬杠将曲轴拨向后端或前端，然后用塞尺测量止推轴承和曲轴止推面的间隙；或用百分表触杆顶在曲轴一端或某一平衡块上，前后撬动曲轴使其前后窜动，表针最大摆动值为轴向间隙。轴向间隙一般为 0.06~0.20 mm，限值为 0.35 mm。发现超限值时，应更换止推轴承或止推片、止推环。

用同样的方法，可测量连杆大头的轴向间隙。

2. 轴瓦的选配

现代发动机的轴瓦，在制造时为适应选配的实际需要，按内径已制成一个尺寸系列。维修时可根据曲轴的轴颈尺寸和规定的径向间隙选择合适内径的轴瓦。在轴瓦背面一般标有标准尺寸或缩小的尺寸级别，如“-0.25”“-0.75”等。

为保证轴瓦在安装时正确就位，与轴承座孔紧密贴合，散热效果良好，所选轴瓦应满足下列要求：

（1）背面应光滑无损，其定位凸键完好且与轴承座孔定位槽能严密配合。

（2）一定的弹开量。轴瓦在自由状态下的开口外径应比轴承座孔直径略大，两者的差值称为轴瓦弹开量或张开量。一般汽油机轴瓦的弹开量为 0.8~1.5 mm，柴油机轴瓦的弹开量为 1.5~2.5 mm。

（3）一定的高出量。轴瓦的外径周长比轴承座孔周长稍长，当每片轴瓦压装入轴承座孔后，轴瓦的开口端应稍伸出轴承座平面，伸出的部分称为轴瓦的高出量或过盈量。汽油机轴瓦的高出量一般为 0.03~0.06 mm，而柴油机轴瓦的高出量略大于汽油机。

5.6.7 飞轮的检修

飞轮常见的损伤是齿圈磨损、断齿及工作面的磨损。

1. 飞轮齿圈的修理

飞轮齿圈的磨损主要发生在背向旋转方向的一面。对齿圈单面磨损，可将其翻面使用。当出现下列情况之一时，应更换新齿圈：齿圈双面严重磨损，有三个以上断齿，有两个连续断齿。

新齿圈与飞轮外圆柱面的配合过盈量一般为 0.30~0.60 mm。更换时，应将齿圈加热至 300~350 ℃时，趁热压于飞轮上。

2. 飞轮工作面的修理

飞轮工作面即飞轮与离合器结合的平面。若工作面有烧伤或磨损沟槽深度超过 0.5 mm，则应采用精车或磨削进行修正。修平后的飞轮厚度不得小于标准尺寸 1 mm，平面度误差必须小于 0.10 mm，装到曲轴上后，断面圆跳动误差不得大于 0.15 mm。

3. 动平衡试验

曲轴、飞轮、离合器总成组装后必须进行动平衡试验，且组件中的任一机件在更换和修整后都应重新进行动平衡试验。特别强调的是，不能单独进行曲轴的动平衡试验，只有将其与一起运转的离合器总成等部件同时进行动平衡试验才是正确有效的。

5.7 可变压缩比技术

发动机压缩比越大，热效率越高，燃油消耗率越低，动力性越好。但传统上汽油机的压缩比是不可变的，且受爆震的限制（详见 7.3）不得不采用较低的、固定压缩比，一般不超过 12。

所谓可变压缩比，即在不易产生爆震的工况采用较高的压缩比，以获得高的经济性；而在易发生爆震的大功率和大扭矩的工况下，则转换为采用较低的压缩比。这样既避免了爆震，又满足了动力性，提高了综合经济性。同时，可通过调整压缩比，适应于不同标号燃料的使用。另外，可变压缩比发动机，可在冷起动暖机时适当降低压缩比，提高排气温度，迅速加热三元催化转化器，缩短暖机时间，减少起动暖机阶段的排放。

1. 日产多连杆式可变压缩比机构

日产公司利用多连杆位置可动式可变压缩比机构，可将压缩比在 8∶1 到 20∶1 之间变化，如图 5-42 所示。这种可变机构是在原连杆与曲柄销之间增设一套中间多连杆系、一个偏心控制轴以及带有独特谐波减速齿轮的驱动电机，同时原曲轴的曲柄长度缩短。当驱动电机旋转时，驱动器连杆带动偏心控制轴旋转，改变控制连杆位置，从而带动 L 型连杆的位置（与连杆夹角）变化，最终导致活塞的上止点位置的变化，实现发动机压缩比在 8 : 1 到 20 : 1 之间变化。

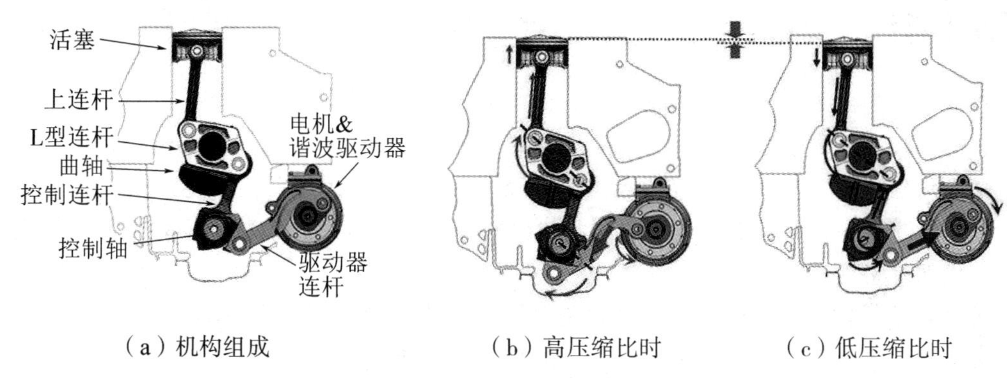

（a）机构组成　　（b）高压缩比时　　（c）低压缩比时

图 5-42　日产多连杆式可变压缩比机构

由于曲轴上的曲柄长度缩短，减少了活塞的摆动幅度，进而减少了活塞与气缸壁之间的摩擦。也因为多连杆结构的特殊性，使发动机惯性振动大大减弱，可无需平衡轴。但是可变机构较复杂，增加转速迟缓。

2. *萨博气缸盖可动式可变压缩比机构*

萨博公司将发动机分为上下两部分，上部为做成一体的气缸盖和气缸筒，下部由曲轴、活塞、连杆、机体组成，两部分通过橡胶密封件密封连接并与曲轴箱隔开，可一定程度上实现相对运动。气缸筒下端一侧铰接于气缸体，另一侧以偏心轴与气缸体连接。缸盖与缸体通过液压控制构件连接在一起（而不是螺栓），在缸体与缸盖之间安装楔型滑块，缸体可以沿滑块的斜面运动。工作中气缸体位置相对不变，当需要改变压缩比时，电脑控制偏心轴左、右转动，与之相连的控制连杆驱使发动机上部围绕支撑点转动一定角度，活塞则以曲轴为中心同步偏转，使得气缸盖底面与活塞顶面的相对位置发生变化，改变了燃烧室的容积，从而改变了压缩比，可变范围在 8 : 1 到 14 : 1 之间。如图 5-43 所示。

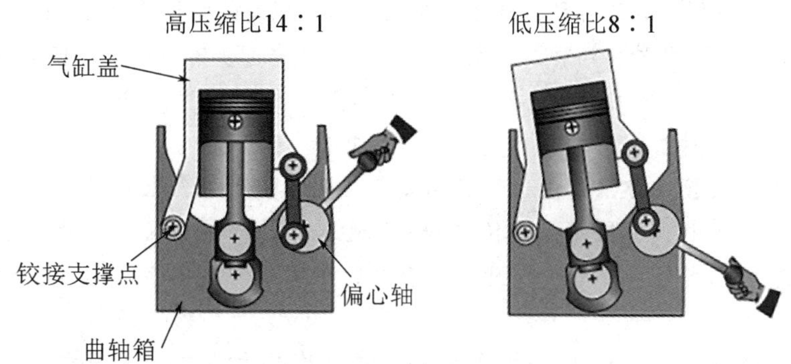

图 5-43　萨博气缸盖可动式可变压缩比机构

萨博的这套系统，缸盖与缸体铰接且能够摇动，工作时铰接处和压缩比控制部件需要承受巨大的交变应力，这要求缸体强度必须很大且驱动的电机必须有很大的功率，使得发动机的体积和质量大大增加。此外，还需要对气缸盖上的凸轮轴进行补偿，以及采用柔性的进、排气管等，这一切都会导致这套技术方案的结构异常复杂。

本章小结

机体组由气缸体、气缸盖和油底壳构成，是发动机的基本骨架。气缸体和气缸盖多采用铝合金和合金铸铁制造。气缸体按曲轴箱的形式分为平分式气缸体、龙门式气缸体和隧道式气缸体三种，多缸发动机的气缸布置方式主要有直列式、V 形式和水平对置式。气缸体还可分为无缸套式气缸体和镶装缸套式气缸体两种，气缸套又分为干式气缸套和湿式气缸套两种。

气缸盖与气缸体用螺栓紧固，其间有气缸垫密封。在拆装时注意螺栓拧紧（或松开）时的次序及拧紧力矩的大小，注意气缸垫的安装方向。

机体组的主要损伤形式是磨损、裂纹和变形。气缸体和气缸盖结合平面的翘曲变形，可用直尺、塞规进行测量，若平面度误差超过规定值，可采用刮削法、研磨法、磨削法予以修复。裂纹常用水压试验法检查，修理方法有焊接法、黏结法等。气缸盖若出现裂纹，一般应予以更换。磨损使气缸呈现上大下小的锥形和失圆，以圆度误差和圆柱度误差衡量其磨损程度，并判断其是否需要大修。按修理尺寸进行镗磨或换装新的气缸套而修复后的气缸，其直径、圆度误差和圆柱度误差必须符合要求。

活塞组、连杆组、曲轴飞轮组构成曲柄连杆机构。

活塞由顶部、头部、裙部三部分组成。活塞顶部是燃烧室的一部分，头部开有活塞环槽，裙部起导向作用，并承受侧压力。活塞多采用铝合金制造，为控制工作状态下活塞与气缸壁的间隙，活塞被预制成直径上小下大，裙部呈椭圆形；活塞销偏置、拖板式或半拖板式活塞、双金属活塞也被广泛采用。安装时必须注意各气缸活塞有方向性要求。

活塞销连接活塞和连杆，分为全浮式活塞销和半浮式活塞销两种。全浮式活塞销需在两端用定位卡环进行限位，以防止其轴向窜动而拉缸。

活塞环有气环和油环两种。气环的作用是密封和导热，有矩形环、扭曲环、锥面环、梯形环、桶面环、顶岸环等。气环泵油是烧机油、形成积炭的主要原因之一。油环分为整体式油环和组合式油环两种，油环的作用是将气缸壁上的过多机油刮下并使其均布在气缸壁上。安装活塞环时，要特别注意各道活塞环的类型、顺序、安装方向及开口位置。

活塞组件属易损件，常见的损伤是磨损、环折断、顶烧蚀、脱顶、拉缸、销弯曲变形等，采用选配、更换的方法修复。选配活塞组件时，应根据气缸的修理尺寸进行，注意各气缸活塞组件的材质、质量、形位公差一致性的要求。对选配的活塞环应进行“三隙”、弹力和透光度检验。各气缸选配、检验后的活塞组件，安装时无互换性，但有方向性要求。

连杆连接活塞和曲轴，连杆大头多为分开式。连杆大头和大头盖之间采用定位措施。连杆的主要损伤形式是弯扭变形、大头端面磨损、连杆轴承磨损、烧瓦、螺栓损坏，甚至连杆断裂等。修理连杆时，应先利用专用工具进行弯曲、扭曲检验和校正，再修复衬套。各气缸连杆和连杆盖都没有互换性，但有方向性要求，安装时注意配对记号和朝向记号。

曲轴由前端、后端、主轴颈、连杆轴颈、曲柄、平衡重组成。一个曲柄销及其左右两个曲柄臂及主轴颈构成一个曲拐。曲轴前端为自由端，安装配气正时传动机构。曲轴后端安装飞轮，是发动机的动力输出端和输入端。曲轴利用止推轴承进行轴向定位，防止工作中产生过多的窜动。

曲轴常见的损伤主要是主轴颈和连杆轴颈的磨损、弯曲和扭曲变形、裂纹甚至断裂等。其磨损、变形往往与连杆的变形、大头端面磨损及活塞气缸偏磨、敲缸、拉缸等形成互相加重的影响。

曲轴的弯曲变形可采用冷压法或表面敲击法进行校正，其扭曲变形则不易校正，严重时应予以更换。对轴颈磨损超限，或表面有沟痕、烧伤的曲轴，可视情况按修理尺寸进行磨削修复或更换，使其圆度误差、圆柱度误差符合要求。曲轴若出现裂纹，应予以更换。当曲轴轴向间隙达到限值时，须更换止推轴承。当轴承径向间隙达到限值时，应按轴颈尺寸和径向间隙选换瓦背光滑、定位键完好、高出量和弹开量符合要求的新轴瓦。曲轴飞轮组中的任何一零件在更换和修整后，必须做动平衡试验，以达到原厂要求。

自测题

一、选择题

1. V 形发动机的气缸数等于曲轴曲拐数的（　　）。

　A. 3 倍　　B. 2 倍　　C. 1/2　　D. 4 倍

2. 组装曲柄连杆机构时，活塞连杆组是（　　）。

　A. 从气缸上部穿过气缸后与曲轴相连

　B. 从气缸下部穿过气缸后与曲轴相连

　C. 先与曲轴连接，然后从气缸下部进入气缸

　D. A、B、C 都可以

3. （　　）不是曲轴的组成部分。

　A. 曲拐　　B. 后端　　C. 前端　　D. 飞轮

4. 发火顺序为 1-5-3-6-2-3 的发动机，同位气缸分别是（　　）。

　A. 1、6 缸　　B. 2、5 缸　　C. 3、4 缸　　D. 3、5 缸

二、判断题

1. 多缸发动机的气缸由后端向前端排序。（　　）

2. 发动机大修时，应更换全部轴瓦。（　　）

3. 活塞环属于易损件。（　　）

4. 气环的泵油作用可加强气缸上部的润滑。（　　）

5. 多缸发动机，通常磨损最严重的是中部的气缸。（　　）

三、简答题

1. 气缸密封性与哪些零件直接相关？

2. 如何用塑料线规法检查轴承径向间隙？

3. 在发动机使用和维修的过程中，机体组与曲柄连杆机构的哪些因素会导致压缩比发生变化？

第 6 章　配气机构

导　言

配气机构及其工作状态对换气过程的质量和整机性能有至关重要的影响，本章将讨论发动机配气机构的功用、组成和工作过程，四冲程发动机的换气过程，配气相位和充气效率，配气机构的布置及分类，阐述气门组件与气门传动组件的功用、结构、拆装要领、损伤形式及检修方法，介绍配气机构的检查与调整方法，揭示配气机构的结构、技术状况与发动机性能、检修之间的关系。

学习目标

1. 认知目标

(1) 掌握配气机构的构成及工作过程。

(2) 掌握配气机构的布置、传动方式。

(3) 掌握气门组件和气门传动组件的结构、功用、装配及传动关系、拆装规范。

(4) 换气过程各阶段、充气效率、配气相位、气门间隙。

(5) 理解配气机构主要零部件的损伤形式、危害、特征及检修方法。

(6) 了解配气机构主要零部件的工作条件、要求及材料。

(7) 了解配气机构的检查与调整方法。

(8) 了解可变配气技术的意义、类型。

2. 技能目标

(1) 正确拆装配气机构。

(2) 正确检修配气机构零部件。

(3) 正确检查和调整配气机构。

(4) 认识配气机构的结构、原理、技术配置、技术状况与发动机性能、检修之间的关系。

3. 情感目标

(1) 勿死记硬背，以理解为基础，归纳、总结、记忆相关知识。

(2) 理论知识与实践操作相结合，知行统一，活学活用。

(3) 养成规范操作，安全、节能、环保、高效、文明生产、诚信服务的职业素养。

(4) 养成自主学习、协同工作的优良作风。

(5) 具有科学严谨的工作态度，一丝不苟、精益求精的工匠精神。

6.1 概述

6.1.1 配气机构的功用及要求

控制气缸内工作气体更换的机构称为配气机构。

四冲程发动机广泛采用气门式配气机构，其功用就是根据发动机工作的要求，控制进、排气门定时的开启和关闭，实现废气（指膨胀做功终了的燃气）排出气缸、下一工作循环所需的新鲜充量进入气缸的换气过程。

所谓充量，指在一个工作循环内，进入气缸内的新鲜空气或可燃混合气。对柴油机和缸内直接喷射式的汽油机而言，新鲜充量指新鲜空气，而对缸外喷射式的汽油机和传统的化油器式汽油机，新鲜充量指燃料和空气的新鲜混合气。

配气机构对换气过程的质量和整机性能有至关重要的影响。配气机构及其控制的进、排气过程应满足以下要求：保证排气完善、进气充分；自身消耗功及换气过程损失功尽可能小；结构简单，质量轻，响应快；工作可靠，调整、维修方便；振动、噪声小。

6.1.2 配气机构的组成与工作过程

1. 配气机构的组成

虽然气门式配气机构根据不同的分类方法有多种类型，但都由气门组零件及气门传动组零件组成，如图 6-1 所示。各种配气机构中的气门组零件基本相同，包括气门、气门座、气门导管、气门弹簧、气门弹簧座、气门锁夹、气门油封 7 个基本零件，有的发动机气门组中还有气门旋转机构；但不同类型配气机构中气门传动组的组成有所不同，是凸轮轴、正时机构、挺柱、推杆、气门间隙调整螺钉、摇臂或摆臂组件等零件的不同组合，其中，凸轮轴、正时机构和挺柱是基本的零件。

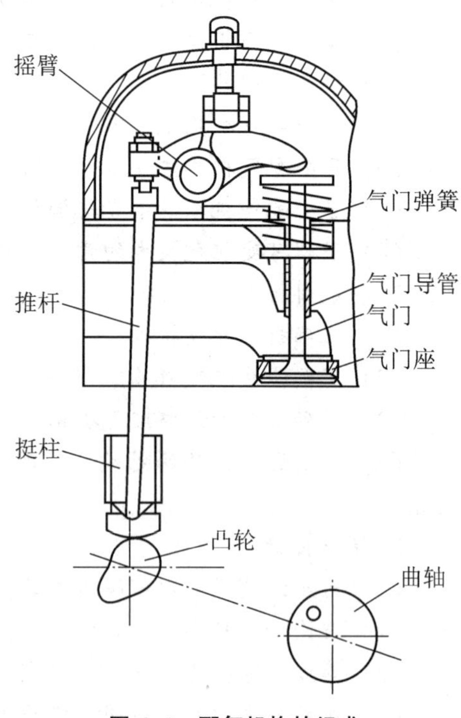

图 6-1　配气机构的组成

2. 配气机构的工作过程

对照图 6-1 说明配气机构的工作过程。

工作时，曲轴通过传动机构带动凸轮轴旋转。当凸轮上的基圆（半径最小处）部分与其相邻的传动件——挺柱接触时，挺住处于最低点，气门处于关闭状态；当凸轮转至凸起部分开始接触挺柱时，依次推动挺柱、推杆、调整螺钉，使摇臂绕摇臂轴摆动，摇臂的另一端——长臂端顶压气门杆，推动气门向燃烧室内移动，气门开启，与此同时气门弹簧受压缩；当凸轮转至最高点时，气门达到最大升程；之后在气门弹簧力的作用下回落，气门开度逐渐减小，摇臂、推杆、挺柱逐渐回位，直至凸轮凸起部分转过，气门完全落座、关闭。

对于四冲程发动机，每个工作循环中，曲轴转 2 圈，各缸进、排气门分别开启和关闭 1 次，凸轮轴只需转 1 圈，故曲轴与凸轮轴的转速比或传动比是 2∶1。

6.2 发动机换气过程

6.2.1 发动机换气过程诸阶段

换气过程是排气过程和进气过程的总和，即从排气门开始开启到进气门完全关闭的全过程。

理论上，四冲程发动机的排气门在膨胀行程下止点开启，在排气行程上止点关闭，进气门在进气行程上止点开启，在进气行程下止点关闭，进、排气行程各占 180°曲轴转角。实际上，发动机转速很高，一个活塞行程经历的时间很短，只有百分之几甚至千分之几秒。另外，受结构、运动惯性的限制，进、排气门从开始开启到完全打开或从开始关闭到完全关闭都需要一定的时间，这段时间气门处于半开状态，流通面积小，进、排气流阻力大。为使进气充分、排气干净，实际发动机均采用气门提前开启、延迟关闭，延长进、排气时间的方法，进、排气过程的曲轴转角大于 180°。

1. 排气过程

在做功行程末期，活塞到达下止点前，排气门开始开启，直至活塞经历完整个排气行程，继续运行到上止点后排气门关闭的整个过程为排气过程。

排气门开启至活塞行至下止点时曲轴转过的角度称为排气提前角，一般为 30°~80°曲轴转角，以 γ 表示。排气行程上止点时至排气门在上止点之后完全关闭时曲轴转过的角度称为排气迟闭角，一般为 10°~35°曲轴转角，以 δ 表示。整个排气过程持续 $180°+\gamma+\delta$ 曲轴转角。

排气门开启初期，气缸内压力远高于排气管内压力（又称为排气背压），废气在此压力差的作用下自动流出气缸，故称为自由排气。直至活塞下止点附近、气缸内压力接近排气背压，自由排气结束。之后，活塞从下止点至上止点移动，强行将废气推出的过程为强制排气。

排气门提前开启，虽然损失了部分膨胀功，但排气行程开始时气缸内压力大大下降，加之此时排气门开度已较大，使活塞上行阻力减小，强制推出废气所消耗的功减少；排气门在上止点后关闭，既可减少排气行程末期的强行排气消耗功，又可利用排气气流的惯性进一步排出废气。

2. 进气过程

在排气行程末期，活塞到达上止点前，进气门开始开启，直到活塞经历完进气行程至下止点后进气门关闭的整个过程为排气过程。

进气门开启至活塞行至上止点时曲轴转过的角度称为进气提前角，一般为 0°~40°曲轴转角，以 α 表示。进气行程下止点时至进气门在下止点之后完全关闭时曲轴转过的角度称为进气迟闭角，一般为 40°~80°曲轴转角，以 β 表示。整个进气过程持续 $180°+\alpha+\beta$ 曲轴转角。

进气主要发生在活塞从上止点向下止点移动的整个进气行程中，故称为进气阶段。进气行程下止点至下止点后进气门关闭前的一段时期，气缸内压力仍低于进气管内压力，进气门处新鲜空气（或可燃混合气）在流动惯性下仍继续冲入气缸，这就是所谓的过后充气，又称为惯性进气或补充进气。

进气门提前开启，保证了活塞下行时进气门已有足够开度，使新鲜充量能够顺利地进入气缸，且减小了活塞下行阻力；进气门延迟关闭可以利用气流的惯性实现过后充气，增加进气量。

3. 气门叠开期

由于进气门提前开，排气门迟后关，致使进、排气行程上止点附近出现进、排气门同时开启的现象，称为气门重叠。气门重叠开启期间曲轴转过的角度称为气门重叠角。在此期间，进气管、燃烧室、排气管连通起来，可能会出现废气倒流入进气管道或新鲜充量直接由排气门流出的现象，这取决于进气管、排气管之间的压差和气流惯性。若气门重叠角适当，可利用进、排气流的惯性，减少缸内残余废气，并降低气缸盖和排气门的温度。对汽油机，节气门的存在使进气管内压力较低，若气门重叠角过大，则高温废气倒流入进气管，对缸外形成混合气的汽油机来说易产生“回火”现象，尤其在小负荷运转时。因此，汽油机气门重叠角较小，柴油机稍大，增压发动机最大。

6.2.2 配气相位

以曲轴转角表示的进、排气门实际开、闭时刻及其开启的持续时间称为配气相位，又称为配气正时或气门正时。气门正时包括进气提前角、进气迟闭角、进气持续角和排气提前角、排气迟闭角、排气持续角。

配气相位可以用配气相位图表示，如图 6-2 所示。一个完整的配气相位图应在以角度计的曲轴转角坐标中标注出以下信息：上止点和下止点位置，进气门开启和关闭时刻及其持续期，排气门开启和关闭时刻及其持续期，曲轴旋转方向。

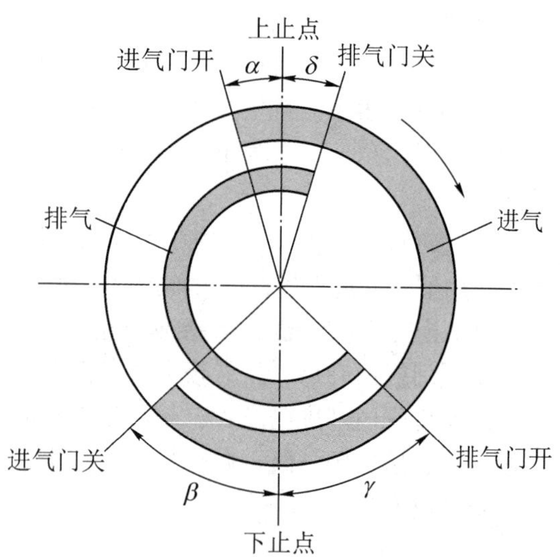

图 6-2 四冲程发动机配气相位图

若已知进气门与排气门的提前角、迟闭角，即可画出配气相位图。反之，通过配气相位图，也可读出进气门和排气门正时的所有信息。

6.2.3 充气效率

换气过程中，进入气缸内新鲜充量的多少决定发动机的做功能力，并直接影响发动机的经济性、排放性等。但因为换气过程与气缸尺寸及进气管内状态有关，所以换气过程的质量不宜直接用新鲜充量的绝对数量评价，而用相对量——充气效率 ϕ_c 评价。

1. 充气效率

充气效率是每循环实际进入气缸内的新鲜气体质量与理论进气质量之比。

理论进气质量指没有进气阻力和进气受热时充满气缸工作容积的气体质量，即以进气管状态可能充满气缸工作容积的气体质量。

进气管状态，简称进气状态。对自然吸气式发动机，进气管状态可近似取当地大气状态（p_0，T_0）；对增压发动机，进气管状态取压气机出口或中冷器出口的状态（p_k，T_k）。

可见，充气效率不受气缸工作容积大小的影响，能够评价不同排量发动机换气过程的完善程度。充气效率越大，进入气缸内的新鲜充量越多，气缸工作容积的利用率越高，气缸的做功能力越强，发动机输出的功率或转矩越大。

由于进气系统中存在流动阻力，且新鲜气体进入气缸的过程中受到较高温度的进气管道及高温的活塞顶、气缸盖底面、排气门、气缸壁、残余废气等的加热升温，使进气终了时气缸内的压力总是小于进气管内压力，而温度总是高于进气温度，密度降低，因此，发动机充气效率小于1（自然吸气式发动机），不会达到“完满”充气。如何在极短的时间和有限的气缸工作容积内实现多进气，一直是人们关注的重点。

2. 充气效率的影响因素

进气和排气系统的阻力、新鲜气体流入气缸时的受热温升、配气相位等是影响充气效率的基本因素。

影响发动机充气效率的结构与使用因素有气道及气门的几何特征、进气管和排气管的几何特征（长度、直径、外形等）、配气相位、气门开启规律和工况（转速、负荷），以及进气和排气系统主要构件的技术状况等。笼统地说，凡是减小进气和排气阻力、提高进气终了时气缸内压力的因素或措施，或减少进气受热、降低进气终了温度的所有因素和措施，均使充气效率提高。例如，对汽油机，随负荷减小，节气门开度减小，进气阻力增大，进气终了时气缸内压力减小，充气效率下降。

使用中，维护空气滤清器、清洗进气和排气管道内的积垢、清除气门头与气门杆过渡圆弧处的积炭等，目的也在于降低进气阻力，提高充气效率，改善发动机性能。

配气相位对充气效率的影响很大，尤其是进气迟闭角。为充分利用进、排气流的惯性，发动机理想的配气相位应随工况的变化而改变，不应是固定不变的。高转速时，气流速度大，需采用较大的进气迟闭角和排气迟闭角（或气门重叠角），以充分利用惯性充气和排气。同时，为及时使排气初期气缸内压力下降，减少推出废气的耗功，要适当增大排气提前角。低转速时，为防止气缸内混合气回流进气歧管和排气管内废气倒流回气缸，应采用较小的进、排气迟闭角。汽油机小负荷运转时，节气门开度小，进气管内压力低，宜采用较小的气门重叠角，同时为使燃气充分膨胀做功，应采用较小的排气提前角。目前，已有越来越多的发动机采用可变配气定时机构，可根据工况适时调整配气定时，达到较理想的换气效果，提高发动机性能。

为改善发动机换气过程，提高充气效率，配气机构、进气和排气系统的新技术层出不穷，如多气门技术、可变配气机构技术、可变进气歧管技术、增压技术、控制进气预热技术等。

6.3 配气机构的布置与传动形式

现代汽车发动机中，顶置气门式配气机构已取代侧置式气门机构。所谓顶置气门式配气机构，即进、排气门置于气缸盖内、燃烧室上面，倒挂在气缸顶上。

顶置气门式配气机构按各缸的气门数、凸轮轴布置形式及其驱动方式等分为多种类型，分别阐述如下。

6.3.1 凸轮轴布置形式

根据凸轮轴位置的不同，配气机构分为凸轮轴下置式、凸轮轴中置式和凸轮轴顶置式三种，如图 6-3 所示。

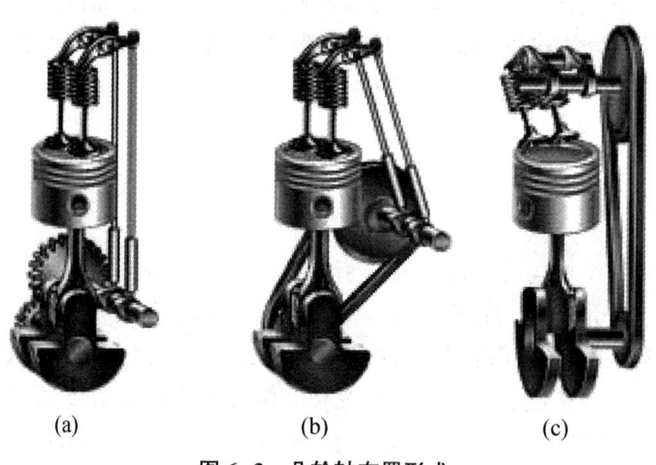

图 6-3 凸轮轴布置形式

（a）下置凸轮轴；（b）中置凸轮轴；（c）顶置凸轮轴

1. 下置凸轮轴配气机构

下置凸轮轴配气机构如图 6-3（a）、图 6-1 所示。凸轮轴位于曲轴箱内，离曲轴较近，只需一对齿轮驱动。但凸轮轴至气门的传动路线长，零件多，机构刚性差，噪声大，不适宜于高速发动机，多见于载货车和大中型客车的较低速发动机。气门传动组件有凸轮轴、挺柱、推杆、气门间隙调整螺钉、摇臂、摇臂轴、正时齿轮等。

2. 中置凸轮轴配气机构

中置凸轮轴配气机构是凸轮轴位于机体上部，如图6-3（b）所示。与下置凸轮轴配气机构相比，中置凸轮轴配气机构省去了推杆或缩短了推杆，传动路线有所缩短，刚度增大，更适于较高转速的发动机。

3. 顶置凸轮轴配气机构

顶置凸轮轴配气机构是凸轮轴置于气缸盖上，如图6-3（c）、图6-4所示。顶置凸轮轴配气机构的凸轮直接作用于摇臂（或摆臂）或挺柱上，其主要优点是传动零件少，质量轻，刚度大，气门开关的控制准确，非常适合于高速发动机。先进的轿车发动机较多采用这一布置形式。

依据顶置凸轮轴的个数，顶置凸轮轴配气机构又分为单顶置凸轮轴配气机构和双顶置凸轮轴配气机构。

单顶置凸轮轴配气机构只用一根轮轴来控制所有进、排气门的开闭。当每缸有四个气门时，同名气门由一根凸轮轴通过T形杆驱动或双摇臂同时驱动。

双顶置凸轮轴配气机构各缸的进、排气门分别排成一列，由进气凸轮轴和排气凸轮轴分别控制，如图6-4所示。由于进、排气凸轮轴彼此相互独立，增大了气门配置的自由度，故大多数的多气门发动机采用双顶置凸轮轴配气机构，但其结构复杂，制造成本较高。

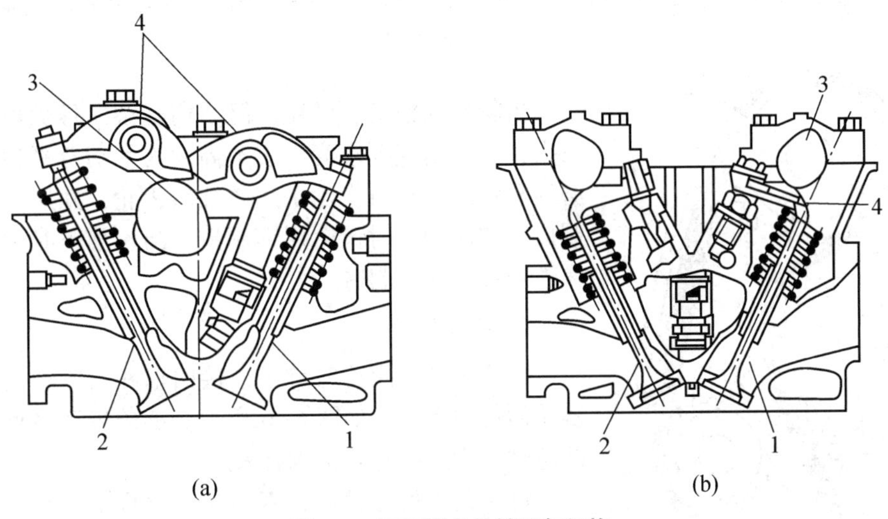

图6-4 双顶置凸轮轴配气机构

1—进气门；2—排气门；3—凸轮轴；4—摇臂

6.3.2 凸轮轴驱动（正时机构）方式

凸轮轴的旋转是由曲轴通过正时机构驱动的。因为凸轮轴与曲轴之圆周方向的相对位置决定了配气相位是否正确，所以凸轮轴传动机构也称为正时机构。按照曲轴驱动凸轮轴的方式，配气机构可分为齿轮式配气机构、链条式配气机构和齿形带式配气机构三种。

1. 齿轮传动

齿轮传动即曲轴前端的正时齿轮与凸轮轴上的正时齿轮啮合实现传动，如图 6-5 所示。对凸轮轴下置和中置的配气机构，凸轮轴与曲轴距离小，大多采用齿轮传动。汽油机一般只需一对正时齿轮（曲轴定时齿轮和凸轮轴定时齿轮）。对柴油机，需要同时驱动喷油泵，要增加一个中间齿轮。

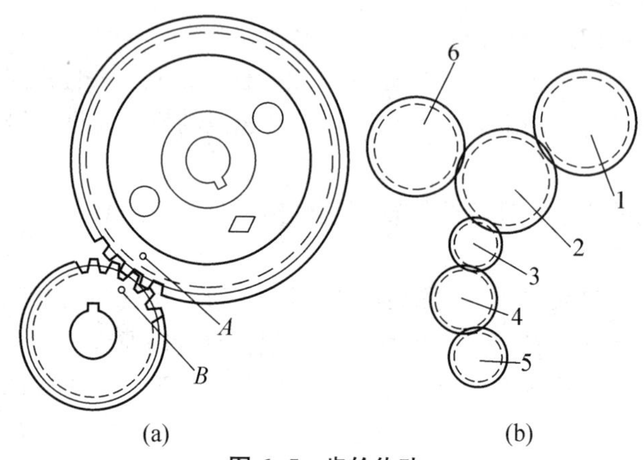

图 6-5　齿轮传动

（a）汽油机正时齿轮；（b）柴油机正时齿轮

1—喷油泵正时齿轮；2、4—中间齿轮；3—曲轴正时齿轮；5—机油泵传动齿轮；6—凸轮轴正时齿轮；A、B—正时记号

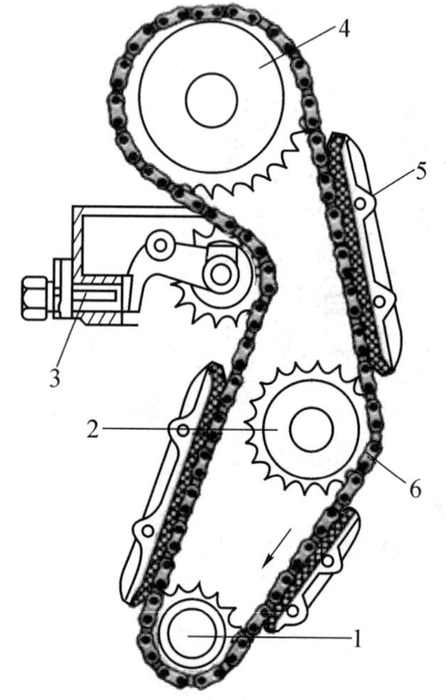

图 6-6　链条传动

1—曲轴正时链轮；2—油泵驱动链轮；3—液力张紧器；4—凸轮轴正时链轮；5—导链板；6—链条

齿轮传动精确、可靠，但结构复杂，且噪声大，质量大，制造精度要求高，成本高。为了啮合平稳，减小磨损和噪声，正时齿轮采用圆柱斜齿轮，并用不同材料制成，如曲轴正时齿轮用钢制造，凸轮轴正时齿轮则用铸铁或夹布胶木制造。

2. 链条传动

链条传动是用正时链条连接曲轴和凸轮轴上的正时链轮而传递动力，如图 6-6 所示。链条传动多见于顶置凸轮轴，中置凸轮轴中也有采用。

链条传动可靠性好，寿命长，运行阻力小。其不足之处在于必须对链条进行润滑，传动噪声较大。链条传动机构中需装导链板，并在链条松的一边装张紧装置（张紧轮），以保持正时链条的张紧度，减轻噪声，并防止打滑、抖动、跳齿，甚至脱落。

3. 齿形带传动

齿形带传动是用正时齿形带连接曲轴和凸轮轴上的正时齿轮而传递动力，如图 6-7 所示。齿形带传动与链条传动相似，为确保传动准确、可靠，也需设置由张紧轮与张紧弹簧组成的自张紧器，便于随时调整。

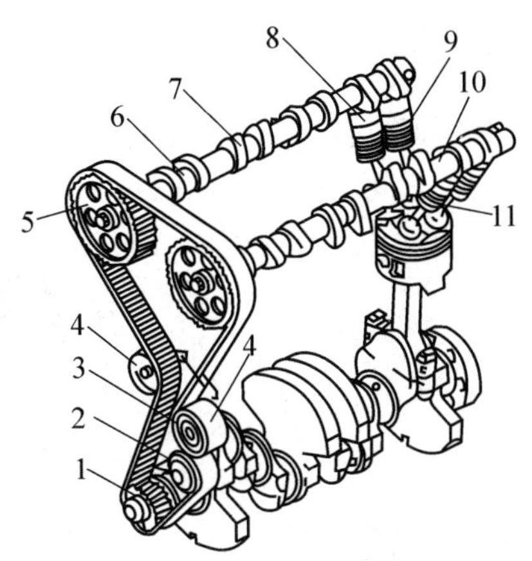

图 6-7　齿形带传动

1—曲轴正时带轮；2—中间带轮；3—齿形带；4—张紧轮；5—凸轮轴正时带轮；6—进气凸轮轴；7—凸轮；8—液力挺柱；9—进气门组件；10—排气凸轮轴；11—排气门组件

与链条传动相比，齿形带传动无须润滑，噪声小，质量轻，成本低，但耐久性差，寿命短，必须定期更换；否则，若发动机工作过程中齿形带突然断裂，凸轮轴就会立即停止运转，若此时某缸凸轮正好处于将气门顶进气缸的开启状态，而曲轴仍然在转动，可能会导致气门与活塞发生猛烈碰撞，造成配气机构、活塞、气缸的损坏。

注意，在使用、检修过程中，禁止齿形带接触或沾有各种油液、油脂和水；否则，容易引起跳齿，使配气正时失准，严重者能导致活塞与气门相撞。另外，油液会加速齿形带的老化、断裂。

6.3.3　每缸气门数

按每缸气门数，配气机构分为双气门式配气机构和多气门式配气机构。传统上，发动机都采用双气门结构，即每个气缸有一个进气门和一个排气门。自 20 世纪 80 年代后半期开始，高速发动机普遍采用多气门机构，即一个气缸有 3~6 个气门，最常见的是每个气缸有 4 个气门。

多气门结构能增加进、排气口总的流通截面，同时小而多的气口流速更快，增大了充气效率，也使排气更干净，提高了发动机的动力性和经济性等。除此之外，多气门机构的单个气门头部直径减小，质量减轻，对气门弹簧的要求降低，可采用软一点的弹簧，减少气门驱动损失，并有利于提高发动机转速，但结构较复杂。

多气门发动机气门的布置方式有两种：一种是将各缸的同名气门分别布置在发动机的两侧，这样进、排气凸轮轴分别置于两侧驱动进、排气门；另一种是将各缸的同名凸轮分别布置在发动机的两侧，所有凸轮由一根凸轮轴驱动。

6.4 气门间隙

在机械挺柱配气机构中，必须留有合适的气门间隙。气门间隙是发动机在冷态下，气门关闭时，气门与其相邻的传动件之间的间隙，如图 6-8 所示。

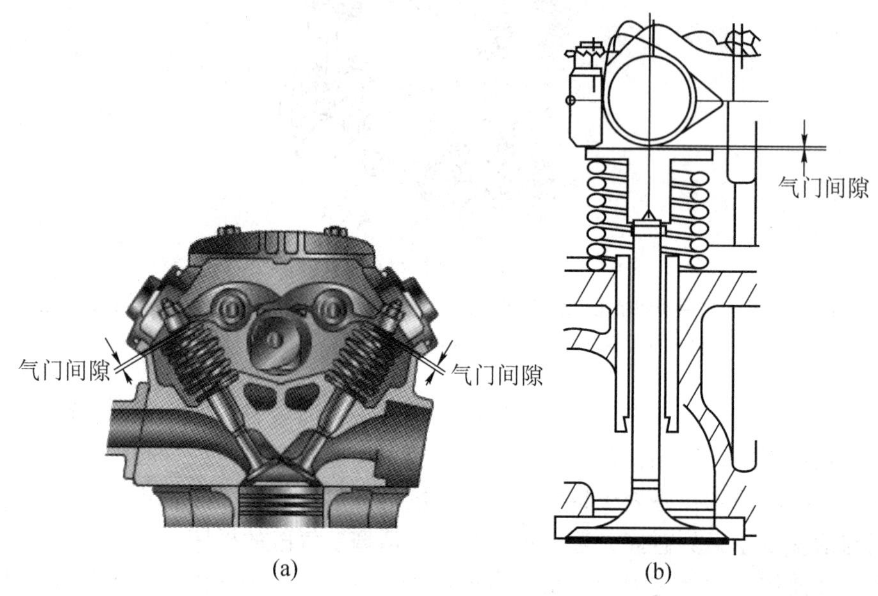

图 6-8 气门间隙

若冷态时气门与其传动件之间不留间隙，则工作时气门及其传动件因受热膨胀而伸长，会顶开气门，造成气缸漏气，使发动机的动力性、经济性下降，热起动困难，甚至不能正常工作。漏气易造成气门烧坏、排气管烧红。因此，为补偿气门及其传动件受热膨胀的伸长量，机械挺柱配气机构的发动机装配时必须留有适当的气门间隙。

若气门间隙过小，则不足以消除上述危害；若气门间隙过大，则造成气门与气门座以及各传动件间的撞击、响声，并加剧磨损，同时使气门最大开度减小，开启持续时间缩短，换气情况恶化，同样使发动机的动力性、经济性下降。

发动机制造厂根据实验确定气门间隙的大小，一般进气门间隙为 0. 25~0. 30 mm，排气门间隙为 0. 30~0. 35 mm。

气门间隙随着发动机工作温度的变化、气门及传动组件的磨损和变形而变化。可以通过两种方法进行调整。其一，对具有气门间隙调整螺钉的配气机构，拧动调整螺钉至合适位置即可。将调整螺钉旋入，气门间隙减小；反之，将调整螺钉旋出，则气门间隙增大。其二，对顶置凸轮轴直接驱动气门挺柱的发动机，气门间隙的调整可通过更换不同厚度的气门间隙调整垫片的方法来实现。

6.5 气门组件

气门组件主要包括气门、气门座（圈）、气门导管、气门弹簧、气门弹簧座、气门锁夹（或锁销）、气门油封、气门旋转机构等，如图 6-9 所示。气门和气门弹簧通过放入气门弹簧座内的气门锁夹而被固定，气门杆插入气门导管中做往复运动。

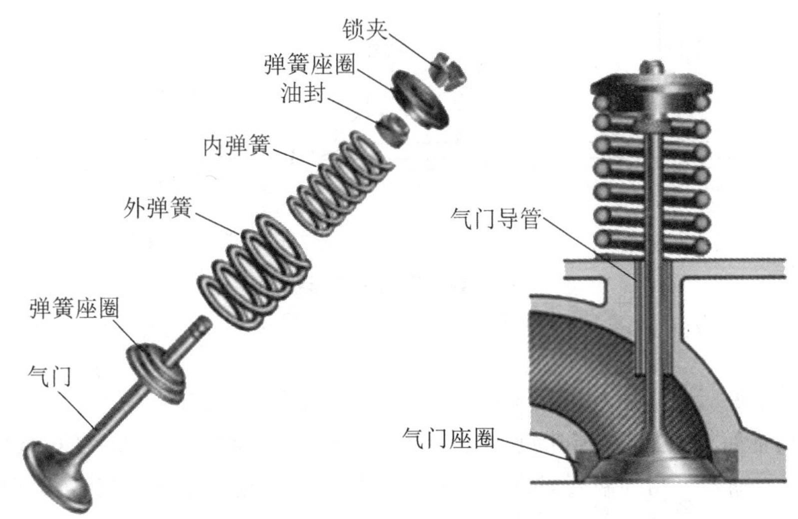

图 6-9 气门组件

6.5.1 气门

气门由气门头部和气门杆部组成，形状像蘑菇，称为菌形气门。气门的作用是关闭燃烧室的进、排气口。气门直接承受燃气高温、高压的作用和落座时的巨大冲击力，其工作温度高，机械载荷大，润滑困难，冷却条件很差，必须采用耐热、耐磨、耐腐蚀、高强度、导热性好的合金钢材料制作。进气门多采用中碳合金钢制造，排气门则多采用耐热合金钢制造。

1. 气门头部

气门头部呈圆盘形并带有锥面，与气门座配合密封进、排气口，同时将所受热量传给气门座。

气门头部的形状有平顶、凹顶和凸顶等，如图 6-10 所示。平顶气门头部结构简单、制造方便、受热面积小、质量轻，进、排气门都适用；凸顶气门头部刚度大，适于作排气门，减小排气阻力；凹顶气门头部与杆部呈流线形过渡，适于作进气门，减小进气阻力。

气门头部与气门座相配合的锥面称为密封锥面或工作面，起密封和导热的作用。密封锥面与顶平面间的夹角称为气门锥角，一般为 45°，有的进气门锥角为 30°。为保证气门与气门座良好的密封和导热性能，每个气门在安装前，都要与气门座配对研磨，直至密封锥面中部出现进气门 1~2 mm 宽、排气门 1.5~2.5 mm 宽的紧密接触环带。

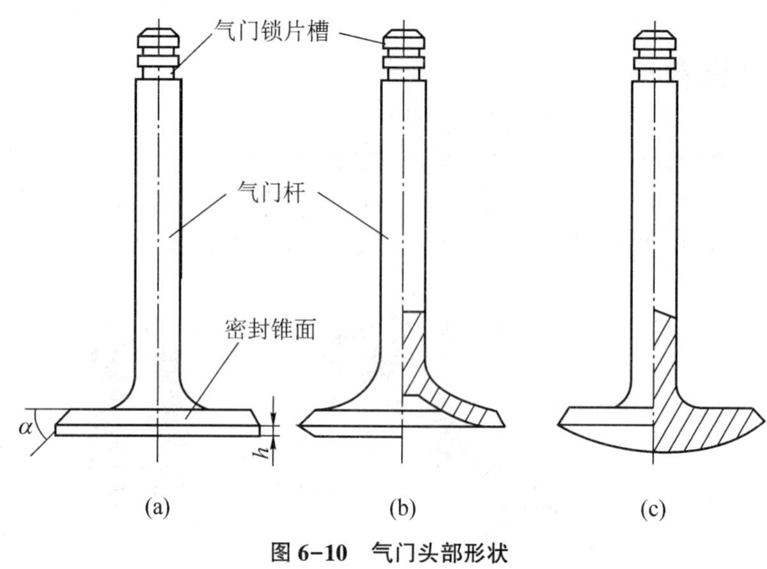

图 6-10　气门头部形状

(a) 平顶；(b) 凹顶；(c) 凸顶

注意，研磨好后，各缸的气门不能互换，即便是同名气门。

气门密封锥面与顶平面之间的圆柱面高度称为气门头部厚度（或气门边缘厚度），一般为 1~3 mm。随着气门的使用或修磨，气门头部厚度会减小。若气门头部厚度太小，则容易造成气门烧损和冲击损坏，并使燃烧室容积增大。

气门头部直径称为气门直径。在进、排气门数量相同的发动机中，一般进气门直径略大于排气门直径，以增加进气量，提高充气效率。凡是进气门数较排气门数多的发动机（如二进一排、三进二排），排气门直径总比进气门直径大。

2. 气门杆部

气门杆身呈圆柱形，与气门导管配合，主要为气门起定位导向的作用。

气门杆身与气门头部采用圆弧过渡连接，既可提高强度，又可减小气流阻力。

气门杆尾部的形状取决于气门弹簧座的固定方式，如图 6-11 所示。常用的固定方式是用剖分成两半的锥形锁夹（又称锁片或卡块）和在气门杆尾部加工出的环槽来固定，如

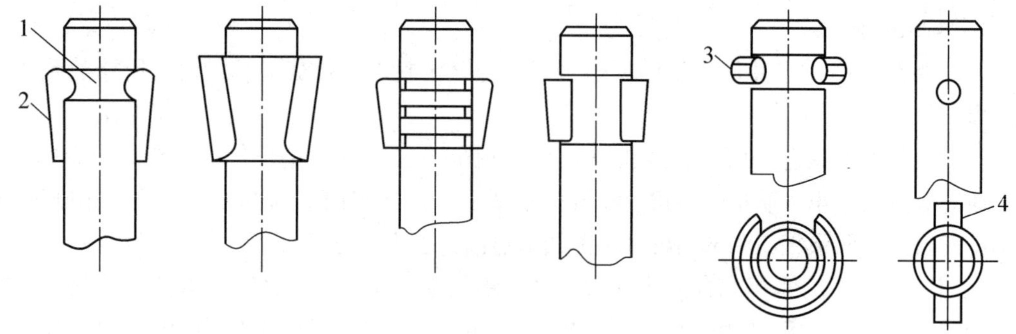

图 6-11　气门杆尾部与气门锁夹（锁销）形式

1—气门锁夹环槽；2—气门锁夹；3—环形气门锁夹；4—气门锁销

图 6-12（a）所示。另外，可利用圆柱形锁销与在气门杆尾端加工出的圆柱形径向孔配合来固定，如图 6-12（b）所示。

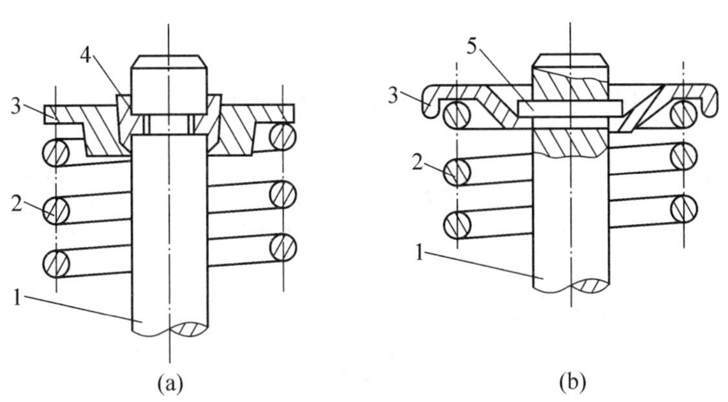

图 6-12　气门弹簧座的固定方式

（a）锁夹（锁片）式固定；（b）锁销式固定

1—气门杆；2—气门弹簧；3—气门弹簧座；4—气门锁夹；5—气门锁销

气门锁夹或锁销使得气门、气门弹簧座、气门弹簧成为一体。如果拆下或忘记装入气门锁夹，气门便会落入气缸内。

气门接受的热量一部分通过气门与气门座传给气缸盖，另一部分则通过气门杆和气门导管传给气缸盖，最终被气缸盖冷却水套中的冷却液带走。

有的发动机排气门杆部制成中空的，其内一半的空腔充入熔点为 97 ℃的金属钠。在气门工作时，钠处于液态，随着气门做往复运动而强烈晃动，使气门头部吸收的热量更快地传到气门杆部，再经导管传给冷却液。

注意，切不可使充钠气门断裂，这是因为钠遇水后会发生剧烈的燃烧反应。

6.5.2　气门座与气门座圈

气门座是气缸盖上锥面形的燃烧室进、排气孔口，其作用是与气门锥面紧密贴合，以封闭燃烧室并传出气门头部的热量。其工作条件与气门一样恶劣，必须耐热、耐磨、耐冲击、易散热。

气门座可以在气缸盖上直接镗出（整体式），也可以单独制作耐热座圈并镶入气缸盖内（镶嵌式），称为气门座圈。现代发动机大多采用后者，如图 6-1、图 6-9 所示。气缸盖是铝合金时，必须镶装气门座圈。

气门座圈是一个环状零件，由耐热合金钢或合金铸铁制成。为防止在工作中松脱，气门座圈以一定的过盈量与座圈孔配合，镶装时采用冷缩座圈或加热座圈孔部位后压入。

气门座锥角与气门锥角相适应。有的发动机气门座锥角较气门锥角大 0.5°～1°，称为干涉角，以利于初期磨合。

6.5.3 气门导管与气门油封

1. 气门导管

气门导管对在其内做往复运动的气门起支承和导向的作用，保证气门与气门座能正确贴合，并起导热作用。

气门导管有整体式气门导管和镶入式气门导管两种。所谓整体式气门导管就是在气缸盖中直接加工出气门杆孔。镶入式气门导管是在气缸盖内的导管孔内过盈压入一根圆柱形管，过盈量为 0.015~0.065 mm。有些气门导管的外圆柱面加工有环槽，镶入卡环进行定位，限制下端深入气道中的深度，并防止松落，如图 6-13 所示。

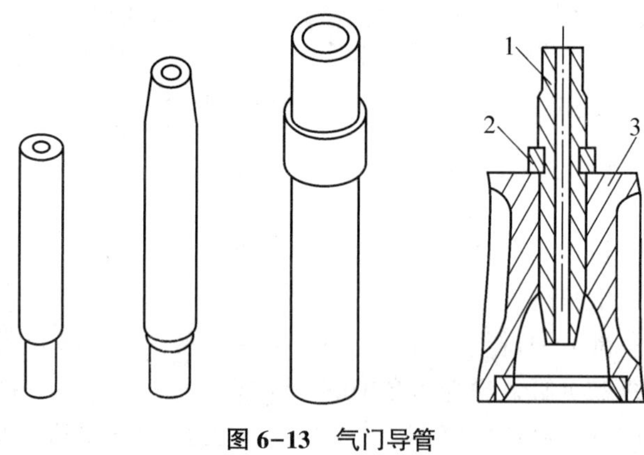

图 6-13 气门导管

1—导管；2—卡环；3—气缸盖

气门杆与气门导管之间一般留有 0.05~0.12 mm 的配合间隙，它们之间靠气门传动件飞溅出来的机油进行润滑。

若气门杆与气门导管间隙太小，易导致气门杆卡咬，气门落座不严，密封不良，会引起气门烧损，使发动机的动力性、经济性、排放性下降等。

若气门杆与气门导管的间隙过大（或磨损），一方面导致气门落座不平稳，密封性下降，加速气门与气门座的磨损；另一方面将使过多的机油通过间隙向下渗流入燃烧室或进气道，尤其在进气行程中，导致机油消耗增大、冒蓝烟，同时加速气门杆与头部结合处积炭、燃烧室壁面积炭的形成，也容易导致火花塞黏附油污或积炭，并且排气门杆与气门导管的间隙过大时，还会导致起动时出现烧机油、冒蓝烟的现象。这种现象会随着发动机运转一段时间后温度的升高而减轻或消失。

2. 气门油封

虽然保证气门杆与气门导管的间隙合适，能够防止烧机油，但安装气门油封则起保险作用。

气门油封是一个橡胶密封圈，安装在气门导管上端，能防止过多的机油通过气门导管与气门杆的间隙渗流到进、排气道和燃烧室内。即便是气门导管与气门杆的间隙很小，若没有气门油封或气门油封破损而泄漏，则机油中夹带的污物进入气门导管后，将加剧气门导管和气门杆的磨损。

6.5.4　气门弹簧与弹簧座

气门弹簧用来保证气门及时落座并紧密关闭，防止气门在开闭过程中各传动件因惯性力而相互脱离（产生间隙）。因此，气门弹簧应有足够的刚度和安装预紧力。

气门弹簧一端支承在气缸盖的相应凹槽内，另一端压靠在气门尾端的弹簧座上。弹簧座靠气门锁夹（或锁销）与气门杆固定在一起。

气门弹簧有等螺距的圆柱螺旋弹簧、不等螺距的圆柱弹簧、锥形螺旋弹簧等，常见的是每个气门使用一个等螺距的圆柱螺旋弹簧。为防止共振、气门反跳等，有些发动机则采用双等螺距的圆柱螺旋弹簧、不等螺距的圆柱弹簧、锥形螺旋弹簧。

安装时必须注意：采用双等螺距的圆柱螺旋弹簧时，内、外弹簧应同心，且旋向相反，以防一根弹簧折断时卡入另一个弹簧圈内；采用不等螺距的圆柱弹簧和锥形螺旋弹簧时，应将螺距较小的一端和直径较大的一端朝向气缸盖安装。

6.5.5　气门旋转机构

气门旋转机构在发动机工作过程中，可使气门相对气门座缓慢旋转，使气门头部温度沿圆周方向均匀分布，减小气门头部的热变形，并能清除密封锥面上的积炭等，改善气门、气门座密封面的工作条件。

气门旋转机构如图6-14所示，气门旋转机构的壳体或支承盘上有6个变深度（中间深、两端浅）的弧形凹槽，槽内装有带回位弹簧的钢球，碟形弹簧套装在壳体上，外缘支承在气门弹簧座上。当气门关闭时，碟形弹簧并没有压紧在钢球上，这时钢球在回位弹簧的作用下位于凹槽最浅处（端点处）；当气门开启时，蝶形弹簧被压平，对钢球施加压紧力，迫使其沿凹槽的斜面滚动，推动旋转机构壳体、气门锁夹和气门转过一定角度。如此气门每开启一次，就沿同一方向旋转一个角度。

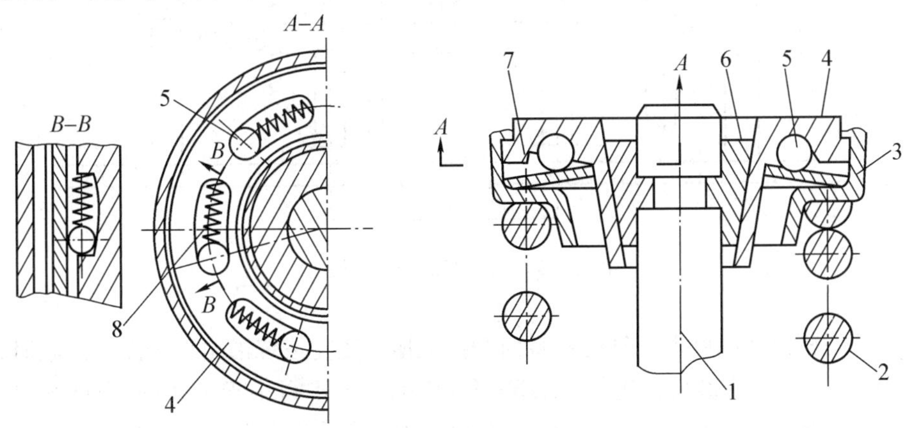

图6-14　气门旋转机构

1—气门；2—气门弹簧；3—气门弹簧座；4—旋转机构壳体；5—钢球；6—气门锁夹；7—碟形弹簧；8—回位弹簧

6.5.6 气门组件的检修

气门组件受到交变的冲击性载荷和高温作用，常见的异常是气门杆弯曲、磨损、卡住，气门头部和气门座变形、磨损、起槽、烧蚀出斑点和凹陷，气门弹簧弹性减弱、折断等。

1. 气门的检修

（1）应更换气门的情形：

1）气门头部产生裂纹、严重烧蚀或严重歪斜。

2）气门头部圆柱面的厚度小于 1.0 mm。

3）气门尾部的磨损量大于 0.5 mm。

4）轿车的气门杆磨损量大于 0.05 mm，载货汽车的气门杆磨损量大于 0.10 mm，或出现明显的台阶型磨损。用外径千分尺测量气门杆上、中、下三个部位互相垂直的两个方向的直径，获得磨损量。

5）气门杆的直线度误差大于 0.05 mm，或将气门杆放在平板上滚动观察到有弯曲现象。

6）气门头部歪斜度超过 0.005 mm。

（2）气门弯曲变形的检验。如图 6-15 所示，将清洗干净的气门放在检测台的 V 形架上，两个百分表触头分别抵在气门杆部和头部。检查时，转动气门杆一圈，杆部百分表最大读数与最小读数之差为气门杆直线度误差，头部百分表最大读数与最小读数之差的一半为气门头部的歪斜度值。当气门杆的直线度误差大于 0.05 mm 或气门头部歪斜度值超过 0.005 mm 时，应更换气门或用压力机予以校直，校直后的直线度误差不得大于 0.02 mm。

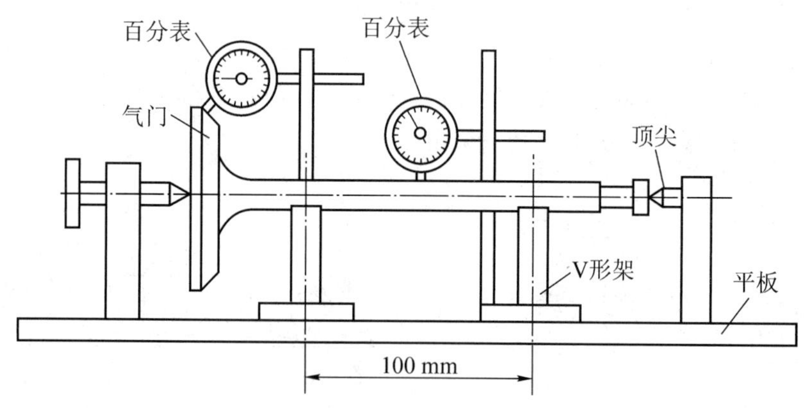

图 6-15 气门弯曲变形的检验

（3）气门密封面的修理。气门密封面磨损起槽、变宽或烧蚀出现斑点、凹陷时，应在光磨机上进行光磨。光磨后，进气门头部圆柱面的厚度不得小于 1.0 mm，排气门头部圆柱面的厚度不得小于 1.3 mm，气门密封面径向圆跳动误差应不大于 0.01 mm，表面粗糙度值小于 1.25 μm。

注意，光磨前应先对气门进行校直。

2. 气门座的修理

当气门座密封面磨损过宽（超过 2 mm），烧蚀出现斑点、凹陷时，应进行铰削或修磨。当气门座圈有裂纹、松动、严重烧蚀，或经多次修理，装入新气门后，气门头顶面仍比气缸盖底面低 2 mm 时，应更换气门座圈。

（1）气门座的铰削。通常使用专用成套铰刀手工铰削。铰刀由导杆和不同直径、不同角度的粗、细铰刀组成。铰削时，导杆插入气门导管内定中心，以保证气门座中心与气门导管中心相重合。因此，气门座的铰削要在气门导管镶配好后进行，铰削步骤如下：

1）根据气门导管内径选择铰刀导杆，导杆插入气门导管内以能滑动自如、无松旷为宜。

2）粗铰。选用与气门密封面角度相同的铰刀，并将其装在导杆上，先用砂布垫在铰刀下进行砂磨，去除硬化层，再进行粗铰，直到将斑点、凹陷全部铰去。铰削时，两手用力要均衡，转动平稳。

3）试配。粗铰后，用光磨过的相配气门涂色试配，检查气门座与气门头接触面的位置。一般要求接触面应居气门锥面的中部略偏向锥面小端（中下部），进气门宽度为 1. 0~2. 0 mm，排气门宽度为 1. 5~2. 5 mm。若接触面偏上，则换用 75°铰刀铰削，使接触面下移；若接触面偏下，则用 15°铰刀铰削，使接触面上移。

4）精铰。选用与工作面角度相同的细铰刀精铰，或在铰刀下面垫细砂布进行修铰（磨）。若铰削后的工作面精度和质量较高，则可省去研磨工艺。

（2）气门座的磨削。气门座除铰削外，还可用光磨机的砂轮进行磨削。此方法磨削速度快，质量好，尤其对硬度高的气门座工作面，效果更佳。其操作方法与铰削相仿，只是把铰刀换成成形的角度砂轮。

1）根据气门工作面的角度和尺寸选择合适的砂轮，并在砂轮修整器上修整砂轮工作面，达到平整且与轴孔同轴度误差在±0. 025 mm 以内。

2）选择合适的定心导杆装在气门导管内，并滴上少许机油，再把修整后的砂轮装在光磨机上进行磨削。磨削时，光磨机要保持正直，向下轻微施压。光磨时间不宜太长，要边磨边检查。

气门与气门座铰（磨）削后，须在气门上做出记号，以免错乱。

（3）气门座的镶换。气门座的镶换按以下方法进行操作：

1）用专用顶拔器拉出旧气门座，并修整座圈孔。

2）测量座圈孔直径，按其大小选择新座圈。座圈与座圈孔应有 0. 07 ~0. 125 mm 的过盈量。

3）将检验合格的气门座圈镶入座圈孔内。把气门座圈放入冰箱冷冻，或用干冰冷却，之后迅速装入座圈孔；也可用喷灯加热座圈孔至 100 ℃左右，在座圈外涂一层密封胶，对准座孔，并垫以软金属，迅速压入座圈孔。但此方法易使座圈孔变形，座圈易脱落。

3. 气门与气门座的研磨

为使气门和气门座工作面密合，还需互相研磨。研磨的方法有手工研磨和机器研磨两种。

（1）手工研磨。

1）先将气门、气门座、气门导管用汽油清洗干净。注意，气门应按顺序排列或在气门头部打上记号，以免错乱。

2）在气门工作面上涂一层粗研磨砂，将气门杆涂上机油并插入导管内。

3）使用气门橡胶研磨捻子吸住与气门座圈贴合的气门头顶面，提起、放下，使其不断地做往复运动，并同时左右旋转。当气门与气门座的工作面上磨出一条完整且无斑痕的接触环带时，将粗研磨砂洗去，换用细研磨砂继续研磨。当工作面出现一条整齐的灰色环带时，再洗去研磨砂，涂上机油继续研磨几分钟即可。

注意，研磨过程中千万不要使研磨砂流入导管孔内，以免损伤气门杆与气门导管的配合面；也不应提起气门用力撞击气门座，否则会将气门工作面磨宽或磨出凹形槽。

（2）机器研磨。将清洗干净的气缸盖置于气门研磨机工作台上，同样在已选配好的气门工作面上涂一层研磨砂，将气门杆涂上机油并装入导管内，调整各转轴，对正气门座孔，连接好研磨装置，调整好气门升程，进行研磨，10~15 min 即可。

4. 气门密封性检验

气门和气门座工作面研磨后，应做密封性检验。密封性检验的常用方法如下：

（1）画线法。用软铅笔在气门工作面上每隔 4 mm 顺着锥面母线方向均匀地画若干道线条，然后落入与其相配的气门座，略压紧并转动 45°~90°，取出后若铅笔线条均被切断，则说明密封良好，否则须重新研磨。

（2）涂抹法。在气门工作面上涂抹一层薄红丹油或轴承蓝，将气门压在气门座上，用气门捻子吸住气门顶面，往复旋转数次后取出。若红丹油或轴承蓝布满气门座一周而无间断且十分整齐，则说明密封良好。

（3）渗油法。气门安装好后，将气缸盖倒置。将煤油或汽油浇在气门顶面上，5 min 内观察气门与气门座的接触处是否有渗漏现象。若无渗漏，则说明密封良好。

（4）检验器法。用带有气压表的专门检验气门密封性的检验器检验，如图 6-16 所示。检验时，先把空气容筒紧贴在气门头部周围的气缸盖底面上，再用手反复压缩橡胶球，使空气容筒内具有 60~70 kPa 的压力，若保持 0.5 min 内压力不下降，则说明密封良好。

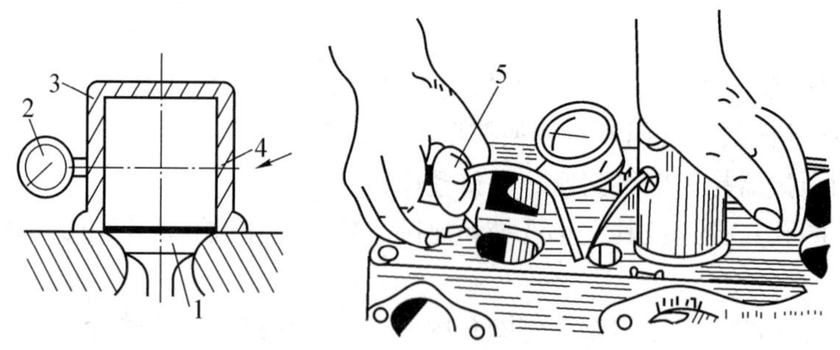

图 6-16　气门密封性检验

1—气门；2—气压表；3—空气容筒；4—与橡胶球相通的气孔；5—橡胶球

5. 气门导管的检修

气门导管的主要问题是与气门杆的配合间隙失准，可用以下方法检查：

（1）用内径百分表测量气门导管内径，用外径千分尺测量气门杆外径，两者之差为配合间隙。

（2）先将气门装入气门导管中，再将其提起至距气缸盖底平面15~20 mm，使百分表触头抵住气门头部边缘，来回推动气门，百分表测得的气门最大摆动量指示气门导管的磨损情况。

当气门与气门导管的间隙未超限时，可通过铰削和使用加大尺寸的气门修复；当气门与气门导管的间隙超过规定值时，应更换气门导管。

6. 气门弹簧的检验与更换

（1）检查气门弹簧有无折断或裂痕现象，若有，则应更换气门弹簧。

（2）检查气门弹簧自由长度。用游标卡尺测量，若自由长度的缩短量超过2 mm，则应更换气门弹簧。

（3）检查气门弹簧弹力。在弹簧检验仪上检查气门弹簧在规定压缩长度内的相应压力（或在一定压力下的长度）是否符合原厂规定。当气门弹簧弹力的减少值大于原厂规定的10%时，应予以更换。若气门弹簧弹力不足，则易导致气门跳动，使配气正时错乱，气门和活塞相撞，气门磨损、变形和折断；若气门弹簧弹力过大，将引起配气机构零件的过早磨损、变形和驱动耗功增多。

（4）检查气门弹簧垂直度。将气门弹簧一端放在平台上，用直角尺和塞尺检查。当气门弹簧端面与中心线的垂直度误差超过2°，气门弹簧的外圆柱面在全长上对底面的垂直度误差大于1.5 mm时，应更换气门弹簧。

6.6 气门传动组件

气门传动组件主要包括凸轮轴、挺柱、推杆、气门间隙调整螺钉、摇臂、摇臂轴等。

6.6.1 凸轮轴

凸轮轴的作用是将旋转运动转变成往复运动，按照发动机的工作顺序、配气相位、气门升程规律控制气门的开与关。

凸轮轴多由优质碳钢或合金钢制造，也有的采用合金铸铁和球墨铸铁制造。

凸轮轴主要由凸轮和轴颈组成。采用下置凸轮轴时，凸轮轴上还有驱动机油泵、分电器的螺旋齿轮及驱动汽油泵的偏心轮，如图6-17所示。

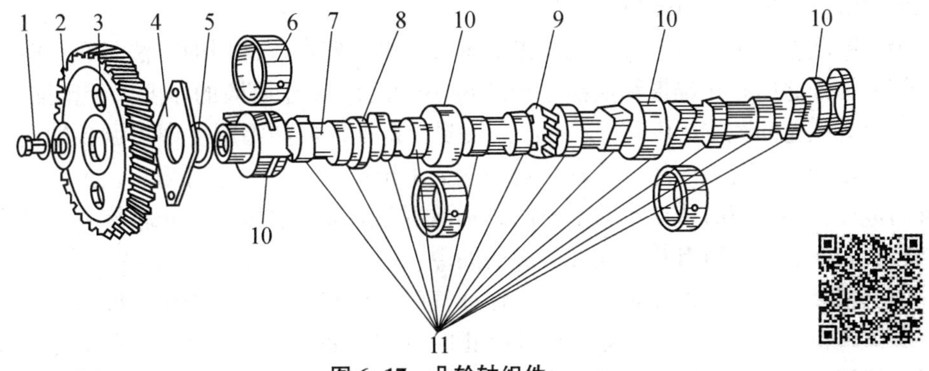

图6-17 凸轮轴组件

1—螺栓；2—垫圈；3—正时齿轮；4—止推板；5—隔圈；6—凸轮轴衬套；7—凸轮轴；8—驱动汽油泵的偏心轮；9—驱动分电器的螺旋齿轮；10—凸轮轴轴颈；11—凸轮

凸轮轴的结构有两种，一种是凸轮和凸轮轴制成一体的整体式凸轮轴，另一种是凸轮和凸轮轴可以拆装的组合式凸轮轴。车用高速发动机通常采用整体式凸轮轴。

凸轮的形线决定了气门开启与关闭时刻、气门持续开启时间和气门的最大开度。

凸轮轴上各缸进、排气凸轮的相对位置，是与发动机既定的发火次序、气缸数、发火间隔角、配气相位相适应的。根据各缸同名凸轮的相对位置和凸轮轴的旋转方向，可以判断发动机的发火次序。例如，对四冲程四缸发动机的凸轮轴，从发动机前端看其旋转方向为逆时针，同名凸轮如图 6-18（a）所示，则发火顺序为 1-3-4-2；对四冲程六缸发动机的凸轮轴，如图 6-18（b）所示，其发火顺序为 1-5-3-6-2-4。相继发火的两气缸，其同名凸轮的夹角为发火间隔角的一半；同一气缸上的进、排气凸轮相对位置，即异名凸轮相对位置，取决于配气正时及凸轮旋转方向。

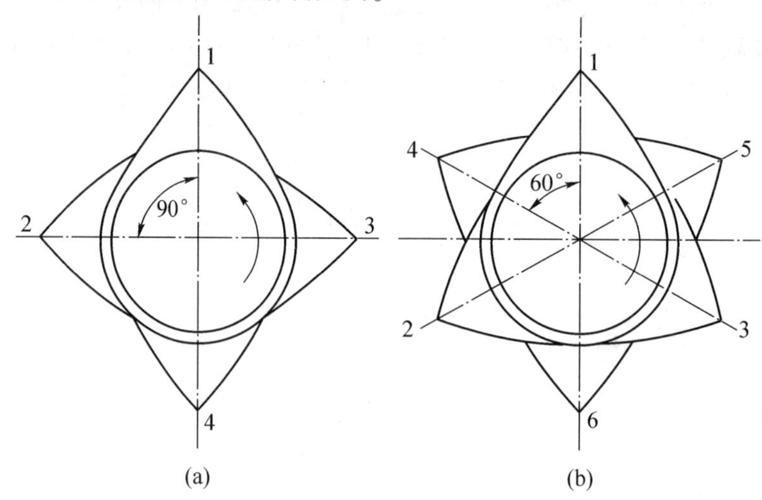

图 6-18　同名凸轮的相对角位置

（a）四冲程四缸发动机凸轮；（b）四冲程六缸发动机凸轮

凸轮轴通过轴颈支承在凸轮轴轴承上。顶置凸轮轴轴承多由上、下两片轴瓦对合而成，各凸轮轴轴颈的直径相等；下置凸轮轴通过轴颈支撑在机体内的整体式轴承内，凸轮轴是从机体的一端插入轴承孔的，各轴颈的直径要大于凸轮的最高点，且各轴颈的直径从前端向后端依次减小，以便安装。

为限制凸轮轴工作时前后窜动，需对其进行轴向定位。常用的方法是在正时齿轮和凸轮轴第一轴颈之间装止推板和隔圈，如图 6-19 所示。由于隔圈的厚度大于止推板的厚度，在轴向留有一定间隙（0. 08~0. 2 mm），故改变止推片或隔圈厚度即可调整轴向间隙；也可利用凸轮轴轴颈两侧的凸肩与轴承盖两端面来定位。另外，也可采用止推调节螺钉法进行轴向定位，即在正时传动室盖上与凸轮轴前端相对应的位置拧入止推螺钉，其端部与正时齿轮紧固螺栓端面留有 0. 1~0. 2 mm 的间隙。

前已叙及，凸轮轴由曲轴驱动，为保证气门开启和关闭时刻正确，要求凸轮轴和曲轴之间必须有正确的相对位置关系。因此，正时机构零部件之间应具有正确的原始位置，装配时应特别注意正时齿轮、链条或齿形带上的正时标记必须与机体、缸盖或正时传动室盖上相应的记号对准，否则将严重影响发动机的性能，甚至无法工作。

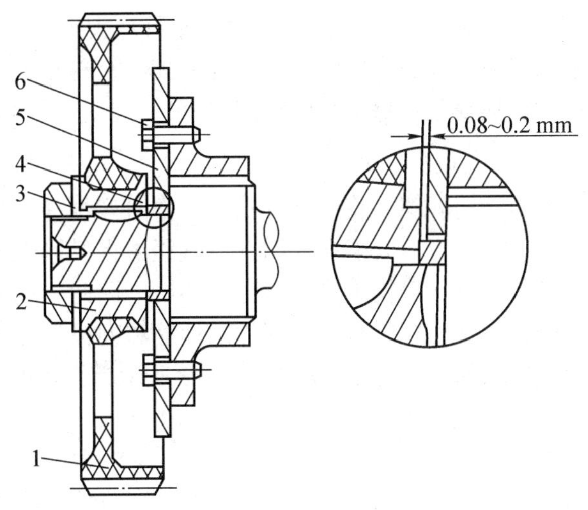

图 6-19　凸轮轴轴向定位

1—正时齿轮；2—正时齿轮轮毂；3—螺母；4—隔圈；5—止推板；6—螺钉

6.6.2　挺柱

挺柱（或挺杆）安装在气缸盖或气缸体中的导向孔内，随凸轮的旋转做往复运动。挺柱的作用是将凸轮的推力承传给与其相邻的零件（推杆、摇臂或气门）。挺柱分为机械挺柱和液力挺柱两大类。

1. 机械挺柱

如图 6-20 所示为三种机械挺柱。根据挺柱底面或挺柱与凸轮接触部位的不同，挺柱可分为菌形挺柱、平面挺柱和桶式挺柱等。菌形挺柱的凸轮型面略带锥度，平面挺柱的中心线与凸轮中心线有一定的偏心距，两者均使工作中挺柱被凸轮顶起时具有微小转动，使挺柱底面和导向面磨损均匀。桶式挺柱的摩擦和磨损较小，但结构复杂。

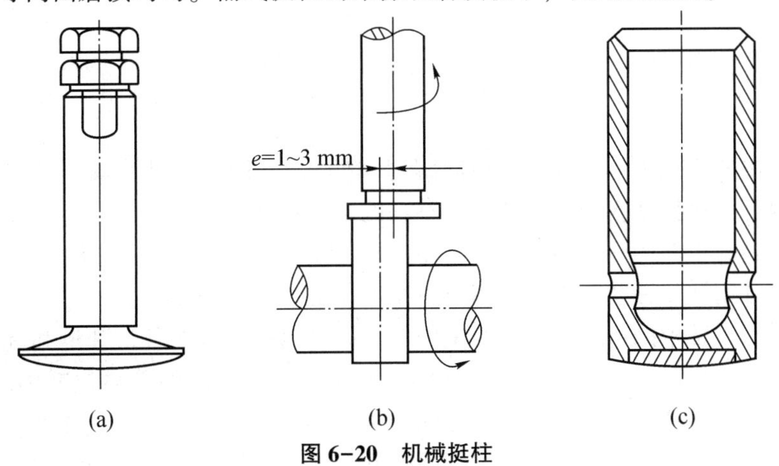

图 6-20　机械挺柱

（a）菌形挺柱；（b）平面挺柱；（c）桶式挺柱

挺柱内部或顶部有球窝形推杆支座，其半径略大于推杆球头半径，以利于形成机油膜。

机械挺柱为凸轮轴和气门之间提供刚性连接，此种配气机构必须有气门间隙及其调整措施，以允许零件工作时受热膨胀，保证气门关闭严密。

2. *液力挺柱*

机械挺柱配气机构中的气门间隙，将使配气机构工作时产生撞击噪声、磨损，影响气门正时及相关零件的寿命。液力挺柱既能在气门开启过程中提供刚性连接，又能在气门关闭时提供弹性连接，并能吸收配气机构工作时产生的冲击。因此，越来越多的发动机采用液力挺柱。液力挺柱可以自动补偿配气机构零部件的伸缩和磨损，自动维持配气机构零部件间的直接接触，实现零气门间隙。图 6-21 和图 6-22 所示为常用的顶置凸轮轴直接驱动气门的液力挺柱。

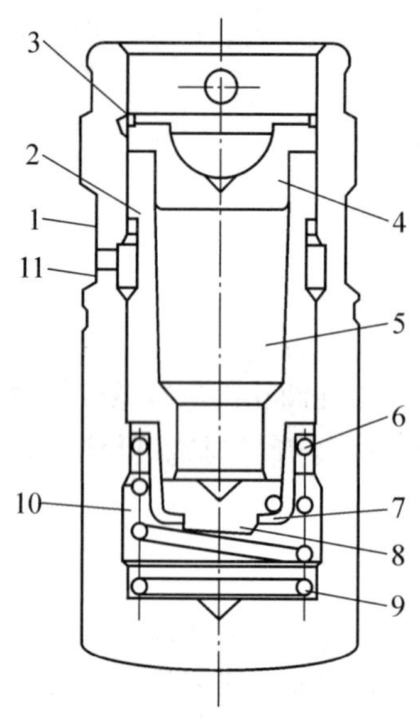

图 6-21　平面液力挺柱

1—挺住体；2—柱塞；3—卡环；4—推杆支座；5—内油腔；6—单向阀保持架；7—单向阀弹簧；8—单向阀；9—柱塞弹簧；10—高压油腔；11—进油孔

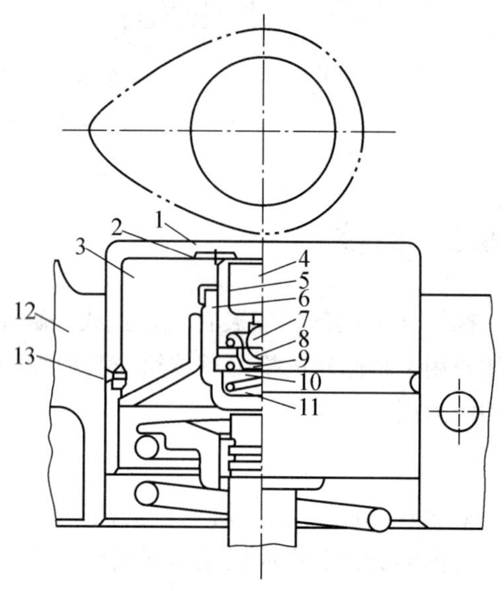

图 6-22　吊形环液力挺柱

1—挺住体；2—连通槽；3—外油腔；4—内油腔；5—柱塞；6—柱塞套；7—单向阀；8—单向阀保持架；9—单向阀弹簧；10—高压油腔；11—柱塞弹簧；12—气缸盖；13—进油孔

液力挺柱主要由挺柱体、柱塞、单向阀（又叫止回阀）、柱塞弹簧、单向阀弹簧等组成。挺柱体内有一个柱塞孔，其内装有可移动的中空柱塞。柱塞下端装有柱塞弹簧和单向阀，单向阀弹簧将单向阀压靠在柱塞下端的阀座上，柱塞弹簧使挺柱始终与凸轮保持接触。实际上，柱塞孔、柱塞和单向阀组成一个液压缸。

发动机润滑系统中的机油经气缸盖上的斜油孔、挺柱体上的环形油槽和键形槽进入低压油腔。当凸轮工作段顶压挺柱时，挺柱体和柱塞下移，高压油腔容积减小，压力升高，加之单向阀弹簧的作用，单向阀关闭，将低压油腔和高压油腔隔开。因液体的不可压缩性，整个挺柱如同一个刚体一样下移使气门打开。此时，挺柱体上的环形油槽也与斜油孔错开，停止进油。当油压过高或气门等零件膨胀时，将有少量的油液经配合间隙漏出。

气门关闭时，柱塞弹簧的作用使柱塞上移，高压油腔容积增大，压力下降。与此同时，压力油又经气缸盖斜油孔进入低压油腔，并推开单向阀，使高、低压油腔连通，补充油液。整个过程中，机构中各零件保持接触，且柱塞在挺柱体中的移动抵消了受热膨胀的伸长。因此，液力挺柱又称为气门间隙自动调整机构。

6.6.3　推杆

推杆是顶置气门、下置凸轮轴的配气机构中所特有的，其功用是将挺柱传来的推力和运动传给摇臂。推杆是细长的杆件，最易弯曲，多为中空式的，其两端焊有与摇臂调整螺钉和挺柱凹槽相配合的不同形状的球头，如图 6-23 所示。

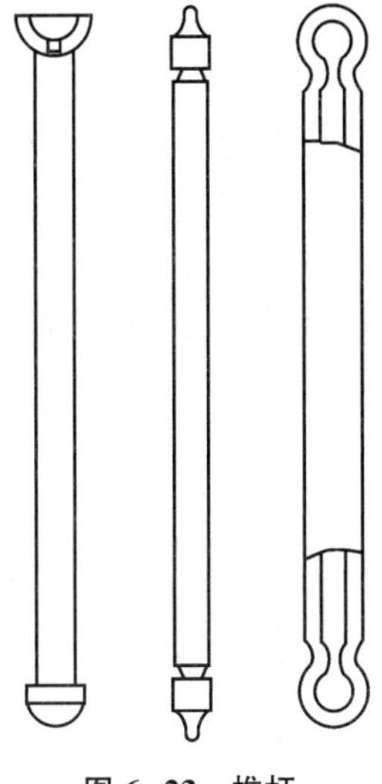

图 6-23　推杆

6.6.4　摇臂组

摇臂组的作用是改变推杆或凸轮传来的推力方向和放大凸轮升程，驱动气门的开启。

摇臂组由摇臂、摇臂轴、摇臂轴支座、定位弹簧、气门间隙调整螺钉等组成，如图 6-24 所示。

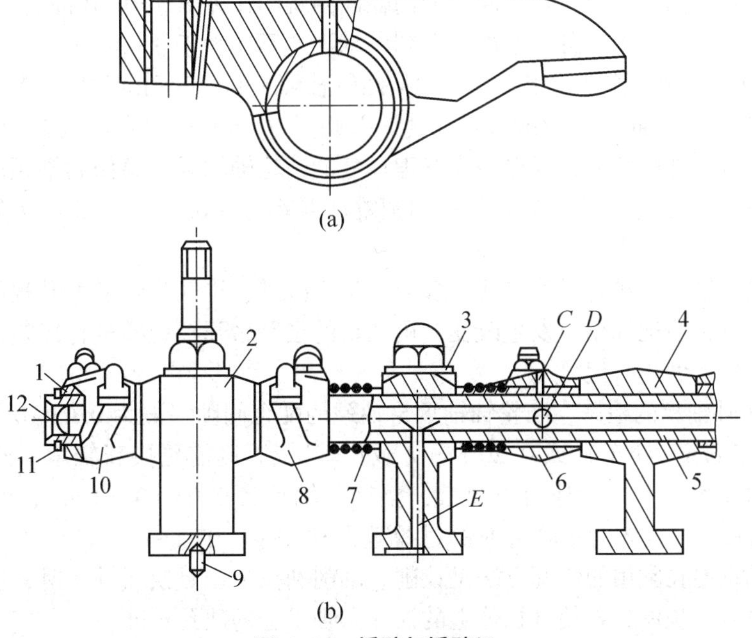

图 6-24　摇臂与摇臂组

（a）摇臂；（b）摇臂组

1—垫圈；2、3、4—摇臂轴支座；5、6、8、10—摇臂；7—弹簧；9—定位销；11—锁簧；12—堵头；*A*—油道；*B*—油槽；*C*、*D*、*E*—油孔

摇臂是一个以摇臂轴为支点的不等长双臂杠杆。长臂一端加工成圆弧形的工作面，与气门尾端接触，推动气门。摇臂的一端制有螺纹孔，用于安装气门间隙调整螺钉及锁紧螺母。

摇臂中心孔内压有青铜衬套，套装在空心的摇臂轴上。摇臂轴固定在用螺栓固装在气缸盖上的摇臂支座上。摇臂侧面由弹簧压紧或挡圈限定，以保证其轴向位置。摇臂轴中心孔通过支座上的油道与发动机机体、气缸盖上的机油道相通，轴上有径向油孔并与摇臂上的机油孔连通。机油经摇臂轴通向摇臂两端的摩擦面。

对于某些顶置凸轮轴配气机构，将原先的摇臂改为单臂杠杆而成为摆臂，凸轮直接驱动摆臂［如图 6-4（b）所示］，实现气门的开启和关闭。

6.6.5 气门传动组件的检修

1. 凸轮轴及轴承的检修

凸轮轴的损坏主要是凸轮轴的弯曲变形、凸轮表面磨损和擦伤、轴颈磨损、正时齿轮轴颈键槽磨损等，且弯曲和磨损又相互影响而加重，使配气相位、气门升程、配合状态失准等，从而造成发动机整机性能下降，噪声增大。

（1）凸轮的检修。若磨损使凸轮最大升程低于标准值 0.40 mm 或凸轮表面有严重擦伤、麻坑等异常磨损，则应更换新凸轮轴。若凸轮磨损未超限，表面有轻微擦痕，则可打磨后继续使用。

用外径千分尺测量凸轮高度和凸轮基圆直径，两者之差为凸轮升程。

（2）凸轮轴弯曲变形的检修。凸轮轴弯曲变形的检修方法与曲轴弯曲变形的检修方法相仿。

凸轮轴发生弯曲变形后，若中间轴径的径向圆跳动误差大于 0.10 mm，则应进行冷压校正。凸轮轴校直后，中间各轴颈的径向圆跳动误差不应大于 0.03 mm。

（3）凸轮轴轴颈的检修。用千分尺测量凸轮轴轴颈的圆度和圆柱度，若圆度误差和圆柱度误差大于 0.015 mm，各轴颈的同轴度误差超过 0.05 mm，则应按修理尺寸法在专用凸轮轴磨床上进行磨削修复，配以相应修理尺寸的凸轮轴轴承。磨修后轴颈的圆柱度误差不应大于 0.005 mm，中间任一轴颈的径向圆跳动误差为 0.025 mm，正时齿轮轴颈和止推面的径向圆跳动误差不大于 0.03 mm。

正时齿轮轴轴颈键槽的对称平面一般应与第一缸进、排气凸轮最大升程的对称平面重合。键槽磨损后，使配气相位发生改变，可在新的位置另开新键槽进行修复，但需重新在凸轮轴正时齿轮上做正时记号。

（4）凸轮轴轴承的检修。凸轮轴轴承与轴颈的配合间隙一般为 0.05～0.10 mm，最大不得超过 0.15 mm（轿车）或 0.20 mm（载货车），否则需更换新轴承。凸轮轴轴承与气缸体或气缸盖轴承孔之间应有过盈量，整体式轴承为 0.05～0.13 mm，剖分式轴承为 0.07～0.19 mm，气缸体为铝合金时的过盈量为 0.03～0.07 mm。

凸轮轴轴承内孔常用的修配方法是铰削、刮削和拉削。更换新轴承时，应注意轴承内径与轴承孔位置的顺序，要使气缸体上的油孔和轴承上的油孔对准。

凸轮轴轴向间隙的检查和调整与曲轴轴向间隙的检查和调整类似。

2. 摇臂与摇臂轴的检修

摇臂与摇臂轴的损伤主要是磨损。

摇臂和气门杆尾端的接触面应光洁无损。因磨损而出现凹陷时，若凹陷深度大于0.5 mm，则须进行堆焊、修磨或更换新件。

磨损使摇臂衬套与摇臂轴的配合间隙增大，超过规定值时，应更换衬套，并按摇臂轴的尺寸进行铰削或镗削修理。安装新衬套时，切记衬套油孔与摇臂油孔须重合。

摇臂轴与摇臂轴承孔的配合间隙超过规定值时，应涂镀修复或更换新件。

摇臂上的调整螺钉螺纹孔有损伤时，一般情况下应更换，否则将影响气门的正常工作。

3. 气门推杆的检修

在使用中，气门推杆不得有弯曲、裂纹，油孔应清洁畅通，两端球面半径磨损量应控制在0.01~0.03 mm。若气门推杆的直线度误差超过0.3 mm，则应校正或更换新件。若气门推杆的两端球面有裂纹、起槽等，则应予以更换。

4. 气门挺柱的检修

（1）液力挺柱的检修。发动机进行总成大修或气门开启高度不足时，一般应更换液力挺柱。当条件允许时，可按照原厂的规定在液压实验台上施加规定的压力于液力挺柱上方，检查液力挺柱柱塞向下滑移规定的距离所需的时间。若此时间过短，则说明液力挺柱内部有泄漏，应予以报废。

液力挺柱与导向孔的配合间隙标准值一般为0.01~0.04 mm，限值为0.10 mm。

（2）普通挺柱的检修。普通挺柱的损伤主要是挺柱与凸轮接触面的磨损、挺柱与导向孔的磨损、挺柱出现裂纹等。检修中应特别注意挺柱在导孔中及其底面的技术状态。当挺柱在运动中卡滞在导孔中，不能自如移动和转动时，不仅会加速底部磨损，而且使凸轮的磨损加剧，凸轮轴弯曲，甚至在不长的行驶里程内使凸轮早期磨损而报废，这时应更换挺柱。挺柱与导向孔的配合间隙一般为0.03~0.10 mm，超过0.12 mm时，应更换挺柱。当挺柱出现裂纹或底面出现擦伤划痕、疲劳剥落、不均匀磨损的环形光环时，应更换挺柱。

5. 正时机构的检查

使用中，正时机构的磨损将使配合松弛，噪声增大，配气相位失准。若运行中突然出现正时链条或齿形带打滑或中断，则可能发生活塞与气门的碰撞；正时链条过度松弛或链轮轮齿损坏，会导致链条错齿，气门持续开启时间延长，发生气门、活塞相撞，使所有排气门以相同的角度弯曲。因此，检查正时机构的磨损情况以判断其是否需要更换，是维修中的主要工作。

（1）正时齿轮的检查。各种正时齿轮的齿面应光洁，无刻痕、破损、毛刺，各牙齿均匀一致。如果出现啮合间隙超限、轮齿磨出台阶、轮齿出现裂纹或断齿、轮齿不一致、表面损伤等现象，均应更换新齿轮。

对齿轮传动的正时机构，钢制齿轮啮合间隙一般为0.03~0.30 mm，限值为0.40 mm；非金属齿轮啮合间隙应不超过0.50 mm。同一对齿轮应检查沿圆周相隔120°的三点齿隙之差，钢制齿轮应不超过0.10 mm，非金属齿轮应不超过0.15 mm；否则，应更换齿轮。相啮合的钢制齿轮应成对更换。

（2）正时链轮-链条的检查。对正时链轮-链条，主要通过检查链条伸展长度、链轮直径及张紧器，判断其磨损情况。

1）测量链条长度。按规则拆下链条后，用弹簧秤钩拉链条，当拉力达到49 N时，测量链条长度，如图 6-25 所示。若长度超过限值，则应更换链条。

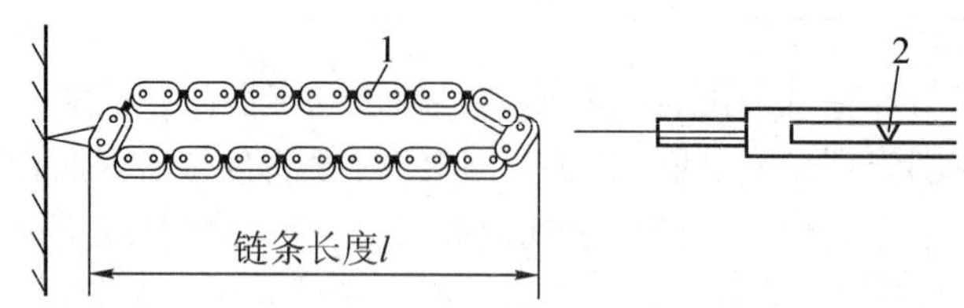

图 6-25　正时链条长度的测量

1—链条；2—弹簧秤

2）测量链轮直径。用拆下的链条分别将凸轮轴正时链轮和曲轴正时链轮整周啮合包住后，用游标卡尺测量其直径。若磨损严重，直径小于最小限值，则应更换链轮。

3）检察张紧器。用游标卡尺测量张紧器厚度，若厚度值低于最小限值，则应更换张紧器。

（3）正时带轮-正时齿形带的检查。

1）检查齿形带是否有开裂、剥落，齿数、齿形是否残缺，若有，则应更换。齿形带的上述损伤往往是由于张紧不足、带轮及张紧轮磨损、超期限使用、操作粗暴等所致。

2）检查带轮、惰轮及张紧轮直径。用游标卡尺测量各轮的直径，带轮的磨损限值为 0. 10 mm，惰轮及张紧轮的磨损限值为 0. 20 mm。

3）检查张紧度。拆下正时室护罩，用拇指和食指捏住正时带轮和中间带轮之间齿形带的中间部位，用力翻转，以刚好能转 90°为宜。若不合适，则调整张紧轮固定螺母，使曲轴转 2~3 圈后复查一遍，予以确认。

（4）正时机构的拆装

1）曲轴、凸轮轴正时齿轮上的正时标记应对准。

2）齿形带（或链条）传动机构的拆装。

① 拆装齿形带前，必须擦掉工具和手上的油污，防止带轮、张紧轮、齿形带接触油脂、油液和水。尤其是齿形带，凡沾上油脂、油液的，均应更换。

② 拆装时，不得挤压、扭转齿形带，齿形带表面不得被锐物划破。

③ 拆卸前注意观察齿形带背面（或链条）的旋向箭头标记，若已看不清，应重新做标记，以备安装时保证与原方向一致。

④ 拆装齿形带（或链条）时，必须先使第一缸活塞处于压缩行程上止点，曲轴正时轮、凸轮轴正时带轮上的正时标记与正时室罩或底板上的正时标记对正，且不能再转动曲轴及凸轮轴。

⑤ 拆下正时室罩、衬垫后，注意识别正时室内部的正时标记，齿形带（或链条）上有与凸轮轴正时带轮、曲轴正时带轮、喷油泵正时带轮上对齐的正时标记。

⑥ 松开张紧轮的张紧弹簧后，即可取下齿形带（或链条）。注意，在拆下齿形带（或链条）后、拆下凸轮轴前，不可转动曲轴或凸轮轴，以免气门与活塞相撞。

6.7　配气机构的检查与调整

在使用过程中，配气机构各零件的变形、磨损等会使配气相位、气门间隙等产生异常，导致气门关闭不严，产生各种异响等，使发动机的性能下降。维修中必须通过检查、调整，消除上述不正常现象。

6.7.1 气门间隙的调整

对机械挺柱式的配气机构，气门间隙的检查和调整是发动机维修中必须进行的项目。检查、调整应在气门完全关闭且挺柱或摇臂落在最低（凸轮基圆）位置时进行。通常在压缩行程终了时，调整各缸进、排气门间隙。

1. 进气门和排气门的识别

方法一：当转动曲轴时，依次观察发动机各缸的进、排气门。先动的为排气门，紧接着后动的为进气门，并做好标记。

方法二：根据进、排气歧管和进、排气道与进、排气门的对应关系确定。

2. 第一缸压缩上止点的确认

（1）逆推法。欲找第一缸（或某缸）的压缩上止点，可转动曲轴，观察与该缸曲拐在同一个方向上的另一气缸的排气门，其打开又逐渐关闭过程中进气门动作的瞬间，为此缸的排气上止点，第一缸（或某缸）处于压缩上止点。对直列六缸发动机，即所谓的调一看六、调二看五、调三看四。

（2）分火头判断法。对有分电器的发动机，将分电器盖打开，并转动曲轴，当分火头转到与第一缸分高压线位置相对时，表示第一缸处于压缩上止点。

（3）正时记号法。按发动机上第一缸上止点记号确定第一缸压缩上止点。一般在飞轮与飞轮壳上、正时齿轮与正时齿轮室上都制有确定第一缸上止点的记号。在确定第一缸进入压缩行程后，慢慢摇转曲轴，使第一缸上止点记号对齐，此时第一缸活塞处于压缩行程上止点。

（4）检查第一缸两气门摇臂能否绕轴微摆，若第一缸进、排气门均能摆动，则第一缸处于压缩行程上止点。

3. 气门间隙的检查与调整

（1）气门间隙的检查调整顺序。

1）逐缸调整法。先找到第一缸压缩行程上止点，调整其进、排气门间隙，然后摇转曲轴，按照工作顺序依次调整其他各缸气门。

2）二次调整法。先运用上述方法找到第一缸活塞的压缩上止点，调整半数气门的间隙，再将曲轴转动一周，调整另半数气门的间隙。这样一台发动机只需摇转两次，就可将全部气门调整完毕。按照气缸发火顺序以“双排不进”的原则检查、调整气门间隙。

以四冲程六缸发动机为例，其工作顺序是1-5-3-6-2-4。当第一缸正处于压缩上止点位置时，该缸的进、排气门间隙均可调（所谓的“双”）。第五缸正处于压缩行程初期，进气门刚关，排气门间隙可调（所谓的“排”）。第三缸正处于进气行程，排气门可调。第六缸正处于排气上止点，进、排气门处于叠开状态，均不可调（所谓的“不”）。第二缸正处于排气行程，第四缸在做功行程后期，此两缸的进气门均可调（“进”）。当将曲轴摇转一圈后，使第六缸处于压缩上止点，从第六缸起按工作顺序，可调气门也正好是双（第六缸）、排（第二、四缸）、不（第一缸）、进（第五、三缸），见表6-1。四冲程四缸、四冲程三缸发动机的可调气门排列见表6-2、表6-3。

表6-1　四冲程六缸发动机的可调气门排列表

气缸工作顺序	1	5	3	6	2	4
	1	4	2	6	3	5
第一遍（第一缸在压缩上止点）	双	排		不	进	
第二遍（第六缸在压缩上止点）	不	进		双	排	

表6-2　四冲程四缸发动机的可调气门排列表

气缸工作顺序	1	3	4	2
	1	2	4	3
第一遍（第一缸在压缩上止点）	双	排	不	进
第二遍（第四缸在压缩上止点）	不	进	双	排

表6-3　四冲程三缸发动机的可调气门排列表

气缸工作顺序	1	2	3
第一遍（第一缸在压缩上止点）	双	排	进
第二遍（第一缸在进、排气上止点）	不	进	排

（2）气门间隙的检查调整方法。拆下摇臂室罩盖，先用螺丝刀固定调整螺钉，拧松调整螺钉的锁紧螺母，随即将符合规定间隙的塞尺插入气门间隙处，然后拧动调整螺钉，使摇臂（或摆臂）端头将塞尺轻轻压住，来回拉动塞尺，以略感发涩为宜。之后将调整螺钉保持不动，拧紧锁紧螺母。最后复查一次气门间隙，若拧紧锁紧螺母时气门间隙发生了变化，尚需重新调整。

对顶置凸轮直接驱动气门挺柱的发动机，气门间隙的调整可通过更换气门间隙调整垫片的方法实现。

6.7.2　配气相位的检查与调整

1. 配气相位的检查

配气相位的检查要在气门间隙调整好后进行。先进、快速的发动机综合测试仪检测法能自动地将配气相位偏离标准值的数值迅速显示出来，被采用得较多。传统的刻度盘法、气门重叠法仍用于实际维修中。

（1）刻度盘法。先在曲轴前端装一个与其同轴转动的且具有360°刻线的圆盘，再装一个可调节的刻度盘指针，然后转动曲轴，使飞轮壳检视孔上的指针对准飞轮上的0°线。此时，将刻度盘指针指“0”，并固定，同时在气门弹簧座上安装一个百分表，顺时针转动曲轴，观察百分表指针和刻度盘指针。百分表指针开始摆动的瞬间为气门开启时刻，此时刻度盘指针所示角度为气门开启角；百分表指针越过最大值后停止摆动的瞬间为气门关闭时刻，刻度盘指针所示角度为气门关闭角。

（2）气门重叠法。通过测量进、排气门升程间接获得配气相位，步骤如下：

1）先将气门间隙调整为零。

2）安装检测仪百分表。转动曲轴，使第一缸活塞处于排气行程上止点前进气门未开启位置；在火花塞处安装一个百分表，使其触头深入气缸内活塞上止点位置稍微偏下，以检测上止点，如图 6-26 所示。在进气门弹簧座上安装另一个百分表，触针平行于气门杆，并使表针指“0”，以检测气门升程。

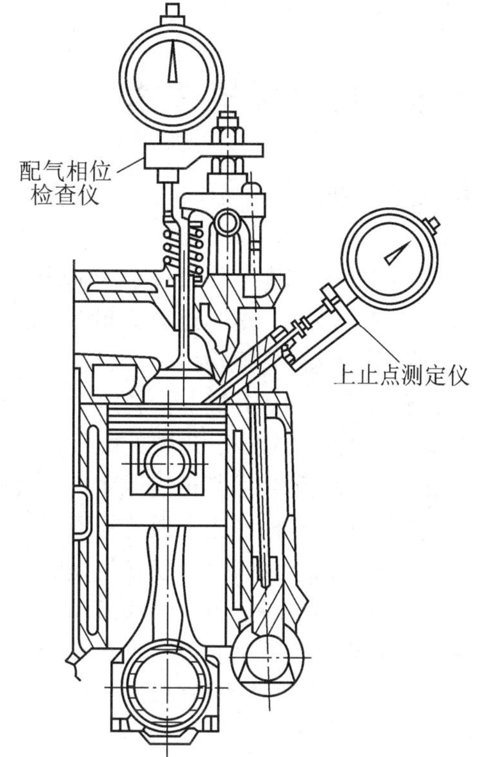

图 6-26 配气相位的测量

3）顺时针缓慢转动曲轴，上止点百分表读数最大时为活塞上止点。在活塞达到上止点前 0. 01 mm 和越过上止点后 0. 01 mm 时读数，分别记下气门升程百分表读数 h_1 和 h_2，将两者的平均值作为排气行程上止点时进气门的平均升程 h_i。

4）根据进气门平均升程 h_i 找准上止点后，再将气门升程百分表触及排气门弹簧座，指针指“0”。顺时针转动曲轴，至排气门完全落座，由百分表读出排气门落座前的高度 h_e。

5）将进、排气门上止点的升程及其相对升程的差值与标准值进行比较，即可确定配气相位的情况。

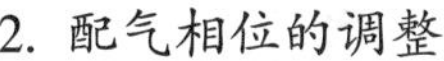
2. 配气相位的调整

配气相位的调整方法可视具体情况而定。

若各缸气门正时迟早不一，一般是由于凸轮磨损严重所致，应修磨或更换凸轮轴。

对于机械挺柱发动机，若个别气门的配气相位偏早或偏迟不太大，则可通过调整气门间隙的方法予以解决。

当各缸进、排气门的配气相位均提前或均延迟时，可将凸轮轴或正时齿轮转动一个角度：

（1）凸轮轴正时齿轮做轴向位移法。对于采用斜齿圆柱正时齿轮啮合传动的配气机构，将凸轮轴正时齿轮做轴向位移，使凸轮轴同时相对于曲轴正时齿轮转过一个角度，达到微调配气相位的目的。此法通常是用增加止推凸缘和隔圈厚度或从内侧减小正时齿轮轮毂厚度的方法，使正时齿轮获得轴向位移量。

（2）凸轮轴偏位键法。通过改变正时齿轮和凸轮轴连接键断面来实现配气相位的调整。把矩形键改制成阶梯形键，使露出轴颈的部分左右偏移，从而使正时齿轮相对于凸轮轴偏移相应角度。键的偏移量可按式（6-1）近似计算：

$$S = \pi d\psi / 720 \tag{6-1}$$

式中：S——键的偏移量，mm；

d——凸轮轴键槽处的断面半径，mm；

ψ——需调整的配气相位角，(°)。

安装偏位键时，不得装反；否则，将引起配气相位成倍地改变。

对于采用液力挺柱凸轮轴上置的发动机，一般只能通过更换已磨损的零部件来恢复配气相位。

6.8 可变配气技术

6.8.1 概述

传统发动机在工作过程中的配气相位及气门升程是不能随工况的变化而改变的，仅能保证在某一预期工况附近有高的充气效率和动力输出。适合发动机高转速运转的配气相位，在低转速时转矩输出小，怠速不稳；而适合发动机低转速运转的配气相位，高转速时转矩输出小。为达到高、低转速时都具有良好的充气效果，使发动机在高、低转速运转时均有充足的动力输出，理想的配气机构应是随转速的升高而适当增大进、排气提前角和迟闭角及气门升程，尤其进气迟闭角、气门重叠角和气门升程。这类似于人类的呼吸，当身体需要大量空气时，人会做比较深而长的呼吸，而当身体不需要太多空气时，人往往是做比较简短而浅的呼吸。可变配气是随着发动机转速的变化，自动改变换气过程的长短和气门的开度来改变进气量，改善发动机性能的技术。借助于电子及液压控制技术，现代先进的发动机已配置了随转速变化自动调节气门正时和气门升程的机构。

气门正时和气门升程取决于凸轮形线、凸轮轴相位（凸轮轴与曲轴的相对位置）、摇臂、液力挺柱。

就可变配气的功能而言，可变配气机构分为单气门正时可变式（许多发动机只有进气门正时可变）配气机构、双气门正时可变式（进气门和排气门正时都可变）配气机构、气门正时与升程全可变式配气机构。

就可变的速度范围而言，可变配气机构又可分为分段可变式配气机构和连续可变式配气机构。

就调整方式而言，可变配气机构可归纳为凸轮轴相位可变式配气机构、凸轮可变式配气机构、液力挺柱可变式配气机构、电子气门可变式配气机构和电磁气门式配气机构等。

6.8.2 几种可变配气机构

1. 凸轮轴相位可变式配气机构

凸轮轴相位可变式配气机构即仅在高、低转速时将凸轮轴转动一个角度，使气门开启和关闭时刻同时提前或延后，不改变气门升程和气门持续开启期。许多发动机只有进气正时是可变的，如奥迪、帕萨特采用此种可变配气正时技术。如图 6-27 所示，排气凸轮轴由曲轴驱动，相位不调整。排气凸轮轴通过链条驱动进气凸轮轴，链条中间有电控液压张紧调整器。工作时，计算机根据发动机转速控制液压缸的油压，使调整器上升或下降，改变链条与链轮的啮合位置，调整进气凸轮轴相对于曲轴的位置。

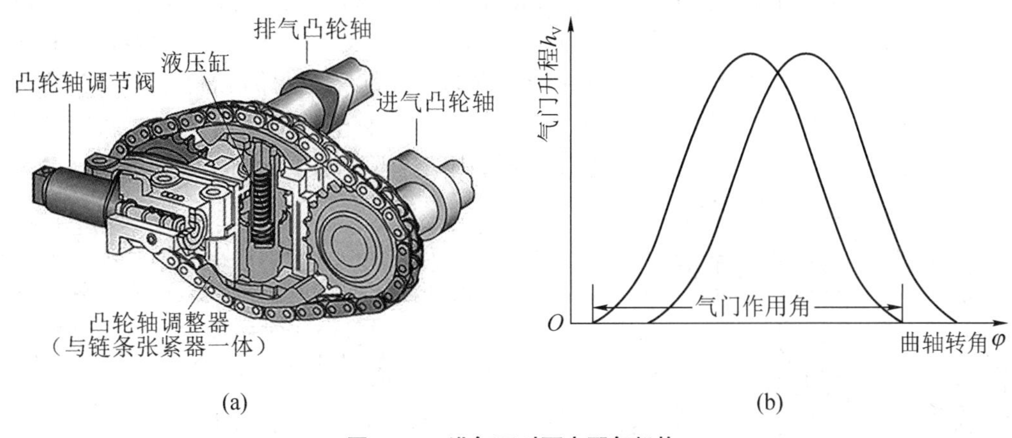

图6-27 进气正时可变配气机构

2. 凸轮可变式配气机构

凸轮可变式配气机构即随转速的变化变换驱动凸轮，同时改变配气相位和气门升程。此种凸轮可变式配气机构的典型代表是本田V-TEC机构，如图6-28所示。该机构中，在进气凸轮轴上，每个气缸分别设有三个不同的进气凸轮。中间的高速凸轮具有最大的升程和气门持续开启期，其两侧是两个低速凸轮。低速凸轮中，具有较大的升程和提前角的为主凸轮，具有最小的升程和提前角的则为副凸轮。主、副凸轮分别驱动主、副摇臂和主、副气门，中间摇臂由高速凸轮驱动，但它不与任何气门直接接触。三个摇臂内均有一个液压缸，液压缸内部装有可以往复移动的液压（同步）活塞。

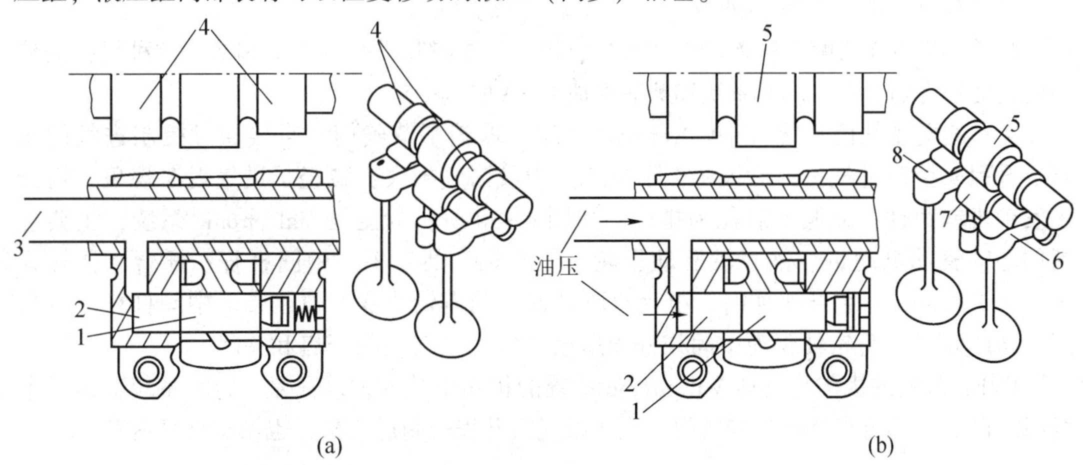

图6-28 本田凸轮可变式配气机构

1、2—同步活塞；3—摇臂轴中心油道；4—低速主、副凸轮；5—中间高速凸轮；6—副摇臂；7—中间摇臂；8—主摇臂发动机低转速时，无液压作用，各液压活塞在弹簧的作用下分别处在各自对应的摇臂液压缸内，三个摇臂独立动作，低速主、副凸轮分别推动主、副摇臂开闭主、副气门。虽然高速凸轮也顶压中间摇臂，但由于它与主、次摇臂没有互相连接，故仍处于闲置状态。此时，由于主、副气门升程较小，并且存在差异，故在提高进气流速的同时，增强了进气涡流效果，有利于改善低速工况混合气的形成与燃烧。当发动机达到某一设定的高转速值时，由汽车电控单元（Electronic Control Unit，ECU）指令液压油路接通，液压油进入液压缸，推动液压活塞贯穿三个摇臂，使三个摇臂锁合成一体。此时，由于中间凸轮升程较高，主、副凸轮已不起作用，中间高速凸轮通过中间摇臂驱动主、副摇臂使气门在较大的升程、提前角、迟闭角下工作。

当发动机转速再降至设定的低转速值时，电控单元指令液压油路泄压，液压活塞在弹簧的作用下回到各自摇臂液压缸的原位，三个摇臂又独立动作，按低速模式工作。

3. 液力挺柱可变式配气机构

液力挺柱可变式配气机构即利用电磁阀控制液力挺柱的油压，调整液力挺柱的高度，以达到调整气门升程、开启时刻、关闭时刻的目的，甚至使气门不开启，实现停缸控制。发动机低转速运转时，释放液力挺柱内液压油的压力，不使凸轮的全部升程完全传给气门；发动机高转速运转时，将液压油压入液力挺柱内，使凸轮的全部升程完全传给气门，从而使气门升程增大，开启持续时间延长，如图 6-29 所示。

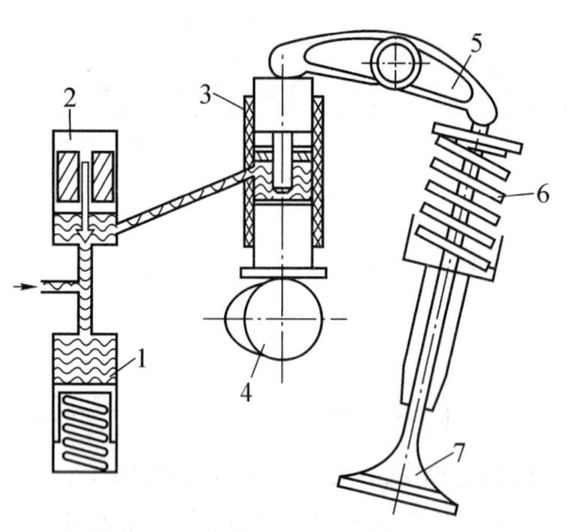

图 6-29　液力挺柱可变式配气机构

1—蓄压室；2—电磁阀；3—液力挺柱；4—凸轮；5—摇臂；6—气门弹簧；7—进气门

4. 电子气门可变式配气机构

电子气门可变式配气机构能够实现进、排气门正时和升程的无级调节。这种机构的典型代表是宝马的 Valvetronic 系统和英菲尼迪的 VVEL 系统。

宝马的电子气门系统——Valvetronic 系统，取消了节气门，直接通过控制进气门正时及升程来控制进气量，大大降低了进气阻力及泵气损失，减轻了进气迟滞现象，提升了发动机动力性，减低了油耗和排放。如图 6-30 所示为宝马 Valvetronic 系统，主要包括偏心轴驱动电动机、偏心轴驱动齿轮、偏心轴、凸轮轴、中间杠杆、摇臂、扭转弹簧。当 Valvetronic 系统工作时，电动机驱动偏心轴齿轮改变相位，带动中间杠杆改变角度，与此同时，凸轮轴驱动中间杠杆顶压摇臂，完成气门的开启和关闭。

VVEL 系统的机构与宝马 Valvetronic 系统的机构十分相似。只是 VVEL 系统保留了节气门，在中、低转速时打开节气门，直接以气门升程控制进气量，也没有进气迟滞。

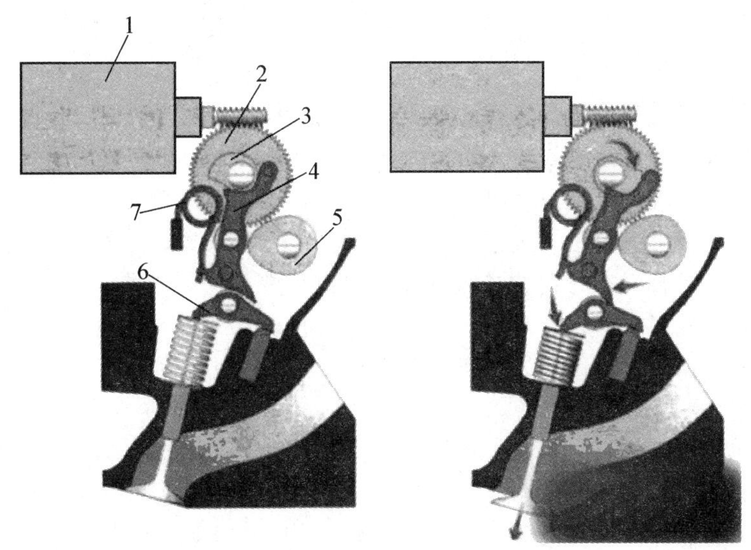

图 6-30 宝马 Valvetronic 系统

1—驱动电动机；2—驱动齿轮；3—偏心轴；4—中间杠杆；5—凸轮轴；6—摇臂；7—扭转弹簧

5. 电磁气门式配气机构

未来的发动机不再需要凸轮机构控制气门的开、闭，而采用气门的电磁控制。计算机根据接收到的曲轴位置信号，通过控制安装在每个气门上的电磁阀通电时间来调整气门正时和升程。采用此种技术的汽油机，将不再使用节气门调节进气量，而是直接控制气门开启时间及升程来调节进入气缸的混合气量，同时可实现废气的内部再循环。如图 6-31 所示为德国发明的电磁控制全可变式气门机构。该机构中有上、下两个电磁线圈，一块衔铁固定在气门杆上并置于两个电磁线圈之间。当下面的电磁线圈通电时，气门开到最大升程；当上面的电磁线圈通电时，气门关闭。下面的电磁线圈是可移动的，以此调整气门最大升程。当两个电磁线圈都不通电时，气门在弹簧的作用下，处于中间开启位置。

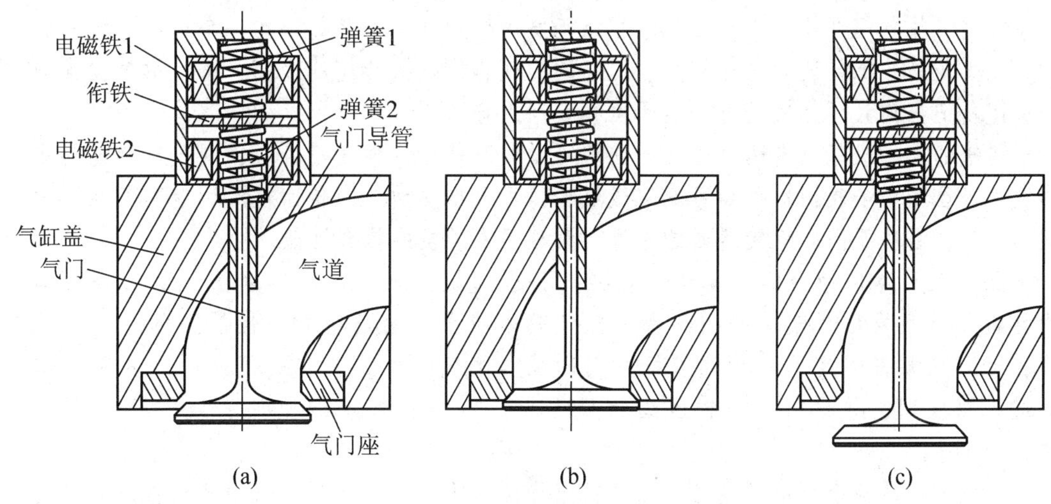

图 6-31 电磁控制全可变式气门机构

本章小结

换气过程是排气过程和进气过程的总和。配气机构就是按发动机工作的要求，控制进、排气门适时开启和关闭，实现发动机换气的机构。现代汽车多采用顶置气门式配气机构，由气门组件和气门传动组件组成。

气门组件由气门、气门座、气门导管、气门油封、气门弹簧、气门弹簧座、气门锁夹等组成，有的发动机还有气门旋转机构。气门组件常见的异常是气门杆弯曲、磨损、卡住，气门头部和气门座变形、磨损、起槽、烧蚀出斑点和凹陷，气门弹簧弹性减弱、折断等。气门与气门座进行修复、光磨或更换后，须进行研磨，且通过密封性试验，以达到有效的密封。

气门传动组件由凸轮轴、挺柱、推杆、摇臂、摇臂轴、调整螺钉、正时传动机构等组成。凸轮轴控制气门的开关，有下置、中置、顶置三种布置形式。凸轮轴由曲轴驱动，传动方式有齿轮传动、链条传动、齿形带传动。四冲程发动机曲轴与凸轮轴的转速比为2∶1。凸轮轴与曲轴的相对位置决定了配气相位，拆装时注意观察正时装置及缸体、缸盖和正时室罩上的正时标记。顶置凸轮轴齿形带传动方式在现代轿车中得到广泛应用，使用中注意定期更换齿形带。

凸轮轴的损伤主要是弯曲变形、凸轮表面磨损和擦伤、轴颈磨损等，弯曲和磨损又相互影响而加重，使配气相位、气门升程、配合状态失准等。凸轮轴弯曲变形应进行校正，凸轮磨损超限时应更换新件。凸轮轴轴颈磨损，可按修理尺寸磨削修复并换配相应尺寸的轴承或换用新件。其他各件应视情况进行修复或更换。

充气效率是评价发动机换气过程完善程度的参数，其定义是每循环实际留在气缸内的新鲜充量与在进气状态可能充满气缸工作容积的最大充量之比。充气效率越大，进入气缸内的新鲜充量越多，气缸的做功能力越强，发动机输出的功率或转矩就越大。凡是有利于减小进、排气阻力或降低进气温度的因素和措施均使充气效率提高。

为使进气充分，排气完善，实际的发动机进、排气门都要早开、晚关。以曲轴转角表示的进、排气门开闭时刻称为配气相位。发动机的每一工况都存在一个最佳的配气相位，尤其是高、低转速时差异较大。理想的配气相位是随转速的提高，进、排气提前角和迟闭角适当增大，尤其是进气迟闭角和气门重叠角。

传统的发动机每缸有两个气门和固定不变的配气相位和气门升程，现代高性能轿车的发动机已采用多气门机构和可变配气机构，可根据发动机的转速适时调节配气相位和气门升程，解决了高、低转速时的矛盾，改善了发动机的综合性能。

配气机构零件的磨损、变形、烧蚀等将引起配合状态、气门间隙、配气相位等的异常，导致发动机气门关闭不严、充气效率减小、噪声增大、性能下降。发动机装配时，必须按规定检查和调整好气门间隙和配气相位。调整气门间隙时，应先辨认进、排气门，并找出第一缸压缩行程上止点，按“二次调整法”或“逐缸调整法”进行。

配气相位的检查可用刻度盘法、气门重叠法和发动机综合测试仪检测法等。若个别气门的配气相位偏早或偏迟不太大时，可通过调整气门间隙的方法予以解决；若各缸进、排气门开启的迟早不一，一般是由凸轮磨损严重所致，应修磨或更换凸轮轴；当各缸进、排气门的配气相位均提前或延迟时，可采用偏位键法进行调整。

自测题

一、选择题

1. 四冲程发动机的实际进、排气门持续开启曲轴转角（　　）。

A. 等于 180°　　B. 大于 180°　　C. 小于 180°　　D. 等于 90°

2. 四冲程发动机中，曲轴与配气凸轮轴的转速比是（　　）。

A. 2∶1　　B. 1∶2　　C. 1∶1　　D. 不一定

3. 配气机构中决定气门开、关时刻的是（　　）。

A. 气门弹簧　　B. 凸轮轴及其与曲轴的相位

C. 气门导管　　D. 气门座

4. 将气门弹簧、弹簧座、气门紧固在一起，防止气门落入气缸的零件是（　　）。

A. 气门导管　　B. 气门弹簧　　C. 气门锁夹　　D. 气门油封

5. 安装正时齿轮和凸轮轴时（　　）。

A. 不用关心两个齿轮的相对位置　　B. 只要将齿轮拧紧

C. 总是将出厂时的正时记号对齐　　D. 以上都不对

二、判断题

1. 不管是采用液力挺柱还是机械挺柱，发动机均需留气门间隙。（　　）

2. 配气相位的检查要在气门间隙调整好后进行。（　　）

3. 气门油封的作用是防止过多的机油通过气门导管和气门杆的间隙渗流到进、排气道和燃烧室内。（　　）

4. 气门弹簧弹力不足，可能导致气门跳动。（　　）

5. 电子气门系统的汽油机可以取消节气门。（　　）

三、简答题

1. 已知某发动机的配气相位角：进气提前角为 49°，进气迟闭角为 86°，排气提前角为 88°，排气迟闭角为 52°。问气门重叠角、进气持续角、排气持续角分别是多大？

2. 简述液力挺柱的优点。

3. 比较链条传动和齿形带传动的优点和缺点。

第 7 章　汽油机燃油系统

导　言

本章要讨论电控喷射汽油机燃油系统的功用、组成、类型，汽油机混合气的形成及燃烧过程，主要供油装置、传感器、怠速执行机构的功用、结构、类型、工作过程，认识燃烧过程、燃油系统与汽油机性能及检修的关系。

学习目标

1. 认知目标

（1）掌握汽油机燃油供给系的功用与电控喷射系统的类型、组成、特点。

（2）掌握主要燃油供给装置的功用、结构、类型特点，主要传感器功用。

（3）理解汽油机混合气形成、燃烧过程及影响因素。

（4）理解电控汽油喷射系统工作过程，主要供油零部件的工作原理。

（5）了解汽油机燃烧室。

（6）了解电控喷射系统主要传感器、怠速执行元件的结构与工作原理；电控单元的作用、构成。

2. 技能目标

（1）正确拆装汽油机燃油供给系统零部件。

（2）正确拆装传感器。

（3）正确释放、预置、检测燃油系统油压。

（4）熟悉喷油器的检查。

3. 情感目标

（1）勿死记硬背，以理解为基础，归纳、总结、记忆相关知识。

（2）理论知识与实践操作相结合，知行统一，活学活用。

（3）养成规范操作，安全、节能、环保、高效、文明生产、诚信服务的职业素养。

（4）养成自主学习、协同工作的优良作风。

（5）具有科学严谨的工作态度，一丝不苟、精益求精的工匠精神。

7.1　概述

1. 汽油机燃油系统的功用

汽油机燃油系统的任务与功用就是向气缸供给清洁的、雾化良好的、与进气量相适应的、定量的汽油，以满足不同工况对混合气浓度、数量的要求。因此，汽油机燃油系统需具有滤清并输送燃油、控制燃油喷射和储存燃油的功能。

2. 汽油机燃油系统的组成

根据汽油的供给方式，汽油机燃油系统分为化油器式燃油系统和燃油喷射式燃油系统两类，每种燃油系统均由燃油供给装置或系统、燃油喷射与控制装置或系统组成。

化油器式燃油系统的汽油机，燃油与空气的计量不准确、燃油雾化质量差，而且受环境与运行工况的影响大，混合气浓度、数量控制精度低，各缸的均匀性差，也难以采用增压及可变进气歧管，不能满足越来越严的排放与油耗法规，已被电控喷射式供油所取代。

电控燃油喷射式燃油系统如图7-1所示。燃油供给装置主要包括燃油箱、燃油滤清器、燃油总管（燃油分配管）、输油管及电动燃油泵、燃油压力调节器、喷油器等；燃油喷射控制系统则由传感器、电控单元和执行器组成。传感器主要包括空气流量传感器、进气歧管绝对压力传感器、节气门位置传感器、转速和曲轴转角位置传感器、氧传感器、冷却液温度传感器等。

工作时，电动燃油泵将燃油从燃油箱中吸出，经燃油滤清器到燃油泵，再经过输油管路进入燃油总管，在燃油压力调节器、各传感器和电控单元的控制下，喷油器在稳定的压力差下将一定量的燃油喷射到进气管道或燃烧室。

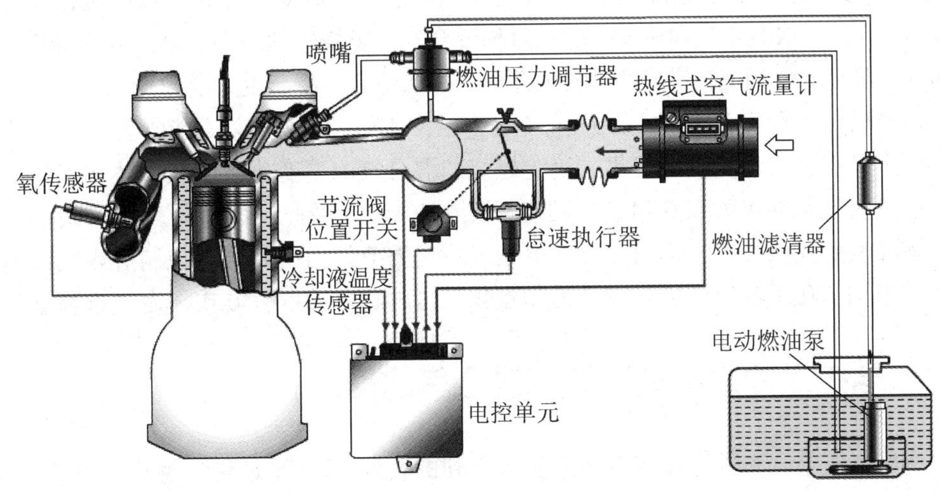

图7-1　电控燃油喷射式燃油系统的组成

7.2 汽油机可燃混合气的形成

发动机中一定数量或比例的燃油与空气接触、混合的过程称为混合气的形成过程，即一定数量的燃油雾化、蒸发、扩散与适量空气混合的过程。由于汽油蒸发性好，所以至点火时已是预先混合均匀的混合气。混合气形成及燃烧过程的质量直接影响发动机的动力性、经济性、排放性、冷起动性、怠速稳定性、加减速圆滑性及振动、噪声、使用寿命等。

7.2.1 混合气浓度对汽油机性能的影响

第 2 章已述及，混合气中燃料与空气的比例即混合气浓度，常以过量空气系数 ϕ_a 或空燃比 A/F 表示。

理论上，$\phi_a=1$ 的理论混合气恰好完全燃烧，燃烧速度最快，燃烧温度最高。$\phi_a<1$ 的浓混合气和 $\phi_a>1$ 的稀混合气，总有剩余的反应物，其掺冷作用通常使燃烧温度降低，燃烧速度减慢。

实际上，汽油蒸气与空气的混合不可能绝对均匀，$\phi_a=1$ 的混合气不可能完全燃烧，燃烧温度不是最高，燃烧速度也不是最快。

过量空气系数 ϕ_a 为 0.85~0.95 的稍浓混合气中，有少部分过剩的燃油，使不完全燃烧产物 CO 等双原子分子增多，比热容减小。此时，燃烧温度最高，燃烧速度最快，做功能力最强，称为“功率混合气”或“动力混合气”。

当过量空气系数 $\phi_a=1.05\sim1.15$ 时，混合气稍稀，燃烧速度和燃烧温度降低不多，而且有足够的空气使燃料能够完全燃烧。此时，燃油消耗率最低，称为“经济混合气”。

$\phi_a<0.95$ 的过浓混合气和 $\phi_a>1.15$ 的过稀混合气，燃烧速度减慢、燃烧温度降低，都使发动机功率降低，燃油消耗率升高，排放恶化。过浓混合气将产生大量 CO 和 HC，也容易产生积炭。当混合气浓至 $\phi_a=0.4\sim0.5$、稀至 $\phi_a=1.3\sim1.4$ 时，火焰就不能传播。

实际上，保证汽油机能够可靠、稳定燃烧的混合气浓度变化范围较上述火焰传播界限更窄，过量空气系数仅为 0.6~1.2，即空燃比为 9~18。因此，不管是化油器式汽油机还是电控燃油喷射式汽油机，都只能靠改变进气系统内节气门的开度，控制进入气缸内的混合气数量来调节功率输出，以适应负荷的变化，这种功率的调节方式称为“量调节”。

7.2.2 电控燃油喷射式汽油机混合气的形成

汽油机电控单元中预先储存着通过实验得到的转速-负荷-最佳空燃比关系。工作时，电控单元根据负荷（空气流量、进气歧管压力、节气门开度等）传感器信号和转速传感器信号，判断发动机所处的工况，查算相应工况下预存的最佳空燃比，进而以最佳空燃比和空气流量确定基本喷油量，然后根据进气温度传感器、冷却液温度传感器、氧传感器等其他传感器信号对基本喷油量进行修正，得到最终喷油量。电磁喷油器得到电控单元指令后，在一定的压力差（燃油压力与喷入空间的压力之差）下，将相应数量的燃油喷入进气管、进气道或气缸内，并与空气混合形成混合气。此过程一直重复进行，直至喷油器的喷油量使空燃比达到控制目标。

可见，在电控燃油喷射式汽油机混合气的形成过程中，调控燃油量依据的参数主要是即时精确计量的空气流量和转速；燃油雾化质量则依赖于喷油压力差，不受转速工况的影响。

7.3　汽油机的燃烧过程

燃烧过程是发动机气缸内的燃料与空气进行放热化学反应，形成高温高压气体的过程。发动机在各种运行工况下，理想的燃烧过程应尽可能在压缩行程上止点附近完全、及时、迅速地完成，在保证发动机具有良好的动力性与经济性的同时，又不失其工作柔和、噪声小、有害排放物质少、容易起动等要求。

7.3.1　汽油机的正常燃烧

压缩行程上止点前火花塞跳火，点燃已混合均匀、受压缩的可燃混合气，形成火焰中心。火焰中心从火花塞处向四周迅速传播开，直到遍及整个燃烧室。整个过程持续 40°~60° 曲轴转角。

从火花塞跳火时刻到活塞行至上止点时曲轴转过的角度，称为点火提前角 θ。提前点火是保证燃烧在上止点附近能够及时结束的基本措施。

借助于 p–φ 示功图，可方便地分析燃烧过程。p–φ 示功图即以发动机曲轴转角为横坐标，以气缸内压力为纵坐标的缸内压力变化曲线图，如图 7-2 所示。图 7-2 中实线为气缸内实际燃烧时的压力曲线，虚线为无燃烧、无摩擦损失的纯压缩膨胀曲线。

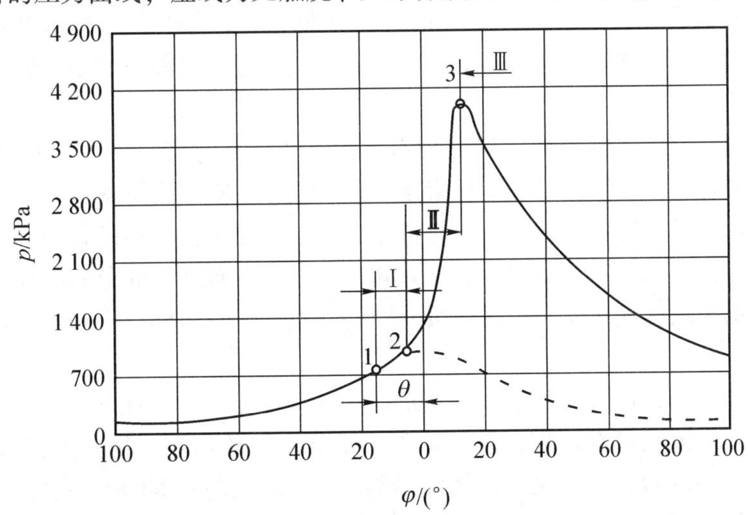

图 7-2　汽油机燃烧过程 p–φ 示功图

Ⅰ—着火延迟期；Ⅱ—速燃期；Ⅲ—后燃期

1—开始点火；2—形成火焰中心；3—最高压力点

根据气缸内压力的变化特征，可将燃烧过程分为三个阶段：

（1）第Ⅰ阶段：着火延迟期。着火延迟期又称为着火落后期或滞燃期，即从火花塞跳火时刻到火焰中心形成的一段时期，在 p-φ 示功图上是从点火时刻（图 7-2 中点 1）到气缸中压力开始急剧升高（图 7-2 中点 2，在此处燃烧压力曲线与纯压缩膨胀曲线分离）的阶段。

着火延迟期即着火的准备阶段，其长短与混合气浓度、点火时气缸内温度及压力的高低、压缩比、燃料自身特性、电火花能量、气缸内气体的运动及残余废气量等因素有关。

（2）第Ⅱ阶段：速燃期。速燃期又称为急燃期，即从火焰中心形成到火焰烧遍整个燃烧室，绝大部分燃料完成燃烧的阶段。该阶段结束时，气缸内压力达到最大（图 7-2 中点 3）。这一时期的主要特征是：

1）上止点附近活塞的运动速度较慢，气缸体积变化非常小，近乎定容燃烧。

2）燃烧放热量大，80% 以上的燃油在此阶段燃烧放热。

3）气缸内压力急剧升高，压力可达到 3～6.5 MPa。压力升高的程度以平均压力升高率 $\Delta p/\Delta\varphi$ 表示：

$$\frac{\Delta p}{\Delta\varphi}=\frac{p_3-p_2}{\varphi_3-\varphi_2} \tag{7-1}$$

式中：p_3、p_2——第二阶段终点和始点的压力，MPa；

φ_3、φ_2——第二阶段终点和始点相对于上止点的曲轴转角。

平均压力升高率表征燃烧的粗暴程度，$\Delta p/\Delta\varphi$ 越大，机件受到的冲击载荷越大，汽油机的振动和噪声越明显，平稳性降低，影响汽车的舒适性。

速燃期是汽油机的主要燃烧期，其放热速度越快，放热量越多，且越集中在上止点附近进行，则燃烧热的有效利用率越高，汽油机的动力性、经济性就越好，但这可能导致平均压力升高率过大。一般汽油机的 $\Delta p/\Delta\varphi$ 为 0.2～0.4 MPa/°CA。

（3）第Ⅲ阶段：后燃期。后燃期又称为补燃期，从最高压力点至燃料基本燃烧完为止。后燃期内，小部分未燃、燃烧不完全、黏附在燃烧室壁上和缝隙中的燃料在此阶段继续燃烧。

后燃主要与混合气浓度和点火提前角有关。过小的点火提前角、过浓或过稀的混合气，都将使后燃加剧。后燃会给发动机带来一系列危害，应尽可能减少。

后燃是在活塞已下行、远离上止点时进行的，剩余的膨胀行程已较短，燃烧热得不到充分利用；同时，后燃导致膨胀过程温度升高，缸内气体通过气缸壁向冷却液的散热量损失增多；后燃也导致排气温度升高，热负荷升高，使排气门和排气管等零部件过热。排气管“烧红”是后燃严重的表现。

当混合气过浓（如过量空气系数 $\phi_a<0.85$）时，燃烧缓慢，后燃严重，甚至在排气门打开后混合气进入排气管中燃烧，并发出类似枪炮爆发的声响，称其为排气管“放炮”。排气管“放炮”会导致排气系统中的氧传感器、排气净化装置等的损坏。

混合气过稀（如 $\phi_a>1.3$）时，火焰传播速度也过慢，缸外形成混合气的汽油机在进气门开启时，火焰传到进气管内，发生进气管“回火”。“回火”会导致进气系统的密封性、传感器等部件的破坏，也是进气管道内壁脏污的主要原因。

7.3.2　汽油机的不正常燃烧

汽油机的不正常燃烧主要是爆震燃烧和表面点火，多发生在压缩比较高和长时间大负荷工作的汽油机中。通常将爆震燃烧简称为“爆震”或“爆燃”。

1. 爆震

（1）爆震的产生机理。在火花塞点火后，火焰前锋向前推进时，末端混合气（距离火花塞最远、最后燃烧的混合气）在压缩终了的基础上进一步受到压缩和已燃气体的热辐射，使其温度不断升高，以致在正常火焰到达之前自燃，瞬间将末端混合气燃烧完毕，使气缸内局部压力急剧升高，形成爆炸性冲击波，并在燃烧室内来回传播，猛烈撞击燃烧室壁使之振动，发出尖锐的金属敲击声，p-φ 示功图上的压力线出现锯齿形高频、大幅度波动。这种现象称为爆震燃烧，简称为爆震或爆燃。

因此，汽油机的爆震就是末端混合气在正常火焰到达之前的自燃。

（2）爆震的外部特征。

1）气缸内发出尖锐的金属敲击声——爆震噪声（频率高达 3 000~7 000 Hz），即所谓的爆震敲缸，且其在气缸体上部的强度最大。因此，爆震传感器装在气缸体的上部。

2）发动机过热，冷却液温度和机油温度明显升高。

3）强烈爆震时，发动机功率和转速下降，机身振动较大。

（3）爆震的危害。轻微爆震时，燃烧集中在上止点附近，更接近定容燃烧，可使发动机的热效率和功率有所提高。但一旦发生轻微爆震，将迅速发展成强烈爆震，会对发动机带来一系列危害。

1）机械负荷增大。气缸内压力急剧升高，受压力冲击波的作用，活塞、连杆、曲轴、轴承等机件易发生过载、变形损坏。

2）热负荷增大。气缸内最高温度升高，活塞顶、气门、气缸盖底面等机件易过热、烧损。

3）磨损加剧。压力冲击波破坏气缸壁油膜，加之过热、机油老化加速、机械载荷增大等因素，使气缸磨损加剧，并易发生拉缸现象。

4）动力性、经济性下降。这是散热损失增大的缘故。

5）促使积炭的形成，使活塞环、气门、火花塞等工作不正常。

6）排气、冒黑烟。造成排气、冒黑烟的原因是高温使燃烧产物裂解出游离炭。

显然，爆震使发动机综合性能全面恶化，且长期在爆震状态下工作，发动机的可靠性、寿命将大大下降。因此，不允许汽油机在爆震状态下工作。

（4）影响爆震的直接因素。由于爆震是末端混合气在正常火焰到达之前的自燃，所以只要抑制末端混合气自燃的因素，均利于抑制爆震的产生。凡是促使末端混合气温度、压力升高的因素，或延长末端混合气停留时间（火焰传播时间）的因素，均促进末端混合气自燃，加剧爆震倾向；反之，均可抑制爆震的倾向。其他结构因素、使用因素、调控因素、燃油品质等均通过这两方面对燃烧过程产生影响。

例如，提高压缩比，将使末端混合气温度、压力升高，易发生爆震。因此，爆震限制了汽油机压缩比的提高，从而限制了汽油机动力性的提高和经济性的改善。这就是汽油机压缩比较小的主要原因。

又如，当气缸直径较大时，增大了火焰前锋传到末端混合气的距离，使末端混合气在高温高压下的时间增长，也增大了爆震的倾向。这也是汽油机不宜大缸设计的原因之一。因此，汽油机气缸直径多在 110 mm 以下。

再如，传统的汽油机每个气缸有一个火花塞，有的新汽油机每个气缸设两个火花塞，使火焰传播距离缩短，不易产生爆震，从而使提高压缩比和转速成为可能。

2. 表面点火

凡是不靠电火花点火，而由燃烧室炽热表面（如排气门头部，火花塞绝缘体或电极，燃烧室零件表面炽热的沉积物如积炭等）点燃混合气的现象，统称为表面点火。

表面点火有早火和后火之分。发生在火花塞点火之前的表面点火称为早火或早燃；反之，则称为后火。

早火会给发动机带来很大危害。早火相当于点火提前，会使气缸内压力、温度急剧升高，最高温度与最高压力增大，发动机工作粗暴。同时由于压缩末期耗功增大，向气缸壁散热增多，使功率下降，耗油增多。早火的危害还在于它和爆震之间是相互促进的。早火使气缸内最高燃烧压力和最高温度增大，使末端混合气受到更大的压缩和热辐射，促进了爆震的发生；而爆震增加了向气缸壁等燃烧室表面的传热，促进炽热点的形成，引发表面点火。

后火对发动机的影响不大，其形成的火焰前锋仍以正常速度传播。在发动机断火后可以发现，由于后火的缘故，汽油机还会继续运转，直至炽热点温度下降后才停止。

7.3.3 使用因素对汽油机燃烧的影响

1. 汽油品质

（1）汽油的抗爆性。汽油的抗爆性以辛烷值表示，辛烷值越高，其抗爆性越好。汽油辛烷值分为研究法辛烷值和马达法辛烷值两种。马达法辛烷值在相对苛刻的试验条件（更易发生爆震）下测得。同一种汽油，一般研究法辛烷值比马达法辛烷值高 5~10 个单位。

注意，辛烷值是划分汽油标号等级的依据。我国的汽油标号是按研究法辛烷值划分的，如 89 号、92 号和 95 号汽油的研究法辛烷值分别为 89、92 和 95。

压缩比越大的发动机越易发生爆震，需要高牌号的汽油。压缩比是选用汽油的主要依据。

（2）汽油的蒸发性。汽油的蒸发性主要由馏程和饱和蒸气压评价。汽油蒸发性对混合气的形成和燃烧及输送有重要影响。蒸发性好的汽油，有利于完全燃烧和起动。但若蒸发性太好，易在输油管道中形成气泡，阻碍燃料的输送，产生“气阻”故障。

2. 混合气浓度

混合气浓度是发动机的主要调控参数，对整机性能有较大影响。

当汽油机燃用过量空气系数 $\phi_a=0.85\sim0.95$ 的混合气时，输出功率最大，称其为功率混合气或动力混合气。此时，燃烧速度最快，燃烧温度最高，平均压力升高率最大，但同时爆震倾向也最大，工作相对粗暴。

当过量空气系数 $\phi_a=1.05\sim1.15$ 时，汽油机的经济性最好，故称其为经济混合气。此时，氧气富足，燃料能够燃烧完全，燃烧速度和温度也较高，但同时 NO_x 生成量也最多，这是因为在高温（温度越高，或在高温下时间越长）富氧下，更利于空气中的 N_2 形成 NO_x。

当过量空气系数 $\phi_a<0.85$ 时，氧气不足，火焰传播速度很慢，后燃和不完全燃烧增多，CO 和 HC（没有燃烧或没完全燃烧的燃油和机油蒸气）排放量增多，发动机的动力性、经济性下降，热负荷升高，且易产生排气管“放炮”。

当过量空气系数 $\phi_a>1.2$ 时，火焰传播速度同样很慢，部分燃料来不及完全燃烧，HC 排放量增多，且易产生进气管“回火”。若混合气过稀，甚至会导致发动机熄火。

就排放控制而言，汽油机在理论混合气下工作时，三元催化转化器的转化效率最高。因此，在电控燃油喷射加闭环控制的汽油机的某些工况下，为保证三元催化转化器的高转化效率，可适当牺牲经济性。

3. 点火提前角

通常把使发动机输出功率最大和耗油率最低的点火提前角称为最佳点火提前角。发动机每一工况都存在一个最佳点火提前角。

若点火提前角过大，则大部分燃料在压缩行程末期边压缩、边燃烧，气缸内最高燃烧压力、最高温度和平均压力升高率均增大，且最高压力点前移，甚至出现在上止点之前，使压缩消耗功增多，功率下降，燃油消耗率增大，且不易起动。同时，末端混合气的压力、温度过高，爆震倾向增大，NO_x 生成量也增多。

若点火提前角过小，则过多的燃料在膨胀过程中燃烧，燃烧温度、压力下降。虽然爆震倾向减小，工作柔和，NO_x 生成量减少，但排气温度高，热效率降低，功率下降，CO 和 HC 排放量增多，并容易造成排气管“放炮”或进气管“回火”。

上述分析可见，爆震倾向随着点火提前角的增大而增大。适当推迟点火（减小点火提前角）是抑制爆震发生的有效措施之一，这正是电控燃油喷射式汽油机控制爆震的策略。

4. 负荷

汽油机负荷的变化，实际上是每循环进入气缸内混合气数量的改变。随负荷的变化，相对残余废气量也在变化。

当负荷减小时，节气门开度关小，进气量减少，残余废气所占比例相对增加，燃烧温度、压力下降，爆震倾向减小。同时，由于残余废气对混合气稀释程度变大，燃烧速度减慢，后燃增多，故经济性恶化。为此，要保证燃烧过程在上止点附近完成，随负荷的减小，应适当增大点火提前角，适当加浓混合气。相反，当负荷增大时，残余废气量所占比例相对减少，燃烧温度、压力升高，爆震倾向增大，经济性改善。

5. 转速

当节气门开度一定时，转速升高，气缸中气流运动增强，火焰传播速度加快，燃烧过程占用的时间缩短，爆震倾向减小。

在转速升高后，以时间记的燃烧过程缩短，但以曲轴转角计的燃烧过程变长，若点火提前角不变，则意味着后燃增多。因此，转速提高后，为保证燃烧在上止点附近及时完成，应适当增大点火提前角。为此，汽油机上有点火提前角自动调节装置。

当节气门保持在较小开度时，随转速的升高，进气阻力增大，充气效率降低，废气的稀释较强，混合气应逐渐变浓；较大负荷时，节气门保持在较大开度，随转速的升高，混合气应变稀。

综合转速和负荷的影响，汽油机在低速、大负荷下（如爬长坡）易发生爆震。

6. 冷却液温度和环境因素

随汽油机冷却液温度、环境温度升高，或湿度降低，爆震倾向增大；反之，冷却液温度、环境温度降低，爆震倾向减小。

另外，当大气温度、冷却液温度低时，燃油雾化不良、蒸发困难，混合气变稀，燃烧变慢。因此，在低温下工作时，应加浓供油，适当增大点火提前角。低温下工作的发动机，CO 和 HC 排放量也增多，散热损失大，热效率降低。

7. 汽油机技术状况

使用过程中，压缩比的变化、气缸密封性和进气系统密封性的下降、进气阻力的增大、燃油供给系统的问题等，均导致燃烧过程及整机性能的恶化。

7.3.4 汽油机典型工况特点与控制策略

1. 冷起动工况

冷起动工况的基本特征是：发动机温度低，转速低且波动大，进气流速慢且不稳定，汽油黏度大，汽油雾化不良，蒸发条件差，部分燃油会凝结在进气管壁和气缸壁上，致使气缸内的汽油蒸气太少，混合气太稀，不能正常着火。

因此，为保证冷起动时气缸内的混合气浓度达到着火界限之内，需以很小的过量空气系数供油，一般为 $\phi_a=0.4\sim0.6$ 的极浓供油。

2. 怠速工况

怠速指发动机对外无功率输出（空转）的工况。此工况下，混合气燃烧膨胀所做的功全部用于维持发动机和汽车自身的消耗，只需发动机保持低速稳定运转。然而，怠速运转时具有下列不利因素：

（1）节气门开度最小（几乎关闭），进入气缸内的混合气量少，而上一循环残留在气缸内的废气对新鲜混合气的稀释作用明显，使燃烧速度减慢。

（2）转速低，气体运动较弱，对混合气的形成及燃烧不利。

（3）怠速转速波动大。发动机自身消耗的功率因机器技术状况、环境温度、机油的变化而变化，以及汽车附件消耗的功率因空调压缩机、动力转向泵的接通、调整或断开而增减等，都会使转速不稳。

汽车行驶中经常因为各种情况而停车，此时离合器分离或自动变速器放在空挡，发动机只维持自身及发电机、空调压缩机、动力转向泵等附件的运转，这就是热机怠速工况。

电控燃油喷射的发动机热机怠速时，采用闭环控制，以 $\phi_a \approx 1$ 的理论混合气运行，以满足三元催化转化器高转化效率的要求。

暖机怠速工况指发动机冷起动后，冷却液温度上升到正常工作温度前的空载运转阶段。此阶段，温度低、转速低，燃油雾化不良、蒸发困难，气缸内燃油蒸气少，燃烧不稳定且速度慢，故必须对混合气进行加浓修正，对点火提前角进行增大修正，并进行进气量控制。

3. 部分负荷工况

随着节气门开度增大，汽油的雾化、蒸发条件改善，进气阻力减小，进气量多，残余废气量相对减少，混合气质量和燃烧速度提高。

点火提前角随节气门开度的增大而减小，随转速的升高而增大。

为控制排放，电控燃油喷射式汽油机在部分负荷工况时采用闭环控制，须在理论混合气 $\phi_a = 1$ 附近工作，以保持三元催化转化器的高转化效率。

4. 大负荷和全负荷工况

当汽油机在大负荷或全负荷工况下工作时，节气门接近或达到全开的位置，要求输出尽可能大的功率，以克服较大的外界阻力。此时，需加浓混合气，控制发动机以 $\phi_a = 0.85 \sim 0.95$ 的混合气工作。

5. 急加速与急减速工况

当汽车在行驶中需迅速将车速提高时，需要汽油机在短时间内输出的功率增大。于是驾驶员猛踩加速踏板，使节气门突然开大，空气流量随即迅速增大，但进入气缸的燃油量不能立即相应增加。其原因有两点：其一，由于汽油的惯性远大于空气的惯性，加之电控喷油器获得增加油量信号的滞后性、各仪器部件的响应滞后性的问题，汽油流量的增长比空气流量的增长慢得多，使混合气出现暂时过稀；其二，节气门的突然开大，使进气管内压力突然增大，而温度因冷空气的进入而降低，不利于汽油的蒸发，进一步加剧了混合气变稀。这样，在节气门突然打开的短暂时间内，混合气暂时变稀，使发动机的输出功率暂时不增反降，造成减速的现象，甚至熄火。因此，急加速时，必须额外供一些燃油，以保证气缸内的混合气不至于过稀，使发动机具有良好的加速性能。

汽车在高速行驶中突然松开加速踏板急减速时，与急加速工况的情形相反，需减少供油或切断供油。

一般来说，在各种工况下，应保持尽可能稀的混合气，只要保证发动机工作稳定、不损害其动力性能等即可。

7.4 汽油机燃烧室

汽油机燃烧室主要在气缸盖中，典型的有三种，如图 7-3 所示。汽油机燃烧室形状直接影响发动机的性能。理想的燃烧室形状应满足：具有小的表面积与容积之比（面容比），以减少散热损失；进、排气通畅，有利于提高充气效率和产生适当的气流运动；有利于布置火花塞，不易不正常燃烧。

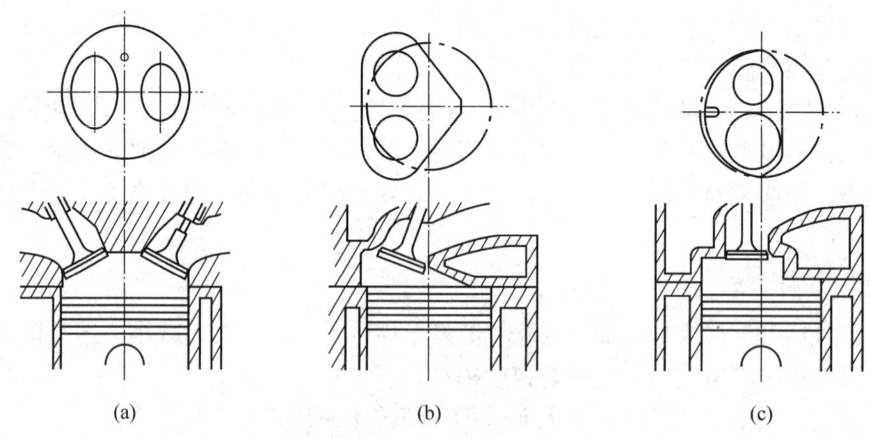

图 7-3 汽油机燃烧室类型

(a) 半球形燃烧室；(b) 楔形燃烧室；(c) 盆形燃烧室

1. 半球形燃烧室

半球形燃烧室的特点：结构紧凑，面容比小，热效率高；可倾斜布置较大的进、排气门，充气效率高；火花塞布置在球形顶部的中央，火焰传播距离最短，不易产生爆震；高速性能好，低速性能稍差（紊流弱）；混合气集中在火花塞附近，有工作粗暴的倾向；HC 排放量少，NO_x 排放量较多。

现在许多先进的汽油机采用多球形燃烧室，由两个以上的半球组合而成，有利于布置多个气门和双火花塞，火焰传播距离最短，综合性能较好。

2. 楔形燃烧室

楔形燃烧室的特点：横断面形状为楔形，结构较简单，散热面积较大；气门倾斜布置，进、排气道阻力小，充气效率高；火花塞布置在进、排气门之间，燃烧室的一侧，火焰传播距离较长；燃烧室中的末端混合气处设有挤气激冷面，使爆震倾向降低，且产生压缩扰流；压缩比较高，可达 9~10；NO_x 和 HC 排放量较多。

3. 盆形燃烧室

盆形燃烧室的特点：断面形状像浴盆，结构简单，易于制造，但不够紧凑，面容比大，散热损失多，HC 排放量多；进、排气道弯度较大，充气效率低；火花塞在燃烧室的一侧，火焰传播距离长，易爆震，不宜采用高压缩比；NO_x 排放量较少，工作柔和。

7.5 汽油喷射系统

7.5.1 汽油喷射系统的特点

所谓汽油喷射，是指用喷油器在恒定喷射压力差下，将一定数量的汽油喷入进气管、进气道或气缸内。电控燃喷射系统具有以下特点。

（1）燃油、空气计量精确，能够精确控制空燃比。

（2）各缸混合气分配均匀。

（3）不需要喉管，进气阻力小，充气性能好。

（4）燃油雾化不受工况、环境的影响等，改善了低温起动性、怠速稳定性、过渡工况响应性和圆滑性。

（5）适宜进气歧管可变和增压。

因此，电控汽油喷射技术使汽油机的综合性能得以提升。

7.5.2　汽油喷射系统的分类

1. 按喷射系统控制方式分类

按控制方式，汽油喷射系统分为机械控制式（K 型）、机电控制式（KE 型）和电控式（EFI 型）三种。电控燃油喷射系统由于能够精确控制空燃比和最佳点火时刻，并能实现怠速、配气可变等的控制，故得到广泛应用，前两者已逐渐被淘汰。

2. 按燃油喷射部位分类

（1）缸外喷射或进气管喷射。喷油器安装在进气管或进气歧管上，将燃油以 0.2~0.3 MPa 的压力喷射在进气总管或进气道内。缸外喷射又分为单点喷射和多点喷射两种，如图 7-4 所示。

1）单点喷射（Single Point Injection，SPI）。在进气歧管的上部、原先安装化油器的位置，有一个节气门体，其上安装 1 或 2 个喷油器，将燃油喷在节气门上方的进气总管中，又称为节气门体喷射系统（Throttle Body Injection，TBI）、集中喷射系统或中央喷射系统（Central Fuel Injection，CFI），如图 7-4（a）所示。单点喷射只能保证发动机总体空燃比较准确，各缸混合气分配的均匀性问题依然未解决，早期的燃油喷射多属于此类。单点喷射可视为化油器式燃油供给系统向先进的电控燃油喷射系统过渡的喷射方式。

2）多点喷射（Multi-point Injection，MPI）。在每个气缸的进气歧管或进气道内安装 1 个喷油器，将燃油喷射到各缸的进气门的背后（也叫进气门喷射），如图 7-4（b）所示。多点喷射系统中各缸混合气的分配均匀性较好，是目前普遍采用的喷射方式。

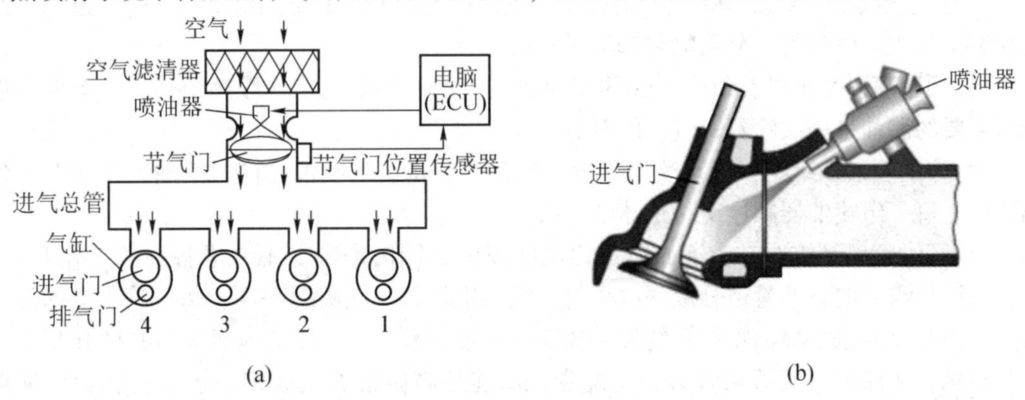

图 7-4　缸外喷射

（a）单点喷射；（b）多点喷射

（2）缸内喷射。喷油器安装在气缸盖上，将燃油以 3~5 MPa 或更高的压力（达 10 MPa）直接向气缸内喷射，又称为缸内直接喷射系统，如图 7-5 所示。

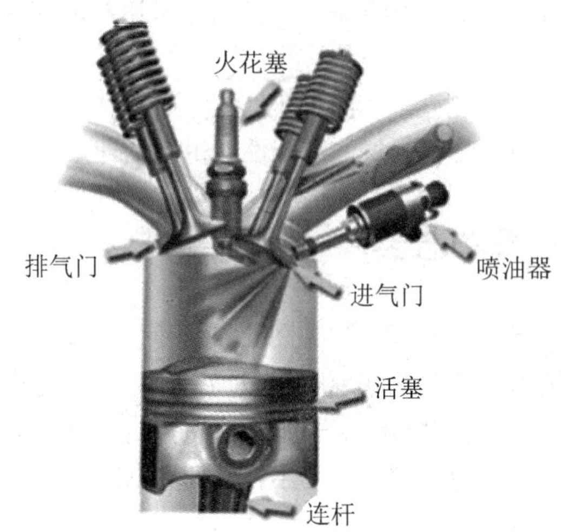

图 7-5　缸内喷射示意图

缸内喷射式汽油机可实现多个工作模式的转换。在中、低速工况和中、低负荷工况时，在压缩行程后期喷入燃油，靠喷注和气体运动形成浓度分层的混合气，平均过量空气系数 $\phi_a=3.0\sim3.5$，实现分层稀薄混合气燃烧。在高负荷工况和高速工况时，在进气行程中喷入燃油，形成均质混合气，过量空气系数 $\phi_a\approx0.85\sim0.95$，可获得尽可能高的动力输出。

有些缸内喷射的汽油机，采用合适的压缩比和正常空燃比的混合气（非稀薄），在不增加 NO_x 排放量的同时，提高了动力性和经济性。

3. 按燃油喷射时序分类

缸外喷射系统有连续喷射和间歇喷射之分。

（1）连续喷射。发动机运转期间，喷油器连续不断地向进气管内喷射。只有缸外单点喷射的系统采用连续喷射。

（2）间歇喷射。对缸外多点喷射的发动机，运转期间汽油被间歇地喷入进气道内。间歇喷射又分为顺序喷射、分组喷射和同时喷射三种。

1）顺序喷射系统中，每个气缸的喷油器按发动机各缸的工作顺序喷油，一个循环燃烧所需要的燃油量一次喷到进气门的背后。

2）分组喷射系统中，所有喷油器被分成几组，每组的喷油器同时喷油。在一个工作循环中，每一组喷油器顺序交替地喷油一次。

3）同时喷射系统中，各缸的喷油器同时喷油、同时断油，不考虑各缸的工作顺序。每缸每循环需要的燃油量被分成两次喷射，发动机每转一圈喷射一次，每次喷 1/2 的循环油量。同时喷射也是燃油喷射系统发生故障时，控制系统应急状态时所采用的喷射方式。

显然，顺序喷射的效果最好，工况变化时能使各缸混合气瞬间发生改变，响应速度快，且燃油在进气道内壁及进气门背面的沉积少，对改善燃烧更有利，但其控制系统复杂。

4. 按有无信号反馈分类

按有无信号反馈，电控燃油喷射系统分为开环控制和闭环控制两种。

(1) 开环控制。发动机电控单元中预先存入由实验得到的转速-负荷-空燃比的关系。开环控制的燃油喷射系统工作时，电控单元根据负荷传感器、转速传感器、温度传感器等信号，判断所处的工况，确定空燃比，进而计算喷油量，再通过喷油器将相应量的燃油喷入，而不检测运转中发动机的空燃比是否在预定的范围内。开环控制是无传感器反馈信号的控制方式，控制精度的要求主要依赖原始基础数据及各元器件的精度和抗干扰能力。

(2) 闭环控制。闭环控制系统在发动机排气管上加装了氧传感器，用来测定排气中含氧量的变化。电控单元根据氧传感器反馈的信号判断当前气缸内实际的空燃比，并与设定的目标空燃比（理论空燃比为14.7）进行比较，根据误差修正燃油量，使空燃比保持在所设目标值附近。

闭环控制系统能够使不同工况都能达到较高的理论空燃比控制精度，能够满足三元催化转化器高转化效率的要求。

目前，汽油机普遍采用开环和闭环相结合的控制方案。冷却液温度达到正常工作温度(80 ℃)、怠速工况、部分负荷工况、氧传感器达到正常工作温度时，都按闭环控制模式运行，以满足严格的排放法规。起动工况、起动后暖机怠速工况、大负荷或全负荷工况、急加减速工况、氧传感器失效时，都按开环控制模式运行，以供给加浓的混合气。

7.5.3 燃油供给装置

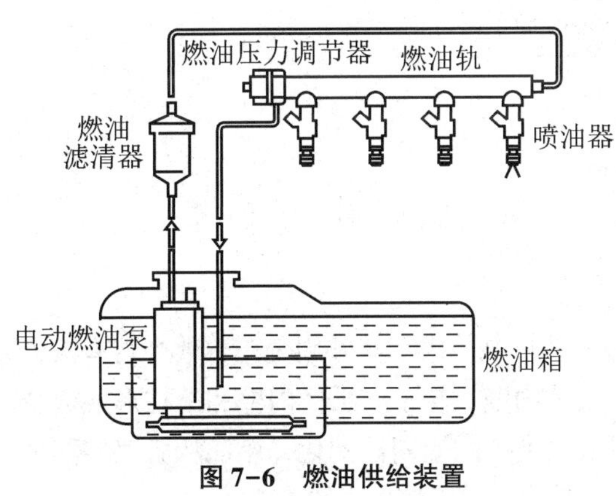

图7-6 燃油供给装置

燃油供给装置主要包括电动燃油泵、燃油滤清器、燃油压力调节器、燃油总管（燃油轨）、喷油器等，如图7-6所示。

1. 电动燃油泵

电动燃油泵的功用是将燃油从燃油箱中吸出，供给燃油喷射系统规定压力的燃油。

(1) 电动燃油泵的基本结构与工作过程。电动燃油泵主要由泵油组件、电动机、安全阀（限压阀）、单向出油阀和壳体等组成，泵油组件的转子与电动机同轴。发动机工作时，泵油组件的转子随电动机一同转动，将燃油由进油口吸入，通过泵油组件升压后流经电动机、单向出油阀向外输送。停止工作时，单向出油阀关闭，阻止管路中的燃油回流，以保持燃油管路具有一定的残余压力，有利于发动机的下次迅速起动。

限压阀在油压超过限定值（如0.45 MPa）时自动开启，使燃油回流到进油口，以防止出油口下游管道出现堵塞、油压过高而损坏电动燃油泵或其他部件。使用中，若限压阀泄漏或关闭不严，将导致燃油压力降低。

(2) 电动燃油泵的类型。根据安装位置的不同，电动燃油泵可分为内置式电动燃油泵和外置式电动燃油泵两种类型。内置式电动燃油泵即电动燃油泵置入燃油箱的内部，不仅利于电动燃油泵的冷却，而且具有噪声小、不易泄漏、不易产生供给系统气阻等优点，被广泛采用；外置式电动燃油泵则是电动燃油泵置入燃油箱的外部，易于布置及安装，但噪声较大，较容易产生气阻。

根据泵油机构的不同，电动燃油泵可分为涡轮式电动燃油泵、滚柱式电动燃油泵、齿轮式电动燃油泵（转子式电动燃油泵）、侧槽式电动燃油泵、离心式电动燃油泵等。

如图 7-7 所示为涡轮式电动燃油泵。转子是一个平板叶轮，其叶片与泵体内壁构成数个凹槽油腔。转子转动时，在进油口处产生真空，燃油被吸入，充满凹槽油腔，并被驱动至出口，在离心力的作用下，油压提高，从出口压出，经电动机和单向出油阀流出燃油泵。涡轮式电动燃油泵的泵油量大，泵油压力高（约 600 kPa），油压波动小，运转噪声小，使用寿命长，应用较广泛。

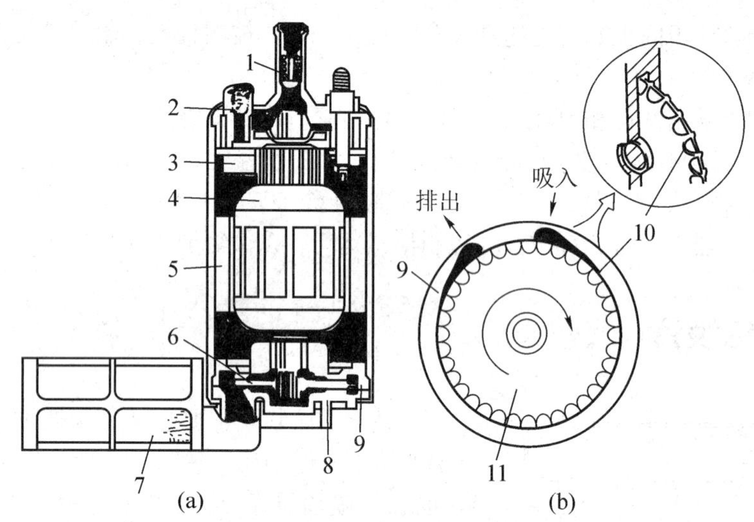

图 7-7　涡轮式电动燃油泵

1—单向出油阀；2—安全阀；3—电刷；4—电枢；5—磁极；6—叶轮；7—滤网；8—泵盖；9—泵壳；10—叶片沟槽；11—涡轮

如图 7-8 所示为滚柱式电动燃油泵。转子偏心安装在泵体内，其外周分布着数个装有滚柱的凹槽。工作时，滚柱在离心力的作用下，紧压在泵体内壁，转子、泵体内壁和滚柱形成数个腔室，随转子的转动，各腔室容积发生由小到大或由大到小的周期性变化，燃油从腔室容积增大一侧的吸入口吸入，从腔室容积减小一侧的出口被挤出，其工作压力约为 200 kPa。

齿轮式电动燃油泵由相互啮合的主动外齿轮、从动内齿轮和泵体组成。主动外齿轮较从动内齿轮多一个齿，有一定的偏心距。工作时，电动机带动主动外齿轮旋转，由于主动外齿轮与从动内齿轮之间存在转速差，故其构成的泵腔容积发生变化，在容积最大侧设进油口，在容积最小侧设出油口，其工作压力约为 400 kPa。

侧槽式电动燃油泵的工作原理和涡轮式电动燃油泵相似，只是在叶轮形状、叶片数目和流通形状方面有区别，其工作压力约为 100 kPa。

涡轮式电动燃油泵和侧槽式电动燃油泵为连续输油，油压波动小，安装在燃油箱内

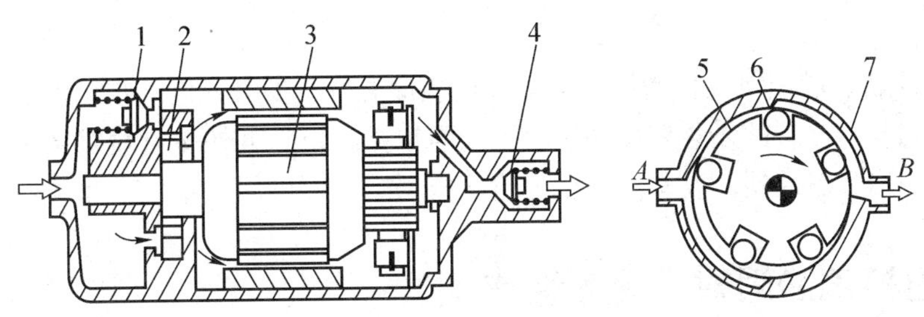

图 7-8 滚柱式电动燃油泵

1—限压阀；2—泵油组件；3—电动机；4—单向出油阀；5—转子；6—滚柱；7—泵体

（内置式或湿式）；滚柱式电动燃油泵和齿轮式电动燃油泵均为容积泵，间歇性输油，油压波动较大，需加装燃油压力脉动阻尼器，一般安装在燃油箱外输油管路中（外置式）。

2. 燃油压力脉动阻尼器

燃油压力脉动阻尼器装在燃油总管或电动燃油泵上，由膜片和弹簧组成的阻尼机构等组成。如图 7-9 所示为安装在燃油总管上的燃油压力脉动阻尼器。系统中的燃油压力升高时，膜片弹簧被压缩，燃油室容积增大，减缓燃油压力的增加；燃油压力降低时，在弹簧力的作用下，燃油室容积减小，减缓燃油压力的降低。如此反复，使燃油系统的油压脉动降低。

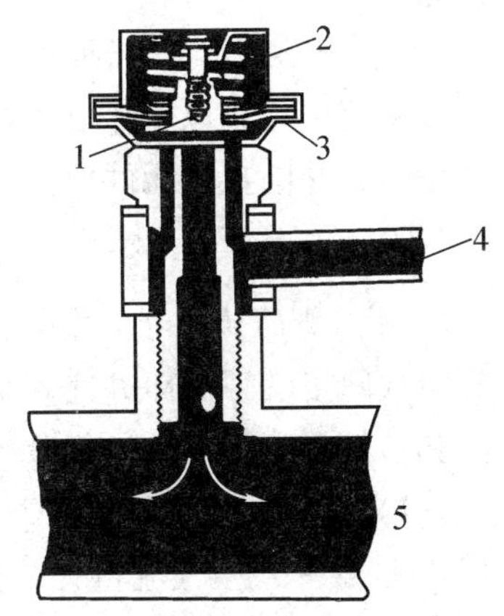

图 7-9 燃油压力脉动阻尼器

1—阀；2—弹簧；3—膜片；
4—接燃油泵；5—输送管道

3. 燃油压力调节器和燃油轨

（1）燃油压力调节器。喷油器的喷油量不仅与喷油持续时间有关，还与喷油器内外压力之差 Δp 有关，只有此压差恒定时，电控单元才能通过改变喷油持续时间来准确控制喷油量。喷油器内压力是燃油总管中的燃油压力。喷油器外压力是进气歧管内的绝对压力，是随发动机工况而变化的。燃油压力调节器的作用是保持发动机在任何工况下，燃油总管内的油压与进气歧管的压力差值恒定。

如图 7-10 所示，燃油压力调节器中有一个膜片将其内腔分为气室和燃油室两部分。气室内装有弹簧，燃油室进油口与燃油总管相通、出油口与燃油箱接通，回油口开度大小由固定在膜片上的球阀控制。

发动机工作时，燃油压力调节器内的膜片气室一侧承受弹簧力和进气歧管压力的联合作用，燃油室一侧承受燃油压力的作用。当两侧压力相等时，膜片处于平衡状态，位置不动，喷油压力差 Δp 一定。当进气歧管压力降低时，膜片带动球阀向气室侧方向移动，回油口开度增大，回油量增多，燃油总管内油压降低；当进气歧管压力增大时，膜片向燃油室方向移动，回油口开度减小，回流量减少，燃油总管内油压增加。如此反复，使燃油压力与进气歧管压力的差值限制在

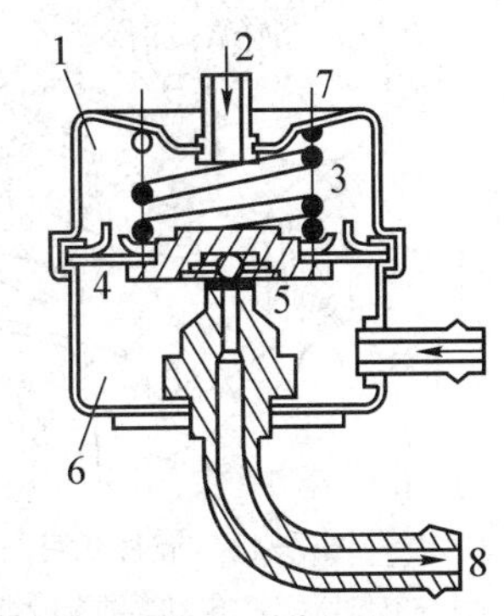

图 7-10 燃油压力调节器

1—气室；2—进气真空度；
3、7—弹簧；4—膜片；5—阀门；
6—燃油室；8—燃油箱

一定范围内。

（2）燃油轨。燃油轨又称为燃油分配管或燃油总管，安装在进气歧管上。燃油轨上装有燃油压力调节器，有的还装有燃油压力脉动阻尼器，也是缸外多点喷射系统中喷油器的紧固装置。大多数燃油轨上设有燃油压力检测接口。

7.5.4 电控汽油喷射系统的组成

电控汽油喷射系统由传感器（传感元件）与开关信号、执行器（执行元件）和电控单元三部分组成，如图 7-1 所示。

传感器的功用是检测发动机运行状态的各种参数，并将它们转换成便于电控单元识别的电信号。

执行器又称为执行元件，其功用是根据电控单元的控制指令完成具体的操作动作。

电控单元是以单片机为核心组成的电控装置。其功用是分析和处理传感器采集到的各种信息，并向执行元件发出控制指令。

1. 传感器

（1）负荷传感器。发动机输出功率与其负载能力成正比，与循环进气量成正比。凡是直接或间接反映循环进气量变化的参数均可作为负荷参数。显然，空气流量、进气歧管压力和节气门开度都是负荷参数。用来检测负荷参数的传感器称为负荷传感器。

1）体积式空气流量计。

① 翼片式空气流量计。翼片式空气流量计由测量板、缓冲板、回位弹簧、怠速旁通气道、怠速调整螺钉组成的空气通道及与测量板同轴安装的电位计等组成，如图 7-11、图 7-12 所示。

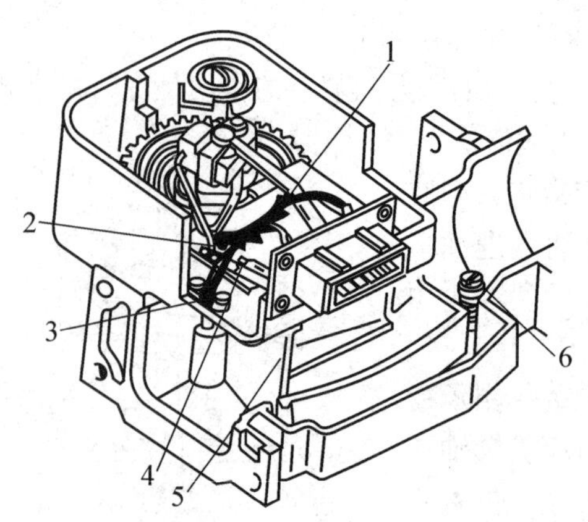

图 7-11 翼片式空气流量计的结构

1—电位计；2—电动燃油泵触点；3—进气温度传感器；4—电动燃油泵固定触点；5—叶片；6—怠速调整螺钉

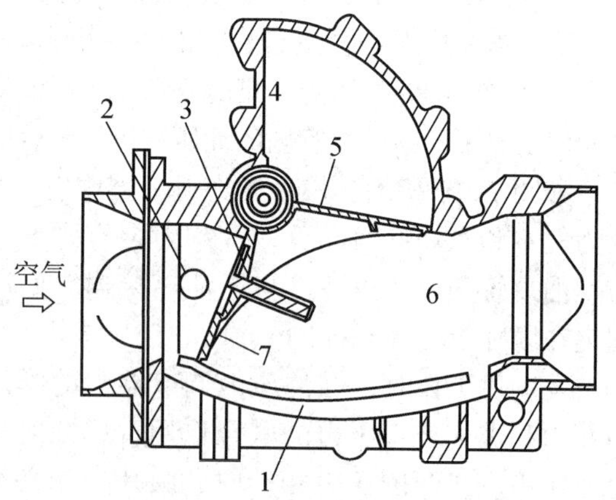

图 7-12 翼片式空气流量计的空气通道

1—旁通气道；2—进气温度传感器；3—阀门；4—阻尼室；5—缓冲板；6—主空气通道；7—测量板

测量板在主进气道内随空气流量的变化而偏转，缓冲板在阻尼室内偏转。阻尼室对叶片起阻尼缓冲的作用，在气流急剧变化时使翼片转动平稳。与翼片同轴转动的电位计轴带动可变电阻滑动触头滑动，电位计便产生一个与翼片转动角度相对应的电压信号并输送到电控单元。空气流量越大，翼片转动角度也越大，电位计输出电压信号越强。

螺旋回位弹簧的一端固定在叶片转轴上，另一端固定在调整齿圈上。改变调整齿圈的固定位置，可以调整螺旋回位弹簧的预紧力，调整空气流量计的输出特性。

由于翼片轴的磨损及大气压力和温度的变化都影响这种传感器的测量精度，加之其体积大，增加了进气阻力，且急加速时响应滞后，故目前已很少使用这种传感器。

② 卡门旋涡式空气流量计。一个锥体状的涡流发生器被置于空气通道中央，空气从通道中流过时，在其下游产生两列有规律的、旋向相反的旋涡，称为卡门涡街。旋涡移动（产生）的速度与空气流速成正比。测得单位时间内流过旋涡的数量（旋涡频率），即可得知空气流速，空气流速与通道有效截面积相乘便得到体积流量。卡门旋涡式空气流量计有光电式卡门旋涡空气流量计和超声波式卡门旋涡空气流量计两种。

a. 光电式卡门旋涡空气流量计，如图 7-13 所示。卡门旋涡发生器后方两侧交替产生的涡流，引起两侧压力交替变化。变化的压力经导压孔和导压腔引至反光镜表面，使反光镜振动，振动频率与单位时间内产生的旋涡数量相同。反光镜将发光二极管射来的光束反射给光电晶体管，光电晶体管以镜面振动频率导通和截止。电控单元根据光电晶体管导通和截止的频率计算进气流量。

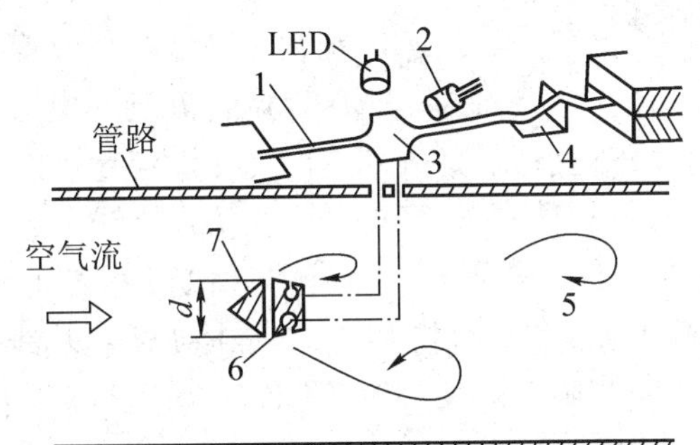

图 7-13　光电式卡门旋涡空气流量计的结构

1—支承板；2—发光二极管；3—反光镜；4—板簧；5—卡门旋涡；6—压力导向孔；7—旋涡发生器

b. 超声波式卡门旋涡空气流量计，如图 7-14 所示。卡门涡旋发生器下游两侧设置相对的超声波发送器和接收器。当超声波通过进气流到达接收器时，受卡门旋涡的影响，其相位和相位差发生变化。电控单元根据相位或相位差的变化计算出涡流频率，进而计算出进气流速和体积流量。

卡门旋涡式空气流量计体积小，质量轻，进气道结构简单，进气阻力小。

由于电控单元根据空燃比计算喷油量时需要的是空气质量流量，故采用体积式流量计的系统时，需要进气温度传感器和压力传感器，用以将体积流量转化成质量流量。

2）质量式空气流量计。质量式空气流量计包括热线式空气流量计和热膜式空气流量计，它们都能直接测量空气的质量流量，无须对进气温度和空气压力进行修正，并且响应时间

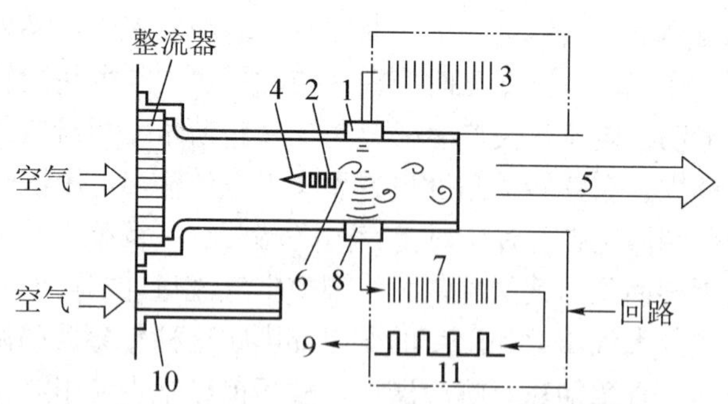

图 7-14　超声波式卡门旋涡空气流量计的结构

1—信号发生器；2—涡流导压孔；3—超声波发送器；4—旋涡发生器；5—到发动机的气流；6—卡门旋涡；7—声波；8—超声波接收器；9—整形方波信号；10—旁通通路；11—整流器

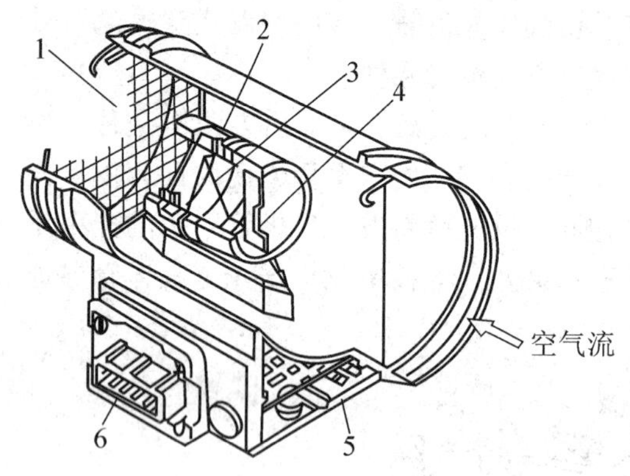

图 7-15　热线式空气流量计的结构

1—防回火网；2—取样管；3—白金热线；4—上游温度传感器；5—控制回路；6—连接器

短，测量精度高。热线式空气流量计的结构如图 7-15 所示。

通电的热线（或热膜）置于空气通道中，空气流过时，热线（或热膜）向空气散热，温度降低，电阻值减小。为保持热线（或热膜）温度与进气温度（需设进气温度传感器）的差及热线（或热膜）电阻值恒定，控制电路须改变热线（或热膜）的端电压以调整流过的电流。热线（或热膜）端电压的变化即流量计的输出信号。

为防止热线（或热膜）上吸附灰尘而影响测量精度，电控单元中设有自清洁电路，发动机熄火后，将热线加热到 1 000 ℃、维持 1~2 s，烧掉吸附在热线（或热膜）上的灰尘。

热膜由铂金属片固定在树脂膜上构成，其可靠性和耐用性高，不易吸附空气中的灰尘。

3）进气歧管绝对压力传感器。进气歧管绝对压力传感器将进气歧管绝对压力转变为电压信号并输送到发动机电控单元，电控单元据此信号和转速信号计算实际进气量。

进气歧管绝对压力传感器可安装在远离进气歧管处，通过软管与进气歧管相连，也可直接安装在进气管上。进气歧管绝对压力传感器的类型较多，有半导体压敏电阻式进气歧管压力传感器、真空膜盒式进气歧管压力传感器、电容式进气歧管压力传感器和表面弹性波式进气歧管压力传感器等。目前应用较普遍的是半导体压敏电阻式进气歧管压力传感器和电容式进气歧管压力传感器。

① 半导体压敏电阻式进气歧管压力传感器。如图 7-16 所示，半导体压敏电阻式进气歧管压力传感器主要由压力转换元件（硅膜片）、真空室（基准压力室）、集成电路、滤清器和壳体等组成。

硅膜片的一侧为真空室，另一侧承受进气歧管内压力。当节气门开度变化，进气歧管内绝对压力变化时，硅膜片产生变形，附在硅膜片上的应变电阻的阻值发生变化，输出电压信号随之变化。

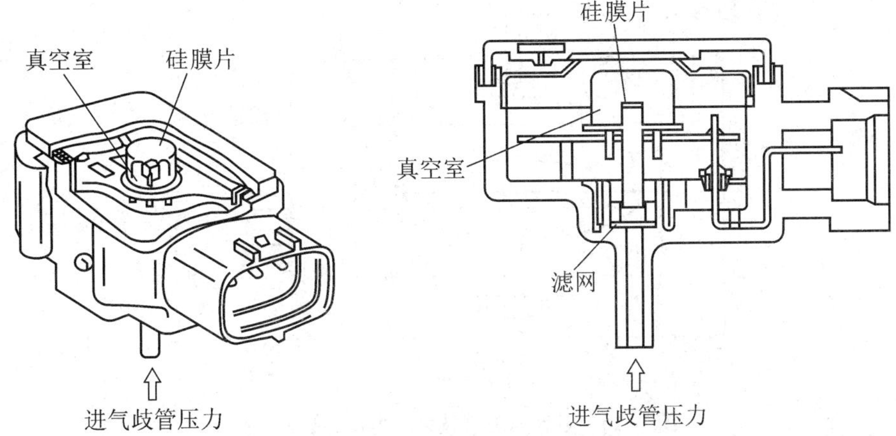

图 7-16　半导体压敏电阻式进气歧管压力传感器的结构

② 真空膜盒式进气歧管压力传感器。如图 7-17 所示，真空膜盒式进气歧管压力传感器由真空膜盒、随膜盒膨胀和收缩可移动的铁芯、与铁芯联动的差动变压器等组成，传感器被膜片分为两个气室，一室与大气相通，另一室与进气歧管相通。

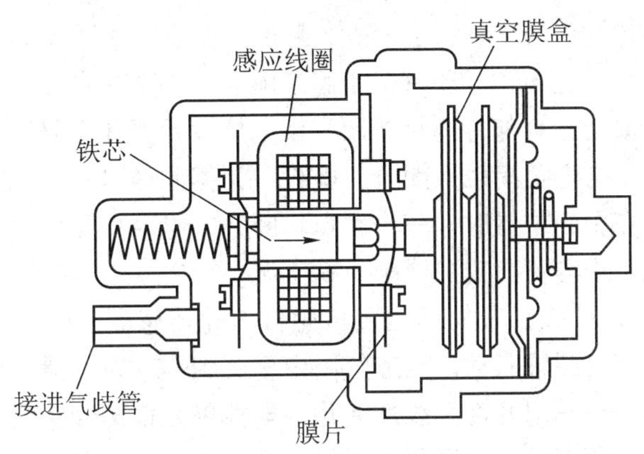

图 7-17　真空膜盒式进气歧管压力传感器的结构

当进气歧管压力变化时，膜盒产生膨胀和收缩，带动铁芯在感应线圈中移动，感应线圈产生的感应电压随之变化，电控单元根据感应电压信号测定进气歧管压力。

③ 电容式进气歧管压力传感器。如图 7-18 所示，电容式进气歧管压力传感器主要由弹性膜片、凹玻璃、滤网等组成。弹性膜片用金属制成，弹性膜片上、下两个凹玻璃的表面也有金属涂层，这样在弹性膜片和两个金属涂层之间形成两个串联的电容。弹性膜片的一侧为真空，另一侧与进气歧管相通。

工作时，当进气歧管压力作用于弹性膜片上，使其产生位移时，弹性膜片与两个金属涂层的距离发生变化，一个增大，一个减小。两者构成的两个电容的电容量随即一个减小，一个增大，其变化量与弹性膜片的位移成正比。因此，通过检测电容量的变化量来检测进气歧管压力。

4）节气门位置（开度）传感器。节气门位置反映发动机的工况和驾驶员的意图。节气门位置传感器装在节气门轴的一端，将节气门的开度信号转换成电压信号并输送到发动

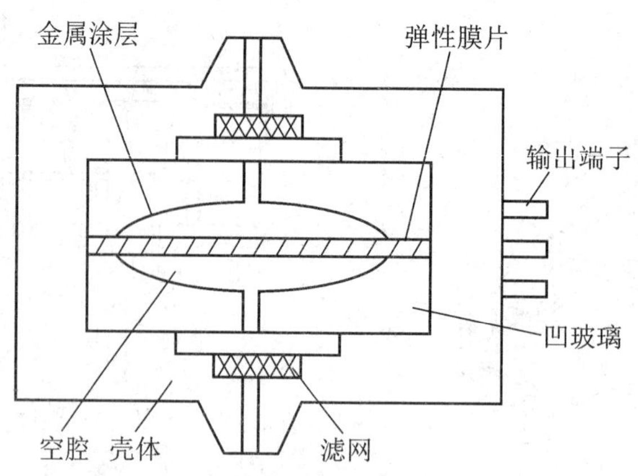

图 7-18　电容式进气歧管压力传感器的结构

机电控单元，以判断发动机是否处于怠速、部分负荷、大负荷工况，选择开环控制还是闭环控制；测定节气门开关速率，判断是否急加速、急减速，以修正喷油量；对装备自动变速器的汽车，节气门开度是自动变速器换挡时机的主要信号。节气门位置传感器有开关式节气门位置传感器和线性式节气门位置传感器两种。

① 开关式（又叫触点式）节气门位置传感器。这种传感器内部有一个始终搭铁的滑动触点，它随节气门轴一起转动，还有两个固定触点，一个是怠速触点，另一个是全负荷触点。怠速运转时，滑动触点与怠速触点闭合，电控单元据此信号进行怠速控制；节气门接近全开时，滑动触点与全负荷触点闭合，电控单元据此信号进行加浓混合气、切断废气再循环控制；节气门在中间位置时，三个触点均断开。电控单元根据触点的闭合情况确定发动机处于怠速工况、中等负荷工况或全负荷工况。

② 线性式（或电位计式）节气门位置传感器。此传感器实际上就是一个滑动电阻电位计，其滑动触头与节气门轴联动。当节气门由全关到全开时，滑动触点在可变电阻器上滑动，其输出的电压与节气门开度呈线性变化。电控单元根据传感器输出信号计算节气门开度和节气门开度的变化率，从而测得发动机的加、减速信号及工况控制区。

（2）转速和曲轴转角位置传感器。转速和曲轴转角位置传感器的功用是检测曲轴或与曲轴有传动关系的其他旋转件（凸轮轴、分电器轴等）的转角位置信号并输送给电控单元，以确定发动机转速和作为喷油正时和点火正时基准的第一缸压缩行程上止点的转角位置。

转速和曲轴转角位置传感器分为电磁感应式传感器、霍尔传感器和光电感应式传感器三种类型。

1）电磁感应式传感器。电磁感应式传感器主要由固定在发动机机体上的永久磁铁、感应线圈和安装在曲轴前端（或飞轮附近、凸轮轴上、分电器轴上）的信号盘组成，如图 7-19 所示。信号盘（转子）上有若干个凸齿（或宽槽）。当信号盘旋转时，其边缘处的凸齿及凹槽使得磁路中的空隙发生周期性的变化，磁路的磁阻和穿过线圈的磁通量随之发生相应的变化，线圈内产生交变的感应电压。当凸齿接近磁极时，磁阻减小，通过线圈的磁通量增大而感生正电压；当凸齿远离磁极时，通过线圈的磁通量减少，线圈内感生负电压；当凸齿正对磁极时，感应电压为零。转子每转一圈，输出与凸齿相同数目的电脉冲信号。

将信号盘设计成若干个均匀间隔的小凸齿、小凹槽和一个大凸齿或大凹槽，信号盘转一圈便产生若干个窄脉冲信号和一个宽脉冲信号。电控单元通过计算单位时间内窄脉冲的数量，就得到转子的转速，宽脉冲信号表示第一缸上止点或上止点前一定角度。

使用永久磁铁的电磁感应式传感器，无须电源，结构简单，工作可靠，价格低廉，且高速时信号识别能力强，在汽车及发动机中得到广泛应用。

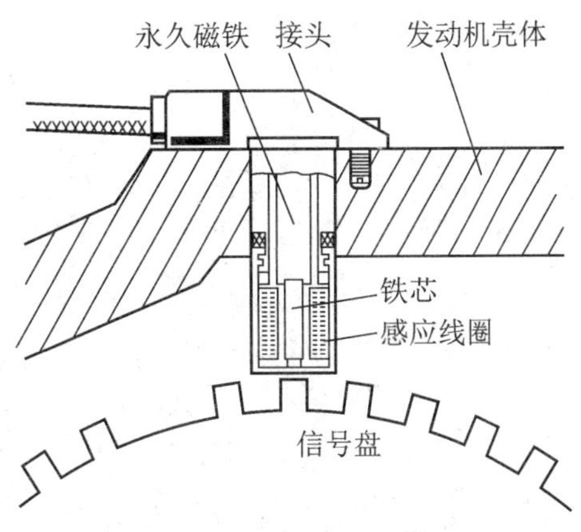

图 7-19　电磁感应式传感器的结构

2）霍尔传感器。霍尔传感器利用霍尔效应产生电脉冲信号，主要由霍尔元件、永久磁铁和触发叶轮等组成，如图 7-20 所示。当霍尔元件通以电流，同时在垂直于电流的方向施加一磁场时，在垂直于电流和磁场的方向就会产生一个电压信号，称为霍尔电压。

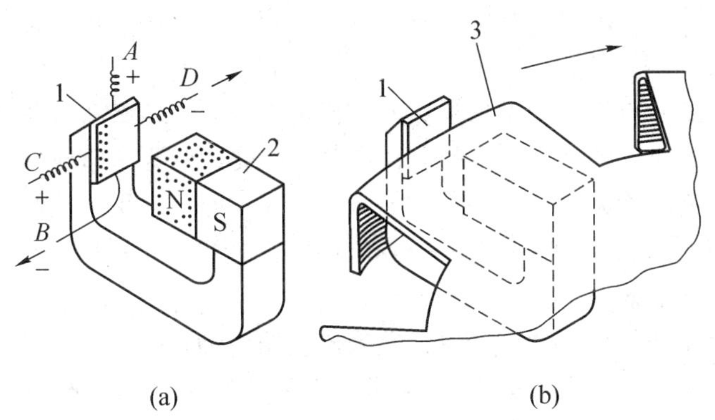

图 7-20　霍尔传感器的结构与工作原理

1—霍尔元件；2—永久磁铁；3—触发叶轮

当电流为定值时，霍尔电压与磁场强度成正比。在不导磁的触发叶轮转动过程中，当触发叶片进入永久磁铁和霍尔元件之间的气隙时，磁力线不通过霍尔元件，霍尔电压为零；当触发叶片离开气隙、永久磁铁，与霍尔元件相对时，磁力线通过霍尔元件，产生霍尔电压。触发叶轮旋转一周，霍尔传感器就产生与叶片相同数目的电压脉冲信号。

在霍尔传感器中，信号触发叶轮不断地扫过磁隙，起着自洁作用，不易因积垢而失去信号，故霍尔传感器具有高速时信号识别能力强的优点，但其价格较高。

3）光电感应式传感器。光电感应式传感器主要由发光二极管、光敏二极管、旋转遮光信号盘等组成，如图 7-21 所示。发光二极管和光敏二极管位于旋转遮光信号盘的两侧，旋转遮光信号盘上刻有不同宽度的孔或槽。当旋转遮光信号盘的转动使孔或槽与发光二极管和光敏二极管相对时，光线照到光敏二极管上，产生强弱和时间间隔不同的电压脉冲信号，以判断缸序和曲轴转角。

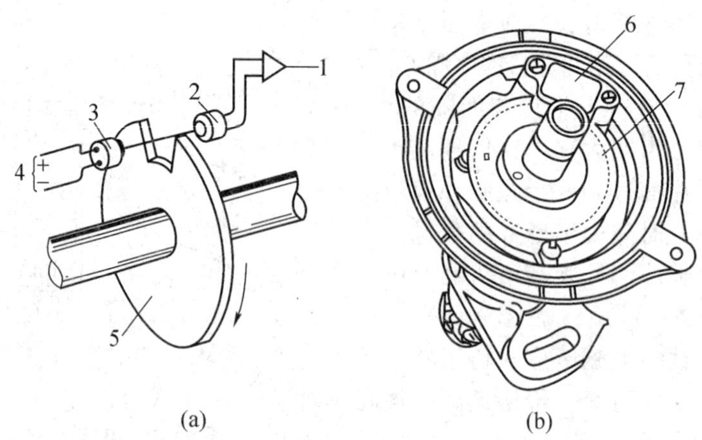

图 7-21 光电感应式传感器的工作原理与结构

（a）工作原理图；（b）结构图

1—输出信号；2—光敏二极管；3—发光二极管；4—电源；5—旋转遮光板；
6—光电传感器；7—旋转遮光信号盘

由于电压信号的强弱取决于光敏二极管接收到的光强，故发光二极管和光敏二极管及其之间的光通路的清洁程度就很重要，灰尘和水雾将影响其灵敏度，甚至使其失去信号。

（3）氧传感器。氧传感器是实现空燃比闭环控制的关键元件，安装在排气管上，用于测定废气中氧的浓度，将检测结果反馈给发动机电控单元。电控单元据此判断当前空燃比是否偏离设定值，并修正喷油量，以控制混合气的空燃比接近于理论空燃比。

装有Ⅱ型车载自动诊断（On Board Diagnostics Ⅱ，OBD-Ⅱ）系统的汽车发动机，在三元催化转化器的前端和后端各装有一个氧传感器，电控单元根据两个氧传感器信号判断三元催化转化器工作的效率。

氧传感器有氧化锆氧传感器和二氧化钛氧传感器两种。

1）氧化锆（ZrO_2）氧传感器。氧化锆陶瓷材料是具有传导氧离子能力的固体电解质，能在氧浓度差的作用下产生电动势，如图 7-22 所示。氧化锆陶瓷管的内外壁均覆盖一层多孔性的铂膜作电极，内外表面分别与大气和排气接触，外侧排气中的氧浓度随可燃混合气浓度的变化而变化，致使氧化锆管两侧铂电极间的电压随之变化。当供给的混合气较浓时，氧化锆管的内外侧氧浓度差较大，电极间的电压较大，约为 1 V；当供给的混合气较稀时，电极间的电压较低，约为 0。当混合气由浓变稀或由稀变浓时，氧传感器输出的电压信号从 1 V 急剧阶跃变化到 0 或从 0 阶跃变化到 1 V。

金属铂电极除将信号电压引出传感器外，还起重要的氧化催化作用。当发动机以过量空气系数 $\alpha<1$ 的混合气工作时，金属铂使排气中残存的 O_2 与 CO、HC 发生反应而得以消除。如果没有金属铂，或使用中铂膜电极受到污染而逐渐失效，则在混合气由浓变稀或由稀变浓的过程中，电极间的电压信号就不会出现阶跃变化特性。因此，必须定期更换氧传感器。

氧化锆氧传感器输出信号的强弱与自身温度有关，只有在 300 ℃以上温度才能输出稳定电压信号。因此，有的氧化锆氧传感器内部增加了陶瓷加热元件，以使传感器在发动机

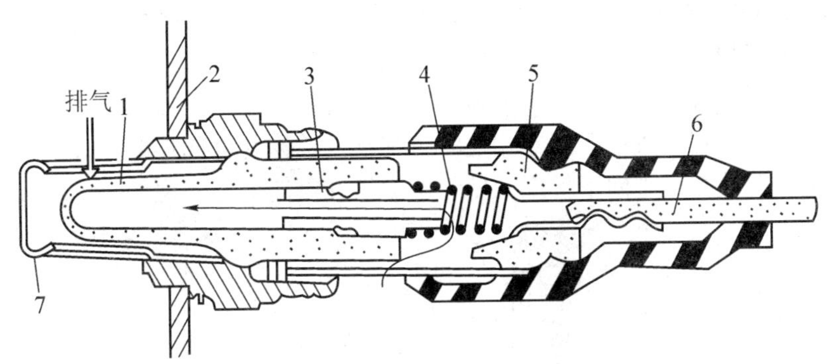

图 7-22　氧化锆氧传感器

1—氧化锆管；2—排气管；3—电极；4—弹簧；5—绝缘套；6—导线；7—导入排气孔罩

温度较低时就投入工作。

2）二氧化钛（TiO_2）氧传感器。二氧化钛属 N 型半导体材料，当它处于高温排气中时，随氧浓度由高（稀混合气）到低（浓混合气）变化，其电阻值在理论空燃比附近呈现由高到低的阶跃式变化。

二氧化钛氧传感器只有在自身温度高于 600 ℃才能稳定工作，其内部须加装加热线圈，以保证在低温状态下能可靠工作。

（4）进气温度传感器和冷却液温度传感器。进气温度传感器通常安装在进气总管或空气流量计上，冷却液温度传感器一般安装在发动机冷却液出口附近，分别检测进气温度和发动机冷却液温度，并转化成电压信号输入电控单元。电控单元根据信号修正喷油量和点火提前角，尤其在起动和暖机过程中，电控单元还根据进气温度信号对体积式空气流量计信号进行修正。

现代汽车普遍采用热敏电阻式温度传感器，其内部有一个负温度系数热敏电阻，其阻值随温度升高而降低。

2. 执行元件

除上述燃油供给系统中的电动燃油泵等执行元件外，还有喷油器、怠速执行器等重要执行元件。

（1）喷油器。

1）喷油器的功用与安装。喷油器的功用是接收电控单元发送来的喷油脉冲信号，将准确计量的燃油在一定压力下，以良好的雾化状态及时喷入指定的空间。要求其流量特性稳定，抗阻塞、抗积垢能力强，雾化性能好。

单点喷射系统的喷油器安装在节气门体空气入口处，多点喷射系统的喷油器安装在各缸的进气歧管或燃油轨上。在安装处采用耐热、耐油的 O 形橡胶垫圈，既可以加强密封、减轻振动，又可以隔热，防止形成蒸气泡，改善热起动性。

注意，重新安装喷油器时，一定要用新的垫片和 O 形圈，同时要给 O 形圈抹一点润滑脂或汽油，绝对不能用机油、齿轮油甚至刹车油等代替，并且要用扭矩扳手按规定力矩拧紧连接螺栓。

2）喷油器的基本结构与工作原理。虽然不同种类喷油器的结构略有差异，但其基本结构和工作原理都相同。如图 7-23 所示为多点喷射系统的针阀式电磁喷油器，它主要由电磁线圈、衔铁、针阀、阀座、回位弹簧、滤网、壳体、线束插接器等组成。线圈环绕着圆柱形衔铁，两端分别与线束插接器相连。可移动的衔铁与针阀连为一体。喷油器不喷油时，回位弹簧将衔铁和针阀向下推压，使针阀紧压在阀座上，实现密封。

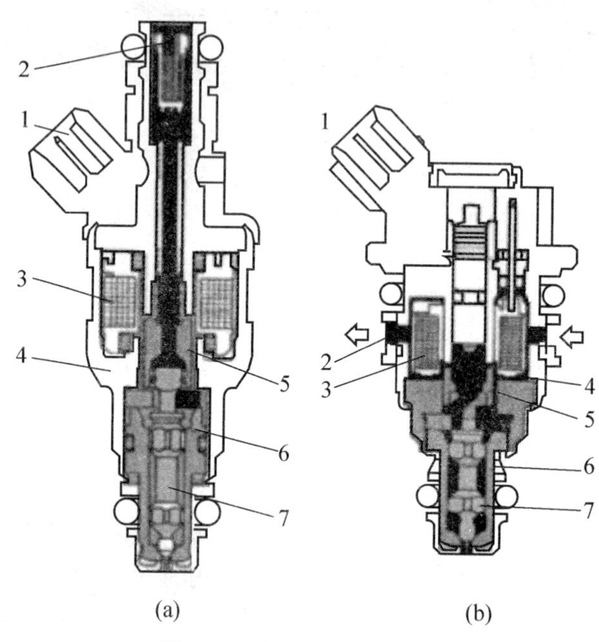

图 7-23　针阀式电磁喷油器

（a）上部（顶端）进油式；（b）下部（侧面）进油式

1—线束插接器；2—滤清器或滤网；3—电磁线圈；4—壳体；5—磁芯（衔铁）；6—阀体；7—针阀

当电控单元发出的喷油电脉冲信号使喷油器电磁线圈通电时，电磁线圈产生电磁吸力，克服弹簧预紧力将衔铁及与之连接成一体的针阀吸起，针阀迅速离开阀座，燃油从喷孔喷出；当电磁线圈断电时，电磁力消失，针阀在回位弹簧的作用下迅速落座，喷油器停止喷油。

可见，电磁线圈的通电开始时间决定喷油开始时刻，电磁线圈的通电持续时间（称为“喷油脉宽”）则决定喷油持续时间。只要电控单元准确控制喷油脉冲信号，在燃油压力调节器的可靠工作下，结构已定的喷油器即可同时实现喷油量的精确计量和喷油时刻的精确控制。

3）喷油器的类型。按喷嘴阀的形式，除上述锥形针阀式喷油器外，还有球形阀式喷油器和片形阀式喷油器。锥形针阀式喷油器为保证针阀正位落座，需较长的阀杆导向，质量大。球形阀落座时具有自定位性，阀杆短而细，质量轻，响应性好。片形阀与衔铁合二为一，质量更轻，且不易堵塞。

按燃油送入喷油器的部位，喷油器分为上部供油式喷油器和下部供油式喷油器。前者主要用于高压喷油的多点喷射系统，后者主要用于低压喷油的节气门体喷射系统。

按电磁线圈的电阻大小，喷油器分为低阻式（2~3 Ω）喷油器和高阻式（12~16 Ω）喷油器。

按电磁线圈的驱动方式，喷油器分为电流驱动式喷油器和电压驱动式喷油器。电流驱动式喷油器为低阻型，电压驱动式喷油器有低阻型、高阻型之分。低阻型电压驱动式喷油器的驱动电压为5~6 V，检修时不能与12 V电源直接连接，否则会烧坏电磁线圈；高阻型电压驱动式喷油器的驱动电压为12 V，检修时可直接与12 V电源连接。

4）“溢流”及其清除。“溢流”又称为“淹缸”，指发动机在多次起动未成功后，气缸内的过浓混合气就会浸湿火花塞，使其不能跳火而导致发动机不能起动。

如果点火开关已接通，说明发动机进入起动加浓模式，但过了设定时间2~5 s还未见转速上升，则说明起动失败。此时，电控单元将自动停止喷油器喷油，甚至还会停转燃油泵，以免发动机冷起动时长时间拖动而出现严重“淹缸”的现象。

清除溢流指当加速踏板踩到底（节气门全开），同时又接通起动开关起动发动机时（转速低于300 r/min），电控单元自动控制喷油器中断燃油喷射，以排出气缸内的燃油蒸气，使火花塞干燥，能够跳火。

使用中，喷油器的主要问题是磨损和喷嘴处产生沉积物，是发动机抖动、动力不足、起动困难等潜在的原因。

（2）怠速执行器。怠速转速控制的实质是对怠速工况下的进气量进行控制。怠速下进气量的控制方式有旁通空气道控制和节气门直动控制（电子节气门）两种。旁通空气道控制即怠速时节气门完全关闭，在其旁边设旁通空气道和控制阀，由控制阀控制旁通空气道的流通面积。由于直接控制节气门最小开度很难达到要求的怠速稳定性，故采用怠速控制阀控制怠速旁通空气道的方法较普遍。

1）电控怠速控制阀。常见的电控怠速控制阀有步进电动机式怠速空气阀、平动电磁式怠速空气阀和旋转滑阀式电磁怠速空气阀三种。

①步进电动机式怠速空气阀。步进电动机式怠速空气阀由步进电动机、丝杠机构和锥面阀组成，如图7-24所示。永久磁铁制成的步进电动机转子与丝杠机构的螺母制成一体，丝杠与锥面阀制成一体。当步进电动机的定子线圈通电时，其螺母式的转子旋转，驱使丝杆带动阀轴和锥面阀移动，改变了通道面积，调整怠速进气量，进而调整了转速。只需控制步进电动机的旋转方向及旋转量，就能控制怠速转速。发动机的电控单元根据实际工况发出脉冲信号，以控制步进电动机的旋转方向和步数。

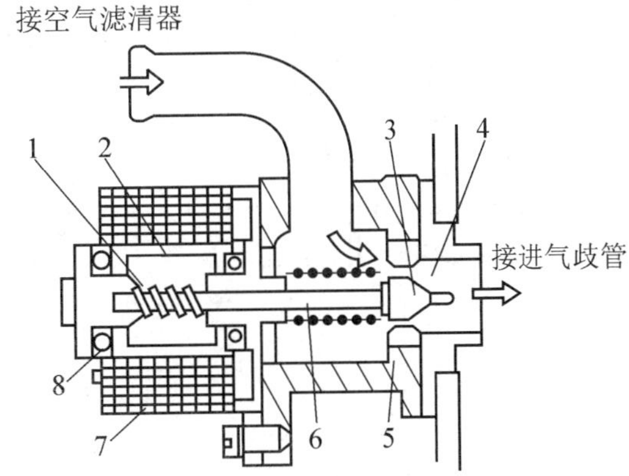

图7-24　步进电动机式怠速空气阀

1—丝杆；2—转子；3—锥面阀芯；4—旁通通道；5—阀座；6—阀轴；7—定子；8—轴承

步进电动机式怠速空气阀的控制精度高，虽然响应动作速度较慢，但足以满足怠速控制的要求。

②平动电磁式怠速空气阀。平动电磁式怠速空气阀就是一个比例电磁阀，由电磁

线圈、阀芯、阀门、回位弹簧、波纹管等组成，如图 7-25 所示。它利用电磁线圈产生的电磁吸力，使阀轴做轴向移动来控制阀芯的伸缩，从而调节阀门开度和旁通空气流量。电磁吸力的大小取决于通过电磁线圈的驱动电流的大小。电控单元根据工况信息发送电流脉冲。电流增大，电磁吸力增大，阀门开度变大，怠速转速升高；反之，阀门开度减小，怠速转速降低。波纹管的作用是消除阀门上下压差对阀门开启位置的影响，并减小阀门上的作用力。

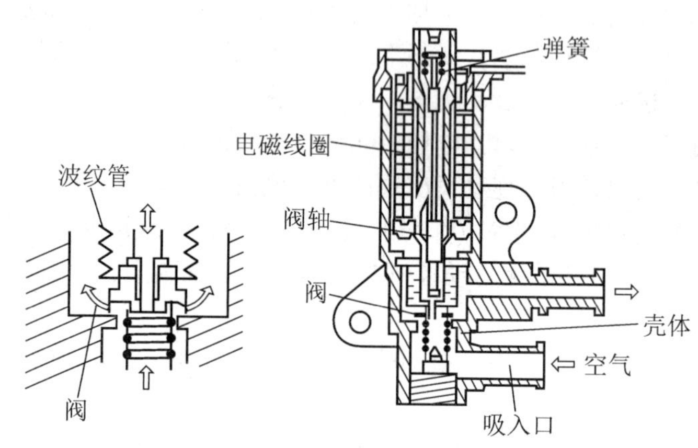

图 7-25 平动电磁式怠速空气阀

平动电磁式怠速空气阀响应速度很快，且其旁通空气的进出口均为外接管，易于布置，但使用中波纹管易发生裂纹，使用成本较高。由于波纹管的裂纹不易被发现，故一旦发生裂纹，怠速控制就会失灵。

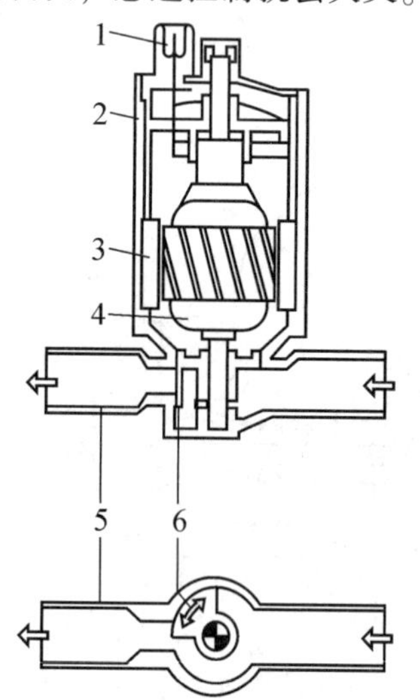

图 7-26 旋转滑阀式电磁怠速空气阀

1—电路插接器；2—壳体；3—永久磁铁；4—电枢；5—旁通空气通道；6—旋转滑阀

③ 旋转滑阀式电磁怠速空气阀。旋转滑阀式电磁怠速空气阀由永久磁铁、电枢、旋转滑阀、螺旋弹簧和电刷等组成，如图 7-26 所示。阀与阀轴固定在一体，阀轴带动旋转滑阀转动来控制阀孔流通面积。阀轴上还固定着一个圆柱形磁铁，该磁铁放在一个由通电的螺线管形成的强度及方向可变的磁场中。磁场强度、方向变化时，圆柱形磁铁旋转角度和方向改变，旋转滑阀的旋转角度和方向随之改变，从而调节怠速空气阀的开度，实现怠速进气量的控制。电控单元根据工况信息发送电流脉冲至螺线管。

2）机械控制式怠速控制阀。机械控制式怠速控制阀又称为空气补充阀，其主要作用是暖机怠速时调整进气量，实现快怠速，缩短暖机时间，降低排放。

① 双金属片式怠速空气阀。双金属片式怠速空气阀由双金属元件、加热线圈和空气闸阀等组成，如图 7-27 所示。旁通空气管路截面积

的大小取决于双金属片控制的旋转阀门的位置。当温度低（或无电流通过加热线圈）时，阀门总是打开的，使进气量增加，怠速转速提高，暖机时间缩短。当发动机冷起动时，旁通空气道全开，管路截面积最大。在发动机起动的同时，加热线圈上就有电流流过，双金属片受热后逐渐弯曲变形，带动阀门旋转，逐渐关闭旁通气道，使发动机逐渐恢复到正常怠速状态。

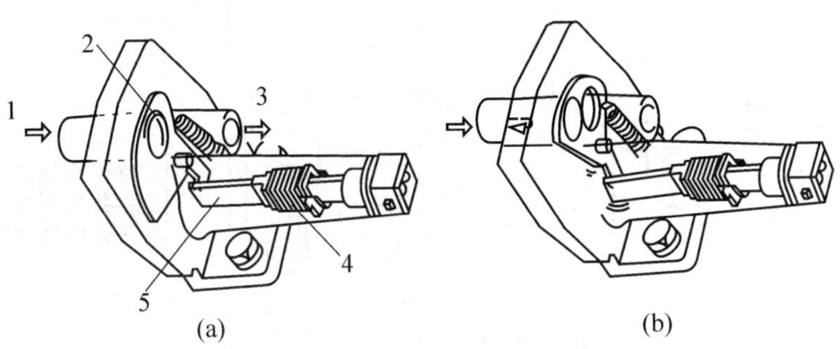

图 7-27 双金属片式怠速空气阀

（a）低温时；（b）暖机后

1—接空气滤清器；2—旋转阀门；3—接进气歧管；4—加热线圈；5—双金属片

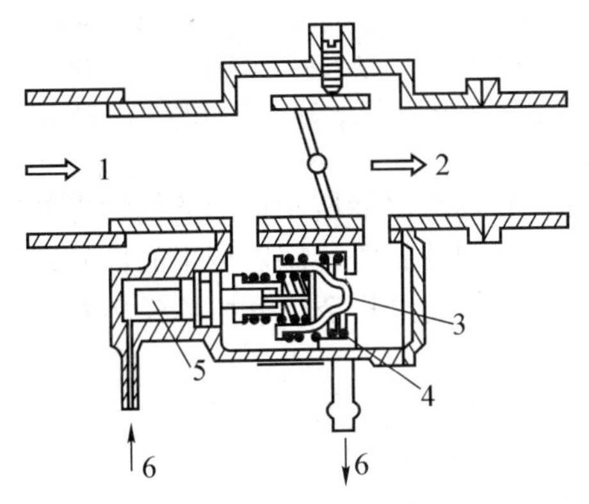

图 7-28 石蜡式怠速空气阀

1—来自空气滤清器的空气；2—至进气歧管的空气；3—阀门；4—弹簧；5—石蜡感温体；6—冷却液流

② 石蜡式怠速空气阀。石蜡式怠速空气阀由石蜡感温体、阀门、内弹簧和外弹簧等组成，如图 7-28 所示。

发动机冷却液经过管道流经石蜡式怠速空气阀周围，石蜡感温体直接与冷却液接触。冷却液温度低时，石蜡收缩，阀门在外弹簧的作用下离开阀座，旁通空气道截面积增大，怠速转速提高，暖机时间缩短；随着发动机逐渐热起来，冷却液温度升高，石蜡受热融化膨胀，使阀门在推杆和内弹簧的作用下压向阀座，旁通空气道截面积减小，直至关闭。

3）强制停止怠速控制。某些汽油机控制系统采用强制停止怠速控制，以改善燃油经济性，减少 CO 和 HC 的排放量。

电控单元根据节气门位置和转速信号判断发动机是否处于怠速工况。当电控单元判定不需要发动机输出动力维持汽车车速时，就会关闭喷油器，中断发动机喷油，直到需要再次供给动力时才恢复喷油。

3. 电控单元

电控单元（Electronic Control Unit，ECU），又称为电控模块电脑，通过信号采集、计算处理、分析判断、决定对策，发出控制指令，指挥执行器工作。电控单元主要由输入信号处理电路、微处理机、输出处理电路、电源回路以及控制程序等几部分组成，如图 7-29 所示。

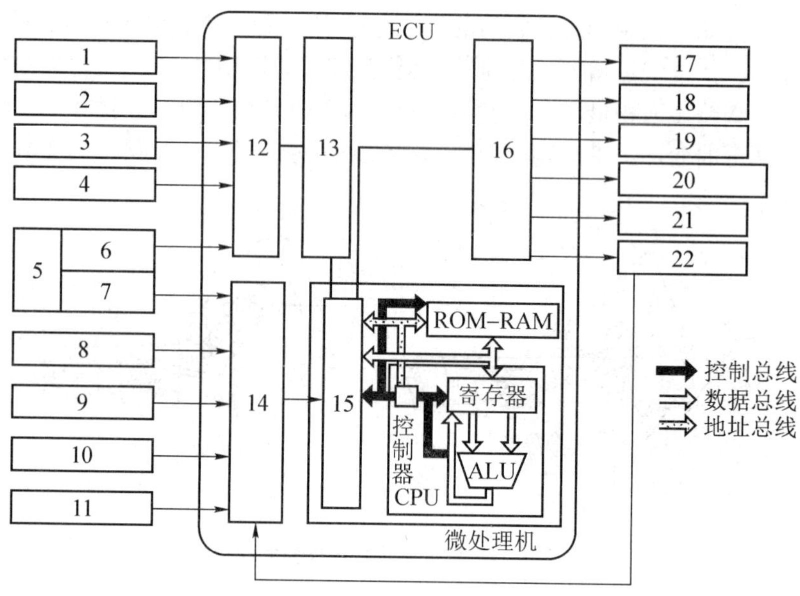

图 7-29 电控单元的构成

1—压力传感器；2—进气温度传感器；3—冷却液温度传感器；4—蓄电池电压；5—节气门开度传感器；6—节气门开度；7—节气门全闭；8—车速传感器；9—起动开关；10—A/C 开关（空调压缩机开关）；11—分电器采集线圈；12、14—输入回路；13—A/D 转换（模/数转换）；15—I/O 接口（输入/输出接口）；16—输出回路；17—喷油器；18—电动汽油泵；19—VSV 阀（真空电磁阀）；20—CHECKENGINE 灯（发动机故障灯）；21—主继电器；22—点火器

单就空燃比控制而言，电控单元根据空气流量计、转速传感器所测得的信号计算基本喷射时间，再依据氧浓度、冷却液温度、进气温度、节气门位置等传感器传来的信号进行修正，最后决定总的喷射时间（燃油喷射量），并向喷油器发出指令。电控单元还有以下一些功能：

（1）接受传感器和其他装置输入的信号，并将模拟信号转换为数字信号。

（2）向传感器提供 2 V、5 V、9 V、12 V 等不同要求的电压。

（3）存储、计算、分析、处理信息，存储相应车型的参数信息（如空燃比、点火提前角等脉谱图），存储运行中的数据和故障信息，存储计算程序。

（4）输出执行命令。

（5）自我修正功能（自适应功能）。

（6）具有对燃油喷射、点火提前角控制、怠速控制、排放控制、进气控制、增压控制、故障自诊断、失效保护和备用控制系统等多项控制功能。

7.6 其他供油装置

7.6.1 汽油箱

汽油箱用以储存汽油，其数目、容量、形状等因车而异。普通汽车有一个汽油箱，其容量的续驶里程为 200~600 km。越野车则有两个汽油箱，以适应特殊要求。

汽油箱多为薄板金属箱或塑料箱，内有隔板，以防汽油振荡激溅。汽油箱底部装有放油螺塞，以排出油箱内沉积的水和污物。汽油箱上部装有油面传感器和出、回油管。现在，大多数汽车的燃油泵都装在燃油箱中，轿车和轻型卡车的发动机燃油箱内都有一个粗滤器。

汽油箱上部有加油口，由带有弹簧压力阀的汽油箱盖封闭（如图 7-30 所示），以防汽油振荡溅出和灰尘进入，并保持汽油箱内压力稳定，防止液面降低而造成真空，使汽油不能被吸出，或高温时汽油蒸发压力过大。

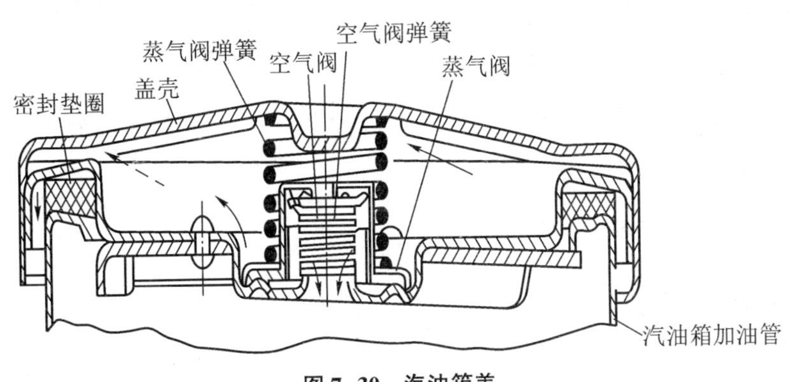

图 7-30 汽油箱盖

要按规定定期清洗汽油箱内的油污、积水、沉积物，并用压缩空气吹干净。对由薄金属板制造的汽油箱，当发现其有裂纹时，可拆下汽油箱，用焊接法修补。拆卸汽油箱前，先拆掉蓄电池的负极线，再放尽燃油。焊修前，必须将汽油箱中的油或油蒸气彻底清除，并将汽油箱盖和油面传感器的浮子组的端盖拆下，以确保安全。

7.6.2 汽油滤清器

汽油滤清器的功用是除去燃油中的水分和杂质，防止油路堵塞，减轻气缸磨损，减少汽油泵等部件的故障。

汽油滤清器分为可拆式汽油滤清器和不可拆式汽油滤清器两种。

1. 可拆式汽油滤清器

可拆式汽油滤清器主要由滤清器盖、滤芯、沉淀杯等组成，如图 7-31 所示。滤清器盖上有进油管接头和出油管接头，滤芯用螺栓固定在滤清器盖上。滤芯与滤清器盖间、沉淀杯与滤清器盖间均有密封垫，由螺钉压紧在滤清器盖上，沉淀杯底部有放油螺塞。滤芯多用多孔陶瓷或微孔滤纸制造。

发动机工作时，在汽油泵的作用下，汽油经进油管接头进入沉淀杯，水及较重的杂质沉淀于杯底部，较轻的杂质在随汽油流向滤芯时被阻隔在滤芯外面，清洁的汽油进入滤芯内腔，再从出油管接头流出。

2. 不可拆式汽油滤清器

不可拆式汽油滤清器采用密封式的薄外壳，以及用化纤或经酚醛树脂处理而具有良好抗水性能的微孔滤纸制成的滤芯，如图 7-32 所示。

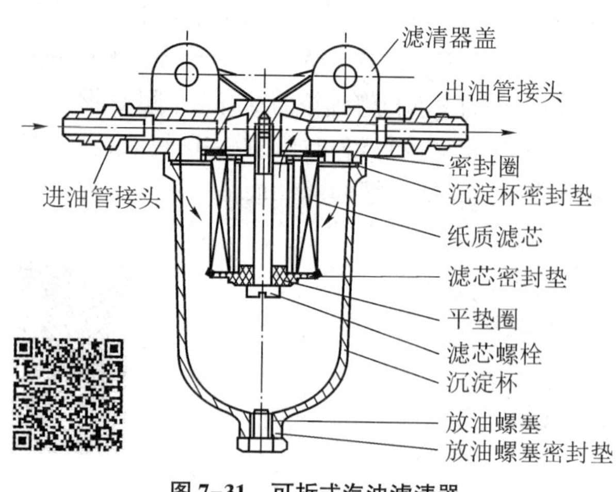

图 7-31 可拆式汽油滤清器

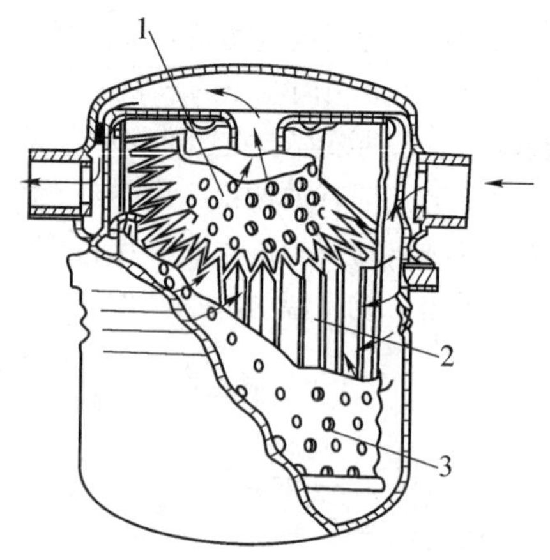

图 7-32 不可拆式汽油滤清器

1—中央多孔筒；2—纸质滤芯；3—微孔滤纸外筒

3. 汽油滤清器的维护

使用中，汽油滤清器堵塞时会导致燃油压力过低，引起发动机高速时喘振和熄火，加速时发抖等。

不可拆式汽油滤清器无须清洗，应按车辆使用说明书规定的使用周期更换新的滤清器总成，一般每行驶 15 000 km 须更换一次。

对可拆式汽油滤清器，在使用中要经常从放油螺塞处放掉沉淀杯底部的积水，尤其冬季使用时更应引起重视，以防积水结冰，引起供油中断；应严格按汽车制造商规定的行驶里程清洗或更换汽油滤清器。清洗时，应用清洁的汽油清洗滤芯、各部位的通道及沉淀杯，并用压缩空气吹干净；滤芯有破损时，必须随时更换；若汽油箱的汽油受到污染，则在规定的行驶里程之前更换或清洗汽油滤清器。安装汽油滤清器时，要确保各密封垫的密封可靠。若汽油滤清器泄漏或滤芯堵塞，将导致燃油系统内压力下降。

安装汽油滤清器时，注意确保油流方向正确。许多汽油滤清器的进油管接头和出油管接头形状相同，在汽油滤清器外壳上标有安装方向箭头，指示汽油流经滤清器时的方向。

7.7 燃油系统的检修

发动机高品质运行的关键要求之一是喷油量要适当，以保持混合气空燃比的准确性。电控燃油喷射式发动机中的起动困难或根本不能起动着火、动力不足、油耗过高、怠速不稳、抖动等故障，多由供油不良导致的各缸混合气过浓、过稀或不均匀所致，且往往伴随着燃油压力过高或过低的现象。

除需要测试蓄电池的电压外，在进行燃油系统的任何维修工作之前，都应拆下蓄电池的负极导线。

1. 燃油系统油压的释放与预置

电控燃油喷射式发动机为了便于再次起动，在发动机熄火后，燃油管路中仍保持着较高的燃油压力。在拆卸燃油管道、进行检修或更换燃油滤清器、电动燃油泵、喷油器等部件时，为防止大量燃油漏出，应对燃油系统内的压力进行释放，同时注意用毛巾或软管等将燃油引入容器中。

对大多数燃油轨上装有燃油压力测试阀或设有燃油压力检测接口的燃油系统，可在燃油压力测试阀或燃油压力检测接口处将系统的压力释放掉。先旋松燃油箱的加油口盖，释放燃油箱中的燃油蒸气，然后用软管从燃油压力检测接口处将燃油引入容器中。

对没有燃油压力检测接口的燃油系统，按如下方法操作：

（1）起动发动机。

（2）在发动机运转中拔下电动燃油泵继电器（或拔下电动燃油泵电源插头）。

（3）待油管中的燃油耗尽、发动机自行熄火。

（4）再接通起动开关，利用起动机拖转大约 3 s，或反复起动 2~3 次，燃油压力即可完全释放。

（5）关闭点火开关，装上电动燃油泵继电器（或插上电动燃油泵电源插头）。

在拆卸燃油管道进行检修后，为避免首次起动发动机时因油路内尚未建立起燃油压力而使起动时间过长，应将点火开关反复打开、关闭数次，以预置燃油系统的油压。

2. 燃油压力的检测

发动机的许多故障是由于燃油压力不合适引起的，检测发动机运转时燃油管路内的燃油压力是判断油路有无故障的重要手段。可按下列步骤检测燃油压力：

（1）仔细进行燃油供给系统的外观检查，确定无任何燃油渗漏现象。

（2）将燃油系统卸压，拆下蓄电池负极电缆线。

（3）将量程合适的燃油压力表和专用的油管一起安装在燃油轨测试口（或冷起动发动机喷油器油管接头或燃油滤清器油管接头）上。如果燃油轨上没有压力测试口，则将三通接头安装在燃油管路上，以便于安装和观察任何部位，并与燃油压力表连接。

（4）重新装上蓄电池负极电缆线。

（5）测量怠速运转时的燃油压力。用一根短导线将电动燃油泵的两个检测插孔短接，观察燃油压力变化：

1）若燃油压力过高，一般表明回油管堵塞或燃油压力调节器有故障。拆下回油管，用一根软管代替回油管，然后起动发动机，检查燃油压力。若燃油压力表读数降到标准值内，则表明回油管堵塞。若回油管旁通后，燃油压力仍然过高，则检查燃油压力调节器。

在发动机停机后拆下燃油压力调节器真空软管，若软管中有燃油流出或有存留燃油的迹象，则说明燃油压力调节器膜片破裂，应更换。或者，拔下燃油压力调节器上的真空软管，并检查燃油压力，此时的燃油压力应比发动机怠速运转时的燃油压力高 50 kPa 左右，如果压力变化不符合要求，即说明燃油压力调节器工作不良（回油不畅或回油管堵塞、回油阀卡死）。

2）若燃油压力过低，可能的原因有燃油滤清器脏污或堵塞、燃油泵泵油量不足（单向出油阀泄漏或回油阀常开等）、燃油压力调节器真空管堵塞或回油阀卡死等。

在怠速运转时测量燃油系统压力，夹住燃油压力调节器回油管，使回路停止回油，此时燃油压力表的指示压力应是没有夹住回油管时燃油压力表的指示压力的 2~3 倍，否则说明燃油泵泵油不足。测量燃油泵出油口压力，若燃油压力表读数太高（至少 35 kPa），则表明燃油滤清器或出油管堵塞；如果燃油压力表读数没什么变化，则表明燃油泵来油管路堵塞或油箱内滤芯堵塞。

（6）测量燃油系统的保持压力。将发动机熄火，过 5 min 后检查燃油压力值（此时的压力称为燃油系统保持压力），看此值是否保持在规定范围内。若燃油压力过低，则说明燃油泵单向出油阀、燃油压力调节器及喷油器自身存在泄漏，应进一步逐一检查。

3. 喷油器的检查

喷油器一旦发生故障，其直接表现就是喷油量偏少或过多、不喷油或者有泄漏，导致喷油雾化效果变差。喷油器的故障部位主要是针阀和电磁线圈。喷油器出了故障，只能整体更换，不能修复。喷油器的故障问题主要是磨损或被燃油中的杂质堵塞。可按下述方法判断喷油器是否出故障：

（1）关闭点火开关，拔下喷油器接线，测量两插脚间电阻，如不对，则应更换喷油器。

（2）发动机运转时，利用听诊器检查喷油器在怠速时是否有咔嗒声，检查此声音的间隔是否随发动机转速的增加而缩短。也可用手指逐缸触感喷油器的工作状况，如感觉不到振动，则应检查线束插接器、喷油器或电控单元传来的喷油信号。

（3）如果有一个喷油器无信号、不喷油，将引起发动机起动困难、怠速不稳、动力性差、抖动等。

（4）当发动机起动时，喷油器都不动作，可能原因是输送到电控单元的电源线失效，或接地失效，燃油泵继电器失效（有时接触不良）等。

（5）在怠速时，进行断缸试验。如果某缸切断点火时，怠速保持不变，则应检测此缸的喷油器、线束、火花塞和高压线，以及气缸压缩压力。

（6）若发动机热起动困难，则应检查燃油压力及喷油器是否有渗漏（内漏）。

（7）检查喷油器喷雾状态时，如油雾呈柱状而不呈锥形，或各缸喷油器在同一条件下喷射出的燃油量相差太多（>5 mL），则应更换喷油器。检查喷油器喷嘴是否有胶体状物质，若有，可用喷油器清洗剂喷洗，否则将导致喷油量不足或加速不良等。

本章小结

绝大多数汽油机是在缸外形成混合气，靠改变节气门的开度、控制进入气缸内的混合气数量来调节功率输出，以适应负荷的变化，这种功率的调节方式称为“量调节”。

汽油机正常燃烧指火花塞在压缩行程上止点前跳火，形成火焰中心并向四周迅速传开，直到烧遍整个燃烧室。正常燃烧过程可分为着火延迟期、速燃期和后燃期三个阶段。后燃使发动机的动力性、经济性、排放、热负荷都恶化。当后燃严重时，还易产生排气管放炮（混合气过浓）或进气管回火（混合气过稀）。

汽油机的不正常燃烧主要指爆震和表面点火。爆震是燃烧室中末端混合气在正常火焰到达之前发生的自燃，伴随着尖锐的金属敲击声和发动机过热。严重爆震将加剧机件变形、磨损、烧损，功率、热效率下降，寿命缩短等。表面点火是由燃烧室炽热表面点燃混合气的现象。在火花塞跳火之前的早火危害大，且与爆震相互促进。爆震是压缩比提高的主要障碍，高压缩比的发动机，应选择高牌号的汽油。

点火提前角是从火花塞跳火时刻到活塞行至上止点时曲轴转过的角度，是影响汽油机性能的重要调整参数。每一工况都有一个最佳点火提前角，使发动机的动力性和经济性最好。最佳点火提前角随转速的升高、负荷的减小、冷却液温度的降低而增大。车用发动机上均装有点火提前角自动调节装置。推迟点火（减小点火提前角）是抑制爆震的有效措施。

混合气浓度也是影响汽油机综合性能的调控参数。$\alpha=0.85\sim0.95$ 的稍浓混合气，燃烧速度、燃烧温度最高，称为功率混合气，此时也最易发生爆震；$\alpha=1.05\sim1.15$ 的稍稀混合气，燃烧速度和温度降低得不多，且燃料能够完全燃烧，称为经济混合气，但此时易生成 NO_x。过浓、过稀的混合气均使燃烧速度降低，功率、热效率降低，CO、HC 排放量增多。

环境温度、冷却液温度低时，燃油雾化不良、蒸发困难，部分燃油凝结在进气管和气缸壁上，从而使混合气变稀，燃烧不稳定且速度慢。因此，低温工况须加浓供油、增大点火提前角，温度升高后，加浓量、点火提前角应减小。

冷起动工况时，须加浓供油；暖机工况时，也须混合气加浓修正、点火提前角增大修正；电控燃油喷射闭环控制的发动机，热怠速、部分负荷工况、中等负荷工况均燃用理论混合气；汽油机在大负荷或全负荷工作时，须采用功率混合气；急加速工况时，须额外供一些燃油加浓混合气；急减速工况时，应减少供油或切断供油。

汽油机燃油系统的任务就是满足发动机每一工况下对混合气质与量的要求，以实现稳定、洁净的燃烧。

在电控燃油喷射式燃油系统中，控制燃油量的参数主要是精确计量的空气流量和转速，燃油雾化质量则依赖于喷油压力，不受工况的影响，克服或大大改观了化油器式燃油供给系统的缺陷，综合提升了汽油机的动力性、经济性、排放性等，同时改善了怠速稳定性、过渡工况圆滑性和低温起动性等。

电控燃油喷射式燃油系统由燃油供给装置、传感器和电控单元组成。

按燃油喷射部位，燃油喷射分为缸外喷射和缸内喷射两大类，缸外喷射又分为单点喷射和多点喷射两种。

燃油喷射控制方式分为开环控制和闭环控制。目前汽油机普遍采用开环和闭环相结合的控制方案。冷却液温度达到正常工作温度（80 ℃）、怠速工况、部分负荷工况、氧传感器达到正常工作温度时，都按闭环控制。起动工况、起动后暖机怠速工况、大负荷或全负荷工况、急加减速工况、氧传感器失效时，都按开环控制，以供给加浓的混合气。

传感器用于检测发动机的运行状态，并将它们转换成便于电控单元识别的电信号。传感器主要包括负荷传感器（空气流量传感器、进气歧管绝对压力传感器）、节气门位置传感器、转速和曲轴转角位置传感器、氧传感器、冷却液温度传感器等。

电控单元又称为电控模块电脑，通过信号采集、计算处理、分析判断、决定对策，发出控制指令，指挥执行器工作，并负责向传感器提供 2 V、5 V、9 V、12 V 等不同要求的电压。电控单元具有自适应功能，能对燃油喷射、点火提前角、怠速、排放、进气、增压、故障自诊断、失效保护和备用控制系统等进行综合控制。

怠速控制就是对怠速转速的控制，其实质是控制怠速时的进气量，有旁通空气道控制和节气门直动控制（电子节气门）两种方法。旁通空气道控制即怠速时节气门完全关闭，在其旁边设旁通空气道和控制阀，由控制阀控制旁通空气道的流通面积。

燃油供给装置包括燃油箱、燃油滤清器、燃油总管（燃油分配管）、输油管及电动燃油泵、燃油压力调节器、喷油器等执行元件。电动燃油泵负责供给燃油系统规定压力的燃油，燃油压力调节器的作用是保持发动机在任何工况下，燃油总管内的油压与进气歧管的压力差值恒定。电磁喷油器接收电控单元传来的喷油脉冲信号，将一定量的燃油以良好的雾化状态喷入进气管内。

对汽油箱要按规定进行定期维护。对不可拆式汽油滤清器，应按规定的使用周期更换新的滤清器总成。对可拆式汽油滤清器，应严格按规定的行驶里程清洗或更换汽油滤清器，若汽油箱的汽油受到污染，则在规定的行驶里程之前更换或清洗汽油滤清器。安装汽油滤清器时，要确保各密封垫的密封可靠。安装汽油滤清器时，注意确保油流方向正确，许多汽油滤清器在外壳上标有安装方向箭头，指示汽油流经汽油滤清器时的方向。

自测题

一、选择题

1. 爆震传感器安装在（　　）。

A. 机体上部　　B. 机体下部　　C. 机体中部　　D. 气缸盖上

2. 下列（　　）会引起爆震的发生。

A. 低压缩比　　B. 点火提前角过小

C. 点火提前角过大　　D. 低温下工作

3. 汽油机采用闭环控制混合气浓度时，混合气过量空气系数为（　　）。

A. 0.6~0.8　　B. 1.05~1.15　　C. 0.85~0.95　　D. 1

4. 不能引起发动机过热的因素是（　　）。

A. 点火提前角过大　　B. 点火提前角过小

C. 混合气过稀　　D. 混合气过浓

5. 下列（　　）不会引起排气管放炮。

A. 点火提前角过大　　B. 点火提前角过小

C. 混合气过浓　　D. 混合气过稀

二、判断题

1. 对汽油机，不管是化油器式还是电控喷射式，驾驶员加速踏板控制的是节气门开度。（　　）

2. 电控燃油喷射式发动机中，只要某一传感器出现故障，发动机即不能运转。（　　）

3. 装有 OBD-Ⅱ系统的汽车发动机，在三元催化转化器的前端和后端各装有一个氧传感器。（　　）

4. 汽车急减速时应减少供油或切断供油。（　　）

5. 爆震是汽油机压缩比提高的主要障碍。（　　）

三、简答题

1. 电动燃油泵的单向出油阀有什么作用？
2. 转速和曲轴位置传感器有什么作用？
3. 燃烧室积炭有什么害处？
4. 怠速控制的实质是什么？

第 8 章　柴油机燃油系统

导　言

本章主要讨论柴油机燃油系统的功用、分类、基本组成、工作过程与特点；柴油机燃烧过程，柴油机燃油供给系统主要零部件的功用、结构、工作原理及检修方法；介绍柴油机电控燃油喷射系统的组成、工作过程。认识柴油机燃油系统、燃烧过程与其性能及检修运用之间的关系。

学习目标

1. 认知目标

（1）掌握柴油机燃油系统的功用、组成和分类。

（2）掌握柴油机燃油供给系统主要零部件的作用、结构。

（3）理解柴油机混合气的形成、燃烧过程及其主要影响因素。

（4）理解柴油机燃油供给系统主要零部件的工作原理、调整及检修方法。

（5）了解柴油机燃烧室的类别及特点。

（6）了解柴油机电控燃油喷射系统的类型、特点和工作过程。

2. 技能目标

（1）正确拆装喷油泵、喷油器、调速器等主要零部件。

（2）正确检修和调试喷油泵、喷油器、调速器等主要零部件。

3. 情感目标

（1）勿死记硬背，以理解为基础，归纳、总结、记忆相关知识。

（2）理论知识与实践操作相结合，知行统一，活学活用。

（3）养成规范操作，安全、节能、环保、高效、文明生产、诚信服务的职业素养。

（4）养成自主学习、协同工作的优良作风。

（5）具有科学严谨的工作态度，一丝不苟、精益求精的工匠精神。

8.1　概述

8.1.1　柴油机燃油系统的功用与要求

1. 柴油机燃油系统的功用

柴油机燃油系统的功用是根据柴油机工作的需要，定时、定量、定压地将清洁的柴油按一定规律喷入气缸，以保证发动机在各工况下稳定工作。另外，燃油系统还可以储存一定数量的燃料，以满足发动机持续工作或汽车续驶里程的需要。

2. 柴油机燃油系统的要求

为保证各缸工作的均匀性，柴油机燃油系统应满足以下要求：

（1）各缸的喷（供）油量、喷油正时应相同。

（2）各缸的燃油喷雾形态、雾化质量、喷油规律应相同。

（3）喷油开始和结束要迅速、干脆，无滴油现象。

8.1.2 柴油机燃油系统的分类和组成

1. 按燃油喷射系统的控制方式分类

根据燃油喷射系统的控制方式，柴油机的燃油系统分为机械控制喷射系统和电控喷射系统两类。对于每种不同的柴油喷射系统，若按柴油流动供给路线和喷油调控，柴油喷射系统可分为低压油路部件、高压油路部件和调控运转稳定控制装置三部分。

低压油路包括燃油箱、输油泵（低压油泵）、燃油滤清器、低压油管等部件。

高压油路包括喷油泵（高压油泵）、高压油管、喷油器等部件。对共轨电喷控制系统，还有共轨管及其他控制阀等。

调控运转稳定控制装置为机械式调速器与喷油提前角调整装置。传统的机械控制喷射系统中，以喷油泵供油量、供油时刻控制喷油器的喷油量和喷油时刻；电控喷射系统则借助于电控单元（ECU）和各种传感器、执行器，实施喷油量、喷油提前角及其他项目的自动控制。

（1）机械控制喷射系统。按照喷油泵的类型，传统的机械控制喷射系统分为直列柱塞式喷油泵柴油机燃油系统和分配式喷油泵柴油机燃油系统。

1）直列柱塞式喷油泵柴油机燃油系统。如图 8-1 所示为直列柱塞式喷油泵柴油机燃油系统。柴油机工作时，把柴油从油箱中吸出，使其流经油水分离器除去水分和大的杂质后进入输油泵，使压力升高为 0.15~0.30 MPa，再经柴油细滤器送往喷油泵。在喷油泵内，柴油的压力被提高为 7~10 MPa，计量后，经高压油管送到喷油器，喷油器在一定压力下将柴油喷入燃烧室。喷油泵中过量的柴油和喷油器中多余的柴油经回油管流回燃油箱。调速器与供油提前器分别安装在喷油泵的前端、后端，与喷油泵连为一体。

2）分配式喷油泵柴油机燃油系统。如图 8-2 所示为分配式喷油泵柴油机燃油系统。柴油机工作时，一级输油泵将柴油从油箱中吸出，柴油经油水分离器和柴油滤清器后进入二级输油泵。在二级输油泵再次加压后，柴油进入密闭的分配式喷油泵体内，经分配式喷油泵增压、计量后，再经高压油管送到喷油器。

一级输油泵为膜片式输油泵，由配气机构凸轮轴驱动。二级输油泵为滑片式输油泵，安装在分配式喷油泵体内，并由分配式喷油泵的传动轴驱动。滑片式输油泵出口油压随转速的提高而增加，为控制喷油泵内腔油压保持稳定，在二级输油泵出口处设有限压阀。当喷油泵内腔油压超过规定值时，将部分柴油经调压阀返回输油泵入口。喷油泵内腔油压一般控制在 0.3~0.7 MPa。分配式喷油泵内装有调速器和供油提前器。

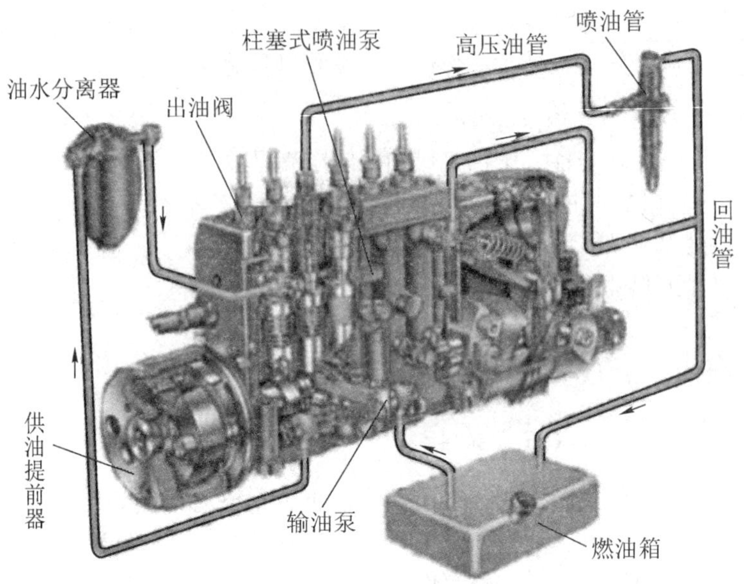

图 8-1　直列柱塞式喷油泵柴油机燃油系统

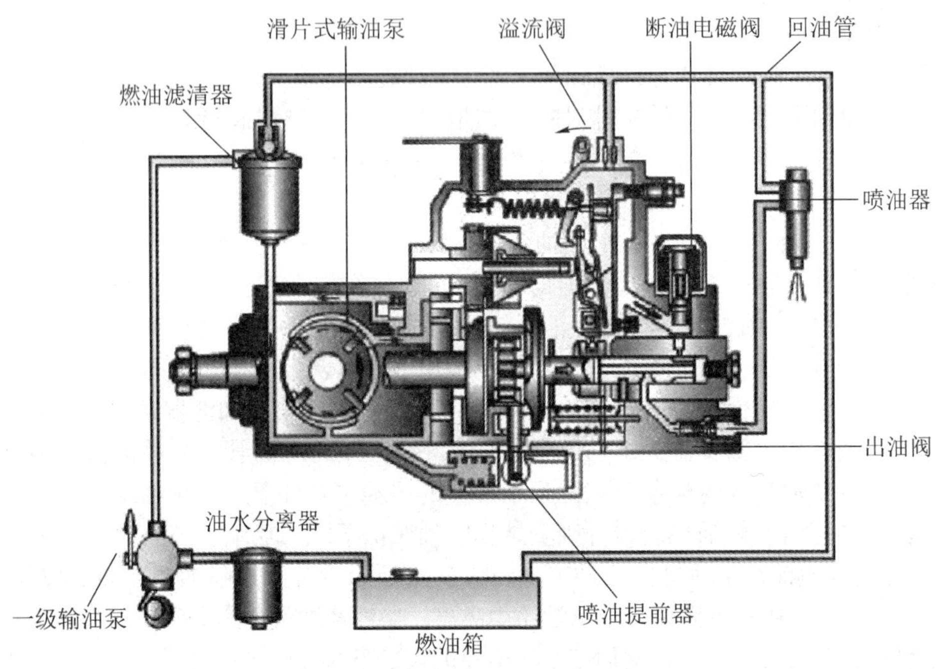

图 8-2　分配式喷油泵柴油机燃油系统

（2）电控喷射系统。按照控制对象的控制原理，柴油机电控喷射系统可分为位置控制式喷射系统、时间控制式喷射系统和时间-压力式喷射系统三种。

位置控制式喷射系统仅仅是将机械式调速器和供油提前器改为由步进电动机或比例电磁阀自动、精确地控制；时间控制式喷射系统通过控制喷油泵和喷油器之间高压油路电磁泄油阀的开闭时刻来控制喷油器的喷油时刻；时间-压力式喷射系统则类似于汽油机电控喷射系统，通过精确计量喷油压力、喷油脉宽来实现喷油量、喷油时刻的精确控制和高压喷射、多次喷射等，使柴油机的性能得到有效改善，成为柴油机电控喷射技术的发展方向。如图 8-3 所示为电控共轨燃油系统。

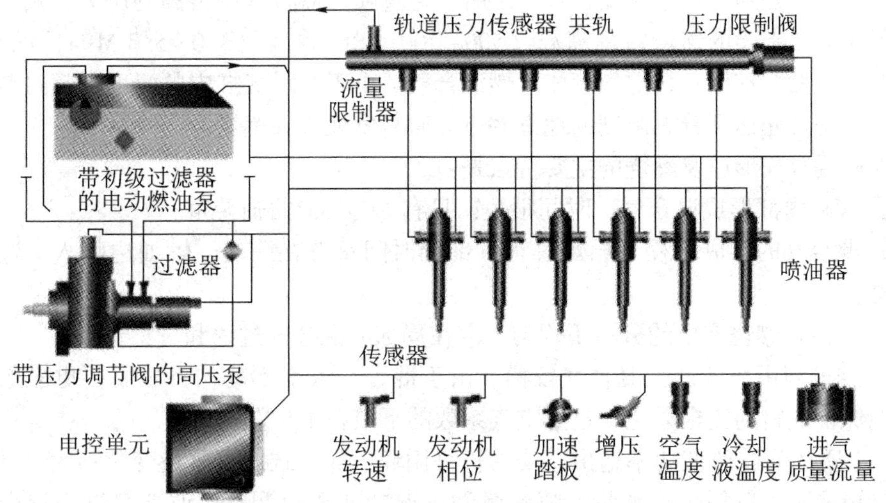

图 8-3　电控共轨燃油系统

电控喷射系统由电控单元（ECU）和各种传感器、执行器三部分组成，只是不同类型的柴油电控喷射系统，由于其功能的差异，传感器数量与类型、喷油泵结构、执行器数量与类型、控制软件等有所不同。工作时，电控单元中预先储存着通过实验得到的转速-负荷（加速踏板位置）-最佳喷油量关系，电控单元接收各传感器的信号，与储存的参数值或参数图谱（称为 MAP 图）相比较，按其最佳值或计算后的目标值发出指令到执行器，执行器按指令控制喷油量、喷油正时及其他参数或项目。

2. 按照高压油路的布置方式分类

按照高压油路的布置方式，柴油机燃油系统可分为（喷油）泵-（高压油）管-喷（油）嘴系统和单体泵系统。传统的机械式喷射系统、时间-压力式电控喷射系统均属于泵-管-嘴系统，部分时间控制式电控喷射系统采用了单体泵系统。单体泵系统为各缸独立控制供油、喷油，多见于时间控制式喷射系统。在单体泵喷射系统中，高压油泵和喷油嘴之间的高压油管被取消或设计得很短。

8.2　柴油机混合气的形成和燃烧

混合气形成及燃烧过程的质量直接影响发动机的动力性、经济性、排放性、冷起动性、怠速稳定性、加减速圆滑性及振动、噪声、使用寿命等。柴油机燃烧过程的要求与前述的汽油机燃烧过程的要求类似。

8.2.1 柴油机混合气形成与燃烧的特点

由于柴油的黏度大，蒸发性差，自燃温度低，故不适合在气缸外部与空气预先混合形成可燃混合气，必须在接近压缩行程终了时，通过喷油器将其以很高的压力，按一定规律和雾化形态喷入密闭的燃烧室内高温（500~700 ℃）、高压（3.0~5.0 MPa）的空气中，快速受热、蒸发、扩散，与空气形成可燃混合气。由于此时气缸内的温度已超过柴油的自燃温度，于是首先达到着火浓度的地方多点同时自发地着火燃烧。

柴油机混合气形成及燃烧的主要特点是：

（1）气缸内部形成混合气，时间很短，只有15°~35°曲轴转角。

（2）混合气的形成过程与燃烧过程大部分时间重叠在一起，燃油边喷入、边扩散混合、边燃烧。

（3）燃油在燃烧室中的分布不均匀，存在局部的混合气过浓和过稀。

（4）空气利用率较低，混合气较稀。由于混合气浓度不均匀，故需要更多的过量空气，才能保证燃料的完全燃烧，过量空气系数的下限在1.2左右。

（5）“质调节”改变功率输出。柴油机每循环进入气缸的空气量变化不大，其输出的功率或转矩取决于每循环喷油量。喷油量随工况的变化而调整，改变气缸内混合气的浓度，以适应转速和负荷的变化，这就是“质调节”。柴油机从怠速到全负荷，其平均过量空气系数为1.2~2.3。

（6）柴油机依靠压缩使混合气自燃着火，决定它必须采用较大的压缩比。

8.2.2 改善柴油机混合气形成与燃烧的基本方法

柴油机混合气形成及燃烧的上述特点表明，柴油机混合气燃烧过程的进展主要取决于混合气形成的速度和混合气的均匀度。在柴油机发展过程中，针对不同的燃烧室，均以提高燃油的喷雾质量和组织适当的空气运动，来改善混合气的形成和燃烧。

1. 保证燃油喷雾质量

为加快燃油的蒸发、扩散，必须尽可能地使燃油雾化成细小颗粒，且均匀分布，增大燃油与空气接触、受热的表面积。这在很大程度上取决于喷油压力、喷油开始时刻、喷油持续期、喷油规律和油雾形状及其与燃烧室形状的配合。

2. 组织适当的空气运动

适当的空气运动，能够扩大燃油空气混合的范围。组织空气运动的方法有两种：其一是利用切向气道和螺旋气道组织进气涡流，如图8-4所示；其二是利用不同形式的燃烧室在压缩与燃烧过中形成挤压涡流和燃烧涡流。

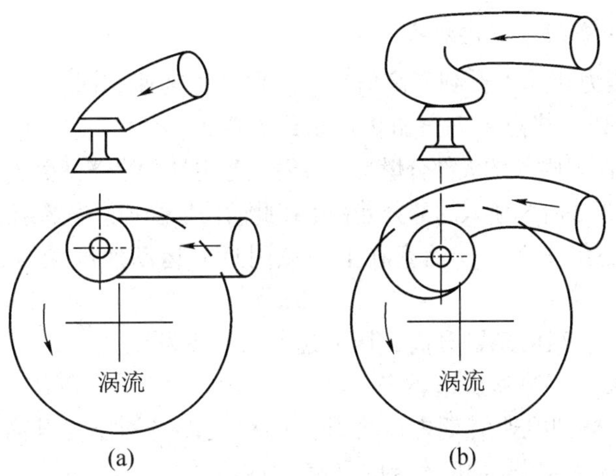

图 8-4　切向进气道和螺旋进气道

8.2.3　柴油机燃烧过程

柴油机燃烧过程从压缩行程末期喷油器开始喷油的时刻至燃油基本燃烧完毕，整个过程持续 50°~70°曲轴转角。从喷油器开始喷油的时刻到活塞行至上止点时曲轴转过的角度，称为喷油提前角。

如图 8-5 所示是柴油机 $p-\varphi$ 示功图，图中实线为气缸内实际燃烧时的压力曲线，虚线为无燃烧时纯压缩膨胀曲线。根据燃烧过程的实际特征，将其分为着火延迟期、速燃期、缓燃期和后燃期四个阶段。

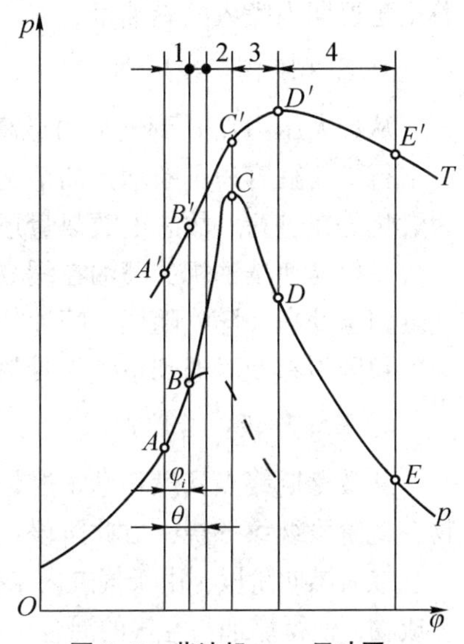

图 8-5　柴油机 $p-\varphi$ 示功图

1—着火延迟期；2—速燃期；3—缓燃期；4—后燃期；θ—喷油器提前角

1. 第 1 阶段：着火延迟期

从柴油开始喷入气缸到开始着火的这段时期，称为着火延迟期或滞燃期，即 $p-\varphi$ 图上的 AB 段。B 点为开始着火、压力开始急剧上升点，或燃烧压力曲线与纯压缩膨胀曲线分离点。在这一时段内，主要进行着火前的物理化学准备，即雾化、吸热、蒸发、扩散和混合的物理准备和低温氧化等化学准备。

柴油机中，以时间计的着火延迟期为 0.7~3 ms。着火延迟期的长短，对整个燃烧过程乃至发动机的整机性能有极大的影响。决定着火延迟期长短的直接因素除燃料自身性质外，还有喷油时气缸内温度压力的高低、燃油雾化质量、空气运动，其他因素的影响都是通过间接地引起它们的变化来实现的。只要是提高压缩终了时气缸内温度、压力的因素或改善燃油雾化质量、加强空气运动、改善混合气形成的因素，均使着火延迟期缩短。

2. 第 2 阶段：速燃期（或急燃期）

从开始着火到压力快速上升到最高值这一阶段，称为速燃期。在 $p-\varphi$ 图上，速燃期即压力急剧上升的 BC 段，终点 C 时气缸内出现最大压力。

速燃期内，第 1 阶段喷入的大部分燃料经过着火延迟期的准备达到着火条件，几乎同时全部燃烧。与此同时，第 2 阶段喷入的部分燃料也在此阶段燃烧掉。速燃期的主要特征是：

（1）气缸体积变化非常小（活塞在上止点附近时运动速度较慢），放热速度却非常快，近乎定容燃烧。

（2）气缸内压力、温度急剧升高，压力达到最高爆发压力。

（3）燃料继续喷入，边喷入边燃烧。

与汽油机相像，柴油机速燃期内压力升高的程度以平均压力升高率 $\Delta p/\Delta\varphi$ 表示。平均压力升高率 $\Delta p/\Delta\varphi$ 决定柴油机运转的平稳性或粗暴度。若平均压力升高率 $\Delta p/\Delta\varphi$ 过大，会使曲柄连杆机构、机体组等零部件受到很大的冲击载荷，产生强烈的振动，发出尖锐的金属敲击声，称为柴油机工作粗暴，俗称“敲缸”。工作粗暴不仅使噪声增大，更严重的是导致机件的工作可靠性降低，寿命缩短，甚至损坏，应加以限制。

平均压力升高率主要取决于着火延迟期内形成的可燃混合气的数量。缩短着火延迟期或减少着火延迟期内喷入的燃油量，均可以减少着火延迟期内形成的可燃混合气量，使平均压力升高率减小。现在，汽车用柴油机工作的平稳性越来越好，噪声也大大降低，即得益于对喷油规律控制程度的提高，尤其是电控柴油喷射技术，较精确地控制了喷油正时和着火延迟期内喷入的燃油量。

3. 第 3 阶段：缓燃期

从最大压力点 C 到气缸内最高温度出现的点 D，这一阶段为缓燃期。此阶段是在活塞已下行、气缸容积不断增大的情况下进行的，气缸内压力几乎不变或略有升高或降低；但因燃烧仍在进行，故总的放热量还在增加，温度继续上升，直至达到最高点。

一般高速柴油机的喷油在缓燃期前已经结束，而大型低速柴油机仍继续喷油。此时，气缸内温度高，随喷随燃，喷油如喷火，但因前期的燃烧，使得空气少、燃烧产物多，燃油颗粒因不易及时遇到空气而受热裂解，形成黑烟（碳烟）排出。

4. 第 4 阶段：后燃期

从缓燃期终点到燃料基本燃烧完毕为后燃期。气缸内未燃烧的燃料和不完全的燃烧产物在此阶段继续燃烧，故此阶段也称为补燃期。

在后燃期阶段，由于气缸内未被利用的空气较燃烧初期少了很多，燃烧室内充满着燃烧生成物，使得燃油与空气的混合更困难，燃烧条件恶化，燃烧速度明显降低，且活塞已远离上止点，剩余的膨胀行程较短，燃烧放出的热量得不到充分利用；后燃还使得膨胀过程温度升高，通过气缸壁向冷却液散失的热量增多。因此，后燃使柴油机的动力性和经济性下降，同时使排气温度升高，排气门和排气管等零部件过热，应尽可能减少和避免后燃。

显然，缓燃期内喷油量的多少直接影响黑烟的多少和后燃期。高速、大负荷工况时，喷油量多，过量空气系数小，黑烟和后燃较严重。减轻后燃和黑烟的措施就是尽可能地减少缓燃期内的喷油和加强空气运动，以使燃油及时找到空气进行燃烧。

8.2.4　使用因素对燃烧过程的影响

1. 柴油的品质

(1) 十六烷值。十六烷值是表征柴油自燃性能的指标。十六烷值越高，越易着火，着火延迟期短，工作越柔和，低温起动性也越好；反之，十六烷值越小，则越不易着火，着火延迟期越长，工作就越粗暴。但若十六烷值过高，则由于着火延迟期太短，喷入燃烧室的燃油来不及与空气混合充分即着火，导致冒黑烟。车用柴油机所用柴油的十六烷值为45~60。

(2) 黏度。黏度是表征柴油稀稠程度和流动性的指标，它影响柴油的雾化性和流动性。黏度越大，柴油流动性越差，也越不易雾化，着火延迟期越长，发动机越易工作粗暴，不易完全燃烧，易形成黑烟。

黏度随温度而变化，温度越低，黏度越大。

(3) 凝点。凝点是试验条件下柴油开始失去流动性时的最高温度，表征柴油的低温流动性。车用柴油是按凝点划分牌号的，如-10号柴油，其凝点为-10 ℃。

凝点是选用柴油的主要依据，最低使用（环境）温度应高于柴油凝点5 ℃以上；否则，柴油不能被泵送，柴油机无法起动。

2. 喷油提前角

对每一工况，柴油机都有一个最佳喷油提前角，使得柴油机的动力性、经济性最好。大量试验证明，气缸内的最高压力出现在上止点后10°~15°曲轴转角时，柴油机的功率和效率达到最高，此时的喷油提前角为最佳。

若喷油提前角增大，则意味着燃油喷入时气缸内的温度、压力降低，着火延迟期增长，平均压力升高率$\Delta p/\Delta\varphi$增大，易导致工作粗暴。同时，随着喷油提前角的增大，燃烧提前，压缩行程末期燃烧放热量增多，使得最高爆发压力增大，且出现的时刻提前。喷油提前角过大，还增加压缩行程末期耗功，会导致柴油机的动力性、经济性变差，起动困难，怠速不良等。

若喷油提前角减小，则燃油喷入时气缸内的温度、压力升高，虽然着火延迟期缩短，工作柔和，但燃料不能在上止点附近迅速燃烧完全，导致后燃严重，使柴油机的动力性、经济性下降，排气温度升高，发动机热负荷、排烟加重。

3. 转速

当转速升高时，每循环经历的时间缩短，气缸漏气损失和散热损失减小，压缩终了时温度、压力升高，加之气缸内气流运动随转速的升高而增强，利于混合气的形成，使着火延迟期缩短，平均压力升高率减小，工作柔和。

但随转速的升高，单位时间内转过的曲轴转角增大，整个燃烧过程所占的曲轴转角增大，后燃加重。此时，应增大喷油提前角，以保证燃烧在上止点附近迅速完成。车用柴油机有自动调节喷油提前角的装置。

4. 负荷

随着负荷的增大，循环供油量增加，燃烧放热量增多，气缸内温度、压力升高，着火延迟期缩短，工作变柔和。但随着循环供油量的增加，喷油持续时间延长，燃烧过程拉长，加之混合气变浓，后燃和不完全燃烧均加重，使得热效率降低，热负荷、排烟加重。

综合转速和负荷对燃烧过程的影响分析，再根据冷起动或怠速运转时转速低、泄漏损失大的特点以及冷起动时温度低等不利因素，从燃烧过程的角度就不难发现，在冷起动和怠速运转这两种工况下，振动噪声较大是由着火延迟期长、工作粗暴所致，而冷起动工况常伴随着冒黑烟是由雾化不良、燃油与空气混合不良所致。

5. 技术状况

柴油机燃油系统技术状况的下降，主要表现为排气冒黑烟、工作粗暴（敲缸）、动力性和经济性下降、起动困难等。其主要原因是喷油泵、喷油器中的精密偶件在使用过程中的磨损、积炭等导致的喷油时刻、循环供油量、喷油持续时间失准，雾化质量恶化等。

8.3 柴油机燃烧室

依据燃烧室的结构及混合气形成的特点，柴油机燃烧室分为直接喷射式燃烧室和分隔式燃烧室两大类。

8.3.1 直接喷射式燃烧室

直接喷射式燃烧室是凹形的活塞顶面与气缸盖底面形成的统一空间，燃油直接喷入这一空间与空气进行混合、燃烧，又称为统一式燃烧室，如图 8-6 所示。

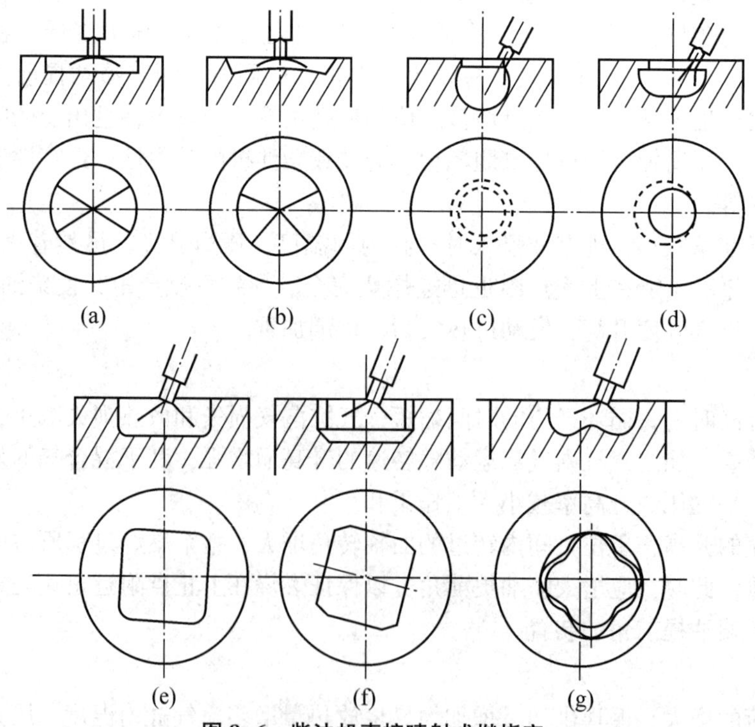

图 8-6　柴油机直接喷射式燃烧室

（a）浅盆形；（b）ω 形；（c）球形；（d）U 形；（e）四角形；（f）八角形；（g）花瓣形

依据活塞顶面凹坑的形状，直接喷射式燃烧室有浅盆形、ω 形、球形、U 形、四角形、八角形和花瓣形等。这种燃烧室的混合气形成主要依靠燃油雾化，力求使油雾形状与燃烧室形状相配合，使雾化燃油尽可能均匀地分布到燃烧室空间中，并组织适当的空气运动。直接喷射式燃烧室具有以下特点：

（1）结构简单、紧凑，散热面积小，散热损失少，经济性好。

（2）利用螺旋气道和切向气道形成进气涡流（如图 8-4 所示），利用以活塞顶凹坑为主的燃烧室形状组织挤压涡流（如 ω 形燃烧室，如图 8-7 所示）和微涡流（如四角形、八角形和花瓣形燃烧室）。

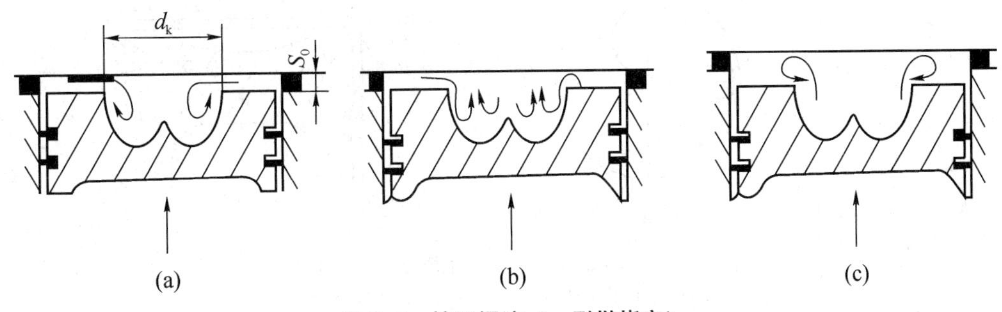

图 8-7　挤压涡流（ω 形燃烧室）

（3）对燃油系统要求高，需配用多孔（4~8 个）喷油嘴，喷油压力很高。

（4）燃油雾化质量好，且主要喷入燃烧室空间中，起动性较好。

（5）平均压力升高率较大，工作较粗暴，NO_x 排放量较多，可通过利用电控喷油技术控制其喷油规律，使其工作更平稳、柔和。

（6）空气运动相对较弱，燃油在这种燃烧室中的分布不均匀，需采用较大的过量空气系数（1.3~2.2）。

8.3.2　分隔式燃烧室

分隔式燃烧室由主燃烧室和副燃烧室两部分组成。主燃烧室指气缸盖底面和活塞顶面上部的空间，副燃烧室指气缸盖内的空腔，两者用一个或数个断面面积不大的通道连通。压缩过程中，随着活塞的上行，空气经通道进入副燃烧室，产生强烈的气体流动。装在副燃烧室内的喷油器将燃油喷入温度较高的副燃烧室中，燃油迅速与空气混合。着火燃烧后，活塞下行时，副燃烧室中高温、高压的燃气和空气、燃油混合物一起经通道高速喷入主燃烧室，与活塞顶面的导流凹坑或槽配合形成强烈的二次扰动，与主燃烧室内的空气进一步地混合、燃烧。

分隔式燃烧室有涡流室式燃烧室和预燃室式燃烧室两种，如图 8-8 所示。

涡流室式燃烧室的副燃烧室为涡流室，呈鼓形。主燃烧室与涡流室之间的通道与涡流室相切。压缩过程中，在涡流室内形成强烈的、有组织的压缩涡流，燃油顺着涡流方向喷入。膨胀过程中，涡流室的气体经过通道喷入主燃烧室内形成燃烧涡流。

预燃室式燃烧室的主、副燃烧室之间的通道截面积比涡流室式燃烧室较小，且不与副

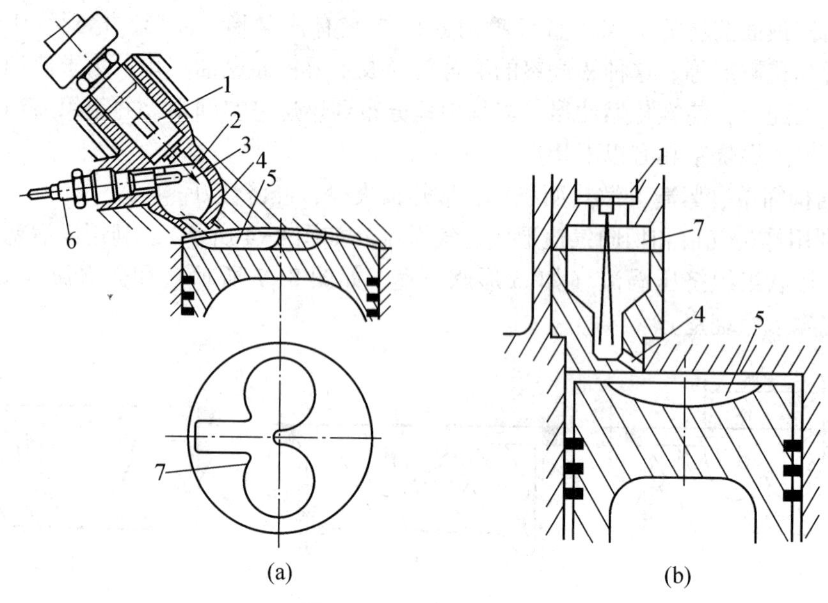

图 8-8　分隔式燃烧室

（a）涡流室式燃烧室；（b）预燃室式燃烧室

1—喷油器；2—涡流室；3—油束；4—通道；5—主燃烧室；6—预热塞；7—预燃室

燃烧室（预燃室）相切。压缩过程中，在预燃室内形成更为强烈的压缩紊流，燃油对着预燃室的中心线喷入；随后，在主燃烧室内形成强烈的燃烧紊流。

分隔式燃烧室具有以下特点：

（1）燃烧室表面积大，散热损失大，加之通道引起的节流损失，导致其热效率低，经济性差。

（2）上述（1）的原因，导致冷起动较困难。因此，分隔式燃烧室柴油机的压缩比较大，且往往在分隔室内有电预热塞，以保证顺利起动。

（3）由于组织强烈的气体运动，改善了混合气的形成，空气利用率提高，故可采用较小的过量空气系数。

（4）可在较低的喷油压力下工作，对喷油系统要求不高。喷油压力较低，采用轴针式喷嘴，不易堵塞，可靠性高、故障少，对燃料、负荷、转速变化的适应性好。

（5）由于初期燃烧压力不直接影响活塞顶及通道的节流作用，故平均压力升高率 $\Delta p/\Delta\varphi$ 小，发动机工作柔和，噪声小。

8.4　柴油机机械控制喷射系统

8.4.1　喷油器

1. 喷油器的功用与要求

喷油器安装在气缸盖上，其头部伸入燃烧室。

（1）喷油器的功用：将柴油雾化成细小颗粒，并合理分布到燃烧室中。

（2）喷油器的要求：

1）喷油规律、油雾形态（喷雾细度和锥角、射程）、雾化质量要适合燃烧室混合气形成与燃烧的要求。

2）喷油开始和结束要迅速、干脆，无滴油现象。

2. 喷油器的基本结构

柴油机喷油器主要由针阀、针阀体、顶杆、调压弹簧、调压螺钉及喷油器体等组成，如图 8-9 和图 8-10 所示。

针阀和针阀体是一对精密的偶件，称为喷油嘴偶件（或针阀偶件）。其上部圆柱面为高精度滑动配合，间隙为 0.002~0.003 mm，起导向作用。针阀中部的较大锥面为承压面，全部浸在针阀体的环形油槽——压力室中。针阀下部的较小锥面为密封面，与针阀体上的锥面精密配合起阀门作用，实现喷油嘴的开、闭及密封。针阀偶件通过拧紧螺母与喷油器体紧固在一起。调压弹簧的预紧力通过顶杆使针阀紧压在针阀体的密封锥面上，将喷孔关闭。

注意，针阀偶件需经过选配和研磨后达到配合精度要求，不具有互换性。

3. 喷油器的工作过程

工作时，来自喷油泵的高压燃油，经进油管接头、喷油器滤芯、喷油器体和针阀体内的油道进入喷油嘴内的压力室，并对针阀的锥面产生向上的轴向推力。当此轴向推力大于调压弹簧的预紧力时，针阀即向上移动打开喷孔，高压柴油喷入燃烧室。当喷油泵停止供油时，油压迅速下降，针阀在调压弹簧的作用下迅速落座，关闭喷孔，停止喷油。

针阀的开启压力为喷油器的喷油压力，其大小取决于调压弹簧的预紧力。拧动调压螺钉即可调整喷油压力。拧入调压螺钉，则弹簧预紧力增大，喷油压力提高；反之，旋出调压螺钉，则喷油压力降低。喷油压力调好后，须用保护螺母锁紧，防止松动。

喷油器工作期间，有少量柴油从针阀与针阀体配合面之间的间隙漏出，对针阀起润滑作用，并沿顶杆周围的缝隙上升，通过回油管接头进入回流管，流回柴油滤清器。

4. 喷油器的分类

按喷嘴阀的形式，柴油机喷油器分为孔式喷油器（如图 8-9 所示）和轴针式喷油器（如图 8-10 所示）两种。

孔式喷油器的针阀前端细长，针阀只起开闭喷孔的作用，燃油喷雾形态取决于针阀体下部的喷孔大小、方向和数量。孔式喷油器的喷孔一般有 1~8 个，常见的为 4~6 个，喷孔直径为 0.2~0.8 mm，喷油压力较高，为 17~30 MPa。孔式喷油器的特点是雾化质量好，但易阻塞和磨损。孔式喷油器用于直接喷射式燃烧室。

轴针式喷油器只有一个喷孔，直径一般为 1~3 mm，喷油压力较低，一般为 10~15 MPa，用于分隔式燃烧室。其针阀下端的密封面以下还有一个圆柱形或锥形的轴针（如图 8-11 所示），穿过针阀体的喷孔稍伸出孔外，使喷孔呈圆环形，喷柱呈空心状。工作时，轴针在喷孔内做往复运动，能自动清除喷孔中的积炭，使喷孔不易堵塞、工作可靠。

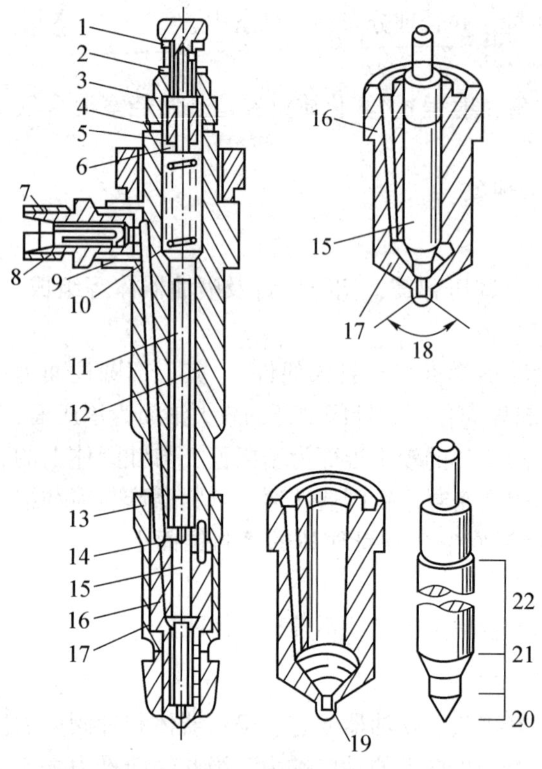

图 8-9　孔式喷油器

1—回油管螺栓；2—回油管衬垫；3—调压螺钉护帽；4—调压螺钉垫圈；5—调压螺钉；6—调压弹簧垫圈；7—进油管接头；8—滤芯；9—进油管接头衬垫；10—调压弹簧；11—顶杆；12—喷油气体；13—拧紧螺母；14—定位销；15—针阀；16—针阀体；17—压力室；18—油束角；19—喷油孔；20—密封带；21—承压带；22—导向部

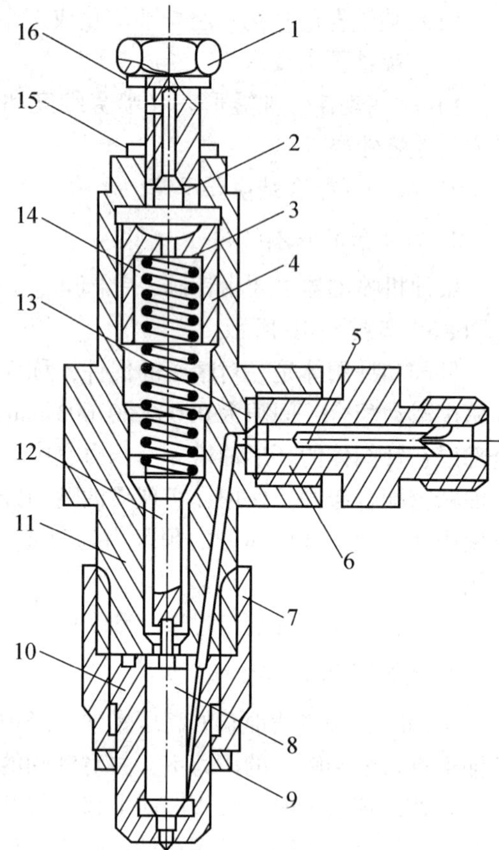

图 8-10　轴针式喷油器

1—回油管螺栓；2—保护螺母；3—调压螺钉；4、9、13、15、16—垫圈；5—滤芯；6—进油管接头；7—紧固螺母；8—针阀；10—针阀体；11—喷油器体；12—顶杆；14—调压弹簧

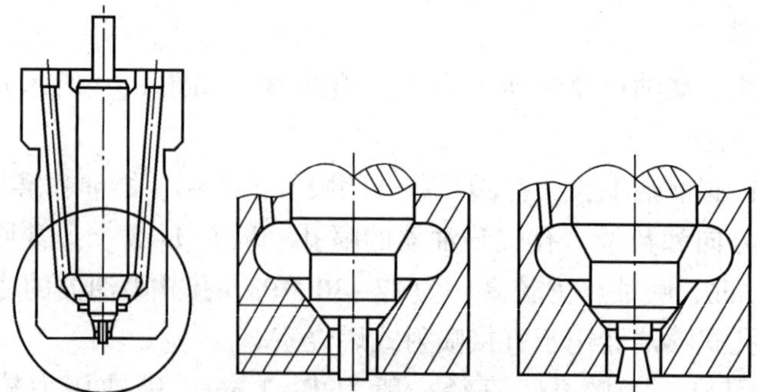

图 8-11　轴针式喷油嘴的结构形式

5. 喷油器的检修

使用中，喷油嘴偶件的导向柱面、密封锥面和喷孔等部位易出现磨损。导向柱面的磨损将导致回油量增多，喷油量减少，且随着转速的降低，喷油量的减小更明显；而密封锥面和喷孔的磨损将导致喷孔关闭不严、喷孔变大，引起雾化不良、滴油，造成冒黑烟、积炭和敲缸声，发动机综合性能恶化。因此，汽车每行驶 100 000~120 000 km，或发动机出现怠速不稳、冒黑烟、无力的现象时，必须在专用试验器上检查、校验喷油器的喷油压力、喷雾质量及密封性能等，并视情修理或更换针阀偶件。

（1）喷油压力的检查和调整。将喷油器安装到喷油器试验台上（如图 8-12 所示），压动手柄把系统内的空气排净并把连接部位拧紧，再快速压动手柄数次，清除喷油器内的杂质和积炭，然后慢慢压动手柄（以 60 次/min 为宜），同时观察压力表，当读数开始下降时，为喷油器的开启压力，此值应符合规定。否则，应通过调整调压螺钉或改变调整垫片的厚度来调节调压弹簧的预紧力。调整完后，将锁紧螺母锁紧后重试，各缸喷油器的压力差一般不应超过 0.25 MPa。

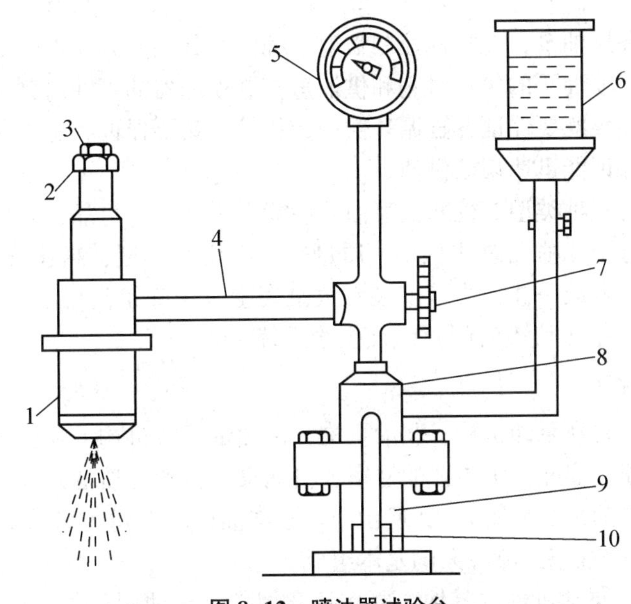

图 8-12 喷油器试验台

1—喷油器；2—锁紧螺母；3—调整螺钉；4—高压油管；5—压力表；6—储油罐；7—开关；8—高压油泵放气螺钉；9—手压喷油泵；10—手柄

（2）密封性检查。将燃油压力保持在低于喷油压力 1~2 MPa 的状态下，保持 10 s，期间喷孔不得出现滴漏现象。

（3）喷雾质量的检查。以 50~60 次/min 的速度连续压下试验器手柄，观察油束。良好的喷雾特征是：

1）对多孔喷油器，应形成一个雾化良好的小锥状油束，各油束间隔角、长度一致，并符合原厂规定；对轴针式喷油器，要求喷雾为圆锥形，不得偏斜。

2）油雾应细小、均匀，不能有线条状或羽毛片状的油束。

3）喷射时可听到断续清脆的声音。

对喷雾质量达不到要求或有滴油现象的，应重新清洗或更换新喷油器。

（4）喷油嘴偶件的检修。

1）外表应没有擦伤、刻痕、腐蚀，密封锥面应光亮且无任何伤痕，如有轻微损伤，则研磨修复。

研磨前，先去除喷嘴上的积炭，清洗干净，将研磨膏涂在锥面上，然后使针阀和阀座相互研磨。若喷嘴磨损较大，则应分别研磨针阀或阀座，然后进行选配研磨。

2）滑动性试验。完成上述检修后，将用柴油浸润、清洗后的阀体和针阀进行配合，拉出针阀长度的1/3，整体倾斜45°~60°，以松手后靠自重自动缓慢下滑落入阀座为宜；然后转动针阀在其他位置，重复上述试验，结果应相同。若滑动速度太快，则说明间隙太大，应重新选配针阀；若下滑时出现阻滞现象，则应重新研磨。

8.4.2 喷油泵

喷油泵又称为高压油泵，在机械控制喷射系统中，其功用是定时、定量、定压地向喷油器输送高压燃油。喷油泵的供油时刻和供油量控制喷油器的喷油时刻和喷油量。

多缸发动机喷油泵既要保证各缸循环供油量相等，又要保证各缸的供油提前角及供油持续期一致，还要保证能迅速切断供油。

柴油机喷油泵有三种类型。柱塞式喷油泵性能良好，工作可靠，在国内外车用柴油机中的使用最广泛；分配式喷油泵体积小，质量轻，多用于小型、高速柴油机；泵-喷油器是将喷油泵和喷油器合成一体，直接安装在气缸盖上，消除了高压油管带来的不利影响，用于PT（P代表压力，T代表时间）燃油供给系统。

1. 柱塞式喷油泵

柱塞式喷油泵主要由泵油机构、驱动机构、供油量调节机构、喷油提前器、喷油泵体等组成。每个气缸喷油器配一个单独的柱塞式喷油泵，各缸的喷油泵呈一列做成一体，故也称为直列柱塞式喷油泵。如图8-13所示为六缸柴油机的直列柱塞式喷油泵的基本组成，如图8-14所示为单个柱塞式喷油泵的基本组成。

（1）泵油机构。泵油机构的零件主要有柱塞偶件、出油阀偶件、柱塞弹簧与弹簧座、出油阀弹簧等。

1）柱塞偶件。柱塞偶件由柱塞与柱塞套筒组成，如图8-15（a）所示。

柱塞套筒上部开有油孔，与泵体上的低压油室相通。柱塞套筒装在喷油泵体座孔中，由定位螺钉插入其上部的定位槽限制其转动。

柱塞在柱塞套筒内既能做往复运动，又能做在一定角度范围内的转动。每对柱塞偶件对应一个气缸喷油器，即喷油泵的柱塞偶件数等于配套柴油机的气缸数。

柱塞上部的圆柱表面上铣有斜槽或螺旋槽，通过槽中的径向孔和柱塞中心轴向孔或纵向直槽与柱塞上方连通。柱塞中部开有一个环形槽，储存少量柴油，以润滑工作表面。柱塞下部设有凸块或调节手臂。

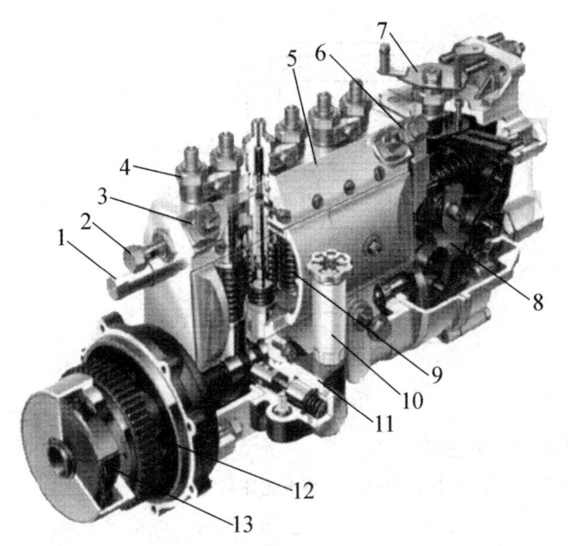

图 8-13　直列柱塞式喷油泵

1—油量调节机构；2—进油螺钉；3—放气螺钉；4—出油阀紧座；5—泵体；6—回油螺钉；7—断油手柄；8—调速器；9—泵油机构；10—输油泵手泵杆；11—输油泵；12—传动机构；13—提前器

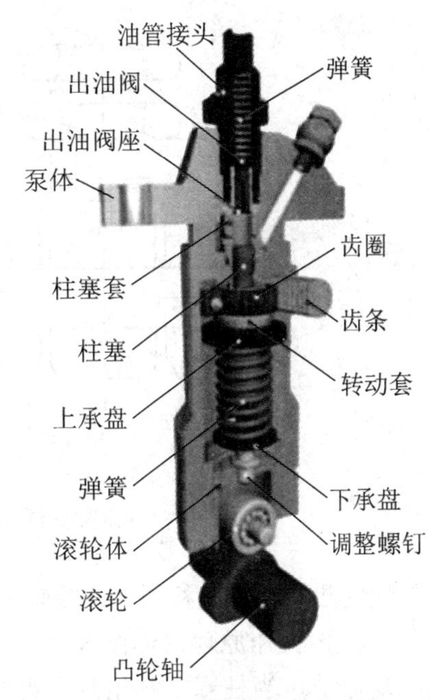

图 8-14　单个柱塞式喷油泵

柱塞与柱塞套筒精密配合，经选配、研磨控制其配合间隙（0.001 5～0.002 5 mm），不能互换。间隙过大，易漏油，油压下降；间隙过小，易卡死。

柱塞弹簧上端通过其上支座支承在泵体上，下端通过下支座支承在挺柱尾端，其安装时的预紧力使柱塞压紧在挺柱体上方的调整螺钉上。

2）出油阀偶件。出油阀偶件如图 8-15（b）所示，由出油阀与出油阀座组成，是喷油泵中的又一对精密偶件，位于柱塞偶件上方，通过出油阀压紧座紧固于泵体上部。出油阀靠出油阀弹簧紧固在阀座上，使其上部的圆锥面与阀座精密配合，隔断柱塞上部空间与高压油管。出油阀尾部断面呈十字形，起导向作用，兼作燃油通路。锥面下部的圆柱面称为减压环带，与阀座孔精密配合，起密封作用。

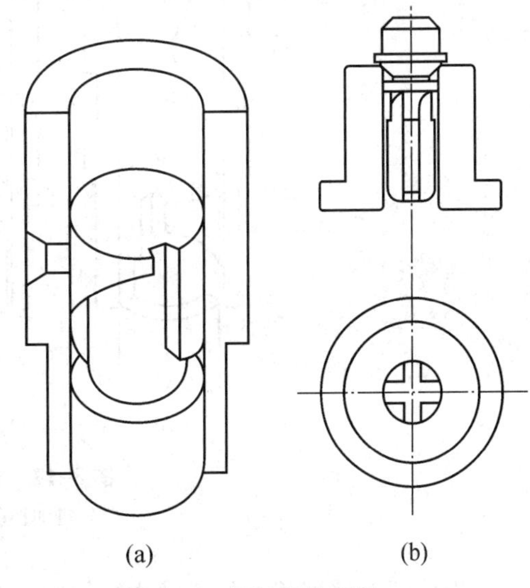

图 8-15　泵油机构偶件

（a）柱塞偶件；（b）出油阀偶件

（2）驱动机构。驱动机构主要由挺柱部件、喷油泵凸轮轴、正时齿轮等组成。

挺柱是凸轮轴和柱塞之间的传动件，其结构如图 8-16 所示。挺柱体上的调整螺钉或调整垫片用来调节挺柱的高度，从而改变柱塞与柱塞套筒在轴向的相对位置。

凸轮轴上的凸轮数目与气缸数相等，其排列顺序与柴油机工作顺序一致。凸轮轴的两端用滚动轴承支承在泵体上，由曲轴通过正时齿轮驱动。对四冲程柴油机，喷油泵凸轮轴转速

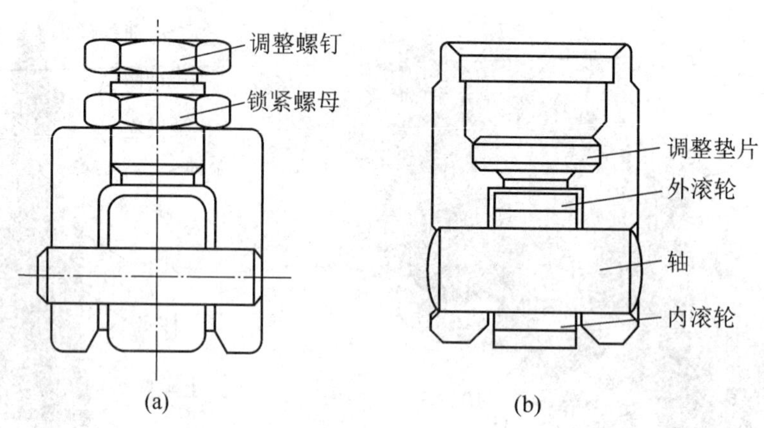

图 8-16 挺柱体

（a）用调整螺钉调整滚轮体高度；（b）用调整垫片调整滚轮体高度

与配气凸轮轴转速相同，即曲轴转两圈，凸轮轴转一圈。

（3）工作原理。如图 8-17 所示，工作时，柱塞在凸轮轴的驱动下在柱塞套筒内做往复运动。当柱塞下移至其上部将柱塞套筒上的油孔打开时，燃油开始从低压油腔经进油孔流入柱塞上方的空间（称为泵油腔）。凸轮的凸起部分尚未与滚轮接触时，柱塞在柱塞弹簧的作用下位于最低点，进油口一直打开，燃油充满泵油腔；当凸轮的凸起部分同滚轮接触时，柱塞开始向上移动，一部分燃油被挤回低压油腔，直至柱塞上端面将进油孔完全关闭。柱塞继续上移，泵油腔内的燃油压力迅速升高，克服出油阀弹簧的预紧力，顶起出油阀，当减压环带完全离开出油阀座孔时，高压燃油经过高压油管，流向喷油器。

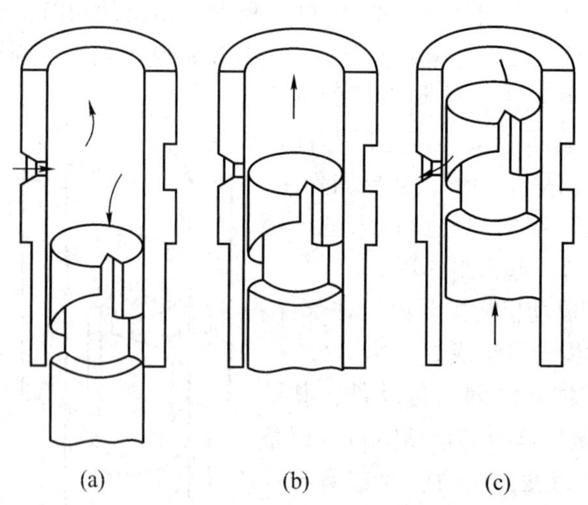

图 8-17 柱塞偶件工作原理

（a）进油；（b）供油；（c）停油

当柱塞上移到其上的斜槽边缘将回油孔下边缘打开时，泵油腔内的高压油经轴向中心孔和径向孔（或纵向直槽）流回低压油腔，泵油腔内燃油压力降低，出油阀在出油阀弹簧的作用下立即落座，供油停止。此后，即使柱塞仍上行，也不会供油，当凸轮转过最高点，柱塞在柱塞弹簧的作用下下行，柱塞顶面低于进油孔上边缘时，燃油又开始进入泵油腔内。

可见，喷油泵只有在柱塞封闭住进油孔至斜槽打开回油孔这段时期内供油，这期间的柱塞行程称为柱塞有效行程。

在出油阀落座过程中，当减压环带下端进入阀座孔内时，高压油管即与柱塞上部泵油腔隔断，阻止高压油管内的燃油回流，保持高压油管内具有一定的残余压力，使下次供油开始迅速。当出油阀继续回落直至锥面落座时，高压油管容积突然增大，油压迅速降低，喷油器立即停止喷油，不致产生滴油现象。因此，出油阀要保证喷油泵供油敏捷、迅速，停油干脆。

（4）供油调节。供油调节分为供油量的调节和供油定时的调节。

1）供油量的调节。从上述柱塞式喷油泵的结构和工作原理可知，供油量取决于柱塞有效行程，柱塞有效行程增加，供油持续时间延长，供油量增大。只要转动一下柱塞，使其上端的斜槽与柱塞套筒油孔的位置发生变化，就可改变柱塞有效行程，达到改变柴油机循环供油量的目的。油量调节机构就是转动柱塞的机构，一般有两种。

① 齿杆齿圈式油量调节机构。齿杆齿圈式油量调节机构如图 8-18 所示。调节齿圈固定在油量控制套筒上，在套筒下端开有切口，正好与柱塞下端凸块相配。调节齿圈与调节齿杆相啮合，拉动齿杆，便可带动柱塞转动。当各缸供油量不等，要调整某缸供油量时，先松开调节齿圈的紧固螺钉，转动控制套筒带动柱塞相对于调节齿圈转动一个角度，再紧固螺钉固定齿圈。

② 拨叉-拉杆式油量调节机构。拨叉-拉杆式油量调节机构如图 8-19 所示。柱塞下端固定有调节臂，臂的球头插入用螺钉固定在调节拉杆上的调节叉内，推动拉杆即可调整油量。当需调整某缸供油量时，可松开调节叉紧固螺钉，改变拨叉在拉杆上的位置。

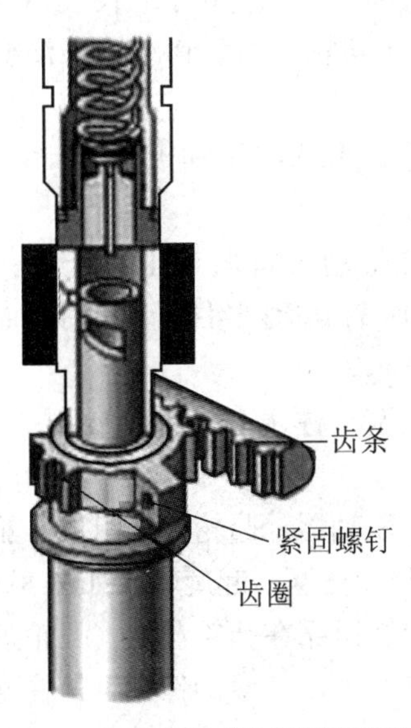

图 8-18　齿杆齿圈式油量调节机构

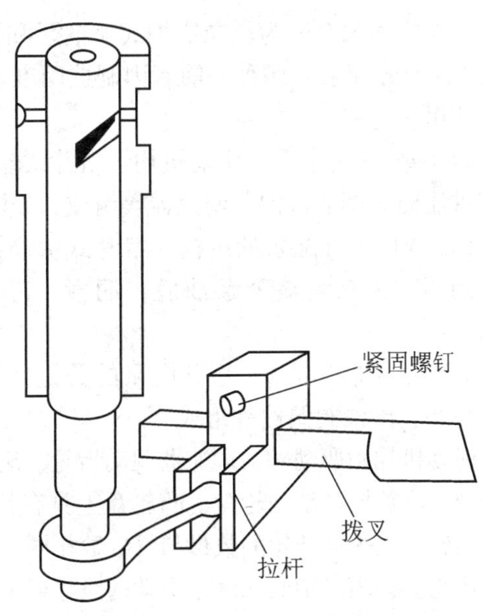

图 8-19　拨叉-拉杆式油量调节机构

2）供油定时的调节。供油定时由曲轴与油泵凸轮轴的相对位置、喷油泵凸轮轴上各凸轮间的夹角、柱塞在柱塞套筒内的轴向相对位置等决定。由于加工和安装误差等，当各缸的供油定时有差异时，可通过挺柱体上的调整螺钉或垫片进行微调，如图 8-16 所示。将锁紧螺母松开，拧入螺钉或减薄垫片时，供油延迟，旋出螺钉或加厚垫片时供油提前。

（5）喷油提前器。在燃烧过程分析时已指出，喷油提前角对柴油机性能影响很大，对应于每一运行工况有一个最佳喷油提前角，使发动机输出的功率最大，耗油率最低。负荷越大，转速越高，最佳喷油提前角应越大。

喷油提前角是靠喷油泵喷油提前器来调整的。有些柴油机根据某个常用工况范围选定一个固定的喷油提前角，不能自动调节。由于汽车柴油机工况变化范围大，所以车用柴油机都装有机械离心式喷油提前角自动调节装置，能随转速的变化自动调节喷油提前角，如图 8-20 所示为常见的一种机械式自动喷油提前器。它主要由主动盘、从动盘、两个对称的飞块、弹簧等组成，整个装置由防护罩密封。主动盘通过其上的两个传动爪与联轴器相连，在曲轴带动下转动。从动盘与喷油泵凸轮轴连接。主、从动盘上分别有两个销。飞块的两端各有一个销，其一端通过销连接在主动盘上，另一端通过滚轮松套在从动盘销上。主、从动盘上的销的圆柱面上加工有弹簧座，其间装有调节弹簧，使飞块的圆弧面压紧在主动盘销上。

当发动机静止或在低速范围内运转时，飞块不产生或只产生很小的离心力，飞块离心力小于弹簧的弹力，使飞块不向外张开。此时，喷油提前器不起作用。当发动机转速升高，飞块离心力增大，在克服喷油泵驱动力和弹簧力而向外张开时，弹簧受压缩，主、从动盘上的销间距缩短，带动从动盘和喷油泵凸轮轴顺其旋转方向相对于驱动轴转过一定角度，使供油提前。

2. 分配式喷油泵

分配式喷油泵分为径向压缩式喷油泵和轴向压缩式喷油泵（VE 型分配式喷油泵，简称为 VE 型分配泵）两种。前者因制造困难等，目前已很少应用，后者在车用柴油机中被广泛使用。

VE 型分配泵主要由驱动机构、滑片式输油泵、高压分配泵头（泵油机构）、断油电磁阀、供油提前调节机构及调速器等组成，如图 8-21 所示。

（1）VE 型分配泵的结构。滑片式输油泵在驱动轴的带动下将燃油压力升高，并经调压阀调节，充满整个泵油腔，润滑、冷却泵体内的所有运动零件，并为泵油机构供油。

高压分配泵头是 VE 型分配泵的关键部件，主要由柱塞、柱塞套筒、油量调节套筒、柱塞弹簧、出油阀偶件等组成。

驱动机构由驱动轴、调速器驱动齿轮、滚轮、滚轮架、联轴器、凸轮盘等组成。驱动轴右端通过联轴器带动凸轮盘，凸轮盘上具有传动销，带动分配柱塞一起旋转，如图 8-22 所示。凸轮盘上平面凸轮的数目与气缸数相同。柱塞被柱塞弹簧压靠在凸轮盘上，凸轮盘被压靠在滚轮上，滚轮轴嵌入静止不动的滚轮架上。工作时，在平面凸轮盘的作用下，柱塞既做往复运动，又做旋转运动。

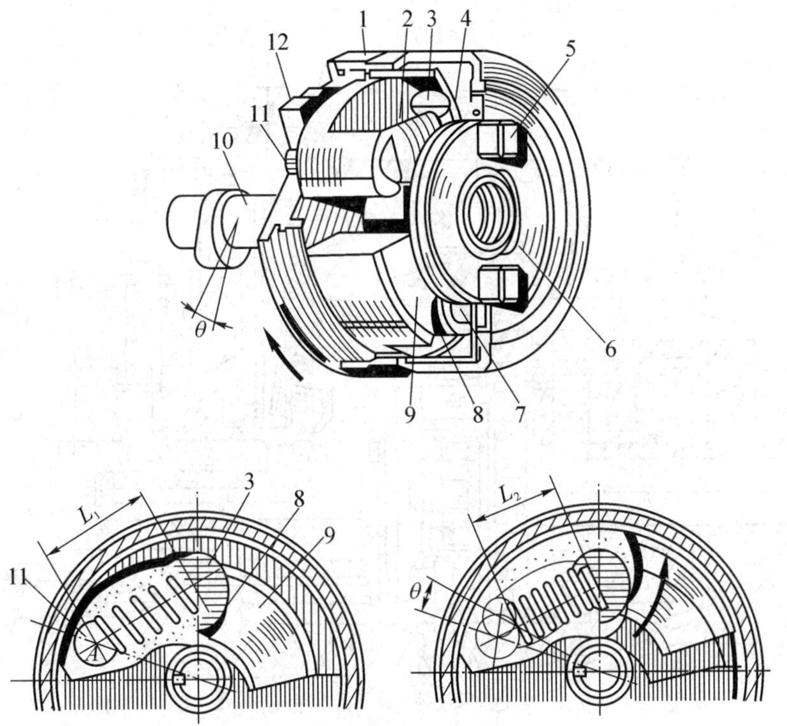

图 8-20　机械式自动喷油提前器

1—防护罩；2—提前器弹簧；3、7—传动销；4—主动盘；5—传动爪；6—主动盘凸缘；
8—飞块圆弧面；9—飞块；10—喷油泵凸轮轴；11—飞块销；
12—从动盘；L_1—起始时弹簧长度；L_2—终了时弹簧长度；θ—提前角调节范围

柱塞与柱塞套筒、柱塞与油量调节套筒是两对精密偶件。柱塞（如图 8-23 所示）上有一个中心油孔，它一端与回油孔相通，另一端与柱塞腔（泵油室）相通。柱塞顶端均布着数目与气缸数目相同的轴向进油槽并通向柱塞腔，柱塞中部有一个与中心油孔相通的径向燃油分配孔及一个压力平衡槽。柱塞套筒上有一个进油孔及数目与气缸数目相同的沿圆周均布的出油孔，出油孔分别通过泵体上的分配油道与出油阀相通。在柱塞在转动时，其上的进油槽分别与套筒上的进油孔相通，燃油分配孔分别与柱塞套筒上的各缸出油孔相通。

（2）VE 型分配泵的工作原理。VE 型分配泵的工作过程如图 8-24 所示。

1）进油过程。当凸轮盘的凹下部分转至与滚轮接触时，柱塞弹簧将柱塞向左推移，柱塞上的轴向进油槽与柱塞套筒上的进油孔相通，燃油充满柱塞腔和中心油孔。当进油结束时，柱塞处于下止点位置。

2）泵油过程。当凸轮盘由凹下部分转到凸起部分时，柱塞转至其进油槽与进油孔完全错开，在进油孔被柱塞关闭的同时，柱塞开始向上止点移动，柱塞腔内油压急剧升高。与此同时，柱塞上的燃油分配孔与柱塞套筒上的出油孔相通，高压燃油经柱塞中心油孔、柱塞燃油分配孔、柱塞套筒出油孔、分配油道、出油阀、高压油管、喷油器到燃烧室。

3）回油过程。柱塞继续上行，当其上的回油孔露出油量控制滑套时，高压燃油从中

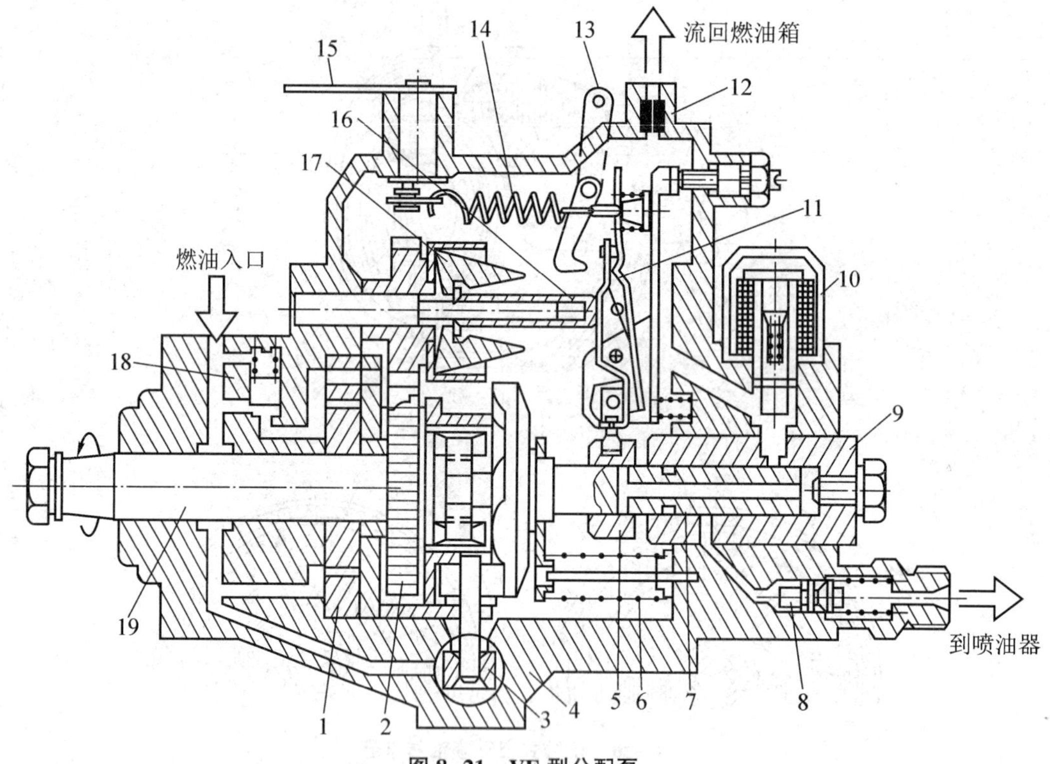

图 8-21 VE 型分配泵

1—滑片式输油泵；2—传动齿轮；3—液压供油提前器；4—平面凸轮；5—油量调节套筒；6—柱塞弹簧；7—分配柱塞；8—出油阀；9—柱塞套；10—断油阀；11—张力杠杆；12—回油管接头；13—停车手柄；14—调速弹簧；15—调速手柄；16—调速滑套；17—飞块；18—调压阀；19—驱动轴

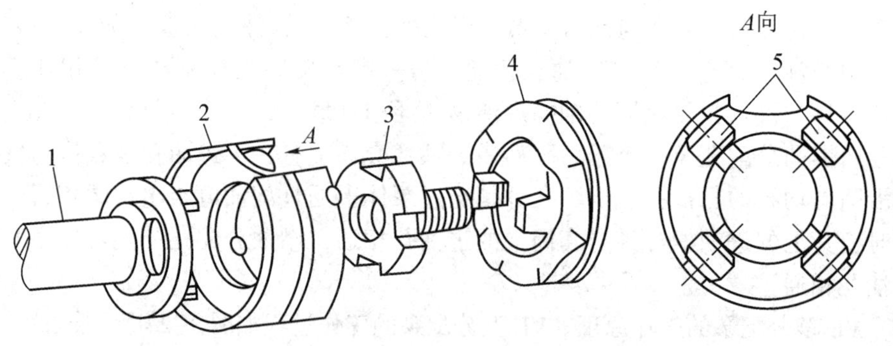

图 8-22 滚轮、联轴器及平面凸轮

1—驱动轴；2—滚轮架；3—联轴器；4—平面凸轮；5—滚轮

心油孔流进泵体腔内，油压即刻下降，供油停止。

4）压力平衡过程。柱塞上的压力平衡槽在柱塞运动中始终与油泵内腔相通。当供油停止后，压力平衡槽与柱塞套筒上的出油孔相通时，分配油道与油泵内腔连通，两处的油压处于平衡。在柱塞旋转过程中，压力平衡槽与各缸分配油道逐个相通，使各分配油道内的压力均衡一致，以保证各缸供油的均匀性。

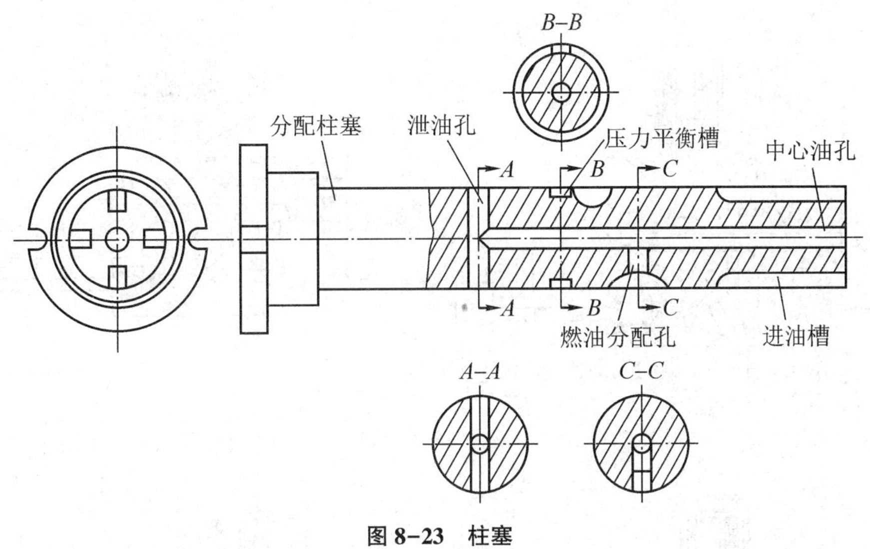

图 8–23　柱塞

VE 型分配泵的供油量取决于柱塞有效行程，即柱塞上的燃油分配孔与柱塞套筒上的出油孔开始相通时起至泄油孔移出油量调节套筒时的柱塞行程。改变控制套筒的位置，即可改变柱塞的有效行程。油量调节套筒左移，回油提早，柱塞有效行程缩短，供油量减少；反之，油量调节套筒右移，回油延后，柱塞有效行程增大，供油量增加。

由上述工作过程可知，分配式喷油泵凸轮盘转一周，即柱塞转一周，柱塞上的燃油分配孔按工作顺序依次与各缸分配油道接通一次，即向各缸喷油器供油一次。

因此，相对于柱塞式喷油泵，分配式喷油泵只有一副柱塞偶件，它具有以下优点：结构简单，零件数少，体积小，质量轻，出现故障少，易维修；供油均匀性好，不需要逐个气缸进行供油量及供油定时的调节，且高速性能好；分配泵凸轮行程小，循环供油量小，且对柴油纯净度（是否含有水分等杂质）较敏感。因为分配泵运动件依靠泵体内的柴油润滑、冷却，柴油不洁易发生分配套筒和柱塞（转子）咬死的故障，所以分配式喷油泵广泛应用于小型高速多缸柴油机，如轻型柴油汽车等。

图 8–24 中的 1 为电磁断油阀。当发动机起动时，将开关旋至 ST（闭合）位置，从蓄电池来的电流流过电磁线圈，产生电磁吸力，将阀门吸起并压缩回位弹簧，使进油孔打开。起动后将开关旋至 ON（打开）的位置，电路中串入电阻，电流减小，但由于有油压的作用，阀门仍然保持开启。当发动机停机时，将开关旋至 OFF（关闭）的位置，使电磁阀断电，阀门在回位弹簧的作用下关闭，停止供油。

液压式喷油提前器在喷油泵体的下部，其结构如图 8–25 所示。在液压式喷油提前器内有一个可左右移动的活塞，活塞的一侧与分配泵体内腔相通，受到滑片式输油泵出口燃油压力的作用。活塞的另一侧装有弹簧，并与输油泵的进油口相通。滚轮架通过拨销和连接销与提前器内的活塞相连。柴油机转速稳定时，活塞两侧受力平衡。当转速升高时，滑片式输油泵运转加快，输油量增加，泵体内腔油压升高，推动活塞向左移动，通过拨销和连接销带动滚轮支架逆着凸轮盘旋转方向转动一个角度，使平面凸轮提前与滚轮接触，供油提前，直至活塞处于新的平衡位置。反之，转速降低，供油推迟。

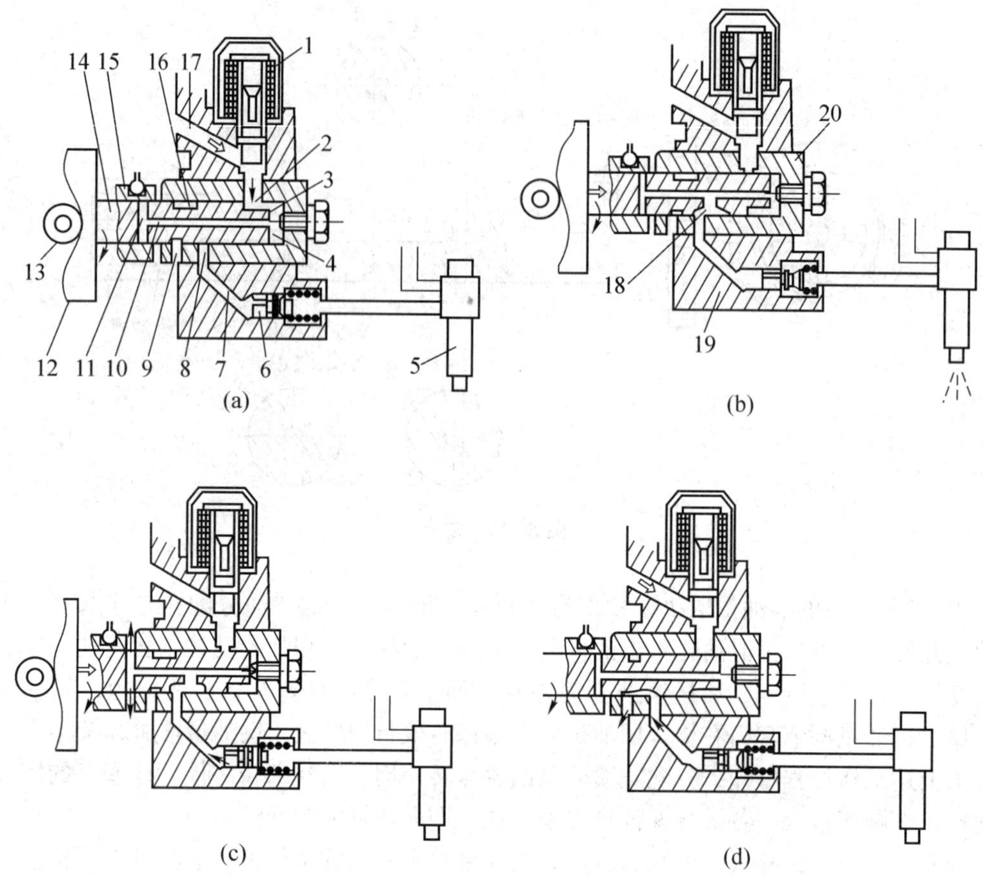

图 8-24 VE 型分配泵的工作过程

（a）进油过程；（b）泵油过程（c）回油过程；（d）压力平衡过程

1—断油阀；2—进油孔；3—进油槽；4—柱塞腔；5—喷油器；6—出油阀；7—分配油道；8—柱塞套筒出油孔；9—压力平衡孔；10—中心油孔；11—泄油孔；12—平面凸轮；13—滚轮；14—分配柱塞；15—油量调节套筒；16—压力平衡槽；17—进油道；18—燃油分配孔；19—喷油泵体；20—柱塞套筒

3. 喷油泵的检修

长期使用后，喷油泵柱塞偶件的磨损、变形等，会造成柴油机供油开始滞后和结束提前、供油量不足、各缸供油量及供油时刻不均匀；出油阀偶件的磨损会造成喷油提前，发生二次喷射或滴油现象，喷油持续期延长，供油量增加。这些都将导致燃烧恶化，引起发动机怠速运转不稳、起动困难、油耗增加、功率下降、排气冒黑烟和工作粗暴等现象。

（1）柱塞偶件的检修。喷油泵解体、清洗后，对柱塞偶件主要进行以下检修：

1）外观目测。如发现有如下情况之一应更换：柱塞表面有明显磨损沟槽的痕迹或裂纹；柱塞套筒内表面有锈蚀和较深的刮痕或裂纹；柱塞端面、直槽、斜槽、环槽等边缘有锈蚀或剥落等现象。

2）滑动性试验。与喷油器滑动试验相同。

3）密封性试验。在喷油器试验器上进行：

① 将各分泵的出油阀取出，并将阀座与密封垫保留在孔内，装好出油阀压紧座，放

尽泵内的空气，将出油阀与喷油器试验器用高压油管连接好。

② 移动供油操纵杠杆，使柱塞处于最大供油位置，再转动凸轮轴，使柱塞上升到供油行程的中间位置，封闭套筒上的进、回油孔。

③ 用喷油器试验器泵油，至油压达到20 MPa时停止泵油，然后测定油压下降到10 MPa所需的时间（试验器必须密封），新泵或大修后的Ⅱ号泵柱塞副少于12 s为不合格。同一喷油泵，各柱塞的密封性差异应小于15%。

也可采用简易办法进行密封性试验：将柱塞偶件洗干净后，使柱塞处于最大供油位置，用手指堵住柱塞套筒顶部和进、回油孔，将柱塞由最上位置往下拉，此时应感到有明显的吸力，松开柱塞后，如柱塞能迅速回到原来位置，则可继续使用，否则，应更换柱塞偶件。

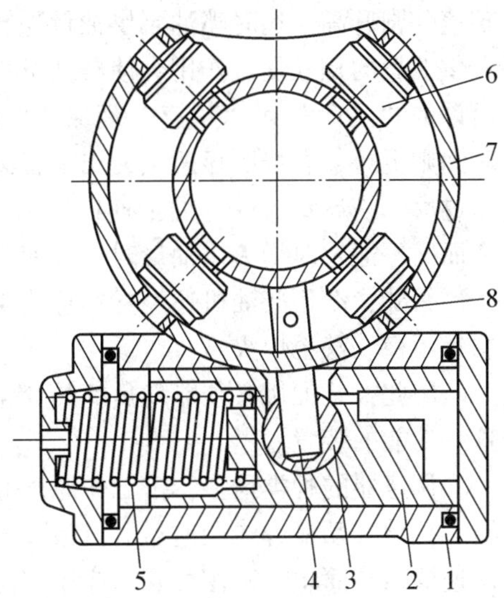

图8-25 液压式喷油提前器

1—壳体；2—活塞；3—连接销；4—拨销；5—弹簧；6—滚轮；7—滚轮架；8—滚轮销

（2）出油阀偶件的检修。

1）外观目测。若出油阀和阀座密封锥面磨损严重，有裂纹，表面金属剥落，密封带宽度和深度过大，减压环带磨损严重或者表面有锈蚀等，则应更换出油阀偶件。

2）滑动性试验。将出油阀偶件清洗干净后垂直放置，并将阀体从阀座中抽出1/3，松手后，出油阀在自身重力作用下应能缓慢均匀地下落到底。把阀体相对于阀座转过一个角度后，重复上述试验，结果应相同。

3）密封性试验。在做滑动试验时，如用手指堵塞出油阀座的下端面孔，出油阀下落到减压环带进入阀座时应能停住。同时，用手指轻轻压入出油阀，放松手指后，出油阀应能马上弹回原位置。手指从下端面移开时，在自重的作用下，出油阀应能完全落座。

（3）其他检修。若泵体、凸轮轴或凸轮盘出现裂纹，凸轮表面有剥落、点蚀或其他异常磨损，凸轮轴颈磨损、轴承松旷，凸轮轴、驱动轴键槽有磨损或剥落，均应更换新件。

柱塞和出油阀弹簧不得有弹力下降、歪斜、折断现象或裂纹，否则应更换新件。

8.4.3 调速器

1. 调速器的功用及分类

柴油机在运行过程中，当负荷变化时，要通过及时调整循环供油量来改变其输出功率或转矩，以保证其稳定运转。汽车、拖拉机等常在负荷不断变化的工况下工作，且常会遇到负荷突变的情况。当负荷突然减小或增大时，驾驶员并不是都能适时察觉且及时做出反应来控制油门，这样就会导致柴油机的转速忽高忽低和工作不稳定。当喷油泵供油拉杆位置不变时，其每次循环供油量随转速的升高（降低）而增大（减少）的变化关系（喷油泵速度特性）又会加剧上述现象。尤其是当柴油机在高速下工作而突然卸载时，会导致其转速急剧升高，这时喷油泵供油量随转速升高而自动增大，又会促使转速继续升高。转速和供油量的相互促进作用会使柴油机转速甚至超出设计允许的最高转速而无法控制，出现所谓的“飞车”或“超速”现象。对柴油机来说，一旦产生“飞车”现象，混合气形成时间则更短，燃烧明显恶化，出现冒黑烟和过热现象，且由于产生很大的惯性力，机械负荷过大，易导致机件（曲轴连杆机构、配气机构的零件）损坏；相反，当外界载荷突然增大而又不能及时增大供油量时，转速则迅速下降，甚至熄火。

另外，车用柴油机还经常在怠速工况下运转，若因某种原因出现转速波动，则易造成怠速不稳，甚至熄火。

因此，柴油机必须能随负荷的变化自动调节供油量，以使其稳定运转，调速器是实现这一功能的装置。

调速器的种类很多，按工作原理分为机械离心式调速器、气动式调速器、液压式调速器、机械气动复合式调速器、机械液压复合式调速器、电子式调速器。其中，机械离心式调速器结构简单、工作可靠、应用广泛。

调速器按其调节转速的范围，车用柴油机中多采用的是两极式调速器和全程式调速器。两极式调速器只限制柴油机的最高转速和最低转速，防止“飞车”现象和稳定怠速，中间转速则由驾驶员直接通过操纵杠杆来控制，调速器不起作用，多用于中、小型汽车上；全程式调速器不仅能限制柴油机的最高转速和稳定怠速，还能对柴油机工作范围内的任何转速进行自动调节，多用于负荷和转速变化频繁的汽车和中、重型工程车及越野车中。

2. 两极式调速器

（1）两极式调速器的基本结构。如图 8-26 所示为广泛应用的两极式调速器的结构与工作原理示意图。它通过螺钉固定在喷油泵体上。喷油泵凸轮轴的一端固接着飞块支座，两个飞块通过销轴与其连接。飞块臂上的滚轮紧靠在调速滑套的端面上。当飞块离心力增大并向外张开时，滚轮便推动滑套移动。导动杠杆上、下端分别与调速器壳和滑套铰接，中部通过销轴 *B* 与浮动杠杆铰接。浮动杠杆上端通过连接杆与供油调节齿杆相连，顶部挂接另一端接在调速器壳体上的起动弹簧。浮动杠杆下端有一个销轴，插在支持杠杆下端的凹槽内。速度调整杠杆、拉力杠杆的上端与导动杠杆一起套在调速器壳的销轴上。速度调整螺栓顶住速度调整杠杆，使装在拉力杠杆和速度调整杠杆之间的调速弹簧保持拉伸状态。拉力杠杆下端装有怠速弹簧，其中部有一根销轴插入支持杠杆上端的凹槽内。控制操纵杠杆的一端与支持杠杆连接，另一端由驾驶员通过加速踏板来控制。

（2）两极式调速器的工作原理。

1）起动工况与怠速工况。起动时，先将操纵杠杆推靠在高速限止螺钉上，带动支持杠杆绕 *D* 点、浮动杠杆绕 *B* 点逆时针转动，使供油调节齿杆移至全负荷供油位置。同时，在起动弹簧拉力的作用下，拉动浮动杠杆绕 *C* 点逆时针方向摆动，从而带动 *B* 点和 *A* 点（或滑套）进一步移至极限位置，飞块被压至合拢，供油调节齿杆达到最大供油量位置，使起动油量大于全负荷油量，以加浓混合气，保证发动机顺利起动。

在发动机起动后，将操纵杠杆置于怠速位置，供油调节齿杆随之移至怠速供油量的位置，发动机进入怠速工作状态。当飞块离心力与怠速弹簧和起动弹簧弹力平衡时，发动机稳定于某一转速下。若由于某一原因，转速升高，则飞块离心力增大，使滑套右移压缩怠

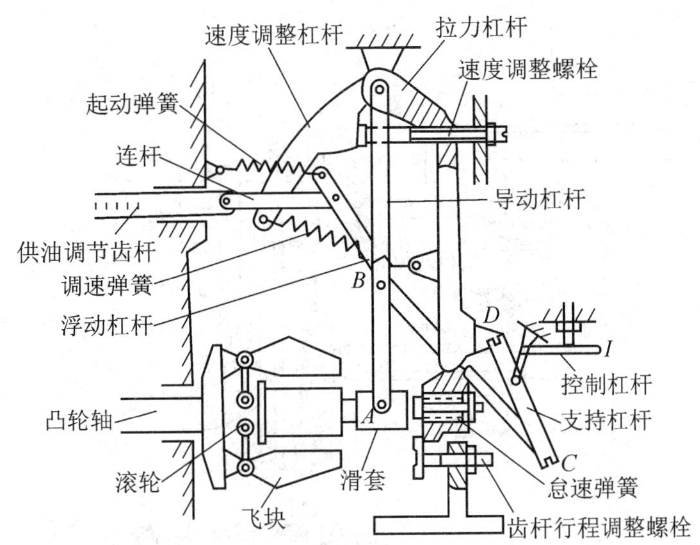

图 8-26　两级式调速器的结构及工作原理示意图

速弹簧，通过导动杠杆、浮动杠杆带动供油调节齿杆右移，减小供油量，使转速降低，直至达到新的平衡。当转速降低时，调速机构的响应与上述过程相反，达到新的平衡。

改变怠速弹簧的预紧力，可调整怠速转速。

2）中速工况与高速限制。当操纵杠杆处于高速限止螺钉和怠速限止螺钉中间位置，发动机转速超出怠速控制范围时，怠速弹簧被压入拉力杠杆孔内，滑套直接与拉力杠杆接触。刚度较大的调速弹簧把拉力杠杆拉住，在转速低于最高工作转速时，飞块离心力产生的推力不足以克服其弹力而推动拉力杠杆，调速器不起作用。只有靠驾驶员改变操纵杠杆的位置，才能使供油调节齿杆移动，以增减供油量。

当负荷减小使发动机转速升高，并超过设定的最高转速时，飞块离心力产生的推力足以克服调速弹簧的预紧力，推动滑套使导动杠杆、拉力杠杆绕其顶端支承点逆时针转动，拉动供油调节齿杆向减小供油量的方向移动，限制转速的继续升高，防止产生飞车现象。

速度调整螺栓可改变调速弹簧的预紧力，调整发动机的最高限速。

3. 全程式调速器

若将上述两极式调速器中由驾驶员通过控制加速踏板带动杆系作用于供油调节齿杆，改为由驾驶员通过加速踏板控制调速弹簧预紧力，即可实现在整个工作转速范围内进行调速的全程式调速器。以 VE 型分配泵全程调速器为例说明机械离心式全程调速器的结构和工作原理，如图 8-27 所示。

（1）VE 型分配泵全程调速器的基本结构。装有四个飞块的飞块支架在调速器传动齿轮的驱动下转动，受离心力作用，飞块张开，并试图推动顶靠在起动杠杆上的调速滑动套筒移动。起动杠杆下端的球形销嵌入供油量调节套筒的凹槽内。起动杠杆、张力杠杆均与导杆上的销轴 N 相连，两者可分别绕销轴 N 摆动。当起动杠杆摆动时，球形销便拨动供油量调节套筒，改变供油量的大小。导杆通过销轴 M 固定在分配泵体上，其下端受回位弹簧的推压，使上端紧靠在最大供油量调节螺钉上。

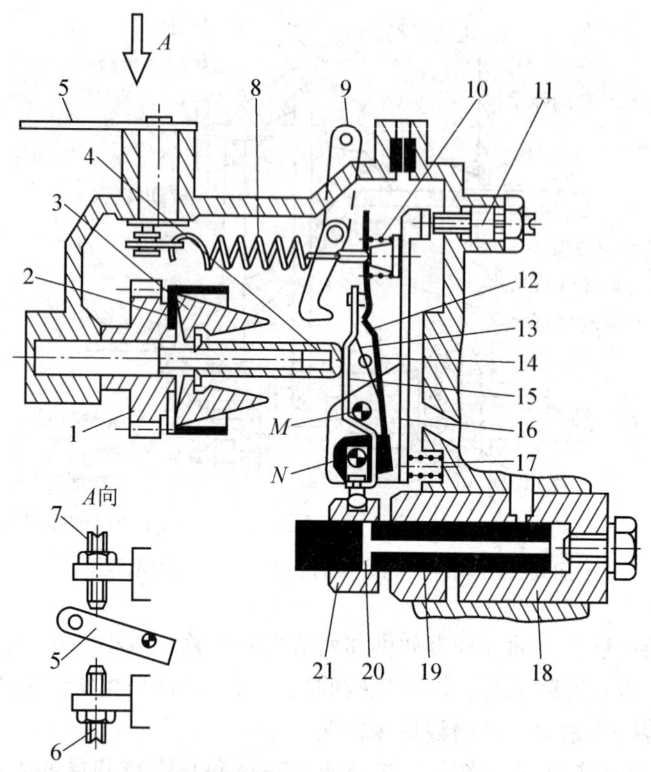

图 8-27 VE 型分配泵全程调速器

1—调速器齿轮；2—飞块支架；3—飞块；4—调速滑套；5—调速操纵杠杆；6—怠速调节螺钉；7—高速限止螺钉；8—调速弹簧；9—停车手柄；10—怠速弹簧；11—最大供油量调节螺钉；12—张力杠杆；13—起动弹簧；14—张力杠杆挡销；15—起动杠杆；16—导杆；17—回位弹簧；18—柱塞套；19—分配柱塞；20—泄油孔；21—供油量调节套筒

调速弹簧的一端挂在与操纵杠杆固接的偏心销轴上，另一端通过怠速弹簧与张力杠杆连接。

（2）VE 型分配泵全程调速器的工作原理。

1）起动工况。起动时，使操纵杠杆位于全负荷位置（靠在高速限止螺钉上），在调速弹簧的作用下，张力杠杆绕销轴 *N* 逆时针摆动，供油量调节套筒右移。起动弹簧使起动杠杆沿逆时针摆动，滑动套筒左移，飞块进一步合拢至极限位置，供油量达到最大，实现起动加浓。

起动后，飞块离心力克服起动弹簧的弹力，使起动杠杆绕销轴 *N* 顺时针摆动，直到抵靠在张力杠杆的挡销上。与此同时，起动杠杆下端的球头销拨动供油量调节套筒左移，供油量自动减少。

2）怠速工况。将操纵杠杆置于怠速位置（靠在怠速限止螺钉上），此时调速弹簧的张力几乎为零，即使转速很低，飞块的离心力也可推动滑动套筒，使起动杠杆通过压缩起动弹簧紧靠在张力杠杆上，并同时绕销轴 *N* 顺时针摆动，压缩怠速弹簧。当起动弹簧、怠速弹簧弹力与飞块推动滑动套筒的作用力平衡时，发动机稳定在某一怠速工况下。当由于某种原因使转速降低时，飞块离心力减小，平衡状态被破坏。怠速弹簧推动张力杠杆、起动杠杆逆时针摆动，滑动套筒左移，供油量调节套筒右移，供油量增大，转速回升。同理，当转速升高时，调速机构的响应与上述过程相反，使供油量减少，转速降低。

3）中速及高速限制。操纵杠杆置于怠速与高速限止螺钉之间某一位置时，发动机便在调速弹簧和飞块离心力达到新的平衡状态所决定的中间某一转速附近运转。随操纵杠杆位置的变化，调速弹簧弹力变化，调速器调节的转速也变化。当操纵杠杆抵靠在高速限止螺钉上时，调速弹簧弹力最大，供油量调节套筒在最大供油量位置，发动机在标定转速下工作。这时即使突然卸载，导致转速升高，也会因飞块离心力增大，推动起动杠杆、张力杠杆绕销轴 N 顺时针摆动，供油量调节套筒左移，供油量自动减少，转速回落，不至于超速。

导杆和最大供油量调节螺钉用来调节最大供油量。当旋进最大供油量调节螺钉时，导杆绕销轴 M 逆时针摆动，带动起动杠杆、张力杠杆同向摆动，拨动油量调节套筒右移，供油量增大。旋出最大供油量调节螺钉，则使最大供油量减少。

4. 调速器的检修

调速器主要运动件的磨损、变形是影响其正常工作的主要因素。在正常情况下，当操纵杠杆固定不动时，喷油泵供油拉杆或齿杆的轴向窜动量为 0.5~1.0 mm，若各连接处磨损严重，则其窜动量可达 3~4 mm 或更大，导致供油量大范围波动，调速器灵敏度降低，使发动机工作不稳定。

检查各弹簧的自由长度及弹力是否符合原厂规定的技术标准。若发现弹簧弹力减弱、扭曲、裂纹或折断等情况，须更换新件。

若滚动轴承出现麻点、斑蚀过多或有剥落凹痕等损伤时，则应更换新件。检查磨损情况时，可一手持内圈，一手转动外圈，如果响声不大且均匀，则轴承尚可使用；若转动不灵活或有杂音，则应更换新件。

对于飞块结构的调速器，其飞块衬套、支架和销轴间的配合间隙要正确，两飞块的质量差不得超过 3 g。

8.4.4　喷油泵与调速器的调试

喷油泵的调试要在专门的喷油泵试验台上进行，主要是供油时刻、供油量和各缸供油均匀性的调整。供油时刻的变化会影响供油量，故应首先调整好供油时刻，其次调整调速器，然后调整供油量和均匀性，最后再次调整调速器。因此，供油量与调速器的调整需要反复进行，才能取得比较准确的结果。

1. 供油时刻的调试

供油时刻的调试通常采用溢油法或测时管法。

（1）溢油法。把喷油泵装在试验台上，先将试验台变速杆置于“0”位，并将油路转换阀控制杆置于高压供油的位置，使试验台内高压泵供给的高压油通过低压油腔进入喷油泵油腔内；使基准缸（第一缸）分泵柱塞处于未封闭油孔的位置，把标准喷油器上的放气螺钉旋松；起动电动机，将调速器操纵杠杆置于最大供油位置，待柴油从喷油器回油管流出后，将联轴器刻度盘沿凸轮轴转动方向慢慢转动，当第一缸（靠近联轴器）喷油器回油管刚停止出油时停止转动。此时，检查联轴器上的刻线与喷油泵壳前轴承盖上的刻线是否相对正：若对正，即供油正时合适；若联轴器上的刻线滞后，则说明供油提前，将柱塞底部的调整螺钉旋入（或减薄调整垫片）；若联轴器上的刻线超前，则说明供油滞后，应将调整螺钉旋出（或加厚调整垫片）。调整合格后，将调整螺丝锁紧。然后用同样的方法按工作顺序依次调整其他各缸供油时刻。各缸供油时刻误差应不超过±0.5°凸轮转角。

用溢油法检验新喷油泵或更换新柱塞副后的喷油泵的供油时刻比较准确，若用于检验柱塞副磨损的喷油泵，则会因配合间隙加大，高压油渗漏，回油不干脆，而使其测量误差较大。

（2）测时管法。校验时，先把测时管装在靠近联轴器一侧第一缸分泵的出油阀接头上，转动喷油泵凸轮轴使分泵泵油，直至测时管中不冒气泡；倒出测时管中的一部分柴油，然后慢慢转动凸轮轴，并细心观察，当测时管油面刚刚开始向上移动时，立刻停止转动，此时就是第一缸分泵的供油时刻。观察联轴器上的刻线记号与端盖上的刻线记号是否对正，按上述方法和要求调试其他各缸分泵。

（3）调试时注意的事项。在调整供油时刻时，不要把滚轮组件的调整螺钉拧出过多，或选用过厚的调整垫片，以免柱塞在最高位置时与出油阀座的下平面相碰。上止点处的柱塞顶平面与出油阀座应有 0.3~0.6 mm 的间隙。当柱塞到达上止点时检查此间隙，用螺丝刀撬起柱塞弹簧座，在滚轮组架与柱塞下部之间用塞尺进行检查。

2. 调速器的调试

调速器的种类很多，调试方法不尽一致，但总的原则是一致的。调速器调试的主要内容是高速和怠速时起作用的转速，以及起动工况、全程调节等。

（1）高速调试。所调试的喷油泵各部位应运转正常且无阻滞现象。试验时，起动试验台后，使喷油泵转速升至接近额定转速，将供油拉杆推向最大供油量位置，然后慢慢增加转速，注意观察供油拉杆的变化，供油拉杆开始向减油方向移动时的转速为调速器起作用的最高转速，它应符合规定值。否则，应调整调速弹簧的预紧力。当旋进或旋出速度调整螺栓时，调速弹簧预紧力增大或减小，调速器起作用的最高转速随之升高或降低。

（2）怠速调试。试验时，使喷油泵在低于怠速转速的情况下运转，缓缓转动操纵臂，当喷油泵刚刚开始供油时，固定操纵臂，逐渐增加喷油泵转速，同时观察供油拉杆位置的变化，供油拉杆开始向减油方向移动时的转速为调速器起作用的转速。此转速应符合规定的怠速转速。否则，通过调节怠速弹簧的张力来调节怠速转速的高低。怠速弹簧张力增大，怠速转速升高；怠速弹簧张力减小，怠速转速降低。

3. 供油量的调试

为消除温度对供油量的影响，供油量的调试应该在无尘的 20 ℃ 的恒温环境中进行。通常，主要调试的是各分泵额定转速供油量和怠速转速供油量及各缸供油的不均匀度。各缸供油不均匀度按式（8-1）计算：

$$\text{不均匀度}=\frac{\text{最大供油量}-\text{最小供油量}}{\text{平均供油量}} \tag{8-1}$$

一般车用柴油机额定转速供油不均匀度不超过 3%，怠速转速供油不均匀度不超过 30%。

（1）额定转速供油量的调试。调试时，应使喷油泵在额定转速下运转，将操纵臂转到最大供油位置，量油杯转到接油位置，起动试验台喷油 100~200 次，观察各缸喷油量，若不符合标准或不均匀，则松开该缸可调齿圈或调节叉的紧固螺钉，将柱塞控制套筒相对于可调齿圈或将调节叉相对于供油拉杆移动一个距离，再固定螺钉。

（2）怠速转速供油量的调试。当额定转速供油量和供油不均匀度调整合格后，使喷油泵在怠速下运转，慢慢向加油方向转动操纵臂，当标准喷油器尖端开始滴油时，固定操纵臂，喷油 100~200 次，观察供油量和供油不均匀度，若不符合要求，则进行调整。

（3）调试过程中常见问题的处理方法。

1）某缸供油量达不到要求。此时，应检查出油阀是否卡住或密封不良，松开该缸的喷油器回油管螺钉，并使其柱塞停止在下止点附近。开动试验台的低压燃油泵，若喷油器回油管螺钉处不断滴油，则说明出油阀密封不严。若检查或更换出油阀偶件后滴油停止，但供油量仍达不到要求，则应更换柱塞偶件。

2）两个以上气缸的供油量达不到要求。在额定转速供油量和供油不均匀度调试合格后，调试怠速转速供油量时，若出现某缸供油量过多或过少的现象，可将两缸的出油阀调换后再试验。因两个出油阀磨损程度的差异，对调之后可能发生有利的变化而符合使用要求。

3）供油不稳定。若某缸的供油量出现忽多忽少的现象，则应检查油量调节叉或柱塞与调节臂是否松动，或可调齿圈是否松动，柱塞下端凸块与套筒直槽的配合间隙是否过大。

8.5 柴油机电控燃油喷射系统

由柴油机燃烧过程分析可知，喷油压力、喷油正时、喷油量、喷油规律及其各缸的均匀性对柴油机的动力性、经济性、排放性、起动性、运转平稳性等都有十分重要的影响。传统的柴油机喷射系统对上述各参数均采用机械式的调节与控制。由于受转速、惯性、响应特性等的影响，整个系统对上述参数难以精确、敏捷地调节与控制。柴油机电控燃油喷射系统对上述参数的控制精度大大提高，使得柴油机在充分发挥其原有的动力性、经济性优点的同时，其固有的冷起动性差、振动噪声大、黑烟排放多的缺点也得到明显改善，受到人们越来越多的青睐。

8.5.1 柴油机电控燃油喷射系统的分类

按照控制对象的控制方式（原理），柴油机电控燃油喷射系统经历了位置控制、时间控制和时间-压力控制的递进式三代演变。人们也习惯地将柴油机电控燃油喷射系统分为柴油机位置控制式喷射系统、柴油机时间控制式喷射系统和柴油机时间-压力控制式喷射系统三种类型。

1. 柴油机位置控制式喷射系统

柴油机位置控制式喷射系统是第一代柴油机电控燃油喷射系统。它不改变传统的喷油泵、高压油管、喷油器燃油系统的基本结构，只是以电控调速器取代机械式调速器，对供油提前器和供油量调节机构中的控制套筒（分配泵）或油量调节杆（直列泵）的位置进行精确控制，实现了供油量和喷油定时的自动调节。

柴油机位置控制式喷射系统的控制对象是控制套筒或油量调节杆的位置。传感器主要有转速传感器、加速踏板位置传感器、大气压力和温度传感器，执行元件主要是控制油量调节拉杆和供油正时调节器的步进电动机或比例电磁阀。

柴油机位置控制式喷射系统的优点是柴油机结构无须改动，便于对传统机械式柴油机进行升级换代；其缺点是不能控制喷油压力、喷油规律，也不能控制各缸的独立喷油，未解决各缸供油不均衡性问题和高压喷射问题，且其响应速度慢，控制精度不高。

2. 柴油机时间控制式喷射系统

柴油机时间控制式喷射系统是在各缸喷油泵与喷油器之间的高压油路中设置高速强力电磁泄压阀，借助电控手段控制电磁泄压阀的开闭时刻来控制喷油器开始喷油时刻和持续喷油时间，达到控制喷油正时和喷油量的目的，而未对燃油喷射压力进行调节控制。

柴油机时间控制式喷射系统的控制对象是电磁泄压阀，传感器主要有曲轴转速和凸轮轴转速传感器、加速踏板位置传感器、进气压力和温度传感器、燃油温度和冷却液温度传感器、大气温度和压力传感器。

柴油机时间控制式喷射系统实现了各缸喷油的独立控制，控制精度较位置控制式喷射系统有较大提高，使柴油机获得较好的性能；但其喷油压力仍然与发动机转速和喷油量有关，喷射后残余压力也不恒定。

3. 柴油机时间-压力控制式喷射系统

柴油机时间-压力控制式喷射系统主要指高压共轨式电控喷射系统，基本脱离了传统的机械式供油方式，采用时间-压力式燃油计量原理。

在高压共轨式电控喷射系统中，采用电磁喷油器，在电磁喷油器和高压油泵之间设有体积较大的油压稳定装置——公共供油管（共轨管），高压油泵仅负责将高压燃油泵送到共轨管。通过精确控制共轨管内的燃油压力和电磁喷油器的喷油脉宽，实现了柴油喷射的精确控制。

柴油机时间-压力控制式喷射系统可采用高压喷射，喷射压力可高达 220 MPa；喷油压力几乎不受转速和喷油量的影响；能够实现喷油正时、喷油量的精确控制；可灵活地进行预喷射、后喷射等多次喷射，实现喷油规律的控制。该系统大大改善了柴油机的混合气过程和燃烧过程，降低了工作粗暴度和颗粒、NO_x 的排放。

8.5.2 柴油机电控燃油喷射系统的功能

1. 燃油喷射控制

燃油喷射控制是柴油机电控燃油喷射系统的主要控制内容，包括喷（供）油量控制、喷（供）油正时控制、各缸喷油量不均匀修正控制、喷（供）油规律控制和喷油压力控制等。

（1）喷油量与喷油正时控制。柴油机电控燃油喷射系统电控单元先根据发动机转速传感器信号和加速踏板位置传感器信号计算出基本喷油量和基本喷油正时，再根据进气温度、进气压力、冷却液温度及起动信号，对基本喷油量和基本喷油正时进行修正。有些系统还具有燃油特性、低温起动后、急减速时的喷油量修正等功能。

系统通过着火正时传感器检测实际燃烧开始时刻，实施对喷油正时的闭环控制，能够根据柴油十六烷值和大气条件等的变化适时调控喷油正时，以达到对喷油正时的最佳控制。

（2）各缸喷油量不均匀修正控制。柴油机电控燃油喷射系统通过各缸在做功行程时的曲轴转速变化判断各缸喷油量的差异，及时修正各缸的喷油量，以补偿各缸喷油泵和喷油器的性能差异，降低发动机转速的波动，使其控制在限定范围内。

（3）喷油规律控制。柴油机电控燃油喷射系统电控单元根据传感器的信息，计算出预喷射油量和喷射时间间隔等最佳喷油参数，可实现喷油规律的控制。

（4）喷油压力控制。柴油机电控燃油喷射系统电控单元根据传感器的信息确定目标喷油压力，并与共轨上压力传感器的实际压力信号比较，然后发出命令升高喷油压力或降低喷油压力。

2. 怠速控制

怠速控制主要包括怠速转速控制和怠速时各缸喷油量均匀性的控制。怠速运转时，发电机、空调系统、动力转向液压泵等辅助装置工作状态的变化，将引起柴油机负荷的变化，导致怠速转速变化。柴油机电控燃油喷射系统通过反馈控制系统控制怠速转速喷油量及喷油量均匀性修正，使怠速转速控制在目标转速范围内。

3. 进气控制

进气控制主要包括进气节流控制、可变进气涡流控制和可变配气正时控制。

柴油机电控燃油喷射系统通过控制进气通道的变化，在不同转速及负荷下更好地组织进气涡流，改善燃烧质量，提高发动机的动力性、经济性，降低排放。

4. 增压与废气再循环控制

对增压柴油机，柴油机电控燃油喷射系统电控单元根据转速信号、负荷信号、增压压力信号等，通过控制废气旁通阀开度或喷嘴环叶片角度，实现对废气涡轮增压器工作状态和增压压力的控制。

柴油机电控燃油喷射系统电控单元根据转速和负荷信号，按内存程序控制废气再循环（Exhaust Gas Recircution，EGR）阀开度，以调节废气再循环率。

5. 起动控制

起动控制除供（喷）油量、供（喷）油正时控制外，柴油机电控燃油喷射系统还根据起动条件控制起动预热塞的通电时间，以改善柴油机的低温起动性能和稳定低温怠速运转。

柴油机电控燃油喷射系统还有与汽油机电控燃油喷射系统基本相同的故障自诊断及失效保护功能。

8.5.3 时间控制式电控喷射系统

时间控制式电控燃油喷射系统是用高压油管中的高速强力电磁泄压阀直接控制高压燃油的喷射，喷油泵只承担供油、加压的功能。电控单元控制电磁泄压阀的通电、断电时间，以控制其关闭、打开时间。当电磁泄压阀关闭时，开始喷油；当电磁泄压阀打开时，喷油结束。喷油始点取决于电磁泄压阀关闭时刻，喷油量取决于电磁泄压阀关闭（通电）的持续时间。

时间控制式电控燃油喷射系统中，虽然喷油器仍为机械式的，但喷油泵只承担供油、加压的功能，传统喷油泵中的齿条、滑套、柱塞上的斜槽、供油提前器和供油齿杆等全部取消。

时间控制式电控燃油喷射系统按喷油泵的类型，可分为电控分配泵喷射系统、电控直列柱塞泵喷射系统和电控单体泵喷射系统。其中，电控单体泵喷射系统又分为泵喷嘴系统和单体泵系统。泵喷嘴系统取消了高压油泵和喷油嘴之间的高压油管，喷油泵和喷油嘴做成一体；每缸单独设置一个泵喷嘴，直接装在气缸盖上，由发动机顶置配气凸轮轴直接驱动，主要用于轿车柴油机中。在单体泵系统中，每缸独立设置喷油泵，喷油泵和喷油嘴之间设有很短的高压油管，分别装在气缸体和气缸盖上，单体泵同样由凸轮轴直接驱动。单体泵系统主要用于商用车中，在中型货车中更为常见。

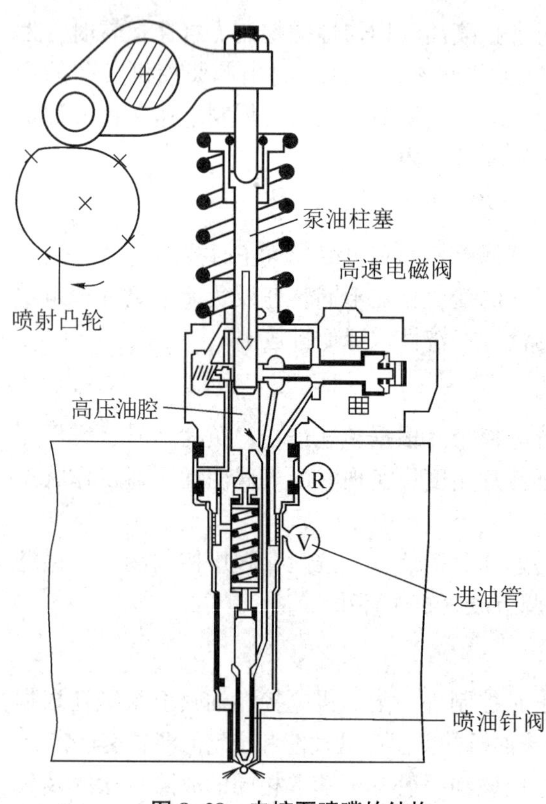

图 8-28 电控泵喷嘴的结构

时间控制式电控燃油喷射系统中，发动机的每个气缸均有各自独立的喷射装置。在结构上，喷油泵和喷油嘴离得越近，燃油喷射精度控制得越高。因此，时间控制式电控燃油喷射系统能够实现 200 MPa 的高压喷射，精确控制喷油始点和喷油量，确保燃油雾化质量和混合气质量，燃烧品质得到显著改善，提高了柴油机的动力性、燃油经济性，降低了黑烟排放量。下面以泵喷嘴系统加以说明。

电控泵喷嘴的结构如图 8-28 所示。泵体的侧面装有高速电磁阀，泵体上有起柱塞套作用的圆孔，与柱塞形成精密偶件。柱塞下的高压油腔内有通道，并通过高速电磁阀与低压油腔连通。当凸轮推动摇臂使柱塞下行时，如果高速电磁阀未通电，则燃油通过通道及高速电磁阀泄流回低压油腔，不会产生高压；如果高速电磁阀通电，则高、低压油腔的通道关闭，燃油形成高压并直接传到喷油嘴承压面，当超过喷油针阀开启压力时，即开始喷油。在高速电磁阀通电期间，电控泵喷嘴将持续喷油。若高速电磁阀断电，则高速电磁阀回位弹簧使其打开通道，高压油腔的油泄流回低压油腔，喷油针阀关闭，停止喷油。因此，喷油正时和喷油量是由高速电磁阀的通电正时和通电时间长短决定的。

如前所述，在时间控制式电控燃油喷射系统中，喷油压力仍然与发动机转速和喷油量有关，且具有脉动性，不能保持恒定的高压喷射，在低速、小负荷时喷油压力降低，加之难以控制喷油规律，燃烧的粗暴度没有明显改善。

8.5.4 共轨式电控燃油喷射系统（时间-压力控制式电控燃油喷射系统）

共轨式电控燃油喷射系统直接对喷油器的喷油量、喷油正时、喷油速率、喷油规律、喷油压力等进行时间-压力控制。共轨式电控燃油喷射系统分为以下三种类型。

1. 高压共轨系统

高压共轨系统由高压输油泵直接把产生的高压燃油输送至共轨中，燃油压力可达120 MPa以上。从高压输油泵到喷油嘴均处于高压状态，导致了能量浪费和较高的燃油温度。此为第一代共轨式电控燃油喷射系统。

高压共轨系统主要由高压供油泵、共轨、电控喷油器、各种传感器和电控单元（ECU）等组成，如图8-29所示。共轨上装有限压阀、流量限制器、共轨压力传感器。限压阀通过释放燃油将共轨管中的燃油压力限制在150 MPa以内，流量限制器保证在喷油器出现泄漏故障时切断向喷油器的供油。

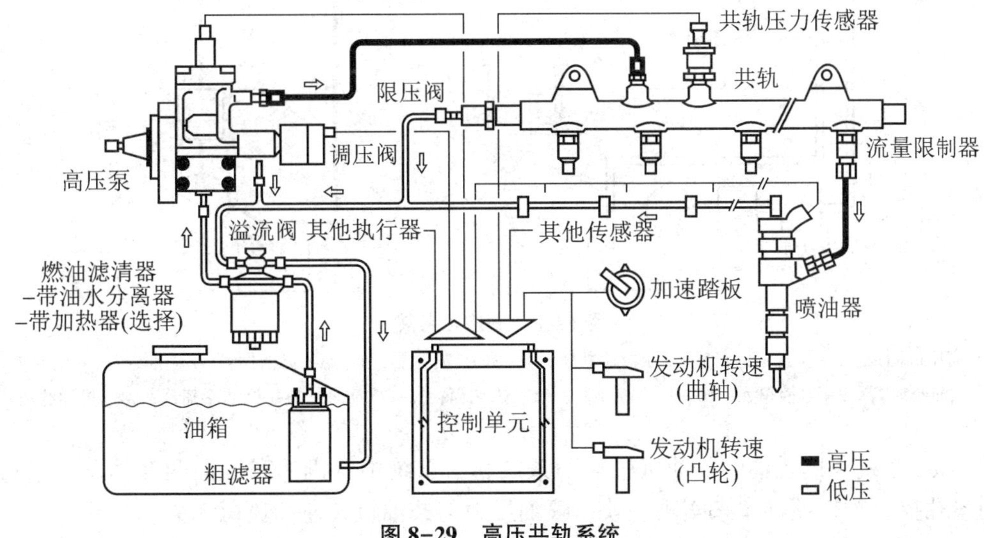

图8-29 高压共轨系统

2. 中压共轨系统

中压共轨系统由中压输油泵将压力为10~13 MPa的燃油输送至共轨中，再进入喷油器。喷油器中的增压器（液压放大结构）使喷油压力升高至120 MPa以上，高压仅限存在于喷油器中，是第二代共轨式电控燃油喷射系统。

中压共轨系统可以分为柴油液压和机油液压两种。丰田汽车公司的柴油液压共轨系统，应用螺旋管驱动增压活塞，喷油压力为10～140 MPa。卡特彼勒公司的HEUI系统，机油液力增压为4～23 MPa，喷油压力为20～140 MPa。康明斯公司的HPI系统的喷油压力达到175 MPa，小松公司的KOMPICS系统的喷油压力达到150 MPa。以HEUI系统为例加以说明。

（1）HEUI系统的组成与工作过程。HEUI系统如图8-30所示。喷油量控制采用压力控制方式，通过由传感器、电控单元和执行元件等组成的控制系统，对循环喷油量、喷油正时、喷油速率和喷油压力进行控制。这种系统的共轨管中是机油，利用共轨管中的机油压力驱动燃油增压活塞对燃油增压，利用高速电磁阀控制共轨油道中的机油进出增压活塞，控制燃油压力，以控制喷油定时。共轨油道中的压力传感器将油压信号传给电控单元，电控单元根据需要对共轨压力调节阀进行控制，可将共轨中的机油压力调至4～23 MPa。机油从喷油器回到气门罩下后流回柴油机机油底壳，燃油则由膜片式或活塞式燃油输油泵经燃油滤清器后以0.2 MPa的压力输入电液控制喷油器。

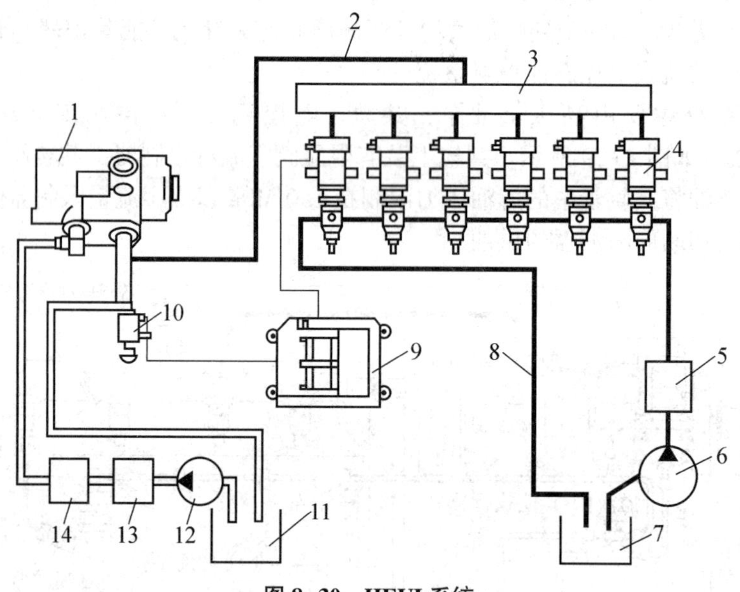

图8-30 HEUI系统

1—高压机油泵；2—机油油管；3—高压机油共轨；4—HEUI喷油器；5—燃油滤清器；6—输油泵；7—燃油箱；8—燃油回油管；9—电控单元；10—压力控制阀；11—机油箱；12—机油泵；13—机油冷却器；14—机油滤清器

HEUI系统采用燃油和柴油机机油两条共轨，系统中有机油和燃油两套油路；通过预喷射量孔控制初期喷油率来实现预喷；喷油压力与柴油机转速和负荷无关。

（2）HEUI喷油器。HEUI喷油器由电磁阀、增压器活塞、活塞套、喷油嘴等组成，如图8-31所示。

当共轨油道中的机油进入电磁控制阀的提升阀下部后，电磁线圈通电时，电枢就带动提升阀向上运动，打开下座、关闭上座，将机油回油孔封住，机油进入增压柱塞上方，在机油压力的推动下，增压柱塞下行压缩已进入柱塞下部油腔内的燃油，此时在燃

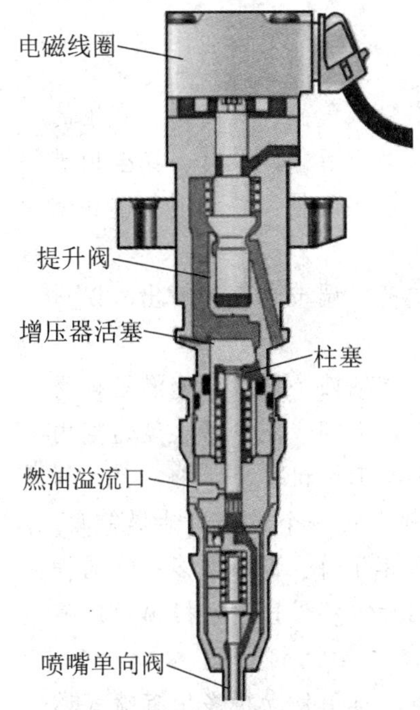

图 8-31　HEUI 喷油器

油压力作用下，进油道被球形单向阀封闭。当燃油压力升高到大于启喷压力时，针阀打开，喷油开始，一直持续到电磁线圈断电，提升阀在回位弹簧力的作用下从上座移到下座，机油从开启的上座经回油孔泄出，压力迅速下降。在增压柱塞下部回位弹簧力的作用下，增压柱塞迅速上行，在喷嘴针阀弹簧力的作用下，针阀关闭，喷油停止，燃油又重新通过球形单向阀进入柱塞下部油腔。

电磁控制阀通电的时刻决定了喷油始点，喷油压力则由压力控制阀对共轨内机油压力的调节结果来决定，喷油量由增压活塞上部低压油腔内的压力来调节。

3. 压电式共轨系统

高压共轨系统和中压共轨系统均属于电磁阀式共轨系统，压电式共轨系统利用压电晶体作为执行元件，通过控制喷油器针阀的升程（或喷油开始与结束）来实现燃油喷射控制。压电式共轨系统也称为第三代共轨式电控燃油喷射系统。

在压电式共轨系统中，控制喷油器的执行元件用压电元件取代了电磁阀，称为压电式喷油器。如图 8-32 所示为压电式喷油器，其针阀中部无承压锥面和相应的压力室，也称为无压力室喷油器，利用压电元件直接控制针阀升程来改变喷油孔流通截面，从而实现对喷油量的控制。当给压电元件施加正向电压时，压电元件膨胀使针阀关闭；当施加反向电压时，压电元件收缩使针阀开启。针阀升程与施加在压电元件两端的反向电压成正比。

压电式共轨系统的特点是：喷射压力高，可在 20~200 MPa 内弹性调节；控制精度高、切换频率高，每个工作循环喷射可达 5 次（电磁阀式喷油器为 3 次），最小喷射间隔时间可达 0.1 ms，最小喷射量可控制在 0.5 mm^3 以下，减小了黑烟和 NO_x 的排放量；响应速度快，可得到最优的喷油速率和喷射规律。

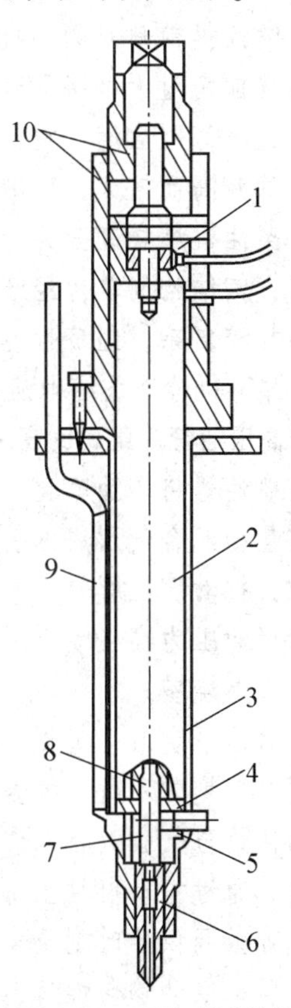

图 8-32　压电式喷油器

1—石英测量垫片；2—压电执行器；3—外壳；4—密封垫；5—紧固螺套；6—针阀体；7—压杆；8—压帽；9—高压油管；10—差动螺纹

本章小结

柴油机压缩行程末期将挥发性差的柴油以高压雾化状态喷入气缸，与高温、高压的空气混合并自燃。柴油机混合气形成时间短，均匀性差。为保证可靠、及时、完全地燃烧，柴油机要采用较大的压缩比和过量空气系数，必须保证雾化质量，并利用气道和燃烧室组织适当的空气运动。

柴油机通过控制喷入气缸的燃油量来改变缸内混合气浓度，调节功率的输出，以适应负荷的变化，此调节方式称为“质调节”。

柴油机燃烧过程分为着火延迟期、速燃期、缓燃期和后燃期四个阶段。速燃期内平均压力升高率太大，将导致柴油机工作粗暴。通过缩短着火延迟期或减少着火延迟期内燃油喷入量，即可使其得以控制。柴油机在低速、小负荷下易工作粗暴。

喷油提前角对柴油机工作性能有重要影响，每一工况都存在一个最佳喷油提前角。喷油提前角过大，将导致工作粗暴，起动困难，功率、热效率下降，NO_x 增多；喷油提前角过小，则后燃严重，同样使功率、热效率减小，且排烟加重。最佳喷油提前角应随转速的升高而增大，以减少后燃。

柴油机燃烧室分为直喷式燃烧室和分隔式燃烧室两大类。车用发动机多用直喷式燃烧室，其结构简单，经济性、起动性好，但工作较粗暴，要求喷油压力高；分隔式燃烧室结构较复杂，经济性、起动性相对较差，但工作柔和，要求喷油压力低。

柴油机燃油系统由油箱、输油泵、滤清器、低压油管组成的低压油路，喷油泵、喷油器、高压油管等组成的高压油路，以及调速器、喷油提前器组成的运转稳定控制装置组成。

喷油器将燃油雾化，并合理地分配到燃烧室中。喷油压力和油雾形态是保证燃油雾化质量和混合气形成的关键，应适时地进行检查和调整。喷油压力取决于调压弹簧的预紧力，拧动调压螺钉即可对其进行调整。喷油器分为孔式喷油器和轴针式喷油器两种，前者喷油压力高，喷雾质量好，用于直喷式燃烧室，后者喷油压力低，不宜堵塞，用于分隔式燃烧室。

喷油泵定时、定量、定压地向喷油器输送高压燃油，多缸柴油机各缸供油量和供油时刻要求均匀一致。柱塞式喷油泵主要由柱塞偶件、出油阀偶件及驱动机构等组成，柱塞偶件数与气缸数相同。柱塞相对于柱塞套筒转过一个角度，改变其有效行程可调整供油量。通过拧动挺柱上部的调整螺钉或更换垫片来改变柱塞相对于柱塞套筒的轴向位置，可微调供油时刻及供油间隔角的均匀性。分配式喷油泵只需一对柱塞偶件，体积小，各缸供油均匀性好，无须逐缸调整；车用柴油机均装有喷油提前角自动调节装置。

调速器可根据负荷的变化自动调节供油量，使柴油机运转稳定，防止超速和怠速不稳。调整调速弹簧和怠速弹簧的预紧力，可改变调速器起作用的最高转速和怠速转速。

柴油机燃油系统中有三对精密偶件，即柱塞偶件、出油阀偶件、喷油嘴偶件。它们长期使用磨损、变形后，会造成配合状态异常，导致柴油机供油时刻、供油量和喷油量、各缸供油均匀性、喷油压力、油雾形态和滴油、燃烧的恶化，引起怠速运转不稳、起动困难、油耗增加、功率下降、排气冒黑烟和工作粗暴等现象。要按规范通过外观目测、滑动性试验、密封性试验等对其进行检验。喷油器喷油压力、密封性及雾化质量的检验在专门喷油器检验台上进行，喷油泵的供油时刻调试以及供油量、供油均匀性与调速器的调试在专门的喷油泵试验台上按规范调整至符合要求。

柴油机电控燃油喷射系统可分为柴油机位置控制式喷射系统、柴油机时间控制式喷射系统和柴油机时间–压力控制式喷射系统三大类。柴油机位置控制式喷射系统不改变传统的喷油泵、高压油管、喷油器燃油系统的基本结构，只是以电控调速器取代机械式调速器，对供油提前器和供油量调节机构中套筒或齿条的位置进行精确控制，实现了供油量和喷油定时的自动调节。柴油机时间控制式喷射系统保留传统的喷油泵，但仅负责供给高压燃油，喷油器由快速响应的电磁阀控制，直接控制喷油开始与结束时刻、喷油量和喷射压力。柴油机时间控制式喷射系统与汽油机电控燃油喷射系统类似，控制精度较高。柴油机时间–压力控制式喷射系统主要指高压共轨式电控喷射系统，基本脱离了传统的机械式供油方式，高压油泵仅负责向体积较大的共轨管供油，高压油管压力几乎不受转速和喷油量的影响，加之采用电磁阀控制的喷油器，使共轨式电控燃油喷射系统的柴油机可采用高压喷射，以改善空气与燃油的混合过程和燃烧过程，实现喷油始点和喷油量的精确控制，可灵活地进行预喷射和后喷射等多次喷射，实现喷油规律的控制，改善柴油机的工作粗暴和颗粒、NO_x 的排放。

自测题

一、选择题

1. 关于柴油的描述正确的是（　　）。

A. 蒸发性好　　B. 牌号按十六烷值划分

C. 自燃温度低　　D. 自燃温度高

2. 柴油机调速器的作用是在柴油机负荷改变时，自动地改变（　　）来维持转速稳定。

A. 循环喷油量　　B. 循环进气量　　C. 喷油提前角　　D. 喷油压力

3. 发动机正时不包括（　　）。

A. 气门正时　　B. 喷油正时　　C. 润滑正时　　D. 点火正时

二、判断题

1. 柴油机气缸内的平均过量空气系数可以小于 1。（　　）

2. 柴油机必须设有调速器，而汽油机没有。（　　）

3. 柴油机机械式喷油系统中，喷油压力可通过调节喷油器调压弹簧预紧力来改变。（　　）

4. 柴油机转速越高，工作越粗暴。（　　）

5. 柴油机怠速运转时，其振动更明显。（　　）

三、简答题

1. 什么是柴油机工作粗暴？工作粗暴有什么害处？

2. 为何柴油机在冷起动时振动、冒黑烟现象较严重？

3. 柴油机出油阀的作用是什么？

4. 如何进行柴油机喷油嘴偶件的滑动性试验？

第 9 章　进气与排气系统

导　言

本章主要介绍进气与排气系统的功用、组成，进气与排气系统主要零部件及排气净化装置、增压系统的功用、结构、工作原理及检修方法。认识进气和排气系统与发动机性能及检修之间的关系。

学习目标

1. 认知目标

(1) 掌握进气与排气系统的功用、组成。

(2) 掌握进气与排气系统主要零部件及相关系统的作用、结构、使用及维修方法。

(3) 掌握增压的概念、功用、类型及增压器结构。

(4) 理解进排气系统主要零部件、涡轮增压系统的工作原理。

(5) 理解进气预热、可变进气歧管的功用、原理。

(6) 理解排气净化装置的功用、结构及检修。

(7) 了解发动机主要有害排放物。

2. 技能目标

(1) 正确拆装与检修进气和排气系统的主要零部件。

(2) 正确拆装与检修排气净化装置、增压器。

(3) 具有进气和排气系统常见故障诊断的能力。

3. 情感目标

(1) 勿死记硬背，以理解为基础，归纳、总结、记忆相关知识。

(2) 理论知识与检修运用、实践操作相结合，知行统一，活学活用。

(3) 养成规范操作，安全、节能、环保、高效、文明生产、诚信服务的职业素养。

(4) 养成自主学习、协同工作的优良作风。

(5) 具有科学严谨的工作态度，一丝不苟、精益求精的工匠精神。

9.1　进气与排气系统的基本功用与组成

进气与排气系统的主要功用是把尽可能多而清洁的新鲜充量或废气迅速地导入或导出气缸。进气与排气系统的基本组成零部件有空气滤清器、进气管、排气管、消声器、排气净化装置和增压装置、气道等，如图 9-1 所示。

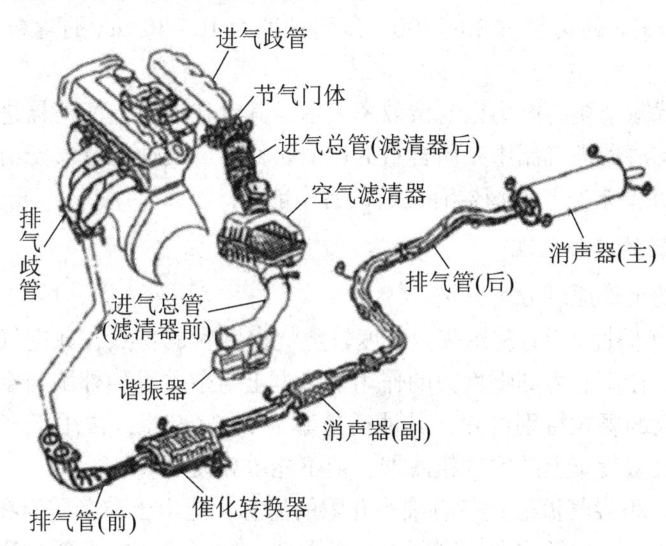

图 9-1　进气与排气系统示意图

9.2　进气系统

进气系统的主要功用是将清洁的空气或空气-燃油混合气尽可能多而均匀地导入各气缸。对汽油机，进气系统还可以测量并控制流入气缸内的空气或空气-燃油混合气。

传统的进气系统主要包括空气滤清器、进气总管、进气歧管等零部件。汽油机则还有节气门体（或化油器）。现代的电控喷射式发动机的进气系统相对比较复杂，它增加了空气流量计、进气温度传感器、进气压力传感器、节气门位置传感器等测控元器件，有的发动机上还有进气预热装置、可变进气歧管系统、压气机等。

因此，进气系统除具有上述功用外，还具有减消进气噪声、滤清进气，以及加热或冷却进气、检测进气温度和密度等保证发动机高品质运行的功能。

9.2.1　空气滤清器

1. 空气滤清器的功能

空气滤清器的外形较大，壳体呈盆形，装在进气系统的入口处，所有进入发动机的空气必须通过空气滤清器。

空气滤清器的基本功用是滤除空气中的灰尘和杂质，减轻发动机气缸套、活塞组件、气门组件、轴承副等主要零部件的磨损及发动机机油的污染，延长发动机的使用寿命。空气滤清器还能抑制内燃机的进气噪声。

实践证明，发动机如不装空气滤清器，则工作寿命将缩短 1/2~2/3，严重时甚至几十小时就会把气缸、活塞、活塞环等零件磨坏，使发动机丧失工作能力。若空气滤清器过滤不好，则空气中的尘粒进入发动机，也会使发动机寿命显著地缩短。在这些灰尘中，粒度为 0~40 μm 的尘粒占 80%~90%，而粒度为 10~30 μm 的尘粒对发动机的磨损最为严重。

空气滤清器滤除杂质的能力以滤清效率表示，其定义为空气滤清器进、出气流中杂质含量之差与空气滤清器进气流中杂质含量的比值。目前，发动机空气滤清器的滤清效率为 87.5%~99.9%，并要求空气滤清器有足够的容尘能力。

2. 空气滤清器的工作原理

空气滤清器的工作原理分为三类：

（1）离心式（惯性式）。利用灰尘密度较空气密度大的特点，在空气流过时使之急速旋转或改变方向，在离心力和惯性力的作用下将尘土与杂质甩到外围与空气分离。离心式滤清对空气中较大的颗粒特别有效，其滤清效率为 50%~60%，常用于多尘土地区工作的内燃机中或用作大型货车上的空气粗滤器，但不能单独使用。

（2）过滤式。引导气流通过带有细小孔隙的滤芯，把尘土与杂质挡在外面。滤芯可以由金属丝、纤维、微孔滤纸或金属网制成，是发动机空气滤清的主要方法。尤其纸质滤芯滤清方式，因其质量轻、成本低、滤清效果好等特点，广泛用于汽车发动机中。

（3）油浴式。空气流过机油表面，尘土与杂质黏附并沉入机油中。油浴式空气滤清器综合了惯性式和过滤式两种滤清原理，其滤清效率达 95%~97%。

根据使用环境或汽车用途的不同，上述三种基本的过滤方法可组成不同的空气滤清方式。在标准空气含尘量条件下，如小轿车，仅用纸质滤芯滤清方式；在极端严重的空气含尘量条件下，则采用离心式、油浴式和纸质（或金属丝网等）滤芯构成的三级空气滤清方式；在其他使用条件下，则采用由过滤式和油浴式（或纸质滤芯过滤式）组成的二级空气滤清方式。

3. 空气滤清器的结构

（1）纸质空气滤清器。纸质空气滤清器分为干式纸质空气滤清器和湿式纸质空气滤清器两种。乘用车上主要采用干式纸质空气滤清器。如图 9-2 所示为普遍使用的干式纸质空气滤清器，由空气滤清器外壳、滤芯、滤清器盖等组成。滤芯由折叠成波褶状并经防火处理的微孔滤纸制成，可经受 140 ℃的高温，滤清效率可达 99.5%。工作时，空气从导流管进入滤芯四周，经滤芯进入中心孔，杂质被留在滤芯外，清洁的空气由中心孔进入进气管。

干式纸质空气滤清器的优点是质量轻，高度小，成本低，可重复使用，滤清效果好。其缺点是容尘能力小，寿命较短，必须定期清理或更换滤芯。一般每行驶 6 000~8 000 km，要清理滤芯一次，每行驶 24 000 km 必须更换滤芯。

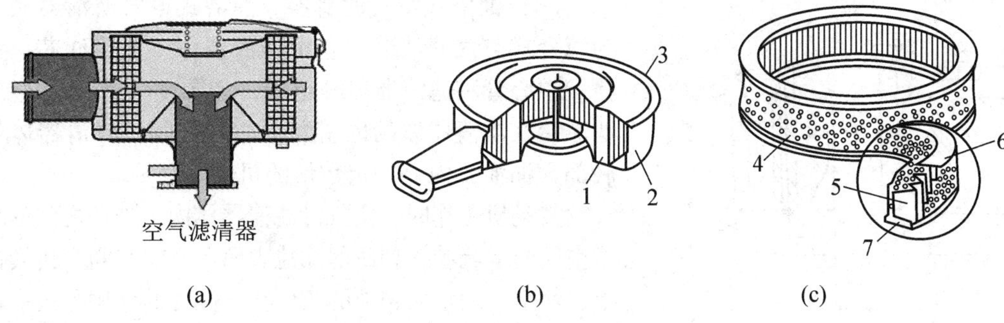

图 9-2　干式纸质空气滤清器

（a）工作过程示意；（b）滤清器总成；（c）纸质滤芯

1—滤芯；2—滤清器外壳；3—滤清器盖；4—金属网；5—打褶滤纸；6—滤芯上盖；7—滤芯下盖

干式纸质空气滤清器对油类的污染十分敏感，一旦被油液浸润，滤清阻力急剧增大。因此，干式纸质空气滤清器使用、保养时，切忌接触油液。

将纸质滤芯吸附上特殊的机油处理即成为湿式纸质空气滤清器，其滤清效果好，使用寿命长，但不可重复使用，必须定期更换。

（2）惯性-纸质空气滤清器。为提高空气滤清效果与延长纸质空气滤清器的使用时间，常采用复合式的空气滤清器。如图 9-3 所示是大客车和载重车上使用的惯性-纸质空气滤清器，它主要由旋流片（旋流环）、集尘室、滤芯和罩等构成。

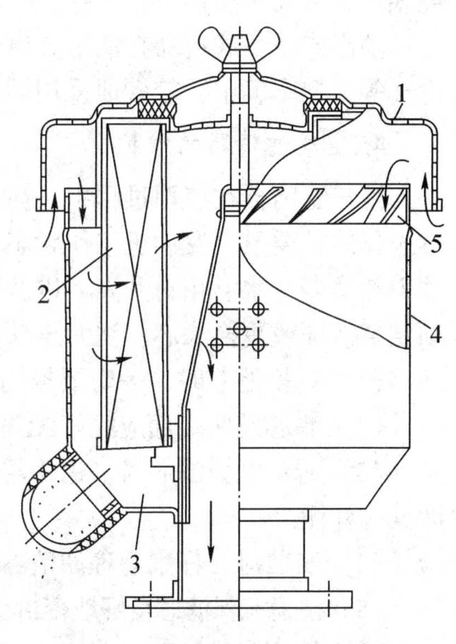

图 9-3　惯性-纸质空气滤清器

1—罩；2—滤芯；3—集尘室；4—外壳；5—旋流片

1）旋流片（旋流环）。空气通过旋流片后产生旋转，在额定空气流量时，80% 以上的灰尘在离心力的作用下分离，并沉积在积尘盘内，使达到滤纸上的较细尘土约为吸入量的 20%。

2）集尘室。集尘室用于收集被旋流片甩出来的较粗尘土。集尘室内的尘土，可在车辆的振动下自动向排尘袋集中并排出，有时可由用户定期张开排尘袋袋口，进行彻底清除。

3）主滤芯和安全滤芯。主滤芯是空气滤清器的主要过滤组件，同时有些空气滤清器为了防止主滤芯发生堵塞或损坏，又增加了一道安全滤芯，以保护发动机不受损。

4）堵塞指示器。当空气滤清器需要保养，进气阻力达到设定压力时，驾驶室内的指示灯发亮，发出保养信号，提示驾驶员应立即对空气滤清器进行保养或更换。

5）防雨帽。防止尘土、外来物、雨或雪等直接进入进气管。

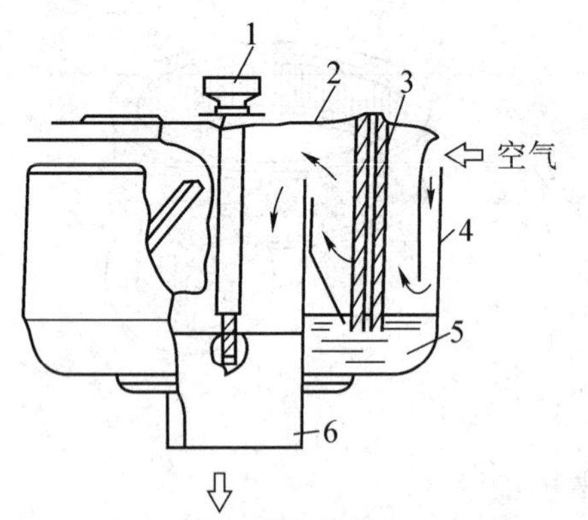

图 9-4　油浴式空气滤清器

1—碟形螺母；2—滤清器盖；3—滤芯；4—滤清器体；5—油池；6—中心管

（3）油浴式空气滤清器。油浴式空气滤清器又称为综合式空气滤清器，它由滤清器体、金属滤芯、油池、中心管和滤清器盖等组成，如图 9-4 所示。金属滤芯装在滤清器体的内壁和中心管之间，滤清器体的底部为油池，内盛一定数量的机油。

发动机工作时，空气沿滤清器体内、外壁之间的环形空间向下流动，到底部油池表面上方的空间又折转向上，使空气中较大颗粒的灰尘在惯性力的作用下进入油池内，细小的尘土在气流掠过油面和经过滤芯时被机油黏附和被滤芯阻挡，干净的空气则汇集到由滤清器体和滤清器盖组成的上部空间，进入中心管，再进入进气管。这样，空气在油浴式空气滤清器中经过三级过滤。

油浴式空气滤清器的滤清效率为 95%~97%，容尘能力比纸质空气滤清器大。为保证其滤清效果，必须保持油池中机油油面的高度。油面过低，滤清效果不好；油面过高，气流流通面积减小，进气量减少，同时油池中的机油容易随进气流进入气缸，也导致机油消耗太快，从而出现进气管内壁具有油液湿润的现象。

油浴式空气滤清器在清洗金属丝滤芯和更换油池中的机油后，可以反复使用。在公共汽车等大型车辆中，较多地采用油浴式空气滤清器。

4. 空气滤清器的维护

空气滤清器在使用过程中，滤芯会逐渐变脏甚至堵塞，使空气流量不能满足发动机正常工作的需要量，发动机工作状态会出现异常，如轰鸣声发闷、加速迟缓、工作无力、燃油消耗增多、水温相对升高，以及加速时排气烟度变浓等。因此，在汽车维护作业中，必须定期清洗或更换滤芯，注意事项如下：

（1）更换滤芯时，一定要换用与原装滤芯尺寸、形状完全相同的滤芯。

（2）滤芯及两端面应完好无损。

（3）清洁纸质滤芯时，用手轻轻抖动或轻拍，用压缩空气先由里向外吹去积尘，再吹净滤芯外侧。

（4）安装时，仔细清理滤清器壳内的杂质。

（5）注意确保滤芯良好地密封在壳体内，防止尘土、外来物、雨或雪等直接进入进气管。

（6）保证与进气引入管、进气总管接口的对正。

9.2.2　进气歧管

1. 进气歧管的结构

对化油器式或节气门体喷射式（单点喷射）发动机，进气歧管指化油器或节气门体与气缸盖之间的进气管。对多点喷射式发动机或柴油机，进气歧管指进气总管之后、气缸盖进气道口之前的进气管。进气歧管的作用是将空气或空气-燃油混合气尽可能均匀地分配到各个气缸。

大多数节气门体喷射式发动机采用合金铸铁的进气歧管，多为短流程结构的进气歧管，如图9-5所示。由于各缸气体流程、速度不同，使得进入各缸混合气的量和浓度的均匀性较差。为促进燃油的蒸发，改进进气均匀性，常使废气或冷却液流过进气歧管底部进行加热。

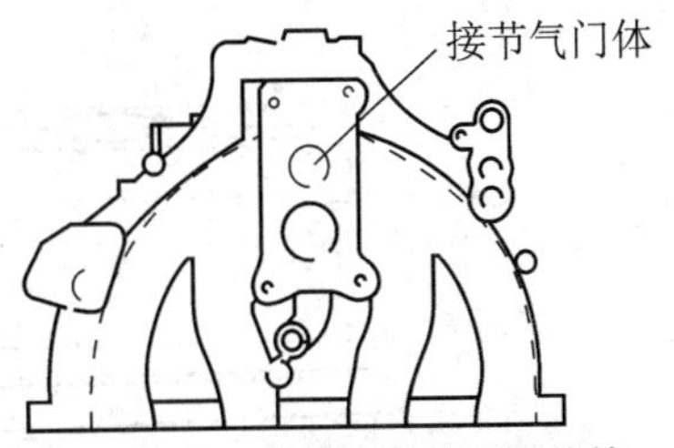

图9-5 短流程结构的进气歧管

现代多点喷射式的发动机多采用铸铝合金的进气歧管，由于不考虑燃油的蒸发问题，而只需考虑每个气缸的进气量相等，故多为谐振进气歧管，如图9-6所示。各缸进气歧管较细，且长度、直径基本一致，并设有“稳压腔”（又称为“动力室”）。如图9-6（a）所示为轴向进气式稳压箱，其进气方向与各歧管进气方向垂直，多在小排量发动机中采用。如图9-6（b）所示为径向进气式稳压箱，其进气方向与各歧管进气方向平行，多在大排量发动机中采用。

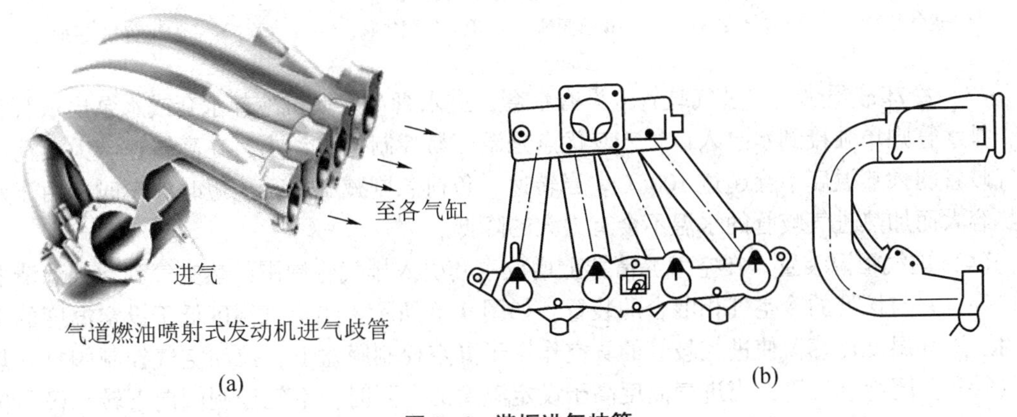

图9-6 谐振进气歧管

（a）轴向进气；（b）径向进气

进气歧管也是许多与进气相关的系统和传感器的安装或连接部位。进气歧管绝对压力传感器、温度传感器、废气再循环通道等安装或置于进气歧管；燃油压力调节器、废气再循环系统、自动变速器真空调节器、助力制动器、暖风和空调气流控制阀门、巡航控制系统等的真空管连接于进气歧管。

2. 进气预热

进气预热的目的是促进燃油蒸发，改善各缸混合气形成及各缸混合气分配的均匀性，并缩短暖机怠速运转时间，减少起动和暖机怠速时CO、HC的排放量。

（1）排气管加热进气歧管。早期的汽油机只是将进气歧管与排气管放在同一侧，利用排气管的热辐射加热进气歧管，不能根据运行工况控制预热强度，影响充气效率，效果不是很好。

（2）高温废气加热进气。用预热阀控制废气加热进气，如图9-7所示。通过一个预热阀来改变排气管流出废气的流向。需要加热时让废气绕过进气歧管，对其加热，否则废气直接从排气管排出。预热阀既可手动，也可自动。这种用预热阀控制废气加热进气的缺点是：预热阀直接暴露在废气中，易损坏；预热时排气阻力增加；对可燃混合气的加热温度波动大。

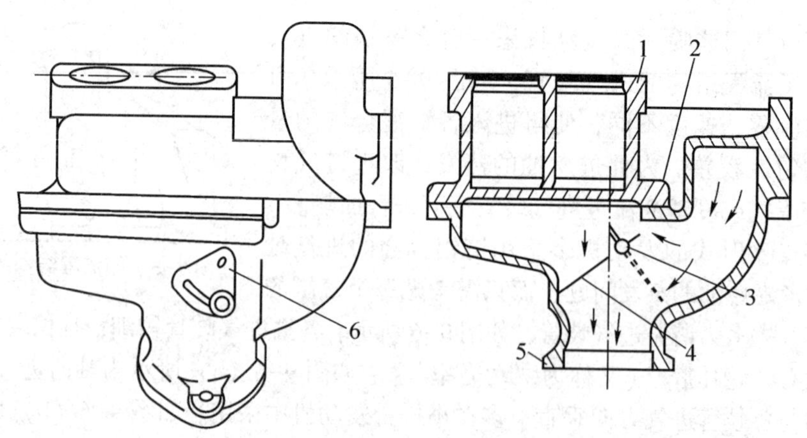

图 9–7　废气加热进气

1—进气歧管；2—石棉衬垫；3—混合气预热阀轴；4—混合气预热阀；5—排气管；6—预热阀调节手柄

（3）冷却液预热。在进气歧管上设有水套，进水管与发动机冷却水套或水泵出水管相连，排水管则单独接到水泵入口处。其优点是温度易控制且波动小，在高转速、大负荷时进气歧管的预热温度不会超过 100 ℃。当转速、负荷急剧减小，甚至短时停车时，由于水的热容大而加热进气歧管的水温不会有太大的降低。

（4）进气恒温装置。在空气滤清器上增设一套引入排气管周围的热空气到空气滤清器入口处，并与该处的冷空气相混合的装置，如图 9-8 所示。当进气温度低于设定温度的下限时，进气温度传感器使进气歧管的真空作用于真空控制膜盒上，拉动空气控制阀打开热空气管、关闭冷空气管；当进气温度高于设定温度的上限时，空气控制阀向下转到极限位置，关闭热空气通路。

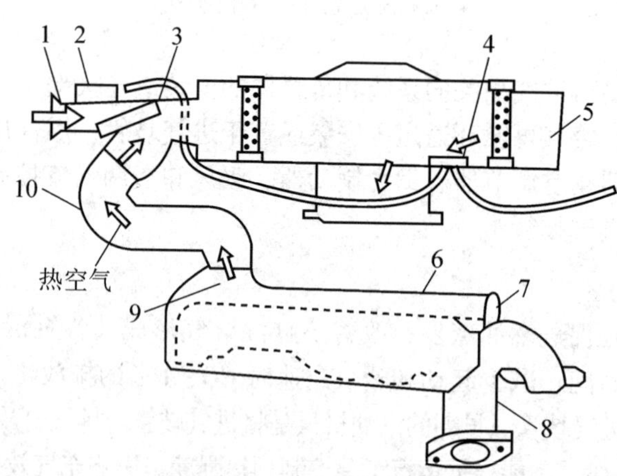

图 9–8　进气恒温装置

1—进气歧管；2—真空控制膜盒；3—控制阀；4—进气温度传感器；5—空气滤清器；6—热炉；7—冷空气入口；8—排气歧管；9—热空气出口；10—热空气管

3. 可变进气歧管

进气门迟闭，可利用气流的惯性效应多进气，提高充气效率，增加发动机转矩。气流惯性效应与发动机转速、进气歧管长度和直径等有关。为在高、低转速的宽广范围内充分利用进气惯性效应，并缩小高、低转速时进气速度的差别，改善发动机的动力性和经济性，尤其中低速和中小负荷下的动力性和经济性，现代先进的发动机已采用可变进气歧管。可变进气歧管就是随发动机转速的变化能够改变进气路径的进气歧管。高转速时，气流速度快，吸气间隔时间短，采用短而粗的进气歧管，低转速时采用细而长的进气歧管。

（1）可变长度进气歧管。如图9-9所示为一种能根据发动机转速而自动改变进气歧管有效长度的进气控制系统。低转速时，进气转换阀关闭，空气经细而长的弯管进入气缸，可提高进气速度，增加惯性效应，使进气量增多；高转速时，进气转换阀开启，空气直接经短而粗的管子进入气缸，阻力小，使进气量增多。转换阀由发动机电控单元根据发动机转速来控制。

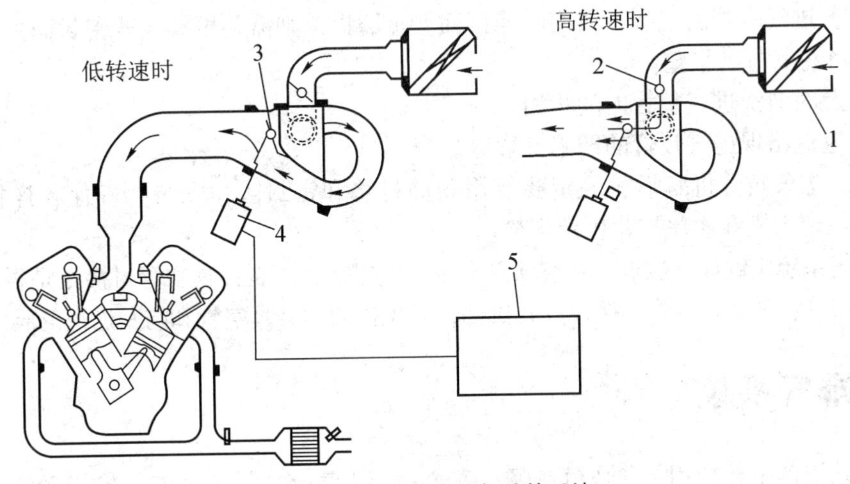

图9-9　可变长度进气歧管系统

1—空气滤清器；2—节气门；3—进气转换阀；4—转换阀控制机构；5—发动机电控装置

（2）可变截面进气歧管。如图9-10所示为一种能根据发动机转速而自动改变进气歧管有效截面积的进气控制系统。四气门发动机中，两个进气门各有一个进气歧管，其中一个进气歧管装有进气转换阀。低转速时，进气转换阀关闭一个进气通道，只利用一个进气通道，进气歧管截面积较小；高转速时，进气转换阀开启，两个进气通道同时工作，进气歧管截面积变大。可变截面进气歧管还可达到调节进气涡流强度的目的。

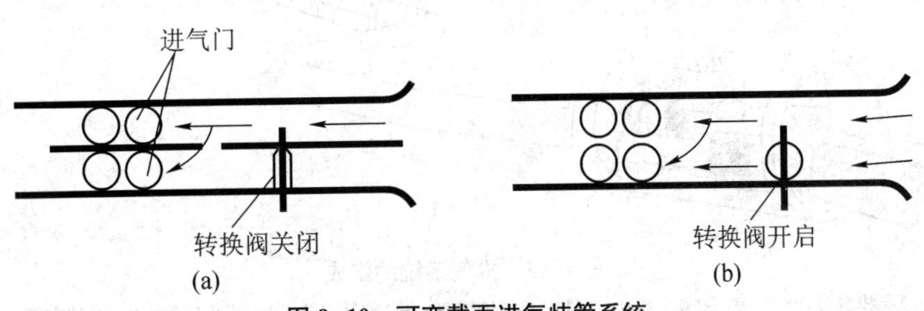

图9-10　可变截面进气歧管系统

（3）连续可变进气歧管。连续可变进气歧管又称为无级可变进气歧管。如图 9-11 所示为一种能根据发动机转速而自动连续改变进气歧管的系统。

图 9-11　连续可变进气歧管系统

1—进气道；2—漏斗；3—转子；4—轴；5—齿轮；6—集气箱体

4. 进气歧管的维修

（1）若进气歧管出现裂纹或密封连接面严重磨损，则需要更换。若密封面只有轻微不平整，则可将其打磨平整。

（2）及时清洗进气歧管内的积垢。

（3）避免出现进气歧管的凹陷变形等。

注意，进气歧管拆解后，一定要使用新的衬垫和密封垫，安装时确保各连接口处对正，并按规定力矩和次序拧紧固定螺栓。

对进气系统应做如下检查：真空软管是否发生扭结、破裂；真空管对接处是否牢固、密封是否可靠等；确认真空管连接处没有机油，以免机油污染真空管和与其连通的阀门等。

9.3　排气系统

排气系统的主要功用是将废气顺畅、安全地导出气缸，排入大气。排气系统主要由排气歧管、排气总管、排气净化装置、氧传感器、消声器和尾管等组成，如图 9-12 所示。

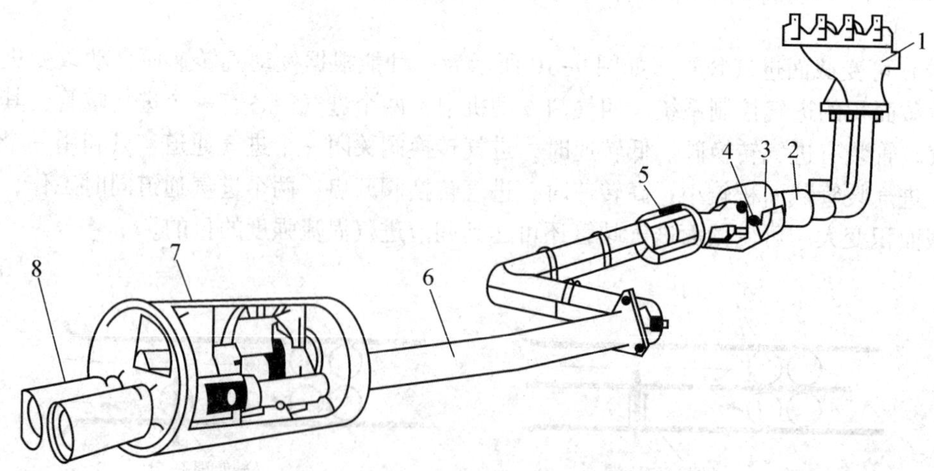

图 9-12　排气系统的组成

1—排气歧管；2—排气总管；3—催化转化器；4—排气温度传感器；5—副消声器；6—后排气管；7—主消声器；8—排气尾管

废气涡轮增压发动机在排气系统内还有废气涡轮。发动机在排气过程中，气缸中的废气经排气门、排气道进入排气歧管，再由排气歧管进入排气总管、排气净化装置和消声器，最后由排气尾管排入大气。

发动机有单排气系统和双排气系统之分。双排气系统即采用两个单排气系统，每个排气歧管各自连接一个排气总管、排气净化装置、消声器和尾管。双排气系统可减轻各缸排气的相互干扰，降低排气阻力。直列式发动机通常采用单排气系统。V 形发动机有两个排气歧管，这两个排气歧管可由一根叉形管连接到一个排气总管上，形成单排气系统，也可由两个排气歧管各自连接一个排气总管，形成双排气系统。

9.3.1　排气管

排气管由排气歧管和排气总管、尾管组成。

排气歧管是连接排气道与排气总管的部分，其作用是将各缸废气汇入排气总管。为减轻各缸排气相互干扰及排气倒流，要求：各缸排气歧管尽可能长度相等，且相互独立，长度尽可能的大；对设两个排气歧管的发动机，排气间隔（发火间隔）较远的气缸排气歧管汇合在一起；排气歧管的内壁应尽量光滑。

排气歧管一般由铸铁或不锈钢制成。近年来，因不锈钢排气歧管质量轻、内表面光滑，故被采用得越来越多。

9.3.2　消声器

发动机排出的废气温度、压力较高，具有相当的能量，直接排入大气，会产生强烈的爆破声，且易带有火焰或火星。因此，发动机排气总管内都装有消声器，以降低噪声，消除废气中的火焰或火星。

消声器是圆柱形或椭圆形部件。消声器内部是一系列隔板、腔室、管道、孔口和填充材料，通过通道的突然扩大、收缩、改变方向和吸声材料，可使排气降温、降压、减速，消耗其能量。

9.3.3　排气净化装置

汽油机的主要有害排放物是 CO、HC 和 NO_x，柴油机的主要有害排放物是 NO_x 和微粒。

CO 是不完全燃烧产物，是在低温缺氧时形成的。

HC 是未燃和未完全燃烧的燃油和机油蒸气，来源于排气管废气、曲轴箱通风和燃料系统中的燃油蒸气；发动机在低温起动、怠速运转时会产生大量的 CO 和 HC。

NO_x 是空气中的 N_2 在燃烧室内高温富氧条件下生成的，主要是 NO 和 NO_2。NO_x 本身并不对空气环境产生严重的不利影响，但 NO_x 与 HC 混合后在阳光照射下会产生毒性很强的光化学烟雾。

微粒主要是柴油在燃烧室内高温裂解形成的碳烟。

为限制上述有害物质的排放，车用发动机中均装备了排气净化装置。

1. 废气再循环系统

（1）废气再循环的概念。废气再循环（Exhaust Gas Recircution，EGR）就是使部分废气再进入燃烧室，稀释混合气（降低氧的浓度），降低燃烧温度，抑制 NO_x 生成的一种方法。但废气再循环会使发动机有效功率下降、经济性变差。因此，为保证发动机的性能，再循环的废气量应随工况而定。接近全负荷或高速运转时，为使发动机保持充足的动力，不进行废气再循环。冷起动、暖机怠速工况时，发动机温度较低，NO_x 排放量不大，为保持发动机运转的稳定性，也不进行废气再循环。

废气的回流量用废气再循环率表示，定义为"废气再循环率=[废气的回流量/(新鲜进气量+废气的回流量)]×100%"，最多不超过25%。

（2）废气再循环方法。废气再循环的方法有两种：其一，通过控制气门正时，使废气在气门叠开期间倒流入气缸，此方法称为内部再循环法，这是先进制造工艺和精确气门控制的结果；其二，通过废气再循环阀和管路将排气管中的部分废气引入进气歧管，再与新鲜混合气一起进入燃烧室，称为外部废气再循环法。废气再循环是一个系统，简称EGR系统，在现代汽车发动机中被广泛采用，如图9-13所示。

（3）废气再循环阀及其控制。许多发动机都装有由真空驱动的废气再循环阀，一般装在进气歧管上。正背压式真空驱动废气再循环阀的基本结构如图9-14所示。

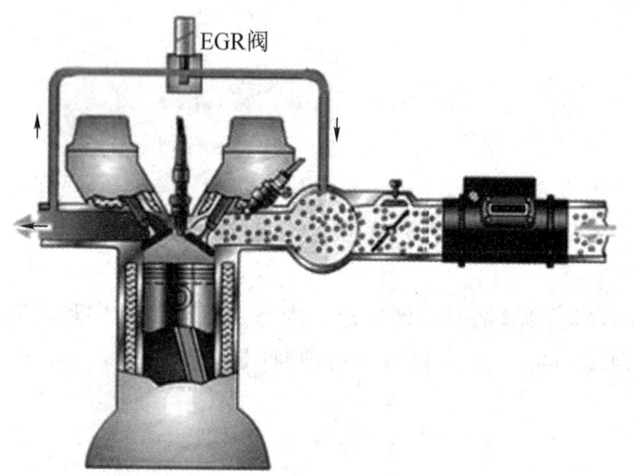

图9-13　废气再循环系统

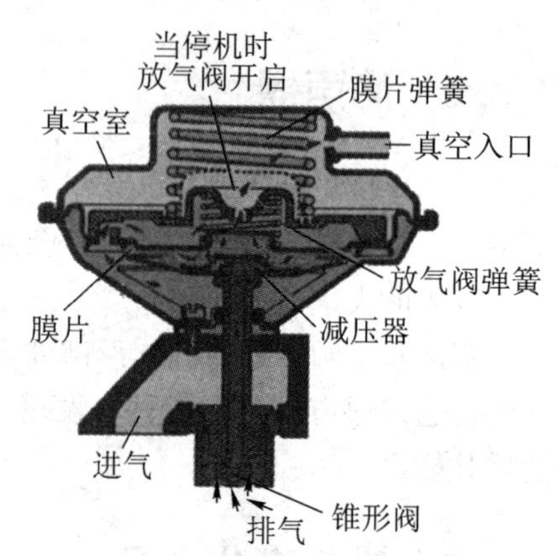

图9-14　正背压式真空驱动废气再循环阀的基本结构

在膜片的上方设有排气背压传送阀（放气阀），在膜片上加工有通气孔，当放气阀开启时，膜片室与大气相连通。在放气阀下面装有放气阀弹簧，使放气阀保持常开状态。当发动机工作时，废气再循环通道内的气压力不大，不足以使放气阀关闭。这时由于膜片室与大气相通，致使传到膜片室的真空度被减弱或消除，锥形阀保持关闭状态。当排气压力增大时，膜片被推向上移，关闭放气阀，使膜片室与大气的通路隔断。这时进气管真空度传到膜片室，吸引膜片、膜片推杆和锥形阀一起向上提起，使废气再循环通道开启。

发动机运转时，电控单元根据转速、节气门位置、冷却液温度、点火开关、电源电压的信号等，判定发动机所处的运转工况后，控制废气再循环阀电磁阀的通电或断电，以调节废气再循环阀膜片室的真空通道，得到控制废气再循环阀不同开度所需的各种真空度，从而使适量的废气循环稀释进入的油气混合物，获得与发动机工况相匹配的废气再循环率。

使用中，废气再循环阀易因严重积炭而导致“常闭不开”或“常开不闭”。前者使发动机温度过高、NO_x 排量增加，易发生爆震；后者将使混合气变稀而造成发动机动力不足、怠速不稳甚至熄火，也可能不能起动。因此，应注意检查、清洗或更换废气再循环阀。

2. 三元催化转化器

（1）三元催化转化器的基本功用与结构。三元催化技术（Three-way Catalytic Converter，TWC）是将装有催化剂的催化反应器装在发动机的排气管中，通过精确控制空燃比，利用排气温度及催化剂的作用，将 NO_x 还原为 N_2 和 O_2，同时 CO、HC 被氧化为 CO_2 和 H_2O。

三元催化转化器由不锈钢壳体和内部的陶瓷催化床（涂覆催化剂的陶瓷芯）组成。催化床有颗粒式和整体式两种。颗粒式催化床由数百个陶瓷小球构成，整体式催化床为蜂窝状陶瓷体。催化床中的废气通道表面涂覆铂、钯、铑等贵金属并起催化作用，铂、钯是氧化剂，铑是还原剂。如图 9-15 所示是目前广泛使用的整体式三元催化转化器的结构。

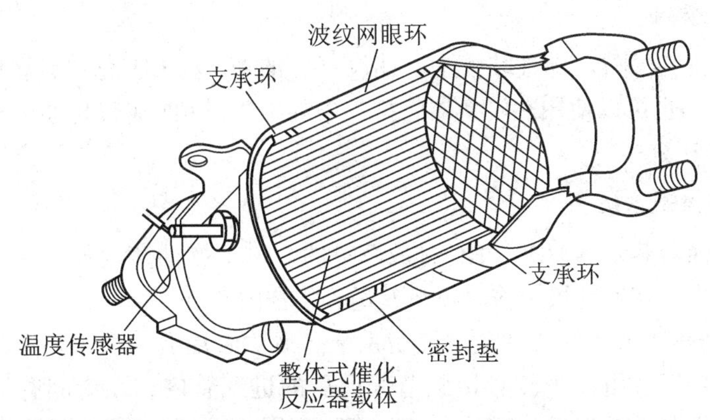

图 9-15 整体式三元催化转化器的结构

装有Ⅱ型车载自动诊断（On Board Diagnostics Ⅱ，OBD-Ⅱ）系统的汽车发动机，在三元催化转化器的前端和后端各装有一个氧传感器，以监视三元催化转化器的工作状态。若两个氧传感器的输出信号相同，则说明三元催化转化器不能正常工作。

（2）三元催化转化器的工作条件。三元催化转化器的使用条件相当严苛。其一，装有三元催化转换器的发动机只能使用无铅汽油，否则催化剂将失效（俗称催化剂中毒）；其二，只有当排气温度达到 350 ℃时才开始工作；其三，只有将空燃比精确地控制在理论空燃比附近，才能保证有害气体具有高的转换率。为此，必须使用氧传感器对空燃比进行闭环控制。注意，不是在任何工况下都实施闭环控制，在起动、暖机、怠速、加速、全负荷、减速断油工况时，为保证运转稳定或动力性，仍以开环控制。

（3）三元催化转化器使用中的问题。三元催化转换器发生故障，将造成发动机动力性、经济性、排放恶化等。若发现三元催化转化器有明显的凹痕和刮擦，则说明三元催化转化器的载体可能受到损伤；用拳头敲击并晃动三元催化转化器，如果听到有物体移动的声音，则说明其内部催化剂载体破碎，需要更换三元催化转化器。注意检查三元催化转化器是否有裂纹，各连接是否牢固，各类导管是否有泄漏，如有，则应及时加以处理。

三元催化转化器的常见问题大多由过热引起。当发动机缺火、未燃燃油进入排气管时，三元催化转化器的温度迅速升高，使催化材料熔化，产生很大的排气阻力；若三元催化转化器外壳上有严重的褪色斑点或略有呈青色和紫色的痕迹，在三元催化转化器防护罩的中央有非常明显的暗灰斑点，则说明三元催化转化器曾处于过热状态。

若三元催化转化器堵塞，则会导致排气门烧蚀、发动机高转速时功率下降、起动后熄火（完全堵塞时）、转速升高时真空度下降或进气管回火。维修时，用真空表检查进气管真空度，或用压力表检查排气背压，若真空度明显下降或排气背压超过规定值，则说明三元催化转化器可能堵塞。

检测三元催化转化器的前、后端温度，后端的温度应比前端的温度高 38 ℃或 8%，若两者相同或后端的温度比前端的温度还低，则表明三元催化转化器没有工作，需更换三元催化转化器。

3. 二次空气喷射

利用空气泵将空气喷入排气歧管中，使废气中的 HC 和 CO 进一步氧化，从而生成无害的 CO_2 和 H_2O。也可以使用热转换器将排气中的 HC 和 CO 在转化器中进一步氧化，生成无害的 CO_2 和 H_2O。

4. 燃油蒸发控制系统

经油箱和化油器蒸发的 HC 占 HC 排放总量的 20%。燃油蒸发控制系统将燃油蒸气收集和储存在炭罐内，在发动机工作时再将其送入气缸内燃烧。

如图 9-16 所示为典型的燃油蒸发控制系统。活性炭罐上的两个入口与燃油箱和化油器浮子室相通，排气口用一个软管接到节气门后的进气管内，在中间管道上有一个限流阀。当发动机工作时，进气管真空度经真空管送到限流阀，使限流阀膜片上移打开限流阀。与此同时，新鲜空气自炭罐底部经滤网流过炭罐，将吸附在活性炭上的燃油蒸气送入燃烧室内燃烧掉。

限流阀动作失灵和燃油、蒸气泄漏是燃油蒸发控制系统的主要故障，这将引起发动机的怠速运转不稳，维护时注意检修。

5. 柴油机微粒过滤器

柴油机微粒过滤器由过滤器和再生系统组成。排气中的微粒被过滤并集中在微粒过滤器中，微粒积累到一定程度后，会加大排气阻力，从而影响发动机性能，因此，需定期清除微粒过滤器中的微粒，使微粒过滤器恢复原始状态，即微粒过滤器再生。

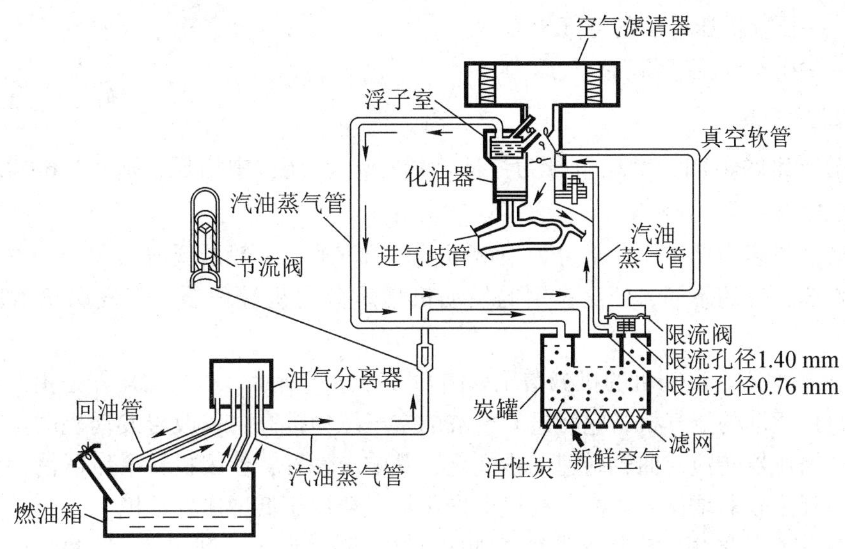

图 9-16 燃油蒸发控制系统

常见的滤芯材料有陶瓷纤维、陶瓷泡沫、金属筛网和壁流整体式陶瓷等，微粒收集率达60%~90%。

9.4 发动机增压和增压器

增压就是将空气或可燃混合气在进入气缸前进行预压缩，以提高进气压力，增大进气密度，增加进气量，提高功率。目前，相当比例的柴油机和汽油机都采用增压技术。一般发动机增压后，功率较原机可提高30%~50%，甚至更多。增压技术被视为提高发动机动力性、经济性，降低废气排放的有效措施。

9.4.1 增压度、增压比与增压分类

1. 增压度与增压比

发动机增压后增长的功率与增压前功率的比，称为增压度，以 φ 表示，即：

$$\varphi = \frac{P_{ek} - P_{e0}}{P_{e0}} \tag{9-1}$$

式中：P_{ek}——增压后的功率；

P_{e0}——增压前的功率。

四冲程柴油机的增压度可达3，车用发动机的增压度多为0.1~0.6。

压气机出口压力与进口压力的比，称为增压比，以 π_k 表示，即：

$$\pi_k = \frac{p_k}{p_0} \tag{9-2}$$

式中：p_k——压气机压缩后的空气压力；

p_0——压气机压缩前的空气压力。

2. 增压的分类

根据增压比的不同，增压可分为：低增压，$\pi_k<1.6$；中增压，$\pi_k=1.6\sim2.5$；高增压，$\pi_k>2.5$。

车用柴油机多为低增压，部分为中增压；车用汽油机一般是低增压。

根据增压方法的不同，广泛应用的发动机增压分为机械增压、废气涡轮增压和复合增压。

（1）机械增压。发动机的机械增压如图 9-17（a）所示。机械增压器是由发动机曲轴通过皮带直接驱动的压气机，它将进入气缸的空气压力提高，以改善发动机的功率和转矩输出。机械增压器转速与曲轴转速同步变化，其响应性好，但因机械增压器消耗发动机功率，燃油消耗率较非增压时略高，故机械增压器主要用于低增压发动机。

（2）废气涡轮增压。废气涡轮增压如图 9-17（b）所示。利用发动机排出的高温、高压、高速废气推动涡轮做功，涡轮又带动同轴的压气机工作，将由空气滤清器管道送来的空气压缩后送入气缸。废气涡轮与压气机装成一体，称为废气涡轮增压器，它与发动机无任何机械联系。由于利用了废气能量，发动机的动力性、经济性等均得到改善，所以得到广泛应用。

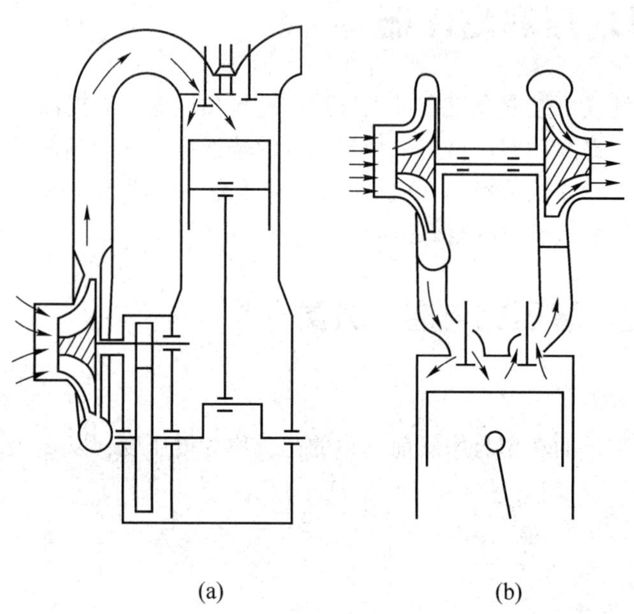

图 9-17　发动机的机械增压与废气涡轮增压

（a）机械增压；（b）废气涡轮增压

发动机低速运行时，废气流速慢，废气涡轮转速低，增压作用很小，只有发动机转速高于一定值（一般为 1 500~2 000 r/min）时，废气涡轮增压器才开始正常工作，且其工况响应性差，致使加速性较差，尤其低速加速性和急加速性较差。

（3）复合增压。废气涡轮增压和机械增压并用，综合了废气涡轮增压和机械增压的优点，发动机输出功率大，燃油消耗率低，噪声小，响应快。

复合增压系统分为并联式和串联式两种，串联式实际上就是二级增压，如图 9-18 所示。

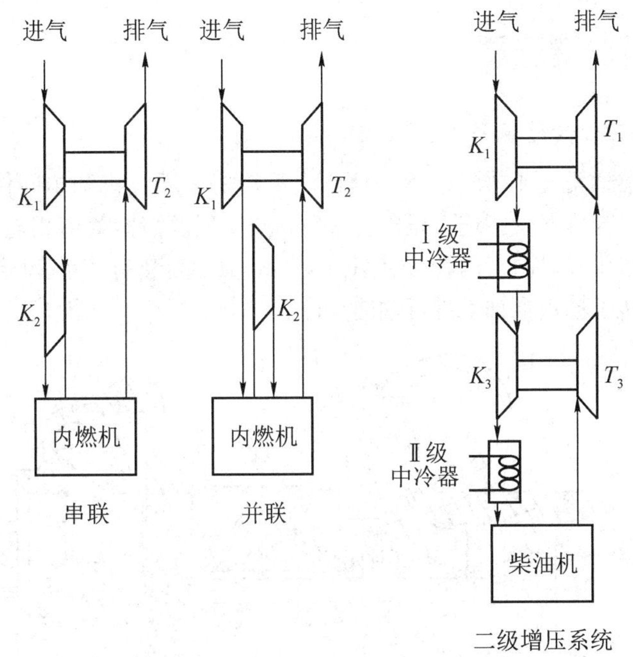

图 9-18 发动机复合增压与二级增压

K_1、K_3—废气涡轮增压器；K_2—机械增压器；T_1、T_2、T_3—废气涡轮机

9.4.2 增压发动机的特点

增压发动机具有以下特点：

（1）提高进气压力，增大进气密度，在排量、质量不变的情况下，功率大幅提高，结构更紧凑。

（2）废气涡轮增压，不仅利用了废气能量，而且使混合气燃烧更完全，发动机的热效率提高，经济性改善。

（3）改善燃烧过程，降低 HC、CO、NO_x 和微粒的排放量及排气噪声。

（4）气缸内最高压力、燃烧温度升高，发动机机械负荷、热负荷加大。

（5）对于汽油机，由于采用增压后，热负荷加大，故爆震倾向增加。

（6）废气涡轮增压，响应性差，发动机加速迟钝。

现代发动机采用下列措施解决增压带来的上述问题：

（1）将发动机增压后的压缩比较增压前的压缩比适当降低，抑制缸内最高压力的增长。

（2）空气经过增压器压缩后，在其压力提高的同时，温度也升高，使进气密度降低，进气量减少，并且增大了发动机热负荷、爆震倾向和 NO_x 的生成。为此，在增压系统中增加冷却器，使空气离开压气机后经过冷却器进行等压冷却。

（3）通过爆震传感器信号，对点火提前角进行闭环控制，以控制爆震的发生。

（4）进行增压压力控制。

9.4.3 废气涡轮增压器

1. 废气涡轮增压器的结构与工作原理

废气涡轮增压器通常位于排气歧管一侧，由涡轮机、压气机和中间体组成，如图 9-19 所示。涡轮室进气口与排气管相连，压气机进气口与空气滤清器管道相连，涡轮和压气机叶轮分别装在涡轮室和压气机内，两者通过两个全浮动轴承与装有密封套的转轴刚性连接，构成增压器转子。用转子轴止推轴承进行轴向定位。

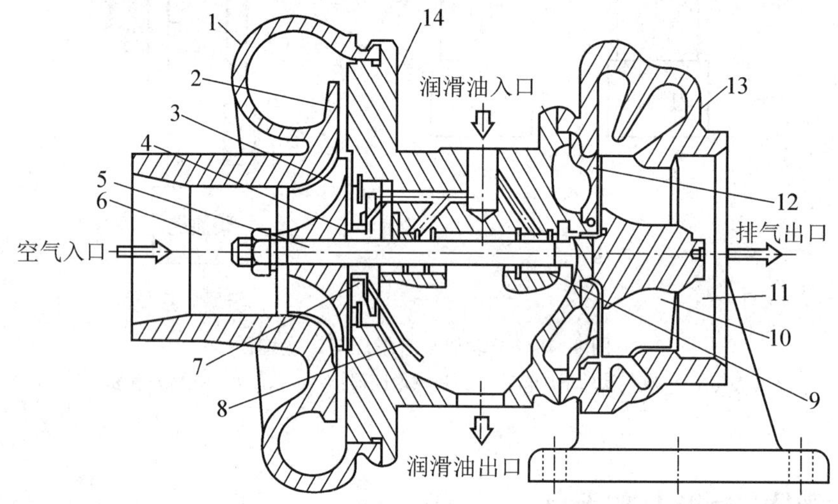

图 9-19 径流式废气涡轮增压器

1—压气机壳；2—无叶式扩压器；3—压气机叶轮；4—密封套；5—转子轴；6—进气道；7—止推轴承；8—挡油板；9—浮动轴承；10—涡轮机叶轮；11—出气道；12—隔热罩；13—涡轮壳；14—中间体

压气机部分主要包括离心式压气机叶轮、扩压器和压气机壳，如图 9-20 所示。涡轮部分主要包括涡轮壳、径流式涡轮、喷嘴环、出气道，如图 9-21 所示。

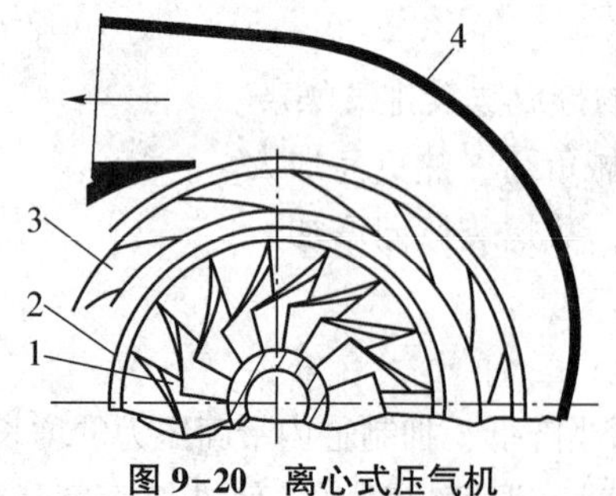

图 9-20 离心式压气机

1—叶片；2—叶轮；3—叶片式扩压器；4—涡轮壳

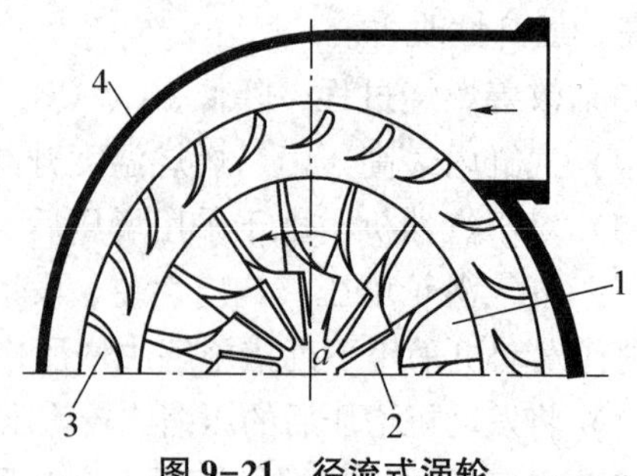

图 9-21 径流式涡轮

1—叶轮；2—叶片；3—叶片式喷管（喷嘴环）；4—涡轮壳

工作时，发动机排出的具有一定压力、温度的废气经涡轮壳进入喷嘴环，由于此通道较窄，使废气经过时流速增大，并按一定方向冲击涡轮叶片，在通过涡轮时，其自身动能、热能的一部分转化为推动涡轮转动的机械能，使涡轮高速旋转。发动机废气压力、温度越高，喷嘴环处气流速度越高，涡轮转速也越快。通过涡轮的废气最后排入大气。与涡轮装在同一根转子轴上的压气机叶轮也以相同的速度旋转，高速旋转的压气机叶轮将新鲜空气吸入压气机，并甩向叶轮边缘，使空气的压力、流速提高，然后进入流通截面积逐渐扩大的扩压器和压气机壳，使空气流速降低，压力进一步提高。增压后的空气经进气歧管进入气缸。

中间体内有密封装置、机油油路和冷却液路。密封套、油封环、挡油板等用来防止高温废气窜入轴承而引起轴承烧毁、机油结胶，还可防止机油窜入压气机叶轮腔室和涡轮腔以及增压器漏气等。大多数涡轮增压器的轴承是经由机油管引入的发动机润滑系统的机油进行润滑，润滑后的机油经中间壳下部的出油口，再通过回油管流回曲轴箱。

2. 增压压力的调整

当发动机高速、大负荷运转时，排气流量大、能量大，涡轮增压器转速高，增压压力也高；但在低速时，即使增加负荷，废气流量也不大，增压压力也低，发动机转矩小。为防止高速时增压压力过高、低速时增压压力过低，通常采用以下两种方法对其进行调整：

（1）设置旁通阀。设置进、排气旁通阀，当发动机高速、大负荷运转时，通过旁通阀将部分排气或部分增压空气放入大气中。目前常用废气旁通法，如图 9-22 所示为电控废气旁通增压系统。

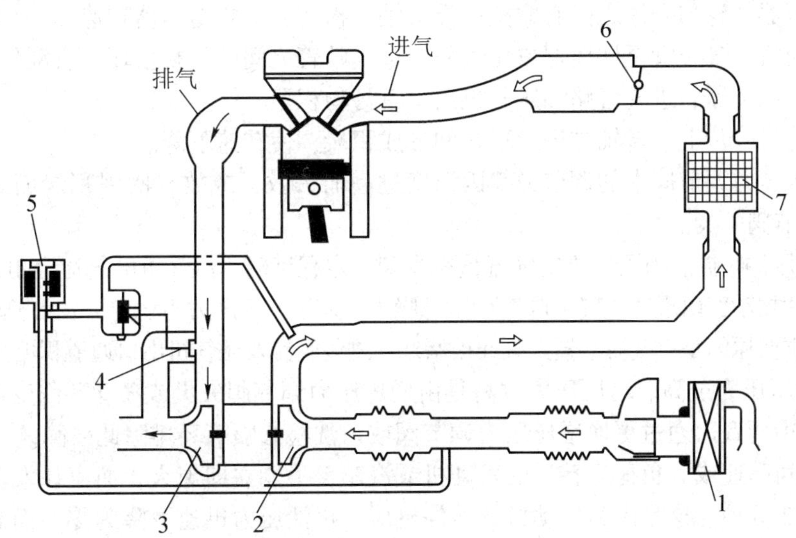

图 9-22　电控废气旁通增压系统

1—空气滤清器；2—压气机；3—涡轮机；4—排气旁通阀；5—进气旁通阀；6—节气门；7—中冷器

废气旁通阀控制的涡轮增压器，随着发动机转速的升高，当增压压力超过理想范围时，废气旁通阀打开，使部分废气被旁通掉，不进入废气涡轮。

废气旁通法只能解决增压压力过高的问题，不能有效地利用废气能量，也未解决低速时增压压力不足的问题。

积炭会导致废气旁通阀不能闭合或卡死，使废气旁通阀失效。膜片缺陷或真空管泄漏，也会使废气旁通阀不能正常工作。

（2）可变喷嘴几何截面增压技术。目前新型发动机较多地采用可变喷嘴几何截面增压器，通过改变增压器的流通能力来调节增压压力。可变喷嘴几何截面增压器即通过改变叶片喷嘴环的角度来改变喷嘴环出口面积（速度）和废气流入叶轮的角度，进而控制增压器转速。在发动机低速运转时，喷嘴环出口面积关小，废气流速加快，流入叶轮角度增大，涡轮转速加快，增压压力提高；发动机高速运转时，喷嘴环出口面积开大，废气流速降低，流入叶轮角度减小，防止增压压力过高。可变喷嘴几何截面增压器设有废气旁通阀，在发动机低速运转时保证有较高的增压压力，也有助于减轻涡轮增压器的滞后现象。

有些发动机采用两个不同尺寸的、并联的涡轮增压器。较小尺寸的涡轮增压器惯性小，响应快，可以减轻滞后现象，较大尺寸的涡轮增压器惯性大，仅在发动机高速运转时工作。发动机低速和中速运转时，尺寸较小的涡轮增压器工作；发动机高速运转时，尺寸较小的涡轮增压器关闭，尺寸较大的涡轮增压器提供增压，保证高速功率的输出。有的V形发动机也采用两个涡轮增压器，即每列气缸各有一个涡轮增压器。

3. 废气涡轮增压器的检修

（1）增压器有异响。在发动机停机的瞬间监听增压器，若叶轮与壳体之间有“嚓嚓”声，则说明因碰撞使涡轮壳变形，应当视情况进行修复或更换。

（2）增压压力过低。发动机出现功率下降、排气冒黑烟等现象，可能的原因是：

1）增压器叶轮与壳体之间有摩擦或浮动轴承损坏，影响增压器转速。

2）发动机排气歧管至增压器或压气机至进气歧管之间的气封损坏，有漏气存在。

3）空气滤清器、进气管路和压气机出口有污物积聚。

4）涡轮机叶片上、转轴与密封环之间形成积炭，使转速下降。

5）增压压力调节阀中的调节弹簧因温度过高而失效，或放气阀因积炭而封闭不严或卡死，使调节阀失灵。

（3）增压器喘振。当压气机空气流量减少到一定程度时，压气机的气流会出现强烈的振荡，引起叶片振动，出现“轰隆轰隆”的喘息噪声，使进气管压力不稳定，发动机转速也随之不稳定。其主要原因是空气滤清器太脏或被堵塞，进气管路及压气机出口通道积垢太多。

（4）增压压力过高。增压压力过高是由增压压力调节阀失灵或喷嘴环因变形或积炭使通流面积减小所致。通过更换增压压力调节阀或清洗检修喷嘴环排除此故障。

对长时间高速或大负荷运转后的发动机或汽车，不能立即熄火，而应让发动机怠速运转几十秒到2分钟。这是因为发动机突然停机后，机油压力迅速下降为零，而涡轮增压器仍在惯性作用下继续高速旋转，会导致轴承或轴损坏。

本章小结

进气与排气系统的主要功用是把尽可能多而清洁的新鲜充量均匀地导入各气缸，使尽可能多的废气安全迅速地导出气缸。进气与排气系统主要由空气滤清器、进气管、排气管、消声器、排气净化装置和增压装置、气道等组成。

空气滤清器的作用是滤除空气中的灰尘或杂质，有纸质空气滤清器、惯性-纸质空气滤清器、油浴式空气滤清器等多种形式。空气滤清器必须定期清洗、换滤芯或总成。

进气歧管的作用是将空气或空气-燃油混合气均匀地分配到各个气缸。可变长度或截面积的进气歧管能在较宽的高、低转速范围内充分利用进气惯性效应多进气，改善发动机性能。

排气歧管的作用是将各气缸废气汇入排气总管。消声器通过对排气降温、降压、减速来降低噪声，消除废气中的火焰或火星。废气再循环是抑制 NO_x 生成的一种方法，二次空气喷射可减少 CO、HC 的排放量，三元催化转化器能同时净化排气中的 CO、HC 和 NO_x。

三元催化转化器的常见问题大多由过热引起。当发动机缺火、未燃燃油进入排气管时，三元催化转化器的温度迅速升高，使催化材料熔化，产生很大的排气阻力；若三元催化转化器外壳上有严重的褪色斑点或略有呈青色和紫色的痕迹，在三元催化转化器防护罩的中央有非常明显的暗灰斑点，则说明三元催化转化器曾处于过热状态。若三元催化转化器堵塞，会导致排气门烧蚀、发动机高转速时功率下降、起动后熄火（完全堵塞时）、转速升高时真空度下降或进气管回火。

废气涡轮增压是利用发动机排出的高温、高压、高速废气推动涡轮做功，涡轮又带动同轴的压气机工作，将空气压缩，增大进气密度，增加进气量，提高功率的技术。常见的增压方法是机械增压和废气涡轮增压，后者在提高功率的同时，改善了发动机的经济性和排放性能。

增压压力过低，会引起发动机功率下降、排气冒黑烟等现象。其可能的原因是：增压器叶轮与壳体之间有摩擦、浮动轴承损坏；增压器至进气歧管或压气机至排气歧管之间有漏气；空气滤清器、进气管路和压气机出口有污物积聚；增压压力调节阀失灵。

大多数涡轮增压器是经由机油管引入的发动机润滑系统的机油进行润滑，机油泄漏、机油供给延迟、机油脏污和吸入外物是导致废气涡轮增压器故障的主要原因，使用中应特别注意。

自测题

一、选择题

1. 配置进气歧管可变技术的发动机，随转速的升高，进气歧管应（　　）。

A. 变长　　B. 变短

C. 变粗　　D. 不变

2. 对采用涡轮增压技术的发动机，甲说可在排量不变时提高功率输出，乙说也可改善经济性，谁正确？（　　）

A. 只有甲说的对　　B. 只有乙说的对

C. 甲、乙说的都对　　D. 甲、乙说的都不对

3. 废气循环系统的功用是（　　）。

A. 对废气中的能量进行再利用　　B. 控制 NO_x 的生成量

C. 控制 CO 的生成量　　D. 控制 HC 的生成量

4. 废气涡轮增压系统中，旁通阀的作用是调节（　　）。

A. 机油流量　　B. 气缸内的进气量

C. 进入涡轮的废气量　　D. 燃油流量

5. 下列不属于排放控制技术的是（　　）。

A. 废气再循环　　B. 二次空气喷射

C. 三元催化转化器　　D. 废气涡轮增压

二、判断题

1. 发动机实际工作时可以拆除空气滤清器。（　　）

2. 干式纸质空气滤清器经油浸润后，滤清效率提高，发动机性能得到改善。（　　）

3. 安装进、排气歧管时，要按规定力矩和次序拧紧固定螺栓。（　　）

4. 发动机工作时可拆除消声器，以减小排气阻力。（　　）

5. 若三元催化转化器外壳上有严重的褪色斑点或略有呈青色和紫色的痕迹，则说明三元催化转化器曾处于过热状态。（　　）

三、简答题

1. 可变进气歧管的发动机有何优点？

2. 何谓废气涡轮增压？有何优点？

3. 二次空气喷射有什么作用？

第 10 章　冷却系统

导　言

本章讨论冷却系统的功用，强制循环水冷系统的组成、工作过程，主要零部件的功用、结构、工作原理及检修方法。认识冷却系统构造、技术状况与发动机性能及检修之间的关系。

学习目标

1. 认知目标

(1) 掌握冷却系统的功用、组成。

(2) 掌握冷却系统主要零部件的作用、结构、检修方法及冷却液的使用。

(3) 理解冷却系统工作过程、冷却强度的调节方法。

(4) 了解风冷发动机特点。

2. 技能目标

(1) 正确拆装与检修冷却系统主要零部件。

(2) 具有冷却系统常见故障的诊断能力。

3. 情感目标

(1) 勿死记硬背，以理解为基础，归纳、总结、记忆相关知识。

(2) 理论知识与检修运用、实践操作相结合，知行统一，活学活用。

(3) 养成规范操作，安全、节能、环保、高效、文明生产、诚信服务的职业素养。

(4) 养成自主学习、协同工作的优良作风。

(5) 具有科学严谨的工作态度，一丝不苟、精益求精的工匠精神。

10.1　概述

10.1.1　冷却系统的功用

汽油机工作时，气缸内温度高达 2 500 ℃（柴油机约为 2 000 ℃）的燃气及高速相对运动零部件间的摩擦，使活塞组、气缸盖、气缸套、气门等机件的温度很高。若不冷却或冷却强度不足，则零部件在严重受热（过热）状态下工作，将带来下述危害（发动机过热的危害）：

(1) 相对运动零部件的高温膨胀，破坏正常的配合间隙，容易引发相互卡咬、干涉，如活塞拉缸或卡死、烧瓦抱轴等。

（2）零部件材料的强度和刚度下降，容易导致零部件变形，甚至损坏。

（3）高温下机油性能恶化加速，性能下降，润滑不良，零部件磨损加剧。

（4）进气受高温零部件的加热，进气密度降低，进气量减少，充气效率降低，动力不足。

（5）汽油机易产生爆震燃烧。

因此，对发动机必须进行冷却，并且要适度。若冷却过度，发动机在过冷状态下工作，则会引发下列问题：

（1）燃油雾化不良、蒸发困难，混合气形成质量差，燃烧恶化，CO 和 HC 排放量多。

（2）机油黏度大，摩擦、磨损严重。

（3）低温下加浓且不易蒸发的燃油形成小滴集结后顺着气缸壁进入油底壳，破坏气缸壁油膜并稀释油底壳内的机油，加之燃烧生成的水蒸气易凝结成水而进入油底壳，在曲轴搅拌下加速油泥的形成等，均使机油性能下降，加剧零部件的磨损。

（4）冷却散热损失增加，加之上面（1）~（3）的共同作用，使发动机的经济性、动力性降低。

（5）柴油机工作粗暴。

可见，发动机在过热、过冷状态下工作，都将导致其工作可靠性大大下降，使用寿命缩短，动力性、经济性恶化等一系列后果。发动机冷却系统的任务就是使温度适宜的冷却介质连续不断地、均匀地流过所有需冷却降温的零部件周围，起到“在所有运行条件下，保持发动机在最适宜的温度范围内工作，防止其过热、过冷”的功用。对于发动机的冷却系统有以下具体要求：

（1）在大负荷工况和高温环境下工作时，应迅速地冷却、带走多余的热量。

（2）在冷起动暖车和严寒环境下工作时，应缓慢冷却或不冷却，使发动机尽可能迅速地达到工作温度。

10.1.2 冷却方式

1. 风冷式

风冷式发动机是利用流过发动机周围的空气将热量直接带走。为加速热量的散出，风冷式发动机气缸体和气缸盖都是单体式，其上都设有散热片，并装有风扇和导风罩来控制空气的合理流动。

风冷式发动机结构简单，质量轻，使用维修方便，对环境的适应性好，暖机时间短，容易起动。但风冷式发动机热负荷高，冷却时消耗功率大、噪声大。因此，风冷式发动机主要应用在摩托车用发动机、中小排量的发动机和个别军用发动机中，民用汽车发动机中则很难见到。

2. 液冷式

在液冷式发动机中，冷却液循环流过气缸和燃烧室周围，吸热升温后将热量带出，并通过散热器向周围的空气散热降温，然后流回到发动机中再次循环，以达到冷却效果。因冷却液的冷却介质主要是水，所以又称为水冷式。

水冷式是车用发动机主流的冷却方式，且多为封闭式的强制循环水冷系统，即利用水泵将冷却水加压后强制其循环流过发动机水套带走热量。

水冷系统还兼作汽车暖风系统和发动机进气预热等装置的热源。

水冷式发动机冷却液温度（一般指发动机冷却液出口处温度）范围为：传统上正常的冷却液温度一般为80~95 ℃，新型的轿车发动机冷却液温度可高达105 ℃。

10.1.3 水冷系统的组成及工作过程

如图10-1所示为典型的发动机封闭式强制循环水冷系统。该系统主要由散热器（俗称水箱）、冷却风扇、节温器、水泵、软管、补偿水桶、冷却液及发动机内部的冷却水套等组成。冷却水套内常设配水管、导向装置和喷嘴，以保证发动机冷却均匀及最热区域的充分冷却。

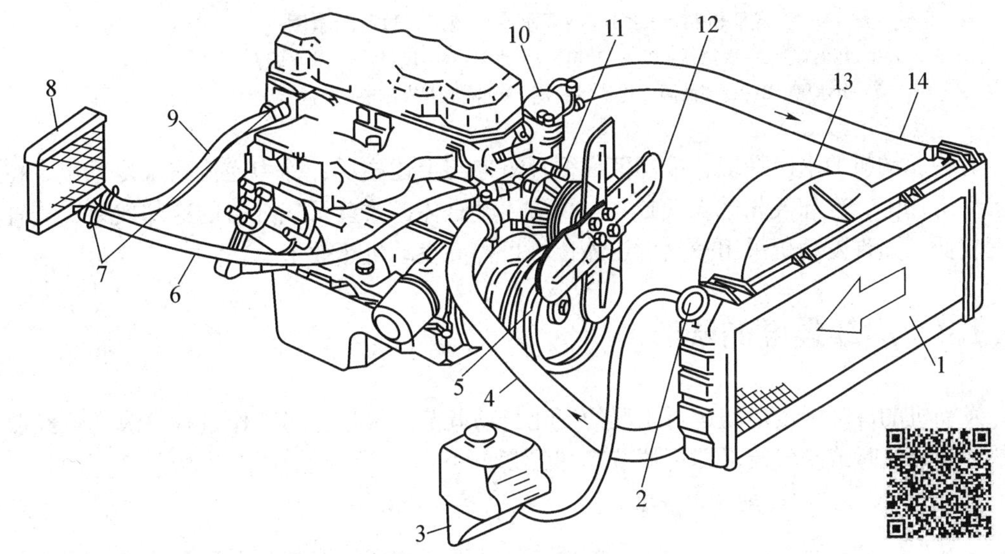

图10-1 发动机封闭式强制循环水冷系统示意图

1—散热器；2—散热器盖；3—补偿水桶；4—散热器储水软管；5—风扇传动带；6—暖风机出水软管；7—管箍；8—暖风机芯；9—暖风机进水软管；10—节温器；11—水泵；12—冷却风扇；13—护风圈；14—散热器进水软管

水泵装在发动机的前端，由曲轴通过三角皮带驱动。散热器装在发动机前端的支架上，通过橡胶软管与发动机的进水口、出水口连通。风扇位于散热器后面，或与水泵安装在同一轴上由曲轴驱动，或由电动机驱动。如图10-2所示，发动机工作时，水泵将冷却液从散热器抽出、加压后，经配水管先进入气缸体水套，再经过气缸体上平面、气缸垫、气缸盖下平面上的孔向上流入气缸盖水套内。在气缸盖水套中吸收热量升温后的冷却液由气缸盖的出水口（一般位于发动机前部）经节温器、软水管流回散热器。当较高温度的冷却液流过散热器时，将热量传放给流过散热器外围的空气中。冷却降温后的冷却液，再经散热器出水口、软管、水泵进入发动机内吸收热量，如此循环，以保持发动机的温度在最佳工作范围内。冷却风扇的作用以及汽车的行驶加快了散热器周围空气的流速，增强了冷却效果。

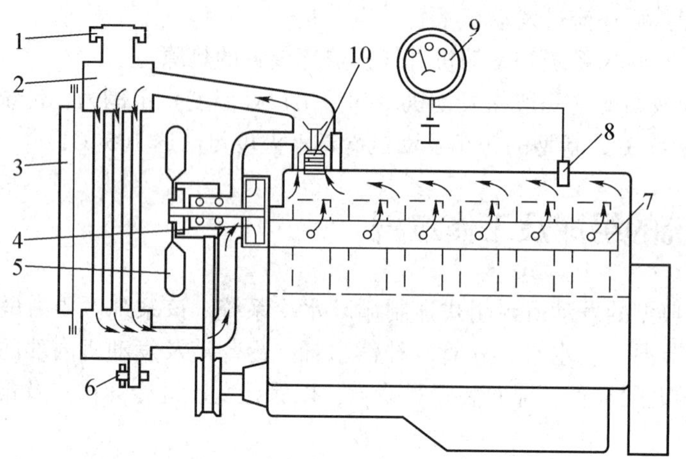

图 10-2　发动机封闭式强制循环水冷系统工作过程示意图

1—散热器盖；2—散热器；3—百叶窗；4—水泵；5—风扇；6—放水阀；7—分水管；8—冷却液温度传感器；9—冷却液温度表；10—节温器

有些发动机的水冷系统，冷却液的循环方向与上述相反，称为逆流式水冷系统。在这种水冷系统中，冷却液先进入气缸盖，再流入气缸体，改善了气缸盖的冷却效果，气缸盖温度较低，允许发动机采用较高的压缩比，可提高发动机热效率。

10.1.4　冷却强度的调节

发动机的冷却强度应随运行工况的变化自动调节。根据上述工作过程，改变流经散热器的冷却液流量或空气流量即可调节冷却强度。

1. 调节冷却液循环路线与流量

设在气缸盖出水口处的节温器，根据冷却液温度的高低控制其循环路线，实现冷却强度的自动调节。当冷却液温度较低（如发动机刚起动）时，节温器关闭水套与散热器的通道，让冷却液自气缸盖出水口直接经水泵进入气缸体水套，在发动机内循环，使发动机均匀、快速地升温，尽快达到正常工作温度，这是所谓的“小循环”。随着冷却液温度的升高，节温器逐渐关闭直接通往水泵的通路，开启通向散热器的管路，使更多的冷却液流经散热器进行降温后，再经过水泵进入发动机水套内，这是所谓的“大循环”。冷却液大、小循环示意如图 10-3 所示。

对采用电动水泵的发动机，根据冷却液温度调节水泵转速，改变冷却液流量，可同样达到控制冷却强度的目的。

2. 调节空气流量

改变风扇转速和百叶窗开度，可调节流经散热器的空气流量。驾驶员根据冷却液温度表或冷却液温度警告灯等控制散热器前面百叶窗的开度。风扇温控开关控制风扇的转速。

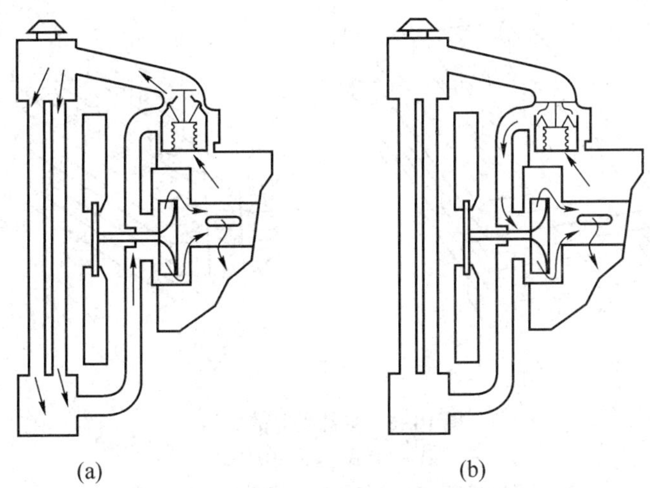

图 10-3 冷却液大、小循环示意图

(a) 大循环；(b) 小循环

10.2 水冷系统的主要零部件

10.2.1 散热器

散热器的作用是将冷却液在发动机水套内吸收的热量传给空气，使冷却液降温。散热器由进（上）水室、出（下）水室和散热器芯等组成，如图 10-4 所示。

进、出水室上分别装有进、出水管，分别与气缸盖出水口和水泵进水口相连接。进水室顶部有加水口，冷却液由此注入，由散热器盖封闭。进、出水室还兼有储存、分配冷却液和气液分离的作用。散热器出水室底部装有放水阀。

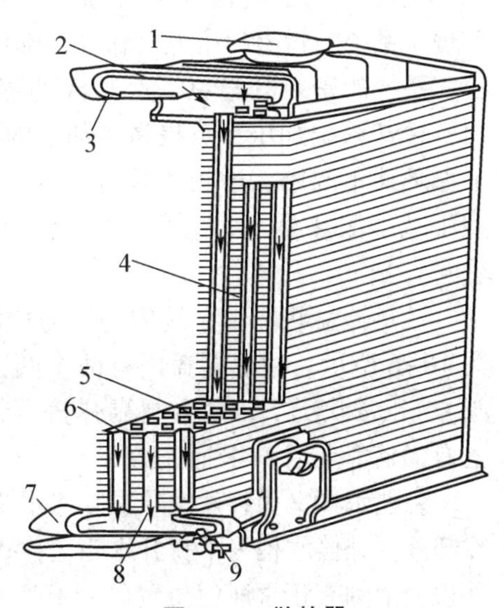

图 10-4 散热器

1—散热器盖；2—上水室；3—进水管；4—散热器芯；5—冷却管；6—散热片；7—出水管；8—下水室；9—放水阀

散热器芯由一系列水管（散热管）和散热片排列而成，如图 10-5 所示。散热管两端与进水室、出水室焊接连通，冷却液从其中流过。散热管周围设有散热片以增加散热面积，空气从散热管外围的散热片间流过，带走流过管中的冷却液的热量。散热管的断面形状多为扁圆形，与圆形断面的散热管相比，扁圆形断面的散热管能获得较大的散热面积，且当冷却液结冰时，可借助其断面的变形而避免破裂。

常见的散热器芯有管带式和管片式两种。管带式散热器芯的水管与带状波纹形的散热片焊接在一起，其结构简单、成本低、质量轻，散热能力比同

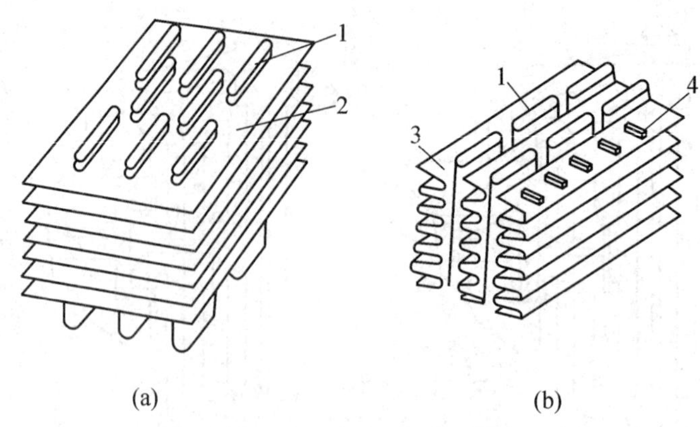

图 10-5　散热器芯的结构

(a) 管片式；(b) 管带式

1—冷却管；2—散热片；3—散热带；4—缝孔

体积的管片式散热器芯大，但刚度稍差。

根据冷却液流向的不同，散热器可分为竖流式散热器和横流式（水平）散热器两种。竖流式散热器设置上水室、下水室，冷却液上下流动。横流式散热器设左水室、右水室，冷却液横向（水平）流动。大多数轿车采用横流式散热器，以降低发动机罩高度。

10.2.2　散热器盖和补偿水桶

现代汽车发动机的水冷系统大多数是加压封闭式冷却循环系统。散热器盖和补偿水桶实现了系统的封闭和压力控制（内部压力为100~200 kPa）。

系统的密封既避免了冷却液的蒸发损失，又减少了紧急制动和颠簸时冷却液的溅出；冷却系统加压，可提高冷却液的沸点（可达 120 ℃左右），使冷却液可在较高温度下循环而不沸腾，增大了其与外界空气的温差，增强了其流过散热器时的冷却效果，有利于减小散热器尺寸。但散热器内压力不能过高或过低，否则会损坏散热器和连接软管。

散热器盖将冷却系统内的压力控制在规定范围内，其结构与工作原理如图 10-6 所示。散热器盖内有两个阀，即真空阀（空气阀）和压力阀（蒸气阀），正常状况下，两个阀靠弹簧压紧在阀座上，处于关闭状态。散热器盖上有溢流管与补偿水桶连通。

补偿水桶又为补偿水箱、膨胀水箱或副水箱，由透明的塑料制成，其内充有一定量的冷却液。补偿水桶为不打开水箱盖检查冷却液液面和添加冷却液提供了方便。补偿水桶的外表面上刻有正常液面位置的“高”和“低”标记线。使用中只需检查补偿水桶内的冷却液液面是否处于规定位置，便知冷却液量的多少。若冷却液液面低于“低”标记线，则应向补偿水桶内添加冷却液至两标记线之间。注意，补偿水桶内冷却液液面不应超过“高”标记线。若反复加注几次后，冷却液液面仍很低，则冷却系统可能存在泄漏现象。

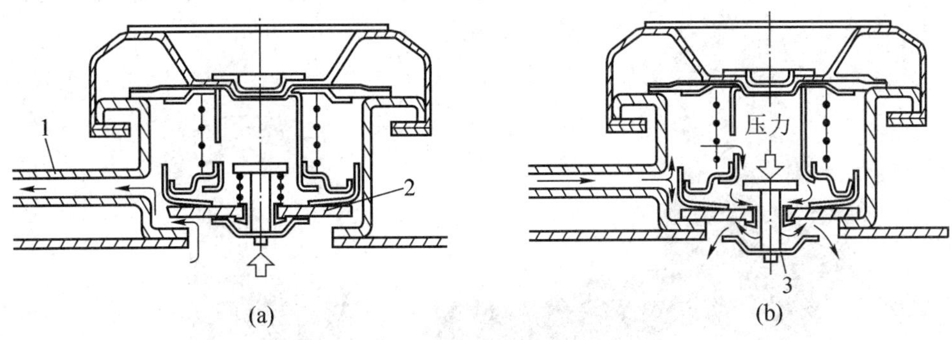

图 10-6 散热器盖的结构和工作原理

（a）蒸气阀开；（b）空气阀开

1—蒸气排出管；2—蒸气阀；3—空气阀

发动机工作中，当冷却液温度升高、发生膨胀时，会使冷却系统内的压力升高。当压力达到设定值（一般为 126~137 kPa）时蒸气阀开启，一部分水蒸气和冷却液经溢流管进入补偿水桶。当发动机停转后，冷却液温度逐渐下降、收缩，系统内的压力随之降低而形成真空，当达到设定值（一般为 87~99 kPa）时，大气压力推开空气阀，补偿水桶内的冷却液流回散热器。

注意，发动机处于热状态时，绝不可急于拧下散热器盖，以免高温冷却液溅出而造成烫伤事故。应在散热器冷却下来后，先用一块布盖在散热器盖上，再缓慢旋开散热器盖 1/4 圈，在加注口安全限制位停留（此位置时，只允许系统压力减小而不允许冷却液溢出），使冷却系统压力逐渐降低至不再排气时，才能将散热器盖从散热器加注口取下。

10.2.3 水泵

水泵是水冷系统的心脏，其功用是对冷却液加压，驱动冷却液在冷却系统内循环。

1. 水泵的结构与工作原理

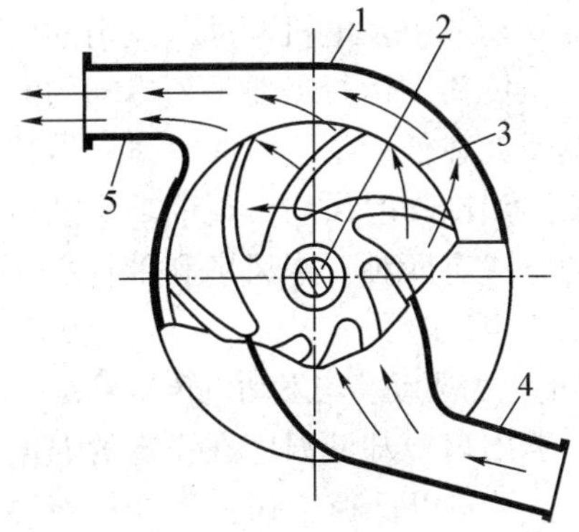

图 10-7 离心式水泵的结构示意图

1—壳体；2—水泵轴；3—叶轮；

4—进水管；5—出水管

汽车发动机广泛应用离心式水泵，其结构如图 10-7 所示。离心式水泵主要由壳体、水泵轴、叶轮及进、出水管等组成。当叶轮转动时，带动冷却液一起转动，在离心力的作用下，冷却液被甩向泵壳的边缘并产生一定的压力，从出水管流出。同时，叶轮中心处压力下降，散热器中的冷却液被吸入。

如图 10-8 所示为常见的发动机用离心式水泵的结构。

水泵内，在叶轮与轴承之间有一个弹性密封总成（又称为水封），防止冷却液泄漏。在水封和轴承之间的水泵壳体下方设有泄水孔，一旦有冷却液从水封渗漏出，可从泄水孔排出，防止冷却液进入轴承而破

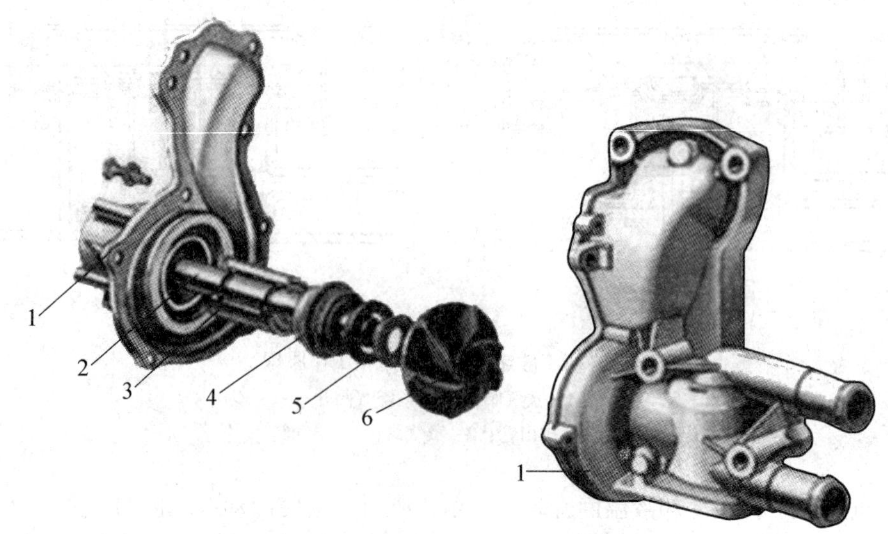

图 10-8　发动机用离心式水泵的结构示意图

1—泵壳；2—水泵轴；3—轴承；4—水封皮碗；5—挡水圈；6—叶轮

坏轴承润滑。如果发动机停机后仍有冷却液漏出，则表明水封已损坏。

2. 水泵的驱动

冷却水泵的驱动有发动机自身动力驱动和电动驱动两种。

发动机自身动力驱动的水泵，多数是由曲轴通过带轮和三角（又称 V 形）皮带直接驱动，也有一些水泵由凸轮轴驱动。水泵转速与发动机转速成比例。

电动水泵的转速不受发动机转速的影响，由发动机电控单元控制。电动水泵能根据冷却液温度调整转速，改变冷却强度，也能降低能耗，改善发动机经济性。

10. 2. 4　冷却风扇

冷却风扇的作用是抽吸空气流过散热器，改善低速和怠速时的冷却效果。

冷却风扇一般安装在水泵轴的前端，由曲轴通过皮带驱动或由发电机驱动。风扇的转速依赖于发动机转速，其风量多是为保证发动机在低速、大负荷下运行需要强烈冷却的大风量而设计的。当汽车高速行驶有强劲的迎面风吹过散热器或在低温下运行时，风扇转速就会过快，冷却过度。因此，为减小发动机高速或不需要强烈冷却时风扇消耗的功率及风扇噪声，要根据发动机的工况调节风扇的转速。常采用的方法有两种：在风扇和带轮之间安装硅油风扇离合器，或采用不受发动机转速控制的电动风扇。

很多轿车发动机采用电动风扇。这种风扇由蓄电池提供的电力驱动，与发动机转速无关。

电动风扇的转速分为两挡，由温控开关控制。当散热器出口冷却液温度在设定的温度范围（92~98 ℃）时，温控开关接通风扇电动机的Ⅰ挡，风扇以低速工作；当冷却液温度升高至更高设定值（99~105 ℃）时，温控开关接通风扇电动机的Ⅱ挡，风扇以高速工作；当冷却液温度降到 92~98 ℃时，风扇电动机恢复Ⅰ挡运转；当冷却液温度降到设定的温度（84~91 ℃）时，温控开关切断电源，风扇电动机停止转动。

有些发动机采用柔性风扇叶片，它可以根据发动机转速发生弯曲或改变倾斜角度。低速时，叶片的斜度大，随着发动机转速的提高，叶片的斜度减小，驱动功率和噪声随之降低。

10.2.5　节温器

节温器是感应冷却液温度、自动控制冷却液是否流过散热器而调节冷却强度的热力阀。大部分发动机将节温器安装在气缸盖上的冷却液出口处，也有部分发动机将其安装在水泵的进水口处。

以前节温器采用波纹筒式，现在基本采用蜡式。如图 10-9 所示为蜡式节温器的结构和工作原理示意图，上支架、下支架和阀座连成一体；推杆上端固定在上支架上，另一端插在感温体内的胶管孔内，胶管与感温体外壳间封装有石蜡；感温体上端与主阀相连，下端与副阀相连；在主阀和下支架间装有回位弹簧。

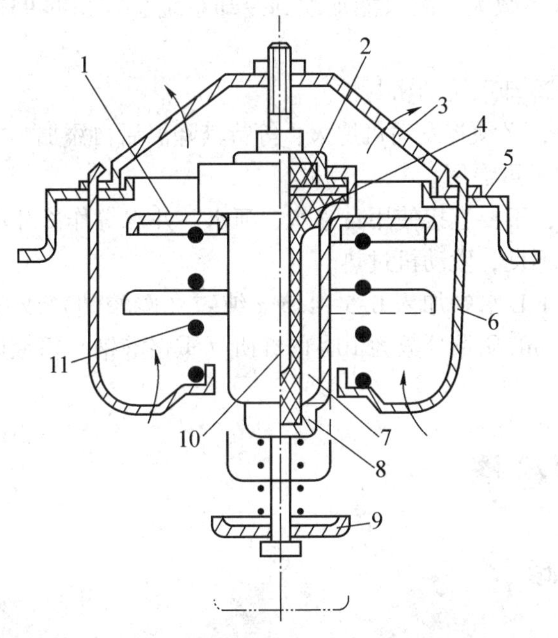

图 10-9　蜡式节温器的结构和工作原理示意图

1—主阀门；2—密封垫；3—支架；4—橡胶套；5—阀座；6—下支架；7—石蜡；8—感温体；9—副阀；10—推杆；11—回位弹簧

当冷却液温度高于设定值时，石蜡融化、膨胀，迫使胶管收缩对推杆产生向上的推力，固定的推杆反向推动着感温体下移，主阀开启，副阀关闭，冷却液流经散热器进行大循环。发动机在冷态（冷却液温度低于设定值）时，石蜡收缩、凝固，回位弹簧推动主阀关闭流向散热器的通路，副阀开启，仅允许冷却液在发动机内部进行小循环，使整个发动机均匀地暖起来并消除热点。这样就能保证发动机在一定温度范围内工作。

若节温器主阀门开启温度过高，甚至不能开启，或副阀门不能关闭，将导致发动机过热。若主阀门关闭不严，将导致发动机升温缓慢或发动机过冷。

10.3 冷却液

冷却液是软水和防冻剂的混合液，一般体积比为1∶1，又称为防冻液。加入其他添加剂，冷却液还起到防止冷却系统零部件生锈、泄漏，抑制泡沫，减少水垢的形成，提高沸点的作用。

冷却液分为乙二醇-水型、乙醇-水型、甘油-水型三种，一般呈蓝色或绿色、黄色。使用最为广泛的冷却液是乙二醇-水型，其凝固点较低，沸点较高，不易蒸发，属于长效型冷却液。乙醇-水型冷却液的流动性好、散热快，但易蒸发，山区高原行驶的汽车不宜使用；甘油-水型冷却液不易蒸发，但甘油降低冰点的效率较低，用得较少。

使用冷却液时应注意以下事项：

（1）所选用冷却液的冰点应比使用地区最低温度低5 ℃以上。

（2）由于冷却液的膨胀系数大，故只能加注到冷却系统总容积的95%，以免受热膨胀后溢出。

（3）加注前应仔细检查冷却系统的密封性。

（4）当需添加冷却液时，必须将发动机熄火，等待其降温后再添加。

（5）不同类型的防冻剂不可混用。

除在万不得已的情况下，不要直接使用自来水、河水、井水等作冷却液。否则，冷却水套中易产生水垢，使散热不良，发动机过热。

硬水软化的方法是：在1 L水中加入0.5～1.5 g纯碱（碳酸钠）或0.5～0.8 g烧碱（氢氧化钠），或加入30～50 mL质量分数为10%的红矾（重铬酸钠）溶液即可，也可将硬水煮沸冷却后使用。

10.4 水冷系统的检修

10.4.1 散热器的检修

在使用过程中，散热器易受腐蚀而产生破洞，焊缝易开裂，易被压扁，内部因沉积水垢而堵塞，外部尤其在散热片之间的缝隙处易沉积污垢及散热片倾倒等，使散热器散热能力下降，严重时水箱“开锅”，汽车会无法行驶。散热器检修的主要任务是清洗、渗漏检验和修复。

1. 清洗

对外部污垢，可用高压水流和压缩空气来冲洗，也可用机械疏通的方法来清理。

对内部积垢（水垢），一般采用化学方法清除，即酸溶液清洗或碱溶液清洗。由于酸溶液较碱溶液的清洗效能高，故目前多采用酸洗法清除水垢。

散热器可单独清洗，也可与气缸体、气缸盖冷却水套一起清洗。与冷却水套一起清洗时，应先拆去节温器，用配制好的酸性溶液以一定的压力（一般为10 kPa）在气缸体、气缸盖冷却水套和散热器内循环清洗 3~5 min，也可运用怠速运转的方法进行循环清洗。之后，用碱性溶液冲洗中和。如果散热器内部积垢严重，则应拆去上、下水室，用通条或两根钢锯条焊接在一起进行通插。清除水垢后，用压缩空气和清水反方向循环冲洗内部，直至放出的水清洁。

2. 渗漏的检验

方法一：将散热器进、出水管口封闭，在散热器内注满水，并盖上散热器盖；将由压力表、橡胶管和橡胶球组成的试验器的橡胶管接到放水开关，旋开放水阀，捏动橡胶球加压；当压力达到 50~100 kPa 时，观察压力是否下降或散热器外部有无漏水现象。

方法二：将散热器进口和出口堵死，在散热器内充入 50~100 kPa 压力的压缩空气，并将其放入水池中，观察有无气泡冒出；若散热器冒气点不多，则说明渗漏不严重，应找出渗漏部位并做出记号，以便焊修。

3. 修复

（1）补漏。散热器的渗漏往往发生在散热管与上、下储水室间的接触部位。对破损、渗漏的散热管，可采用更换新管或焊修的方法进行修复。对于散热器外层便于施焊的冷却管，可用锡焊法焊补；对于散热器内层的散热管，可采用把散热管破漏处截断，将两端夹扁后再用焊锡堵死的方法。但堵住的散热管数不得超过总管数的 10%，因施焊而被切断的散热片的面积不得大于迎风面积的 10%。当有轻微渗漏时，可采用与水的比例为 1∶20 的散热器堵漏剂就车进行修补。

（2）整形。意外的机械碰撞易造成散热器储水室塌陷或散热片倾倒变形。对于储水室的塌陷变形，可在凹坑的底部焊一个钩环，在向外拉扯的同时，用小锤轻轻击打凹坑四周使外形复原，然后将钩环解焊。另外，可用专用工具对倾倒变形的散热片进行梳理扶正。

散热器修复后，应做渗漏试验。

10.4.2 水泵的检修

水泵常见的损伤有水泵壳体及叶轮片破裂、水泵轴和轴承孔磨损、水封老化损坏等。

1. 水泵外观检查

（1）检查水泵壳体是否有因裂纹或密封不严而产生的渗漏。

（2）检查带轮的转动和轴向、径向窜动量。用手转动带轮，应感到运转灵活，无卡滞现象，否则，可能是泵轴弯曲或轴承浸水锈蚀所致。如果带轮的轴向窜动量和径向窜动量过大，则说明水泵轴、轴承或水泵壳体上的轴承座孔出现较大的磨损。

对外观检查不合格的水泵，应拆检修理或更换新水泵总成；对外观检查合格的水泵，应在试验台上按原厂规定的要求进行规定转速下的压力和流量的试验，合格的水泵方可继续使用。

（3）检查叶轮片是否有腐蚀、松动或断裂。若叶轮片有断裂碎片脱落，则会进入发动机冷却水套或散热器内，阻塞冷却系统循环。

2. 水泵的修理

(1) 水泵壳体和带轮的修理。水泵盖与壳体的接合面变形量大于 0.05 mm 时，应修平；轴承座孔磨损后可采用镶套的方法修复或换新泵；对于壳体裂纹，可进行焊修（方法同缸体裂纹的焊修）或更换；带槽底部磨亮的 V 形带轮须更换，否则易打滑。

叶轮片若有腐蚀、松动或断裂，则应修复或更换叶轮片。若叶轮片有断裂碎片脱落，并进入发动机冷却水套和散热器内，则须分解散热器，确保碎片彻底清除。

(2) 拆修水泵总成时，若水封总成磨损、变形、老化等，则应更换新件。

(3) 当轴承滚道出现麻点、凹坑，或轴承的轴向间隙大于 0.30 mm，径向间隙大于 0.15 mm 时，应予以更换。

(4) 当水泵轴弯曲度大于 0.05 mm 时，应冷压校直；水泵轴轴颈磨损后，应予以报废；轴端螺纹损坏后若不能修复，则应更换新件。

(5) 叶轮轴孔磨损过度或叶轮片出现严重“穴蚀”、破损现象时，应予以报废；叶轮外缘与水泵壳体内壁的间隙一般为 1 mm，否则应用垫片调整；叶轮与水泵盖应有 0.075~1 mm 的间隙，否则，应更换叶轮。

(6) 水泵壳体下方的检视孔（泄水孔）和上方的通气孔应畅通。

(7) 各部螺母、螺栓应按规定的力矩拧紧，锁止应可靠。水泵装合后，应对水泵轴承加注规定牌号的润滑脂。

3. 水泵的检验

(1) 首先用手转动带轮，水泵应转动灵活，无擦碰和卡滞现象；然后堵住水泵进水口，将水加入工作室，转动水泵轴，检视孔应无水漏出。

(2) 将水泵装在试验台上，按原厂要求的规范测试规定转速下的压力和流量是否满足要求，且试验过程中应无任何碰击声和漏水现象。

(3) 就机检查水泵能否保证冷却液良好循环。起动发动机，保持怠速运转。用一只手挤捏散热器上端软管连接处，另一只手使发动机加速。如果感到软管中有冷却液鼓涌，表明水泵工作正常。

10.4.3 节温器的检修

节温器的常见故障是阀门开度不够、关闭不严，甚至不能开启或关闭。一般蜡式节温器的安全寿命为 50 000 km 汽车行驶里程，应按照要求定期检修或更换。

节温器必须在规定的温度开始打开，在温度超过开启温度一定值时必须完全打开。

检查节温器时，将节温器吊在盛有水的器皿中淹没，但不要沉入容器底部，应悬挂在容器中下部。插入温度计，逐渐加温，仔细观察节温器主阀门开始开启和完全开启时的温度，以及全开时阀门的升程。若开启温度和升程不符合规定，则应更换节温器。一般节温器主阀正常的开启温度是 68~85 ℃，完全开启温度是 80~85 ℃。但不同发动机的节温器主阀开启、关闭温度也不相同。例如，桑塔纳 JV 型发动机的节温器主阀门在 (87±2)℃ 时开始开启，在 (102±3)℃时完全开启，全开时阀门升程不小于 7 mm。

还可采用节温器就机检测的方法。在散热器冷却后，将散热器盖拆下，把温度计直接插入冷却液中。起动发动机，让发动机温度升高，同时观察温度计和冷却液表面。当冷却液开始流动时，表明节温器已开启，此时的温度计读数就是节温器开启温度。如果发动机还处于冷态，而冷却液已经进行循环，则说明节温器卡滞在开启位置。

注意，在更换节温器时，一定要使用与原节温器相同型号、相同控制温度的节温器。这是因为发动机电控单元根据冷却液温度传感器的信号调整喷油修正量，如果换用的节温器使冷却液温度比正常温度低，发动机电控单元就会按照冷态确定喷油量和点火正时，导致油耗和有害排放物增多。

本章小结

冷却系统保持发动机在最适宜的温度范围内工作，防止其过热、过冷。发动机有风冷和液冷两种冷却方式。车用发动机多为封闭式强制循环水冷系统。正常的冷却液温度为一般为 80~95 ℃，有的高达 105 ℃。

水冷系统由散热器、膨胀水箱、水泵、发动机水套、节温器、软管、百叶窗、风扇及冷却液等组成。风扇、水泵一般同轴安装在发动机的前端，由曲轴通过三角皮带驱动。

水泵强制冷却液在发动机内循环流动，在发动机冷却水套内吸热升温的冷却液在流经散热器时得到冷却。冷却风扇抽吸流过散热器的空气，以保证汽车在低速、怠速或大负荷下运行时的冷却强度，可采用硅油风扇离合器或电动风扇根据汽车行驶速度调节风扇转速。

节温器根据冷却液温度的高低控制冷却液大、小循环路线。发动机在冷态时，节温器关闭冷却液流经散热器的通道，进行小循环，保证暖机迅速；发动机在热态时，节温器打开冷却液流经散热器的通道，进行大循环。硅油风扇离合器利用流经散热器空气的温度控制风扇的转速，调节冷却强度。

散热器盖和透明的补偿水桶实现了系统的封闭和压力控制，改善了冷却效果，为不打开水箱盖检查冷却液液面或添加冷却液提供了方便。补偿水桶上具有正常的冷却液液位标记，需添加冷却液到补偿水桶内时，注意液位线标记。

水冷系统正常工作时应无泄漏、各处温度正常。散热器在补漏、整形等维修后应做渗漏检验。水泵在维修后应于试验台上测试其在规定转速下的压力和流量是否符合规定。节温器应定期检修或更换，但发动机不应拆去节温器工作。

自测题

一、选择题

1. 封闭式强制循环水冷系统中，（　　）为不打开水箱盖检查或添加冷却液提供了方便。

A. 储水箱　　B. 水泵
C. 硅油风扇离合器　　D. 节温器

2. （　　）不是冷却系统的作用。

A. 从发动机带走多余的热量　　B. 保持发动机温度尽可能低
C. 使发动机尽快达到工作温度　　D. 保持发动机内部零件不过热

3. 若节温器的石蜡流失，则发动机易在（　　）状态下工作。

A. 过冷　　B. 过热　　C. 恒温　　D. 不确定

4. 提高冷却液沸点的零部件是（　　）。

A. 节温器　　B. 散热器盖　　C. 风扇　　D. 冷却液温度传感器

5. 冷却液进行小循环时，不流经（　　）。

A. 节温器　　B. 水泵　　C. 散热器　　D. 气缸盖水套

二、判断题

1. 发动机在冷态下工作时，可停止水泵工作。（　　）
2. 冷却液的冰点应比使用地区最低温度低 5 ℃以上。（　　）
3. 加注冷却液时，应注满冷却系统。（　　）
4. 发动机工作温度过高时，应立即打开散热器盖，加入冷水。（　　）
5. 更换节温器时，不一定要使用与原节温器相同型号、相同控制温度的节温器。（　　）

三、简答题

1. 按冷却液流经的零部件，说明冷却水大循环。
2. 如何就机检查水泵能否保证冷却液良好循环？
3. 发动机过热的主要原因有哪些？

第 11 章　润滑系统

导　言

本章讨论润滑系统的功用、润滑方式、组成及润滑油路；润滑系统主要零部件的功用、结构、工作原理及检修方法；介绍曲轴箱通风系统。揭示润滑系统构造、技术状况与发动机性能及检修之间的关系。

学习目标

1. 认知目标

(1) 掌握润滑系统的功用、润滑方式、润滑系统组成及油路。

(2) 掌握润滑系统主要零部件的作用、结构。

(3) 理解润滑系统主要零部件的工作原理及检修方法。

(4) 理解曲轴箱通风系统的功用及检修方法。

2. 技能目标

(1) 正确拆装与检修润滑系统主要零部件。

(2) 具有润滑系统常见故障的诊断能力。

3. 情感目标

(1) 勿死记硬背，以理解为基础，归纳、总结、记忆相关知识。

(2) 理论知识与检修运用、实践操作相结合，知行统一，活学活用，锻炼基本技能。

(3) 养成规范操作，安全、节能、环保、高效、文明生产、诚信服务的职业素养。

(4) 养成自主学习、协同工作的优良作风。

(5) 具有科学严谨的工作态度，一丝不苟、精益求精的工匠精神。

11.1　概述

11.1.1　润滑系统的功用

发动机中有很多在剧烈的受力状态下做高速相对运动的零件，如轴颈-轴承、活塞-气缸壁、气门-气门导管、轴承止推面及配气机构各运动副。若这些零件表面之间直接摩擦，则机械损失功率将大大增加，零件表面将迅速磨损，且摩擦产生的热量会使零件表面熔化，发动机很快就会损坏。因此，为保证发动机正常工作，提高机械效率、延长使用寿命，必须对相对运动零件的表面进行良好的润滑。

因此，润滑系统是发动机重要的辅助系统。润滑系统一旦出问题，发动机将会遭到严重的破坏。发动机润滑系统的任务就是将清洁的且压力和温度适宜的润滑油（机油）连续不断地输送到所有相对运动的零件表面，起到以下作用：

（1）润滑作用：在相对运动的零件表面之间形成一层机油膜，减少摩擦、磨损及其引起的功率消耗。

（2）冷却作用：较冷的机油循环流过零件表面，吸收并带走零件的热量，再回到油底壳，在油底壳内向周围的空气散热、降温。因此，润滑系统相当于一个小的冷却系统，对防止零件温度过高具有重要作用。

（3）清洁作用：循环流动的机油能带走零件表面上的一些污物，清洁零件表面。

（4）密封作用：在零件表面上布满的机油膜，填充了零件表面的凹凸不平，阻塞可能的泄漏间隙。例如，气缸壁、活塞环、活塞表面形成的机油膜，都提高了气缸的密封性。

（5）防锈作用：附着于零件表面的机油膜，阻止了空气、水分、酸性气体与零件表面的接触，减轻了零件的腐蚀生锈。

（6）液压作用：机油还可以用作液压油，如液压挺柱内的液压油即机油。

另外，机油膜可对承受冲击荷载的零件起到缓冲的作用。

11.1.2　润滑方式

根据车用发动机各运动零件表面工作条件的不同，所采用的润滑方式有以下几种：

1. 压力润滑

压力润滑是利用机油泵将机油压力提高到一定值，通过油道输送到摩擦表面进行润滑的方式。此种方式润滑可靠，清洗、冷却效果好。承受载荷较大的主轴承、连杆轴承、凸轮轴轴承、废气涡轮增压器轴承等零件的摩擦表面均采用这种润滑方式。

2. 飞溅润滑

利用某些运动零件溅起或挤出的机油滴或油雾飞落到摩擦表面进行润滑的方式称为飞溅润滑。对于机油不宜到达或承受载荷不大的摩擦部位，如气缸壁与活塞组件、气门与气门导管、下置凸轮轴的凸轮表面与挺柱等零件，均采用这种润滑方式。

3. 润滑脂润滑

对机油难以到达的分散部位，采用定期加注润滑油脂的方法润滑，如风扇、水泵、发电机、起动机等辅助装置的轴承等，均采用润滑脂润滑。

11.1.3　润滑系统的组成及油路

1. 润滑系统的组成

各种汽车发动机润滑系统的组成及油路大致相同，一般由油底壳、集滤器、机油泵、机油滤清器、限压阀、旁通阀、油道、机油冷却器、油压表、油温表及气缸体和气缸盖内的主油道等组成。如图 11-1 所示为发动机润滑系统示意图。

油底壳用以储存机油，并具有冷却机油的作用。其内装有集滤器，是机油进入润滑系统的入口，负责滤除大颗粒的杂质或油泥。

机油泵是润滑系统的心脏，是建立油压、循环输送机油的装置。机油泵可安置在曲轴箱内，也可安置在曲轴箱外。

限压阀又称为卸压阀或安全阀，是防止发动机转速升高时机油压力过高，导致系统中的密封元件、管路及连接处等遭到破坏，并减少机油泵功率消耗的元件。当机油压力超过规定值时，限压阀打开，一部分机油返回油底壳。限压阀多设置在机油泵出口端处，也可单独设置。

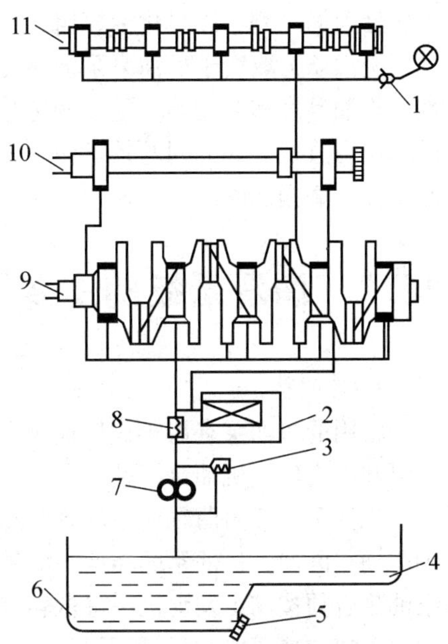

图 11–1　发动机润滑系统示意图

1—最低油压报警开关；2—机油滤清器；3—安全阀；4—油底壳；5—放油塞；6—机油；7—机油泵；8—旁通阀；9—曲轴；10—中间轴；11—凸轮轴

机油滤清器用来滤除机油中的各种固体物或胶质。滤清器内设旁通阀，保证在滤清器堵塞时机油仍可从旁通阀直接进入主油道，防止摩擦表面缺油。有些机油滤清器有止回阀，以防止发动机停机后润滑系统排空，使机构保持在润滑系统中，保证下一次发动机起动时很快建立机油压力。

机油冷却器在滤清器和主油道之间，用于高速运行、大功率的发动机中，以便对机油进行降温。而一般发动机靠汽车行驶中的迎面气流吹拂油底壳底面使机油冷却。

发动机的机油油道包含许多许多相互连通的油道，使机油可以输送到各个运动零件的表面。机油油道是在发动机制造过程中就已经设置的。

润滑系统中还有机油压力表、机油温度表。润滑油路终端设置的机油压力开关是最低压力报警开关，动作压力为 30 kPa。

2. 润滑系统的油路

在发动机工作时，机油在机油泵的抽吸下经集滤器进入机油泵，提高压力后经过机油滤清器滤清后进入气缸体主油道。进入气缸体主油道的机油分为两路：一路通过分油道送至各主轴承，再经曲轴上的斜油道（孔）流向连杆大端轴承，然后经连杆中心孔到达连杆小端轴承，最后回到油底壳；对下置凸轮轴的发动机，另一路到达凸轮轴、凸轮轴轴承、挺柱，机油经中空的推杆来润滑摇臂、气门导管。

对顶置凸轮轴的发动机，机油从主油道流出，穿过气缸体上平面和气缸垫上的油孔，到达气缸盖油道，再输送至凸轮轴轴承、液力挺住、摇臂轴等，大部分机油再经气缸体和气缸盖中的孔流回油底壳，小部分润滑摇臂和凸轮轴的机油渗流或滴落到气门杆、气门导管，对它们进行飞溅润滑。对增压发动机，还设置有通向增压器的机油管路。旋转的曲轴将从油底壳带起的机油和从轴承中流出的机油甩出去，飞溅到气缸壁、活塞及下置凸轮轴的凸轮上，对它们进行飞溅润滑，再回到油底壳。

有的发动机在连杆大头上设有喷油孔，润滑连杆大头的机油通过该喷油孔喷射到气缸壁主推力面一侧，以强化活塞组-气缸壁的润滑。

机油压力取决于机油泵泵油能力、机油流过的运动副间隙、机油管路的畅通性和密封性、机油黏度和温度等。随着间隙增大，流动阻力减小，循环流量增大，机油压力降低。机油压力过低导致的问题较机油压力过高导致的问题多得多，易导致机油循环量不足、润滑不良，磨损加剧。

11.2 润滑系统的主要零部件

1. 机油泵

常用的机油泵有齿轮式机油泵和转子式机油泵两种，齿轮式机油泵又分为外齿轮式机油泵和内齿轮式机油泵两种。

机油泵一般由曲轴或中间轴驱动，有的发动机由凸轮轴驱动，早期的发动机由分电器轴驱动。因此，机油泵的转速与曲轴转速成正比，也与泵油量和泵油压力成正比。机油泵泵油量必须按满足发动机在最低转速（怠速）时机油压力建立的需求设计。这也是一些发动机怠速转速不能过低的原因之一。

显然，随发动机转速的升高，机油泵输出流量和机油压力增大。为此，机油泵上均设有限压阀，当出口处机油压力超过规定值时，限压阀打开，一部分机油流回到油底壳。若限压阀因故不能打开，则出现机油压力过高，导致润滑系统各连接、密封处泄漏；若限压阀关闭不严或泄漏，则会出现供油不足、机油压力下降的问题。

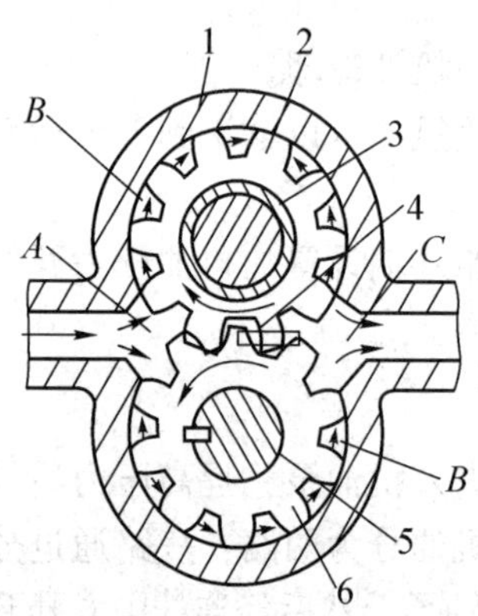

图 11-2　外齿轮式机油泵的结构和原理示意图

1—泵体；2—从动齿轮；3—衬套；4—泄压槽；5—驱动轴；6—主动齿轮；*A*—进油腔；*B*—过渡腔；*C*—出油腔

（1）外齿轮式机油泵。如图 11-2 所示是外齿轮式机油泵的结构和原理示意图。机油泵壳体内有一对外啮合的齿轮，齿轮与壳体内壁的间隙很小，齿轮端面由机油泵盖封闭。泵体和泵盖之间有密封衬垫，既可防止泄漏，又可用来调整齿轮端面间隙。由泵体、泵盖、齿轮形成的多个齿槽腔中充满机油，齿轮脱离啮合的一侧，泵腔体积增大，设置进油口；齿轮进入啮合的一侧，轮齿间携带的机油被挤压，设置出油口。工作时，随着齿轮的旋转，齿槽腔中的机油被送至出油口附近，通过齿轮啮合的挤压将机油送出去。

齿轮式机油泵结构简单、体积小、效率高、驱动功率小、工作可靠，得到广泛应用。

（2）内齿轮式机油泵。如图 11-3 所示为内齿轮式机油泵的结构示意图。外齿轮是主动齿轮，内齿轮（圈）是从动齿轮，两者偏心啮合，啮合后内齿轮与外齿轮间形成一个月牙形空腔，其内可设置一个月牙板，将内齿轮和外齿轮隔开。齿轮脱离啮合的一侧设置进油口，齿轮进入啮合的一侧设置出油口。

内齿轮式机油泵一般安装在曲轴前端，主动齿轮由曲轴直接驱动，零件少，所占空间小，是近年来广泛使用的机油泵。

（3）转子式机油泵。如图 11-4 所示为转子式机油泵的结构和原理示意图，内转子为主动转子，其上有 4 个或 4 个以上的凸齿，外转子上的凹齿（槽）比内转子的凸齿多一个。内转子与外转子之间有一定的偏心距，特殊的齿形使两者之间被始终存在的接触点分成 4 个工作腔。工作时，内转子带动外转子转动，由于两者存在速度差，故工作腔的容积不断发生变化。机油从转子脱开啮合且容积正在增加的一侧进入，并转移到另一侧，此时转子进入啮合，油腔减小，将机油挤压出去。

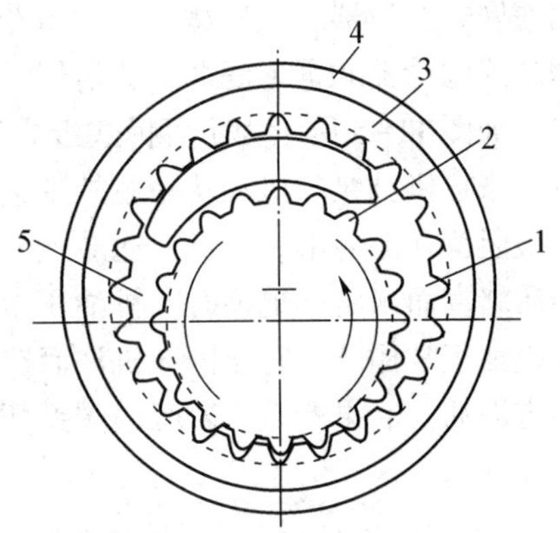

图 11-3　内齿轮式机油泵的结构示意图

1—进油口；2—主动齿轮；3—内齿轮；4—泵体；5—出油口

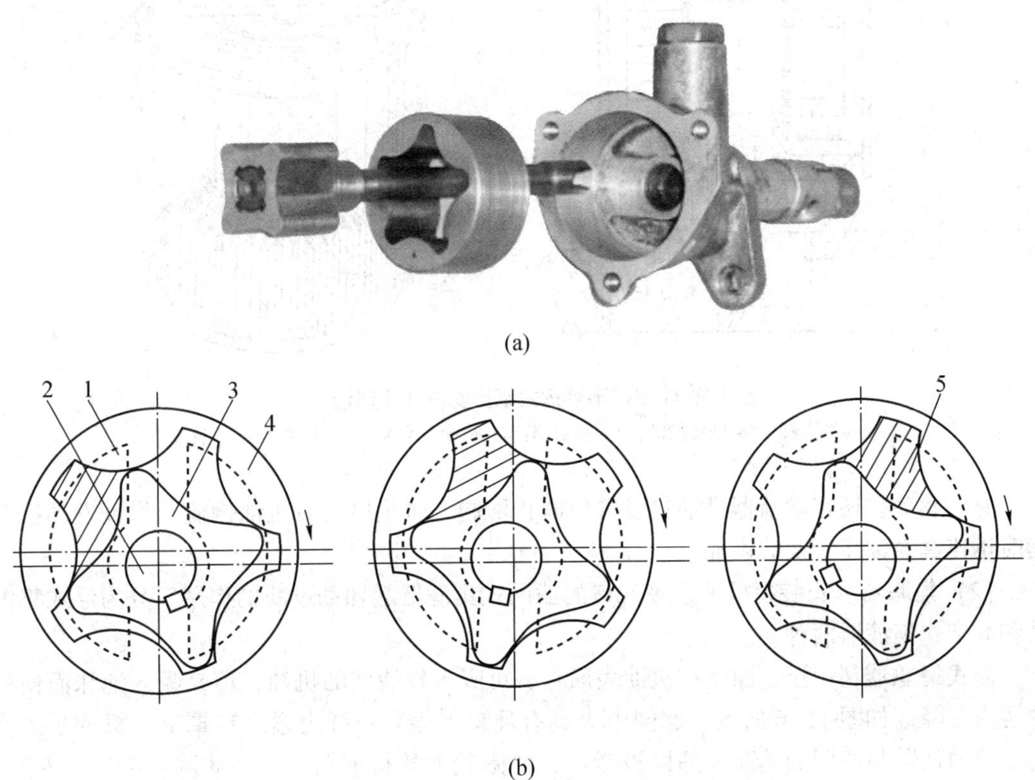

图 11-4　转子式机油泵的结构和原理示意图

1—进油腔；2—油泵轴；3—内转子；4—外转子；5—出油腔

转子式机油泵结构紧凑、泵油量大、噪声小，但需要的驱动力大，一般应用于小功率发动机中。

2. 滤清器

（1）机油滤清器。机油滤清器主要有金属片缝隙式滤清器、金属带缝隙式滤清器、金属滤网式滤清器、纸质滤芯式滤清器和锯末滤芯式滤清器等几种。近几年较多地采用纸质滤芯式滤清器和锯末滤芯式滤清器。

如图 11-5 所示为不可拆式纸质滤芯式滤清器，主要由纸质滤芯、旁通阀和外壳等组成。来自机油泵的机油从滤芯外围进入滤清器中心，干净的机油经出油口进入主油道，杂质被阻留在滤芯上。显然，滤芯上的杂质会越来越多，滤芯应按要求定期更换。当滤芯被杂质堵塞而未定期更换时，机油压力升高，将旁通阀顶开，机油直接进入主油道，从而保证机油正常循环，防止因缺机油而造成机器损坏。若旁通阀卡死或弹簧预紧力过大，则主油道缺油，后果严重；若旁通阀弹簧预紧力太小，则机油不经过滤而直接进入主油道，使磨损加速。

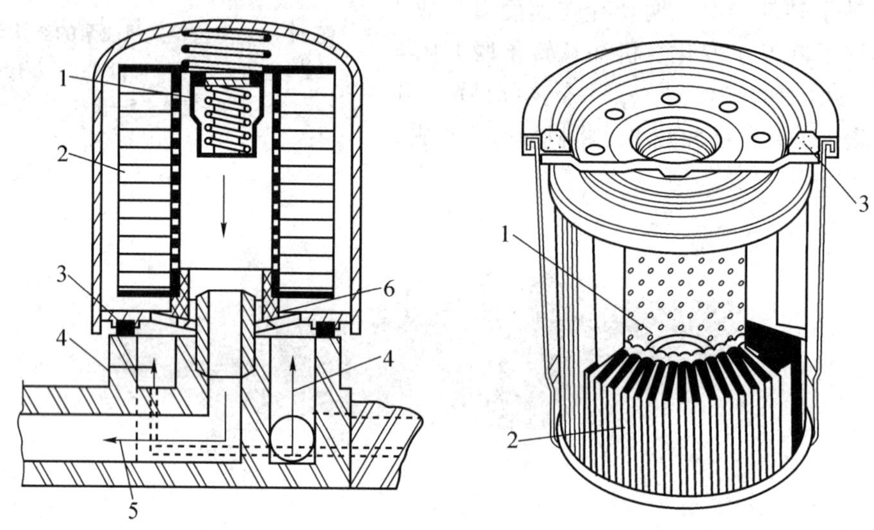

图 11-5　不可拆式纸质滤芯式滤清器

1—旁通阀；2—纸质滤芯；3—密封圈；4—机油泵来油；5—出油；6—方漏阀

有些发动机还在滤清器进油口设置单向止回阀，防止停机后机油倒流，保证发动机起动时迅速建立油压，及时供油。

（2）集滤器。安装在机油泵吸入口的滤网式集滤器起辅助过滤的作用，分为浮式集滤器和固定式集滤器两种。

浮式集滤器利用浮子漂浮在机油表面上，可吸入较清洁的机油，但易吸入泡沫而使机油压力下降。如图 11-6 所示，滤网中央具有环口，靠自身弹力紧压在罩上。机油泵工作时，机油从罩与滤网的缝隙经滤网被吸入，滤除较大的机械杂质。当滤网被杂质堵塞时，机油泵形成的真空迫使滤网向上，滤网环口离开罩板，机油便直接从环口进入吸油管，保证供油不中断。

固定式集滤器浸在油面下，吸入的机油清洁度稍差，但可防止吸入泡沫，润滑可靠，结构简单，已逐步取代浮式集滤器。

3. 机油冷却器

机油冷却器在热负荷较大的高性能、大功率发动机中是必不可少的部件，分为风冷式

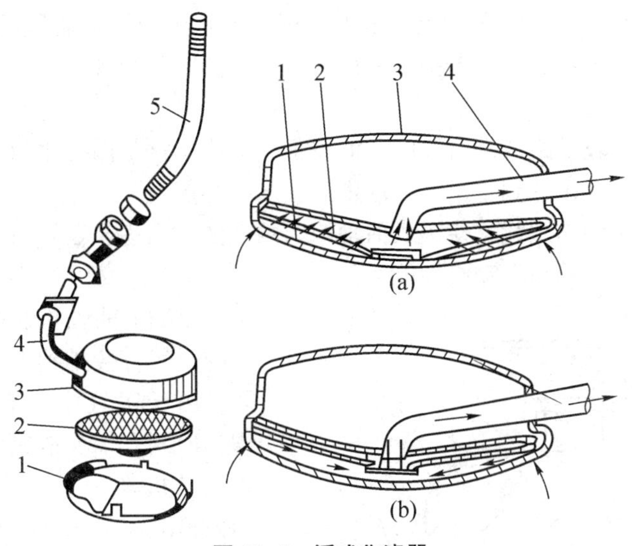

图 11-6 浮式集滤器

1—罩；2—滤网；3—浮子；4—吸油管；5—固定油管

机油冷却器和水冷式机油冷却器两种类型。

风冷式机油冷却器一般装在发动机散热器的前面，利用风扇的风力和汽车行驶时的迎面风对机油进行冷却，类似于散热器。由于风冷式机油冷却器无法控制机油的冷却强度，在发动机起动后暖机时间长，故普通汽车一般都不采用，仅在赛车或少数涡轮增压发动机中采用。

现在，越来越多的汽车发动机采用油温易于控制的水冷式机油冷却器。水冷式机油冷却器装在全流式滤清器之后，利用从冷却系统散热器出水管引来的冷却液进行冷却降温。

注意，与机油滤清器不同，机油冷却器没有堵塞时的旁通油道。如果机油冷却器堵塞，主轴承和轴颈在缺油的情况下，只需几千米就会烧蚀损坏。因此，发动机维修时，若主轴承、凸轮轴轴承或机油泵失效，也要同时检查或更换机油冷却器，以免导致修复的发动机重复发生故障。

11.3 曲轴箱通风

当发动机工作时，气缸内的可燃混合气和已燃气体不可避免地窜入曲轴箱，若不进行曲轴箱通风（也称为曲轴箱换气），则会带来以下危害：

（1）从气缸中泄漏出来的废气，使曲轴箱内压力增大，引起机油从曲轴箱的结合面、曲轴油封处泄漏，同时使活塞下行阻力增大。

（2）窜入曲轴箱的高温燃气及其中的酸性物质和水加速了机油的氧化、变质和对机件的腐蚀。

（3）油底壳内易形成油泥。发动机在冷态下工作时，窜入曲轴箱的水蒸气凝结在冷的零件表面并留在曲轴箱内；另外，燃烧产生的水蒸气也有一部分凝结在冷的零件上，通过活塞、气缸间隙进入曲轴箱。曲轴箱里的水和机油一起在运动件（主要是曲轴）的搅拌下形成黏稠的黑色胶状物——油泥（黑色是由于积炭和尘土的污染而形成的颜色）。油泥会阻塞机油油路，造成零件的早期磨损。显然，低温下的频繁起动或走走停停的行驶工况最易形成油泥。

发动机起动后做较长距离的行驶时，油泥很少形成。这是因为水只在发动机冷态时存留在曲轴箱内，当发动机达到正常工作温度后，水将会蒸发。

曲轴箱通风系统的作用就是使窜入曲轴箱内的气体排出去，延长机油的使用寿命，防止曲轴箱内压力过高，提高发动机性能。

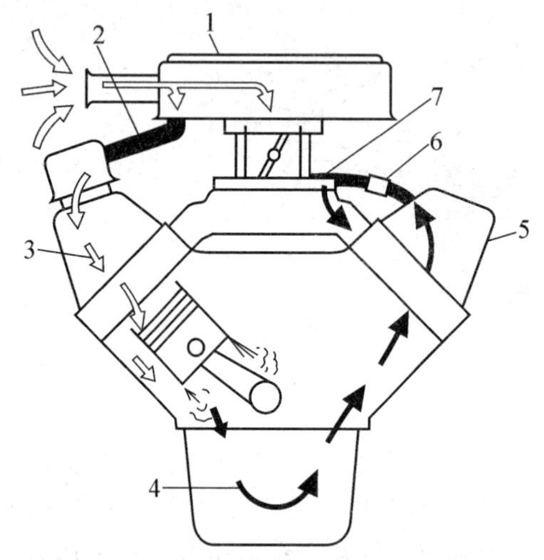

图 11-7 闭式曲轴箱强制通风系统示意图

1—空气滤清器；2—空气软管；3—新鲜空气；4—曲轴箱；5—气缸盖罩；6—PCV 阀；7—曲轴箱气体软管

早期的曲轴箱通风系统是将曲轴箱内的窜气直接排到大气中，称为自然通风。由于窜气中含有 CO、HC 等污染物，通入大气会造成污染，所以现代汽车发动机都采用闭式曲轴箱强制通风（Positive Crankcase Ventilation，PCV）系统。如图 11-7 所示，用一根管子和发动机内部的通道孔把空气滤清器与曲轴箱连通，新鲜空气进入曲轴箱并与其内部的窜气混合，再从另一通道和管道经过 PCV 阀被吸入进气管，进入气缸再燃烧。

PCV 阀是一个变流通截面的锥形单向阀，可根据发动机工况的变化自动调节曲轴箱内窜气被吸入气缸的数量，如图 11-8 所示。当发动机在怠速或小负荷状态下运转时，曲轴箱漏气量较少。由于节气门开度很小，进气歧管内的真空度很大，故锥形阀几乎关闭，只留一个很小的缝隙让曲轴箱中的气体通过；随节气门开度的增大，进气歧管内的真空度降低，阀门弹簧将锥形阀朝最大流量位置移动，让较多的曲轴箱窜气通过而进入气缸；如果进气管发生回火，则进气歧管内的压力骤增，将锥形阀关闭，切断通道，防止回火进入曲轴箱而引起爆炸。

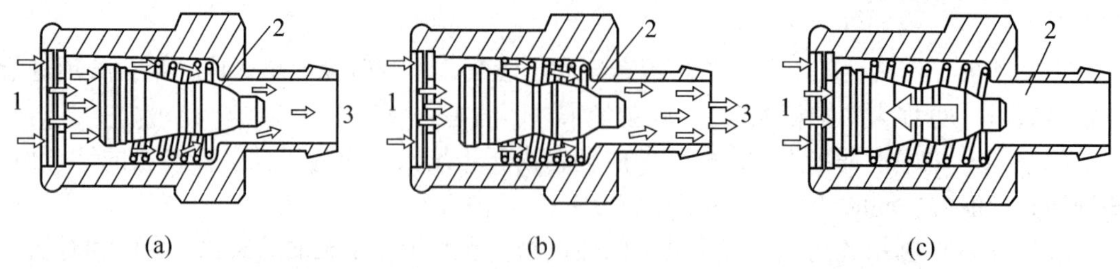

图 11-8 PCV 阀工作状况示意图

（a）低速小负荷；（b）高速大负荷；（c）汽油机回火

1—来自曲轴箱；2—锥形阀；3—去进气管

PCV阀必须定期地进行检查、清洗或更换。若PCV阀堵塞或管路堵塞，或活塞环、气缸磨损严重，或气缸拉伤，均使曲轴箱内的压力升高，不仅将造成前述危害，而且会使发动机怠速不稳，甚至熄火。部分窜气还会经过空气引入管和PCV滤清器进入空气滤清器，使PCV滤清器和空气滤清器沾上机油。若PCV阀卡滞在开启位置，则通过该阀的过量窜气与新鲜空气混合气将造成空燃比过大，导致发动机怠速不稳或熄火。

11.4 润滑系统的检修

发动机润滑系统技术状况的好坏，常根据机油的压力来判断。机油压力过高或过低都说明润滑系统有故障。油压过低往往是由于油量不足、限压阀被卡或弹簧失效、机油管接头泄漏、滤清器堵塞、连杆轴承和曲轴轴承等配合间隙过大、机油泵损坏、机油压力表失常等引起。油压过高多是由于限压阀被卡死或弹簧预紧力太大、机油黏度太大、油道堵塞等所致。

对润滑系统，应做好日常维护工作。应定期检查油底壳液面高低和更换规定牌号的机油，清洗或更换滤芯。更换机油时，应在发动机热态时放净旧机油，用专用清洗设备清洗油道后，再加注新的机油。除日常维护外，还要做好以下检修工作。

11.4.1 机油泵的检修

机油是在被滤清前就进入机油泵的，杂质可能会导致机油泵早期磨损、卡死等。机油泵的主要异常是主动轴与轴孔磨损和变形、齿轮或转子磨损、泵盖磨损和变形，甚至泵壳破裂、轴折断等。磨损会使机油泵的端面间隙（齿轮或转子端面与泵盖平面的间隙）、齿顶间隙（机油泵体与齿顶的间隙）、齿轮啮合间隙、轴与轴承的间隙增大，限压阀的密封性下降，导致泵油压力和泵油量降低。

1. 不解体检验

在发动机修理过程中，一般不要轻易拆检机油泵，应首先用以下方法做不解体检验。

（1）在试验台上检测机油泵的压力和流量。若压力和流量都正常，且无异响、渗漏现象等，说明机油泵可继续使用。

（2）经验方法检验。首先用手拿着主动轴，并在径向和轴向推拉、晃动，如不松旷，表明磨损不严重；然后将其浸入清洁机油中，用手按工作时的转向转动机油泵主动轴，机油应从出油口流出；若用手堵住出油口，继续转动机油泵，手指有压力感，且转动主动轴的阻力明显增大，甚至转不动，则表明机油泵技术状况良好，可继续使用，否则应拆检修理或更换总成。

2. 机油泵零部件的检修

（1）泵壳的检修。泵壳出现破裂时，应焊修或更换。

（2）泵盖与齿轮端面间隙的检修。机油泵解体后，使齿轮或转子抵靠在泵体底部，将平直尺直边贴放在泵体端面上，用塞尺测量齿轮或转子端面与泵盖端面的间隙；在不解体时，可通过测泵轴的轴向移动量来获得此间隙。端面间隙标准值是 0.05~0.15 mm，若大于 0.15 mm，则应通过增减泵盖与泵体之间的垫片进行调整或更换总成。

（3）齿顶间隙和啮合间隙的检修。将塞尺插入齿轮或外转子背面与泵体之间的缝隙进行测量。此间隙标准值一般为 0.03~0.06 mm。

用塞尺在互成 120°处分三点进行啮合间隙测量，限值一般为 0.20 mm。若齿侧磨损不严重，可将齿轮转面使用。对转子式机油泵，应检查内、外转子的齿顶间隙，限值一般为 0.25 mm。

齿顶间隙和啮合间隙超过限值时，一般应更换齿轮副或转子副或总成，不再修复。

（4）泵轴与轴承的检修。用百分表检查机油泵轴与轴承的间隙，此间隙的限值为 0.15 mm，超限值时可换新轴套。若从动轴有明显的单面磨损现象，则可将其压出，将磨损面调换 180°再装入继续使用；主动轴端隙（轴向间隙）的检查可用塞尺测量传动齿轮与泵壳尾端的间隙，限值为 0.15 mm，若超限值，则可在泵壳尾端焊修或加垫片。

可用百分表检查泵轴的弯曲变形，指针摆差超过 0.06 mm 时应进行校直。

（5）限压阀检修。检查限压阀，若弹簧折断或弹力减弱、钢球不圆或麻点过多，均应更换限压阀。若有杂质夹卡，则予以清除。

（6）机油泵性能试验及压力调整。对检修装复完毕的机油泵，应按试验台试验法和经验法进行试验。若油压不符合标准，则可以通过增减限压阀螺塞下面的调整垫片或增减限压阀弹簧座处的垫片来调整。

注意，安装机油泵前，将机油泵泵腔填满机油，以防起动初始阶段供油不及时，以及机油泵出现干摩擦而损坏。

11.4.2 机油滤清器的检修

1. 集滤器的检修

集滤器常见的损伤是油管和滤网堵塞。可先用柴油或煤油清洗后，再用压缩空气吹干。若浮式集滤器的浮子破损，则可进行焊修或更换。

2. 粗滤器的检修

（1）每次更换新机油时，用煤油清洗粗滤器各零件。清洗滤芯时，只要将其放入煤油池内转动，或用毛刷刷洗即可。若密封垫圈有老化、破损现象，则应更换。

（2）更换滤芯时，应同时清洗其他零件，并更换易损的密封垫圈。

（3）将滤清器向气缸体上安装时，首先把滤清器内充满机油，以保证起动初始阶段供油及时；再仔细观察其与气缸平面结合处是否平整无损，密封圈是否完好，并在密封圈上涂上干净的机油。

注意，为避免旁通阀开启压力发生变化，一般情况下不得拆卸和调整旁通阀，必要时，旁通阀的开启压力应在试验台上调整。

3. 细滤器的检修

可拆式纸质滤芯式机油细滤器的检修方法与机油粗滤器相同。

离心式机油细滤器的常见故障有机件磨损、密封垫损坏、喷油孔堵塞、转子停转、轴承松旷等。

清洗转子罩内壁的沉积物和转子。若喷嘴孔被脏物堵塞，则应用压缩空气吹通，切忌用金属丝疏通，以免刮伤喷嘴孔。

若密封圈老化变硬、变形、损坏，则应更换新件。

当转子轴与转子体轴孔的配合间隙超过 0.15 mm 时，可对转子轴进行镀铬修复。当转子轴与轴承的配合间隙大于 0.10 mm 时，可对转子轴或轴承进行镀铬修复或更换轴承。

旁通阀、进油阀等的磨损，可用细研磨剂对阀座进行研磨，并更换钢球。若阀座磨痕较深，则可先铣座口，后研磨，再换用加大钢球。若弹簧弹力降低、扭转或折断，则应更新弹簧。

维修后的细滤器各项性能指标应在专用的试验台上进行试验，试验技术数据应符合原厂家规定标准。

就车检验离心式机油细滤器工作是否正常也是一种行之有效的方法。当发动机的机油压力高于 0.15 MPa（油压较低时，机油不能进入细滤器）时，运转 10 s 以上，然后立即熄火，在熄火后的 2~3 min 内，若在发动机旁边听到细滤器转子转动的“嗡嗡”声，则说明细滤器工作正常。若响声持续时间太短（如不到 1 min），则重新检修，必要时更换新件。

本章小结

润滑系统使机油循环流过各摩擦表面，以减小摩擦、磨损，同时具有冷却、密封、清洁、防锈、缓冲等作用。汽车发动机所采用的润滑方式主要有压力润滑、飞溅润滑和润滑脂润滑三种。典型的润滑系统包括油底壳、机油泵、机油滤清器、机油冷却器、机体油道、机油压力表、机油温度表及限压阀、旁通阀、机油标尺等零部件。

油底壳用以储存机油，并具有冷却机油的作用；机油泵将机油送至各相对运动零件的摩擦表面，有齿轮式机油泵和转子式机油泵两类。机油泵出油口侧设置限压阀，以防止发动机高速运转或油路堵塞时油压过高而造成漏油和零件损坏。机油是在被滤清前就进入机油泵的，杂质可能会导致机油泵早期磨损、卡死等。维修中应检查机油泵的端面间隙、齿顶间隙、齿轮啮合间隙、轴与轴承的间隙等，以确定其磨损情况，视情况进行修理。

机油滤清器滤除各种杂质，内设有旁通阀，以保证滤芯堵塞时机油到达摩擦表面。应按规定定期清洗或更换滤芯。

注意机油压力的变化，它是判断发动机润滑系统技术状况好坏的重要依据。使用中要定期清洗油道，按规定的牌号更换机油，清洗或更换滤芯或更换滤清器总成，检查各连接部位是否可靠等。当机油泵出现工作异常时，应检查是否是由泵壳破裂、主动轴与轴孔磨损和变形、齿轮或转子磨损、泵盖磨损和变形、轴折断等所致，修理后要进行性能检验。

汽车在经常起动和停车的情况下运时行，很容易形成油泥。曲轴箱强制通风既可减缓油泥的形成和机油的变质，又能达到节能、环保的目的。必须定期地对曲轴箱强制通风系统进行检查，清洗或更换 PCV 阀等。

自测题

一、选择题

1. 润滑系统不包括（　　）。

A. 机油泵　　B. 机油滤清器　　C. 限压阀　　D. 节温器

2. （　　）不是车用发动机的润滑方式。

A. 飞溅润滑　　B. 压力润滑　　C. 掺混润滑　　D. 润滑脂润滑

3. 曲轴主轴承径向间隙太大会导致（　　）。

A. 机油压力过高　　B. 机油压力过低

C. 机油消耗异常　　D. 机油变质

4. 更换机油时，发动机应在（　　）时放净旧机油。

A. 冷态　　B. 热态

C. 冷、热态皆可　　D. 工作时

5. 不是压力润滑的部位是（　　）。

A. 主轴承　　B. 凸轮轴轴承

C. 连杆大头　　D. 气门杆-气门导管

二、判断题

1. 机油压力是判断润滑系统故障的主要依据。（　　）
2. 机油粗滤器滤芯堵塞时，机油不能进入主油道。（　　）
3. 集滤器安装在油底壳内，是润滑系统中机油的吸入口。（　　）
4. 内齿轮式机油泵一般安装在曲轴前端，直接由曲轴驱动。（　　）
5. 发动机负荷越大，窜入曲轴箱内的气体量越多。（　　）

三、简答题

1. 简述润滑油流动路线。
2. 若发动机密封良好，则机油消耗过快的主要原因是什么？
3. 简述 PCV 阀的工作原理和作用。

第 12 章　发动机的装配、磨合及验收

导　言

本章介绍发动机装配的基本要求，发动机的装配工艺、要领及检查和调整方法，发动机磨合的基本规范与要领，发动机大修竣工验收的标准。

学习目标

1. 认知目标

（1）掌握发动机装配的基本要求。

（2）掌握发动机的装配和调整。

（3）掌握发动机大修竣工验收标准。

（4）了解发动机磨合规范。

2. 技能目标

（1）正确组装、调整发动机。

（2）能够按规范进行发动机磨合试验。

（3）能够进行发动机大修竣工验收。

3. 情感目标

（1）勿死记硬背，以理解为基础，学习相关知识与技能。

（2）归纳、总结前述各章的基本知识与发动机拆装、检修技能，综合运用于发动机装配过程。

（3）养成规范操作，安全、节能、环保、高效、文明生产、诚信服务的职业素养。

（4）养成自主学习、协同工作的优良作风。

（5）具有科学严谨的工作态度，一丝不苟、精益求精的工匠精神。

12.1　发动机装配的基本要求

1. 发动机装配前的准备

（1）发动机的装配场地应清洁、防尘，且室温保持稳定。

（2）所有准备装配的零部件及总成必须经过检验和试验。

（3）不能互换的零件（如气门、活塞组件、连杆组件、轴承盖等）和有安装方向或定位要求的零件（如活塞组件、气缸垫、连杆组件、轴承盖、正时机构等），须做好装配

标记，以防装错。

（4）清洁、清点全部待装零件，分类摆放整齐。

（5）紧固锁止件、易损零件应全部换新，如开口销、自锁螺母、弹簧垫圈、气缸垫及其他衬垫等（不含螺栓、螺母）。

（6）清洁气缸体及机油油道，安装气缸盖螺栓的盲螺孔中不得积存污物，以免旋入气缸盖螺栓时，挤压积液，使螺孔周围的气缸体平面向上凸起或开裂。

（7）在零件的配合表面和摩擦表面（如轴颈与轴承、活塞组、齿轮、凸轮、螺纹、摇臂头部等）上涂抹机油，做好润滑。

2. 发动机装配中须注意的事项

（1）备齐装配中所用的工具和量具，并须质量合格，装配中尽量使用专用器具。

（2）作业中不得直接用手锤击打零部件，必要时应垫上铜棒等。

（3）应确保各密封部位密封良好，防止漏水、漏油、漏气、漏电，对重要密封部位应涂密封胶。安装橡胶自紧油封时，须在外圆和唇口涂上机油，然后用压具压入油封承孔中。装配时，油封不得歪斜，应防止唇口损坏，弹簧出槽。

（4）各部的紧固螺栓、螺母应按规定紧固力矩、拧紧次序和方法拧紧。例如，在拧紧气缸盖螺栓、螺母及进、排气歧管螺栓时，应特别注意。若螺栓有裂纹或变形，应立即更换。

（5）注意有方位要求和无互换性配合零件上的安装标志或结构特征。

（6）严格按照装配工艺进行发动机的装配作业，各部位的配合应符合技术要求。

（7）装配中要做到工件不落地，工具、量具不落地，油渍不落地，并使工作台、工件盘和工具、量具保持清洁。

12.2 发动机的装配与调整

由于发动机结构特点、作业技术装备条件的差异，其装配工序不完全一样，这里仅针对一般发动机装配工序进行叙述。

1. 安装曲轴

（1）将气缸体倒放在工作台或拆装架上，用压缩空气进行一次清洁，疏通机油油道，将主油道堵头螺塞涂漆拧紧。

（2）安装主轴承。检查和安装主轴瓦和止推片，并在主轴瓦与主轴颈配合的表面上涂干净的机油。当上、下瓦片不通用时，务必不能装错，应将带有油孔和油槽的瓦片装在气缸体瓦座上，并使两者的油孔对准，以免油眼被堵而破坏润滑。同时，确保轴承定位凸缘或定位销与轴承孔中相应的槽、孔对正，防止紧固轴承盖时造成轴承损坏、曲轴不能转动。

若止推片安装在第一道主轴颈上，则在将曲轴装到气缸体上之前，先将两片止推片装在主轴颈上，并注意止推片的安装位置和方向要正确，再将正时齿轮压装入曲轴前端，以防止敲击正时齿轮而损坏止推轴承的止推面。如果曲轴已经装到气缸体上，则可将齿轮加热。

（3）将曲轴的各主轴颈擦拭干净，轻抬、慢放，平稳地装入气缸体主轴承中。此时，应仔细调整好曲轴止推片与瓦座的对应位置。

（4）按标号装上主轴承盖，按规定的次序和力矩拧紧主轴承盖螺栓。每拧紧一道主轴承，转动曲轴 1~2 圈，如有阻滞现象，则应及时查明原因并予以排出。待全部主轴承上紧后，用手扳动曲柄臂或飞轮时，应能无阻滞地转动。

（5）在将曲轴装好，并检查其轴向间隙符合技术要求后，用铁丝将螺栓锁止。若不符合规定，则应重新调整。

（6）安装油封。注意其松紧度须适中，切忌过松或过紧，沿圆周各方向接触紧密且不应偏心。

2. 安装（下置）凸轮轴

（1）在安装凸轮轴前，先将正时齿轮、隔圈、止推凸缘装在凸轮轴上。

（2）将凸轮轴涂上机油。

（3）把凸轮轴平稳地装入轴承孔内，将凸轮轴正时齿轮与曲轴正时齿轮按记号对正，然后拧紧止推凸缘的固定螺栓。检查止推凸缘与隔圈的厚度差，即凸轮轴轴向间隙是否符合要求。

（4）检查正时齿轮啮合间隙。检查时，用塞尺在齿轮圆周方向相隔 120°的三点进行测量，各点间隙差应不大于 0. 10 mm。

3. 安装活塞连杆组

（1）检查活塞是否偏缸。把气缸体侧放，将不装活塞环的活塞连杆组按装配记号穿过气缸装在曲轴上，并按规定力矩拧紧各道连杆轴承盖螺栓。转动曲轴，用塞尺检查活塞在上、下止点及行程中部三个位置时活塞头部前、后方与气缸的间隙，间隙值应不大于 0. 10 mm，否则说明活塞偏缸。

检查活塞销座端面与连杆小头的间隙，不应小于 1 mm。若小于 1 mm，多为气缸中心线偏移所致。

当发现活塞偏缸时，必须查明原因，予以消除，以免由此导致异常磨损、拉缸、密封性差。引起活塞偏缸的原因有：

1）活塞销座孔或衬套铰偏、连杆弯曲、曲轴轴向位移、气缸镗偏等引起偏缸，活塞在气缸中运动时始终偏向一个方向。

2）连杆扭曲或连杆轴颈和主轴颈在切向的平行度误差过大而引起偏缸，活塞在气缸中部时，其偏缸最大。

3）气缸轴线垂直度误差过大或曲轴轴颈与连杆轴颈在法向的平行度误差过大、曲轴连杆轴颈圆度误差过大而引起偏缸，活塞在上止点或下止点改变偏斜方向。

（2）安装活塞环。检查无偏缸后，拆下活塞连杆，使用安装活塞环专用工具（活塞环卡钳）将活塞环装入环槽内。此时，应注意活塞环的断面形状、安装方向和顺序。同时，使各活塞环的端口相互错开。

（3）安装连杆轴承。与安装柱轴承的要求相同，将连杆大头轴承装入。

（4）安装活塞连杆组。安装活塞连杆组时，注意活塞顶部、连杆杆身、连杆盖上的安装方向标记和序号标记，各缸的活塞连杆组不得错装。

先在活塞、活塞环、连杆轴承的配合面上涂干净机油，并用一小段软管套在每个连杆的螺栓上，以防止其刮伤气缸壁和曲柄销表面。

安装活塞连杆组时，一般应由两人配合作业。一人在气缸体的上端将活塞连杆组的安装方向对正后，装入与之配对的气缸中，摆正活塞环的开口位置后，一手用专用活塞环箍（活塞环压缩器）将所有活塞环收紧，另一只手用橡胶锤或手锤木柄端部轻击活塞顶部，使活塞向气缸内移动而不感到卡滞，说明活塞环未卡在气缸体上沿，直到活塞顶与气缸体上平面平齐。与此同时，另一人在气缸下端配合作业，当连杆大头露出气缸下端后，用手托住使其对准处于下止点位置的连杆轴颈。继续轻击活塞顶，直至连杆瓦与连杆轴颈贴合。确定活塞连杆组朝向正确后，扣上连杆盖，并确认连杆盖上的编号和朝向标记与连杆体一致，再按规定的力矩拧紧连杆螺栓。

每装好一个气缸的活塞连杆组后，用手前后晃动连杆大端，应有极轻微的移动；并且完整地转动曲轴一圈，应无阻滞现象，否则，应认真查找原因，排除故障后方可继续安装。

所有的活塞连杆组安装好后，用扭矩扳手检查曲轴转动的阻力矩是否小于标准值，同时检查各缸活塞顶面在上止点位置时是否低于气缸体上平面（一般汽油机的活塞顶距气缸体上平面不低于 0.20 mm，不高于 0.05 mm）。另外，螺栓和螺母若有锁止要求，则应全部锁止。

4. 安装正时齿轮室盖及曲轴带轮

将正时齿轮上的正时记号朝外，装齐全部正时齿轮和传动齿轮后，将已装好油封的正时齿轮室盖装上，装好曲轴带轮，再均匀对称地将正时齿轮室盖螺栓拧紧。对链条或齿形带传动的，在装好曲轴和凸轮轴的正时链轮或带轮后，先对准正时记号，再安装链条或齿形带及其张紧装置。

5. 安装机油泵和油底壳、集滤器

安装油底壳时，应认真装好密封垫，涂上密封胶，按规定次序和标准力矩均匀上紧油底壳连接螺钉。安装机油泵时还要特别注意传动轴端的槽口方向。

6. 安装气门组和气缸盖

（1）将气门油封压装在气门导管上，注意油封一定要到位。

（2）装好气门弹簧和弹簧座后，将气门杆涂上机油，按顺序记号分别装入气门导管。注意，气门应对号安装，当气门弹簧是不等距弹簧时，螺距大的一端应朝向弹簧座。

（3）用气门弹簧装卸钳压紧弹簧，装入锁销或锁夹。

（4）安装气缸盖时，先将气缸盖螺栓旋进到气缸体内的螺纹孔底。放好稍涂机油的气缸垫，注意其安装方向，使气缸垫和气缸体上的孔全部对齐。

（5）平稳地装上气缸盖，装好弹簧垫圈，按要求的次序和力矩拧紧缸盖螺栓。

（6）安装挺柱、推杆、摇臂组零件。

7. 安装顶置凸轮轴

对挺柱直接驱动式顶置凸轮轴，应先将传动件（挺柱）装入，再装凸轮轴；对摇臂驱动式顶置凸轮轴，应先装凸轮轴，再装摇臂组。

装好凸轮轴后，将凸轮轴正时齿轮或正时链轮或正时带轮与曲轴正时齿轮或正时链轮或正时带轮按标记置于正确位置，装入正时链条或齿形带。安装张紧轮及导链罩。

8. 安装飞轮、飞轮壳、离合器

安装飞轮壳前，应拧紧主油道堵头螺钉，检视定位销有无磨损。安装时应对孔装入，用专用仪具检查离合器后端轴承孔与曲轴中心线的同轴度误差。其值在 0.125 ~ 0.200 mm 内时，可移动飞轮壳进行调整，直到误差小于 0.125 mm；如误差较大，可用镶套法修理。按规定的力矩旋紧固定螺栓。

安装离合器时，先将飞轮、离合器压盘、中间压盘（双片式）工作面及离合器从动盘摩擦片擦拭干净，以变速轴为导杆，套上从动盘、中间压盘和离合器盖及压盘总成，然后均匀拧紧螺栓，将离合器盖对准安装记号固定在飞轮上，最后将变速器第一轴抽出。

9. 其他

（1）调整气门间隙，安装气门室罩。

（2）安装分电器传动轴、分电器、高压线、火花塞等，调整点火系统。

（3）安装柴油机的喷油泵并调整喷油正时。

（4）装上衬垫，安装进、排气歧管，按规定力矩拧紧固定螺栓。

（5）安装水泵、节温器、风扇、冷却液温度传感器等。

（6）安装细滤器、粗滤器、发电机、空气压缩机、风扇传送带、曲轴箱通风装置、起动机等附件，并调整风扇传送带的张紧度。

（7）将发动机总成固定在试验台架上，加注机油、冷却液，并进行最后全面测试。

12.3　发动机的磨合

12.3.1　概述

大修的发动机装配后必须于磨合台架上进行磨合，以提高配合零件的表面质量，减少初级阶段的磨损量，延长发动机的使用寿命，检查和消除修理、装配中的某些缺陷。

磨合要分三阶段进行，即冷磨合、无负荷热磨合和有负荷热磨合。冷磨合是依靠外部动力带动发动机运转所进行的磨合。热磨合是发动机自行运转的磨合。

影响发动机磨合质量的重要因素是各阶段磨合转速、磨合载荷及磨合时间。不同的发动机，通过合理选择各磨合阶段的转速、载荷及时间，可达到高质量快速磨合的目的。

大修的发动机，在磨合工序完成后，还要测定发动机的最大功率、最大转矩和最低燃油消耗率，以鉴定发动机大修后的性能是否达到标准。

发动机装车出厂后，还要经过一段“汽车走合”期，才能投入正常工作。

12.3.2　冷磨合规范

冷磨合时，将发动机固定在冷磨合台架上，与可改变转速的动力装置（拖动装置）相连接。

（1）冷磨合应选用低黏度的机油，且需加足。若机油较稠，可加入 15% 的煤油或轻柴油。

（2）冷磨合转速。发动机冷磨合起始转速一般为 400 ~ 600 r/min（额定转速的 20%~

25%），然后以 200~400 r/min 的级差，分四级逐级增加转速，终了转速为 1 200~1 400 r/min（额定转速的 40%~55%），如表 12-1 所示。若冷磨合起始转速过高，则摩擦副温度过高，将加剧磨合时的磨损；若冷磨合起始转速过低，将导致机油供给不足，同样加大磨合时的磨损量。

表 12-1　发动机冷磨合转速

发动机额定转速/（$r \cdot min^{-1}$）	冷磨合转速/（$r \cdot min^{-1}$）	时间/min	总时间/h
≤3 200	400~600	30	2
	600~800	30	
	800~1 000	30	
	1 000~1 200	30	
>3 200	700	30	2
	900	30	
	1 200	30	
	1 400	30	

（3）传统上，冷磨合时，侧置气门式发动机不装气缸盖，顶置气门式发动机装气缸盖而不装火花塞或喷油器（柴油机），单靠活塞连杆组产生的载荷磨合，时间长，效率低。而实践证明，装好气缸盖，堵死火花塞（或喷油器）孔，借助气缸的压缩压力增加冷磨合载荷是极为有益的。

（4）装上冷却系统、燃料系统等部分附件。冷却液一般不循环（拆除水泵皮带），冷却液温度控制在 70 ℃左右。若冷却液温度达到 90 ℃，应及时使用风扇冷却。

（5）冷磨合时间可根据发动机零件表面质量、装配情况、磨合载荷等制定。一般每级转速下冷磨合 30 min，总时间为 1.5~2 h。

（6）在整个冷磨合过程中，都要注意观察机油压力表所示压力是否正常及各机件工作情况是否良好，若发现不正常现象或有异响，应立即停机，待检查排除故障后再进行磨合。

（7）冷磨合后，应将发动机再分解，检查主要摩擦副（如活塞、活塞环与气缸壁，各轴颈与轴承）的磨合情况是否正常。若发现这些主要零件有缺陷，则应重新更换、修磨，装复后重新进行冷磨合。

（8）冷磨合后的发动机应重新调整气门间隙，更换机油和机油细滤器滤芯，按规定全部清洗、装复后，准备进行热磨合。

12.3.3　热磨合规范

发动机冷磨合后，装上全部附件在热磨合台架上进行热磨合试验。热磨合是在冷磨合的基础上，增加零件表面载荷的进一步磨合。热磨合过程中须进行发动机油、电、水路等的必要检查和调整，发现、排除发动机的故障，检查发动机是否达到其应有的性能，以保证发动机的正常使用。

（1）发动机冷却液温度应保持在 75～85 ℃。

（2）无负荷热磨合：空载下以规定的转速 1 200～1 400 r/min（额定转速的 40%～55%）运转 1 h。

（3）有负荷热磨合。

1）有负荷热磨合转速与载荷。起始转速为 1 200～1 400 r/min（额定转速的 40%～55%），分四级调速逐渐增加转速，终了转速一般取额定转速的 80%；起始载荷取额定功率的 20%，分四级加载，磨合终了前的载荷取额定功率的 80%，应与四级调速相组合。

2）有负荷热磨合时间。有负荷热磨合时间的确定，多以每级磨合中的转速变化或机油温度来判断。当每级载荷不变时，随磨合时间的延续、零件工作表面质量的改善、摩擦损失的减小，发动机转速会有明显的升高，表明这一级磨合已达到磨合要求，可以转入高一级转速、负荷的磨合。也可用机油的温度变化评价每级磨合时间，当机油温度从升温转入温度稳定状态时，就可以转入高一级磨合。总磨合时间为 2～2. 5 h。

3）有负荷热磨合用稀薄车用机油。

4）有负荷热磨合过程中检查下述内容，必要时进行调整：

① 注意观察有无漏油、漏水、漏气、漏电的现象。

② 查看电流表、机油压力表和冷却液温度表的读数是否正常。

③ 调整点火装置和燃油系统的工作。怠速应稳定在规定的转速范围内，各种转速下的运转均应平稳。

④ 检查各气缸的工作是否良好，测听发动机内是否有不正常的响声。

⑤ 测量气缸压力是否正常。

5）有负荷热磨合后的拆检项目：

① 检查活塞组与气缸壁是否磨合正常，有无拉缸现象。

② 检查各螺母、螺栓的锁止情况。

③ 拆下主轴承盖和连杆轴承盖各一个，检查轴承、轴颈的磨合情况。

④ 重新调整气门间隙。

⑤ 更换机油和细滤器滤芯。

⑥ 加装限速装置。

在拆检中如发现缺陷，应修复。若重新更换曲轴轴承、活塞、活塞环、活塞销，或修磨气缸、活塞等，应再次进行冷磨合、热磨合。

热磨合试验后，气缸盖螺栓应按规定力矩再拧紧一次。铸铁气缸盖在发动机温度正常时拧紧，铝合金气缸盖则在发动机冷却后拧紧。

12. 4　发动机大修竣工验收标准

大修的发动机经装合、冷磨合与热磨合后，在测功机上测出发动机的外特性和负荷特性，且在热状态下（冷却液温度为 75～85 ℃时）进行竣工验收。合格的发动机应完全满足下列条件：

（1）装备齐全，无漏水、漏油、漏气、漏电现象。

（2）气缸压力应符合各种发动机的规定要求。各气缸压力与平均压力值差：汽油机不超过 5%，柴油机不超过 8%。

（3）机油压力应符合各种机型的规定要求。加注的机油量、牌号以及润滑脂应符合原厂规定。

（4）怠速时，以海平面为准，进气歧管的真空度应为 57~70 kPa。其波动范围：六缸机不超过 3.5 kPa，四缸机不超过 5 kPa。

（5）怠速运转均匀稳定，怠速符合原厂要求，转速波动不大于 50 r/min。

（6）起动性能：热起动时，发动机在正常工作温度下 5 s 内能起动；冷起动时，柴油机在 5 ℃、汽油机在-5 ℃环境下，起动顺利，允许连续起动不多于 3 次，每次起动不多于 5 s。

（7）发动机在各种转速下均应运转均匀，无断火或过热现象。改变转速时，应过渡圆滑。

（8）发动机突然加速或减速时，不得有突爆声，不得有断火、回火、放炮的现象。

（9）发动机排放应符合规定。

（10）发动机在正常工况下，不允许有异响，如活塞、活塞环和活塞销的金属敲击声，曲轴或连杆轴承的碰撞声响，正时齿轮、机油泵齿轮和气门脚等处的显著声响，气缸衬垫的漏气声音等。允许有轻微而均匀的正时齿轮、机油泵齿轮和气门脚的响声。

（11）发动机的最大功率和最大转矩不应低于原厂规定的 90%，最低燃油消耗率不得高于原厂规定值。

（12）柴油机停机装置灵活有效。在发动机验收后的使用初期，应限制最大输出功率，加装限速片或限速装置，并加封铅。

本章小结

发动机装配是按照一定的工艺和技术要求，将符合技术要求的各零部件及总成装配成完整的发动机总成的过程。装配前必须认真清洗、清点各零部件及总成并放好，装配中要严格按要求的装配工艺进行，确保各连接、密封、配合处达到技术要求，发动机工作可靠、耐久。

发动机装配后，必须进行磨合。磨合分为冷磨合、无负荷热磨合和有负荷热磨合三个阶段。冷磨合是依靠外部动力带动发动机运转所进行的磨合。热磨合是发动机自行运转的磨合。磨合要按合理的磨合转速、磨合载荷及磨合时间等规范进行，并注意各阶段和结束后的检查，调整各系统、零部件的工作状况，若发现问题，则排除后再磨合。

磨合后的发动机，要在试验台上测出发动机功率特性、转矩特性和负荷特性，并在热状态下进行竣工验收。各项指标均应达到相应的规定，以保证发动机各项性能指标满足要求。

自测题

简答题

1. 分别叙述发动机装配对场所和待装零部件的要求。
2. 简述发动机装配中的注意事项。
3. 简述发动机装配工艺。
4. 发动机装配后需进行哪几个阶段的磨合？
5. 发动机冷磨合时有哪些规范和注意事项？
6. 简述发动机的有负荷热磨合规范。有负荷热磨合后应做哪些检查、调整和拆检？
7. 简述发动机大修竣工验收标准中对气缸压力、进气歧管真空度、起动性能、最大功率和最大转矩的要求。

参考文献

[1] 于增信．汽车发动机构造与维修．北京：中央广播电视大学出版社，2017.

[2] 于增信，徐志军，孙莉，等．汽车发动机构造、原理与维修．北京：机械工业出版社，2014.

[3] 于增信，孙莉．汽车发动机原理．北京：机械工业出版社，2019.

[4] 艾若扎维克．汽车发动机及其诊断维修．司利增，等编译．北京：电子工业出版社，2006.

[5] 斯卡沃勒尔 A E. 汽车构造原理与维修应用：发动机篇．吴友生，孟怡平，宋进桂，等译．北京：机械工业出版社，2004.

[6] 吉尔 T. 汽车发动机诊断与大修．张葵葵，等译．北京：机械工业出版社，2009.

[7] 庄人隽．汽车发动机电控系统的结构与维修．北京：中央广播电视大学出版社，2006.

[8] 陈家瑞．汽车构造：上册.6 版．北京：机械工业出版社，2013.

[9] 李玉茂．汽车发动机电控系统原理与维修．北京：机械工业出版社，2009.

[10] 卢若珊，王正键，严朝勇．汽车发动机构造与检修．北京：国防工业出版社，2006.

[11] 史文库，姚为民．汽车构造（上册）[M].6 版．北京：人民交通出版社，2013.

[12] 王建昕，帅石金．汽车发动机原理．北京：清华大学出版社，2011.

[13] GP 企业策划．汽车构造：发动机．董铁有，译．北京：人民交通出版社，2004.

[14] 细川武志．汽车构造图册．魏朗，译．北京：人民交通出版社，2004.

[15] 关文达．汽车构造 [M]. 4 版．北京：机械工业出版社，2016.

汽车发动机构造与维修

形成性考核册

国家开放大学汽车学院　编

考核册为附赠资源，适用于本课程采用纸质形考的学生。

若采用**网上形考**或有其他疑问请咨询课程教师。

学校名称：____________________

学生姓名：____________________

学生学号：____________________

班　　级：____________________

形成性考核是学习测量和评价的重要组成部分。在教学过程中，对学生的学习行为和成果进行考核是教与学测评改革的重要举措。

《形成性考核册》是根据课程教学大纲和考核说明的要求，结合学生的学习进度而设计的测评任务与要求的汇集。

为了便于学生使用，现将《形成性考核册》作为主教材的附赠资源提供给学生，采用纸质形考的学生可将各次作业按需撕下，完成后自行装订交给老师。若采用**网上形考**或有其他疑问请咨询课程教师。

汽车发动机构造与维修作业1

姓　　名：________

学　　号：________

得　　分：________

教师签名：________

一、单项选择题（在每小题的备选答案中，选出一个正确答案，并将其序号填在括号内。多选、错选均不得分。15小题，每小题2分，共30分）

1. （　　）被誉为汽车“心脏”。

A. 底盘　　B. 发动机　　C. 车身　　D. 电气设备

2. 当真实压力小于当地大气压力时，真空计测出的相对压力称为（　　）。

A. 正压力　　B. 表压力　　C. 真空度　　D. 绝对压力

3. 当真实压力大于当地大气压力时，压力计测出的相对压力称为（　　）。

A. 正压力　　B. 表压力　　C. 真空度　　D. 绝对压力

4. 汽油机节气门（俗称“油门”）开度不变，转速升高时，进气管内压力将（　　）。

A. 升高　　B. 降低　　C. 不变　　D. 不一定

5. 在压缩行程上止点时，（　　）。

A. 进、排气门均关闭　　B. 进气门开、排气门关

C. 进气门关、排气门开　　D. 进、排气门均开启

6. 下列（　　）不是四冲程发动机的行程。

A. 进气　　B. 排气　　C. 点火　　D. 做功

7. 四冲程发动机，在一个工作循环内，活塞（　　）次经过上止点或下止点。

A. 1　　B. 2　　C. 3　　D. 4

8. 下列发动机的分类方式中，（　　）是按照进气方式分类的。

A. 增压式和非增压式

B. 常规燃料式和代用燃料式

C. 气缸外部形成混合气式和气缸内部形成混合气式

D. 点燃式和压燃式

9. 关于压缩比的正确说法是（　　）。

A. 气缸总容积与燃烧室容积之比　　B. 气缸总容积与气缸工作容积之比

C. 燃烧室容积与气缸工作容积之比　　D. 气缸工作容积与燃烧室容积之比

10. 关于排量的正确说法是（　　）。

A. 活塞在下止点时其上方空间的容积

B. 活塞从下止点运行到上止点所扫过的容积

← 每次作业做完后，由此剪下，请自行装订。

C. 活塞运行到上止点时其上方空间的容积

D. 以上都不对

11. 在压缩行程和膨胀行程中，进、排气门（　　）。

A. 均关闭　　B. 进气门开、排气门关

C. 进气门关、排气门开　　D. 均开启

12. 下列（　　）是发动机经济性能指标。

A. 有效燃油消耗率　　B. 有效转矩

C. 转速　　D. 有效功率

13. 根据发动机负荷特性曲线，发动机在（　　）下经济性最好。

A. 怠速　　B. 满负荷　　C. 50% 负荷　　D. 80% 负荷

14. 根据发动机外特性可知，不换挡时，汽油机车较柴油机车的短期超载能力（　　）。

A. 强　　B. 弱　　C. 不一定　　D. 两者相同

15. 发动机外特性曲线不能得到的信息是（　　）。

A. 最大功率及对应转速　　B. 最大转矩及对应转速

C. 最高转速　　D. 缸内最高温度

二、多项选择题（在每小题的备选答案中，选出不少于两个的正确答案，并将其序号填在括号内。多选、少选、错选均不得分。5 小题，每小题 4 分，共 20 分）

1. 汽车及发动机技术状况变化的主要原因是零部件的（　　）。

A. 磨损、受力或受热变形　　B. 使用、维护、修理不当

C. 腐蚀、老化　　D. 紧固、密封失效

2. 下列说法正确的是（　　）。

A. 活塞上下止点间的距离为活塞行程

B. 活塞运行一个行程扫过的容积为气缸工作容积

C. 发动机排量是各缸工作容积之和

D. 活塞运行至上止点时，其上方的空间体积为燃烧室容积

3. 决定发动机排量的因素是（　　）。

A. 气缸直径　　B. 燃烧室容积　　C. 活塞行程　　D. 以上都不对

4. 评价发动机动力性的指标是（　　）。

A. 有效燃油消耗率　　B. 有效转矩

C. 转速　　D. 有效功率

5. 发动机的机械损失包括（　　）。

A. 摩擦损失　　B. 驱动附件损失

C. 泵气损失　　D. 散热损失

三、判断题（对的画√，错的画 ×。10 小题，每小题 1 分，共 10 分）

1. 发动机的每个工作循环是由吸气、压缩、爆发和排气过程组成。（　　）

2. 按照进气方式的不同，发动机可分为增压式发动机和非增压式发动机两种类型。（　　）

3. 功率就是做功的速率。（ ）
4. 比热容越大的物质，温度升高 1 ℃需要的热量越少。（ ）
5. 发动机排量就是排气量。（ ）
6. 发动机长时间在低温下工作会加剧磨损。（ ）
7. 怠速运转时，气缸内气体对活塞做的功全部用来克服机械损失。（ ）
8. 发动机小时耗油量越多，其经济性越差。（ ）
9. 发动机排量越大，发出的有效功率也越大。（ ）
10. 发动机稳定工作时，其输出的功率与负荷消耗的功率相等。（ ）

四、简答题（4 小题，每小题 5 分，共 20 分）

1. 汽车由哪几部分组成?

2. 何谓空燃比?

3. 何谓燃烧室容积？

4. 汽油机由哪些机构和系统组成？

五、论述题（2 小题，每小题 10 分，共 20 分）

1. 四冲程柴油机与四冲程汽油机在工作过程上有什么不同？如何从外形上区分柴油机和汽油机？

2. 在不改变油门和挡位的情况下，柴油机车与汽油机车，谁的爬坡能力强？为什么？

汽车发动机构造与维修作业 2

姓　　名：________
学　　号：________
得　　分：________
教师签名：________

一、单项选择题（在每小题的备选答案中，选出一个正确答案，并将其序号填在括号内。多选、错选均不得分。15 小题，每小题 2 分，共 30 分）

1. 发动机大修时，对气缸盖平面进行磨削时，影响（　　）。
   A. 活塞行程　　B. 压缩比与燃烧室容积
   C. 气缸排量　　D. 气门升程
2. 机体组与曲柄连杆机构中，可以互换的零部件是（　　）。
   A. 活塞　　B. 相同长度的气缸盖螺栓
   C. 连杆盖　　D. 主轴承盖
3. 组装曲柄连杆机构时，活塞连杆组是（　　）。
   A. 从气缸上部穿过气缸后与曲轴相连
   B. 从气缸下部穿过气缸后与曲轴相连
   C. 先与曲轴连接，再从气缸下部进入气缸
   D. A、B、C 都可以
4. 发火顺序为 1－3－4－2 的发动机，第 2 缸在压缩行程上止点时，第 3 缸应在（　　）。
   A. 膨胀行程下止点　　B. 进气行程下止点
   C. 排气行程上止点　　D. 压缩行程上止点
5. 四冲程发动机中，曲轴与配气凸轮轴的转速比是（　　）。
   A. 2∶1　　B. 1∶2　　C. 1∶1　　D. 不一定
6. 发火顺序为 1－5－3－6－2－3 的发动机，不同位气缸是（　　）。
   A. 1、6 缸　　B. 2、5 缸　　C. 3、4 缸　　D. 3、5 缸
7. 发动机正常工作时，下列（　　）不是矩形环工作的结果。
   A. 密封　　B. 导热　　C. 泵油　　D. 刮油、布油
8. 将活塞组装入气缸前，须将（　　）。
   A. 每个活塞环端口对正　　B. 活塞环端口相互错开
   C. 活塞环随机放置　　D. 以上都不对
9. 关于充气效率描述正确的是（　　）。
   A. 每循环进入气缸内的新鲜气体质量与以进气管状态充满气缸工作容积的气体质量之比

← 每次作业做完后，由此剪下，请自行装订。

B. 每循环进入气缸内的新鲜气体质量与以进气管状态充满气缸总容积的气体质量之比

C. 每循环以进气管状态充满气缸总容积的气体质量与充满气缸工作容积的气体质量之比

D. 进气过程中新鲜气体受热越多，充气效率越高

10. 下列（　　）不属于气门组件中的零件。

A. 活塞　　B. 气门锁夹、气门座

C. 气门弹簧　　D. 气门导管

11. 齿形带－带轮驱动配气凸轮轴的缺点是（　　）。

A. 质量轻　　B. 不需润滑　　C. 噪声小　　D. 必须定期更换

12. 配气机构中决定气门开、关时刻的是（　　）。

A. 气门弹簧　　B. 凸轮轴及其与曲轴的相位

C. 气门导管　　D. 气门座

13. 安装正时齿轮和凸轮轴时，（　　）。

A. 不用关心两个齿轮的相对位置　　B. 只要将齿轮拧紧

C. 总是将出厂时的正时记号对齐　　D. 以上都不对

14. 为避免螺栓所紧固的零件发生变形，下列除了（　　）之外的所有螺栓，均需要以规定的顺序拆装。

A. 气缸盖螺栓　　B. 主轴承螺栓

C. 凸轮轴轴承盖螺栓　　D. 连杆盖螺栓

15. 甲说汽车发动机每个气缸有 1 个进气门和 1 个排气门，乙说现在的汽车发动机每个气缸可有 2 个或 3 个进气门及排气门，谁正确？（　　）。

A. 只有甲说的对　　B. 只有乙说的对

C. 甲、乙说的都对　　D. 甲、乙说的都不对

二、多项选择题（在每小题的备选答案中，选出不少于两个的正确答案，并将其序号填在括号内。多选、少选、错选均不得分。5 小题，每小题 4 分，共 20 分）

1. 使用和维修过程中，可能引起压缩比变化的因素有（　　）。

A. 活塞顶面积炭　　B. 气缸垫厚度

C. 气缸体上平面磨削　　D. 气缸磨损

2. 安装时，有方向性要求的零部件是（　　）。

A. 活塞　　B. 扭曲环　　C. 连杆轴承盖　　D. 气缸垫

3. 判断发动机是否需要大修的主要依据包括（　　）。

A. 气缸圆度　　B. 发动机冒黑烟

C. 气缸圆柱度　　D. 机油消耗过快

4. 下列关于活塞的描述中，正确的是（　　）。

A. 封闭气缸下端　　B. 构成燃烧室

C. 润滑、冷却不良　　D. 承受高温、高压

5. 为保证轴瓦与轴承座孔紧密贴合，散热效果良好，所选轴瓦应满足（　　）。

A. 背面要光滑无损　　B. 一定的弹开量

C. 一定的高出量　　D. 只有 A 与 B

三、判断题（对的画√，错的画 ×。10 小题，每小题 1 分，共 10 分）

1. 多缸发动机的气缸由后端向前端排序。（　　）
2. 发动机大修时，应更换全部轴瓦。（　　）
3. 活塞环属于易损件。（　　）
4. 气环的泵油作用可加强气缸上部的润滑。（　　）
5. 多缸发动机，通常磨损最严重的是中部的气缸。（　　）
6. 气缸磨损未达到大修标准，仅需更换活塞环时，可选择较原活塞环加大一级修理尺寸的活塞环并通过锉修端隙使用。（　　）
7. 压装气缸套时，由缸体一端至另一端按顺序安装。（　　）
8. 拆下的旧气缸垫，只要完好无损，可继续使用。（　　）
9. 同一台发动机，同名气门具有互换性。（　　）
10. 气门关闭不严，是造成气门烧损的原因之一。（　　）

四、简答题（4 小题，每小题 5 分，共 20 分）

1. 气缸密封性与哪些零件直接相关？

2. 简述液力挺柱的优点。

3. 已知某发动机的配气相位角为：进气提前角 49°，进气迟闭角 86°，排气提前角 88°，排气迟闭角 52°。问气门重叠角、进气持续角、排气持续角分别是多大？

4. 发动机工作时，机油是如何进入燃烧室的？

五、论述题（2 小题，每小题 10 分，共 20 分）

1. 何谓“拉缸”？说明引起拉缸的原因。

2. 何谓气门间隙？气门间隙过大或过小有何危害？

汽车发动机构造与维修作业 3

姓　　名：________
学　　号：________
得　　分：________
教师签名：________

一、单项选择题（在每小题的备选答案中，选出一个正确答案，并将其序号填在括号内。多选、错选均不得分。15 小题，每小题 2 分，共 30 分）

1. 关于汽油的描述正确的是（　　）。
   A. 汽油的蒸发性不好　　B. 汽油的牌号按辛烷值划分
   C. 汽油的点燃温度高　　D. 汽油的牌号按点燃温度划分
2. 用于检测混合气浓度的传感器是（　　）。
   A. 空气流量传感器　　B. 氧传感器
   C. 爆震传感器　　D. 曲轴位置传感器
3. 燃油压力调节器的作用是（　　）。
   A. 保持燃油压力恒定
   B. 保持燃油压力与进气歧管压力之差恒定
   C. 保持每循环喷油量恒定
   D. 保持空燃比恒定
4. 爆震传感器安装在（　　）。
   A. 机体上部　　B. 机体下部　　C. 机体中部　　D. 气缸盖上
5. 下列（　　）会引起爆震的发生。
   A. 低压缩比　　B. 点火提前角过小
   C. 点火提前角过大　　D. 低温下工作
6. 汽油机采用闭环控制混合气浓度时，混合气过量空气系数为（　　）。
   A. 0.6～0.8　　B. 1.05～1.15　　C. 0.85～0.95　　D. 1
7. 燃烧室壁积炭不会导致（　　）。
   A. 压缩比增大　　B. 表面点火　　C. 爆震燃烧　　D. 压缩比减小
8. （　　）时会引起排气管放炮。
   A. 点火提前角过大　　B. 进气提前角过小
   C. 混合气过浓　　D. 混合气过稀
9. 关于柴油的描述正确的是（　　）。
   A. 柴油的蒸发性好　　B. 柴油的牌号按十六烷值划分
   C. 柴油的自燃温度低　　D. 柴油的自燃温度高

10. 燃油供给系统中保证供油迅速、停油干脆的是（　　）。

A. 限压阀　　B. 单向出油阀

C. 回油阀　　D. 燃油压力调节器

11. 在直列柱塞式喷油泵的柴油机车中，驾驶员踩动加速踏板时，是通过（　　）来调节供油量的。

A. 柱塞相对于套筒转动一个角度

B. 喷油压力改变

C. 柱塞相对于套筒沿轴向移动一段距离

D. 进气量改变

12. 不能引起发动机过热的因素是（　　）。

A. 点火提前角过大　　B. 点火提前角过小

C. 混合气过稀　　D. 混合气过浓

13. （　　）不能引起柴油机工作粗暴。

A. 工作温度高　　B. 喷油过早

C. 喷油雾化不良　　D. 初期喷油较多

14. 发动机正时不包括（　　）。

A. 气门正时　　B. 喷油正时　　C. 润滑正时　　D. 点火正时

15. 柴油机调速器的作用是在柴油机负荷改变时，自动地改变（　　）来维持转速稳定。

A. 循环喷油量　　B. 循环进气量　　C. 喷油提前角　　D. 喷油压力

二、多项选择题（在每小题的备选答案中，选出不少于两个的正确答案，并将其序号填在括号内。多选、少选、错选均不得分。5 小题，每小题 4 分，共 20 分）

1. 汽油机燃烧过程包括（　　）。

A. 滞燃期　　B. 速燃期　　C. 缓燃期　　D. 后燃期

2. 电控燃油喷射汽油机中，对空燃比采用闭环控制的工况是（　　）。

A. 冷起动　　C. 热怠速　　C. 大负荷　　D. 中等负荷

3. 发动机正时包括（　　）。

A. 气门正时　　B. 喷油正时　　C. 润滑正时　　D. 点火正时

4. （　　）可能会使发动机以偏浓混合气工作。

A. 燃油压力调节器真空管泄漏　　B. 进气歧管泄漏

C. 燃油压力调节器回油管阻塞　　D. 喷油器不能完全闭合

5. ECU 根据（　　）信号确定基本喷油量（喷油脉宽）。

A. 空气流量计　　B. 爆震传感器　　C. 转速传感器　　D. 氧传感器

三、判断题（对的画√，错的画×。10 小题，每小题 1 分，共 10 分）

1. 汽油机的理论混合气空燃比等于 12. 8。（　　）

2. 在满足抗爆性的要求下，所选的汽油牌号越高越好。（　　）

3. 对于汽油机车，加速踏板控制的是节气门开度。（　　）

4. 电控燃油喷射式发动机中，只要某一传感器出故障，发动机即不能运转。 ( )

5. 装有 OBD－Ⅱ系统的汽车发动机，在三元催化转化器的前端和后端各装有一个氧传感器。 ( )

6. 汽车急减速时应减少供油或切断供油。 ( )

7. 爆震是汽油机压缩比提高的主要障碍。 ( )

8. 点火提前角过小，是引起发动机过热、排气管放炮的原因之一。 ( )

9. 柴油机必须设有调速器，而汽油机没有。 ( )

10. 柴油机怠速运转时，其振动更明显。 ( )

四、简答题（4 小题，每小题 5 分，共 20 分）

1. 喷油泵单向阀有什么作用?

2. 转速和曲轴位置传感器有什么作用?

3. 双火花塞汽油机有何优点?

4. 如何进行喷油嘴偶件滑动性试验?

五、论述题（2 小题，每小题 10 分，共 20 分）

1. 何谓爆震？说明爆震的外部特征及危害。

2. 为何柴油机在冷起动时振动、冒黑烟现象较严重？

汽车发动机构造与维修作业 4

姓　　名：________

学　　号：________

得　　分：________

教师签名：________

一、单项选择题（在每小题的备选答案中，选出一个正确答案，并将其序号填在括号内。多选、错选均不得分。15 小题，每小题 2 分，共 30 分）

1. （　　）不是进气预热的目的。

A. 提高充气效率　　B. 缩短暖机怠速时间

C. 减少 CO、CH 的排放量　　D. 促进燃油蒸发

2. 对废气涡轮增压发动机，甲说可在排量不变时提高功率输出，乙说也可改善经济性，谁正确？（　　）

A. 只有甲对　　B. 只有乙对　　C. 甲、乙都对　　D. 甲、乙都不对

3. 废气循环系统的功用是（　　）。

A. 对废气中的能量进行再利用　　B. 控制 NO_x 的生成量

C. 控制 CO 的生成量　　D. 控制 CH 的生成量

4. 三元催化转化器（　　）。

A. 能够对废气中的能量进行再利用　　B. 只能减少 NO_x 的排放量

C. 只能减少 CO、CH 的排放量　　D. 同时减少 NO_x、CO 和 CH 的排放量

5. 封闭式循环水冷系统中，（　　）为不打开水箱盖检查或添加冷却液提供了方便。

A. 储水箱　　B. 水泵　　C. 硅油风扇离合器　　D. 节温器

6. 下列零部件中，不能用于调节冷却强度的是（　　）。

A. 节温器　　B. 百叶窗

C. 硅油风扇离合器　　D. 散热器盖

7. （　　）不是冷却系统的作用。

A. 从发动机带走多余的热量　　B. 保持发动机温度尽可能低

C. 使发动机尽快达到工作温度　　D. 保持发动机内部零件不过热

8. 若节温器的石蜡流失，则发动机易在（　　）状态下工作。

A. 过冷　　B. 过热　　C. 恒温　　D. 不确定

9. 冷却液进行小循环时，不流经（　　）。

A. 节温器　　B. 水泵　　C. 散热器　　D. 气缸盖水套

10. （　　）不是车用发动机的润滑方式。

A. 飞溅润滑　　B. 压力润滑　　C. 掺混润滑　　D. 润滑脂润滑

← 每次作业做完后，由此剪下，请自行装订。

11.（　　）不属于润滑系统的零部件。

A. 机油泵　　B. 机油滤清器　　C. 限压阀　　D. 节温器

12. 曲轴主轴承径向间隙太大会导致（　　）。

A. 机油压力过高　　B. 机油压力过低

C. 机油消耗异常　　D. 机油变质

13. 常说的发动机“三滤”不包括（　　）。

A. 空气滤清器　　B. 冷却液滤清器

C. 燃油滤清器　　D. 机油滤清器

14. 在安装机油泵和机油滤清器前，甲说“应先把机油泵和机油滤清器内充满机油”，乙说“在机油滤清器密封圈上涂上干净的机油”。谁说的对？（　　）。

A. 只有甲对　　B. 只有乙对　　C. 甲、乙都对　　D. 甲、乙都不对

15. 机油压力过大的原因不可能是（　　）。

A. 主轴承间隙过大　　B. 主轴承间隙过小

C. 机油黏度过大　　D. 主油道阻塞

二、多项选择题（在每小题的备选答案中，选出不少于两个的正确答案，并将其序号填在括号内。多选、少选、错选均不得分。5 小题，每小题 4 分，共 20 分）

1. 关于油浴式空气滤清器的表述，正确的是（　　）。

A. 油池中油面过高使进气流通面积减小

B. 油浴式空气滤清器可反复使用

C. 油池中油面过高会使机油随进气进入气缸

D. 油池中的油面高度应尽可能低

2. 关于三元催化转化器描述正确的是（　　）。

A. 只有当排气温度达到 350 ℃时才开始工作

B. 只有混合气空燃比在理论值附近才能保证高的转换率

C. 若三元催化转化器前端、后端的温度相同，则表明它没有工作

D. 若三元催化转化器后端的温度比前端的温度还低，则表明它工作正常

3. 关于废气涡轮增压器的描述正确的是（　　）。

A. 压缩进气能够提高发动机功率输出

B. 压气机由发动机曲轴驱动

C. 增压器由废气驱动

D. 增压器转速随排气流量的增大而提高

4. 进、排气系统引发动力不足的原因可能有（　　）。

A. 进气系统泄漏　　B. 空气滤清器堵塞

C. 排气系统阻塞　　D. 以上都可能

5. 发动机进气系统的密封性破坏后，导致的普遍现象是（　　）。

A. 进入气缸内的空气量比计量的多　　B. 气缸内混合气偏浓

C. 进气管真空度较低　　D. 气缸内混合气偏稀

三、判断题（对的画√，错的画×。10 小题，每小题 1 分，共 10 分）

1. 发动机实际工作时可以拆除空气滤清器。（　　）

2. 干式纸质空气滤清器经油浸润后，滤清效率提高，发动机性能得到改善。（　　）

3. 更换进气歧管时，即使旧的密封垫没有破损，也一定要使用新的密封垫。（　　）

4. 发动机工作时可拆除消声器，以减小排气阻力。（　　）

5. 若三元催化转化器外壳上有严重的褪色斑点或略有呈青色和紫色的痕迹，说明其曾处于过热状态。（　　）

6. 发动机在冷态下工作时，可停止水泵工作。（　　）

7. 防冻液的冰点应比使用地区最低温度低 5 ℃以上。（　　）

8. 机油压力是判断润滑系统故障的主要依据。（　　）

9. 机油粗滤器滤芯堵塞时，机油即不能进入主油道。（　　）

10. PCV 阀堵塞、活塞组－气缸磨损严重、拉缸等都能造成曲轴箱内压力升高。（　　）

四、简答题（4 小题，每小题 5 分，共 20 分）

1. 按冷却液流经的零部件，说明冷却液大循环。

2. 如何就机检查水泵能否保证冷却液良好循环？

3. 润滑系统限压阀有何作用？

4. 发动机大修竣工验收时，其起动性能、最大功率和最大转矩应达到什么要求？

五、论述题（2 小题，每小题 10 分，共 20 分）

1. 分析发动机过冷会导致什么有害现象？

2. 若 PCV 阀堵塞，会引发什么危害或故障？如何判断？